海关高等教育教材
HAIGUAN GAODENG JIAOYU JIAOCAI

贸易安全与贸易便利

MAOYI ANQUAN YU MAOYI BIANLI

胡 蓉　李 伟　李九领◎编著

中国海关出版社

图书在版编目（CIP）数据

贸易安全与贸易便利/胡蓉，李伟，李九领编著．—北京：中国海关出版社，2014.8

（海关高等教育教材）

ISBN 978-7-5175-0034-6

Ⅰ.①贸… Ⅱ.①胡… ②李… ③李… Ⅲ.①国际贸易—高等学校—教材 Ⅳ.①F740

中国版本图书馆 CIP 数据核字（2014）第 196927 号

贸易安全与贸易便利

MAOYI ANQUAN YU MAOYI BIANLI

作　　者：胡　蓉　李　伟　李九领
责任编辑：左桂月
助理编辑：李璞娜　李　多
出版发行：中国海关出版社
社　　址：北京市朝阳区东四环南路甲 1 号　　邮政编码：100023
网　　址：www.hgcbs.com.cn
编 辑 部：01065194242-7527（电话）　　01065194231（传真）
发 行 部：01065194221/4238/4246（电话）　　01065194233（传真）
社办书店：01065195616（电话）　　01065195127（传真）
http://store.hgbookvip.com（网址）
印　　刷：北京中献拓方科技发展有限公司　　经　　销：新华书店
开　　本：787mm×1092mm　1/16
印　　张：22.5　　字　　数：536 千字
版　　次：2014 年 8 月第 1 版
印　　次：2022 年 7 月第 4 次印刷
书　　号：ISBN 978-7-5175-0034-6
定　　价：65.00 元

“海关高等教育教材”丛书序

我国古代海关的起源，一般认为是在西周，至今已有三千多年的历史。其名称几经变迁，经历过关、塞、关楼、津、市、市舶司、月港督饷馆、钞关、户关、工关、榷关、常关等，直到清代康熙二十四年（1685年），中国历史上才第一次出现了正式的，以海关命名的进出境关口。1840年鸦片战争以后，中国沦为半殖民地半封建国家，丧失了关税自主权和海关行政管理权。为收回海关主权，培养我国自己的海关人才，清政府于1908年在北京创办了税务学堂，开创了我国海关高等教育的先河。1913年，北洋政府教育部批准改名为税务专门学校。在四十余年的办学中，该校为中国海关培养了两千余名专业人才。

新中国的海关专业教育起步于1953年，以上海海关学校的设立为标志。1980年经国务院批准，上海海关学校升格为上海海关专科学校。1996年更名为上海海关高等专科学校。2007年3月，教育部批准在上海海关高等专科学校的基础上设立上海海关学院。上海海关学院作为全国唯一系列设置海关类课程和专业的本科院校，承担着传播海关专业知识、培养海关专门人才、进行海关学术研究、开展海关国际交流与合作的重任。

上海海关学院的发展，事关人才培养重任，事关国家的海关大业，需要我们冷静思考，科学规划，抓住机遇，真抓实干，在新的起点上以新的办学思路、新的办学举措、新的办学业绩来适应海关和社会经济贸易发展的变化。为此，学院确立了走专业化、精品化、特色化的发展之路，分别设置了分属管理学、经济学、法学等学科门类的若干个本科专业。为实现立足海关、服务社会、面向国际，把学院建设成为教育、培训协调发展，具有鲜明海关特色的高等学府的办学目标，学院将坚持党和国家的教育方针，遵循教育教学规律，科学界定办学定位，努力发挥办学优势，逐步形成办学特色，不断提高教育培训质量，全面提升学院的综合实力和办学水平，真正将上海海关学院办成名副其实的海关人才培养基地。

在海关总署的领导和全国海关的支持下，升本后的上海海关学院严格按照教育教学规律组织教学工作，夯实教学管理的基础工作，切实加强教学监控，狠抓人才培养质量，同时，积极探索构建以海关学为核心的学科群，探讨海关学基础理论，明确海关学的研究对象，建立包括海关管理学、海关法学、关税学等在内的二级学科理论体系，努力使中国海关拥有与自身地位相匹配的学科地位。为满足迅速发展的海关高等教育的实际需要，学院根据教学需要和学院实际，2009年以来，连续两轮组织教师编写“海关高等教育教材”。该套教材涵盖了海关法律、关税、商品归类、海关估价、海关稽查、海关统计、风险管理、原产地规则、海关专业英语等诸多内容，具有涉及海关专业诸多领域、专业性强、偏重原理、强调理论和实践相结合等特点。“海关高等教育教材”不仅能满足海关高等教育的需要，同时也是对海关实践的理论总结，对丰富和发展海关学科专业，构建以海关学为核心的学科群具有重要的意义。

对新升本的上海海关学院而言，一方面学院教学的实际对教材的需要极为迫切，另一方面我们也深知编写高水平教材之不易。教材的编写过程是一个需要我们不断深入研究和反复论证的过程，同时也是一个需要我们勇于创新、迎难而上的过程。令人欣喜的是，海关总署“将上海海关学院办成名副其实的海关人才培养基地”的宏伟目标和“倾全国海关之力办好上海海关学院”的坚定态度，以及中国海关事业的繁荣和发展，为海关理论研究和海关高等教育的发展提供了源源不断的动力和良好的学术氛围，同时也强化了我们对海关事业的责任感。我们相信，本着科学、务实的精神编写的这套教材，不仅能够为学院的教学提供适用的教材，而且也将为海关学科建设和人才培养作出积极的贡献。

上海海关学院院长 肖建国

2011年8月

编写说明

随着中国加入世界贸易组织（WTO），中国经济已经成为经济全球化链条中的一个重要环节。同时，随着世界经济一体化和国际贸易自由化进程的加快，贸易安全与便利的问题愈加突出。尤其是美国“9·11”之后，国际贸易安全问题备受关注。贸易安全与便利问题不仅影响中国进出口贸易的发展，也影响世界经济一体化与国际贸易自由化。因此，2005 年 6 月，世界海关组织（WCO）通过了《全球贸易安全与便利标准框架》。2013 年 12 月 6 日，世界贸易组织《巴厘部长宣言及决定》签字，其中《贸易便利化协定》的核心内容是通关便利化，具体表现在国际标准的使用、海关手续和所需单证的简化、电子手段的接受、单一窗口的运行、担保和后续稽查流程的制定、边境机构的合作、相关税费的减免等方面，特别强调快运货物和易腐货物的快速放行。此外，上海自由贸易试验区通过实施“信息化、智能化、便利化、法治化、安全化”改革，以及机构人员、科技装备和信息化系统的配套，形成“简政集约、智能驱动、风险可控、便利高效”的试验区新型海关监管服务机制体制和管理模式。

为了有效履行边境保护、反恐、税收征管和便利贸易等方面的职责，有必要对海关在供应链安全与贸易便利方面的工作进行深入研究。本书立足于《全球贸易安全与便利标准框架》，较为系统全面地介绍了贸易安全与便利的基本知识，各国海关的成功经验和最佳实践，以及我国海关在贸易安全与贸易便利方面所作的探索。

《贸易安全与贸易便利》属于“海关高等教育教材”之一。在本书的编写过程中，笔者力图使本书具有以下特点：

1. 注重系统性和完整性。本书力求准确地阐述贸易安全与贸易便利的基本内容，充分吸收《全球贸易安全与便利标准框架》的最新研究成果，使得该书适应形势的发展。

2. 注重国际性和前瞻性。贸易安全与贸易便利是全球贸易发展的趋势和要求，因此，该书吸收了大量国际上发达国家的成功经验和最佳实践。

3. 注重科学性与实务性。本书介绍了中国海关在贸易安全与贸易便利的背景下所作的探索和努力，使读者能够较为全面地了解世界和我国海关在贸易安全与贸易便利方面的发展情况。

4. 注重读者使用的便捷与高效。本书对各章都罗列了“本章概要”及“学习目标”，突出了应用型本科教育的特点，注重了海关发展的时效性，帮助学习者更快、更清晰地掌握学习内容。

本书主要研究了世界海关组织和《全球贸易安全与便利标准框架》、贸易安全、贸易便利及中国海关的实践等四部分内容。第一篇主要介绍了《全球贸易安全与便利标准框架》的制定者世界海关组织和该标准框架的主要内容，以及实施背景和意义；第二篇从贸易安全视角，系统地介绍了海关和商界在贸易安全方面进行的探索和实践；第三篇从贸易便利化视角，较为全面地介绍了贸易便利及国际组织在贸易便利方面的努力和研究成果；第四篇围绕着《全球贸易安全与便利标准框架》，介绍了中国海关在贸易安全和贸易便利方面进行的理论探索和积极实践。

本书适用于海关管理、税务、国际经贸等本科专业，也适用于海关、税务、国际经贸等领域在职人员自学参考，并可以作为海关关员的培训教材。

本书由海关总署监管司李伟副司长和上海海关学院李九领教授、胡蓉副教授编著。具体分工如下：李伟副司长和李九领教授共同负责整体框架和内容体系的确定，李伟副司长撰写第四篇中的第十一、十二章和第十四章，李九领教授撰写第三篇的第八章；胡蓉副教授负责全书统稿，并撰写第一篇、第二篇和第三篇的第九、十章，以及第四篇的第十三、十五章。

该教材的编写得到了上海海关学院领导的高度重视和学院特色教材出版计划的资金支持；得到了海关行业专家的悉心指导，他们提出了许多宝贵意见和建议。此外，本教材编写过程中引用和借鉴了许多国内外相关的研究成果，也得到了中国海关出版社的支持，在此，一并表示衷心的感谢！

由于时间仓促，编者水平有限，书中的缺点和错误在所难免，恳请广大读者和专家予以批评指正。

编者

2014 年 5 月

目　录

第一篇　海关与《全球贸易安全与便利标准框架》

第二篇　贸易安全

第三篇 贸易便利化

第四篇 中国海关实践

第一篇　海关与《全球贸易安全与便利标准框架》

第一章　世界海关组织

本章概要

世界海关组织是《全球贸易安全与便利标准框架》的制定者，本章介绍世界海关组织的基本概况及组织结构。

学习目标

了解世界海关组织的概念、发展历史及其宗旨，以及其职责和目标，成立以来订立的一系列公约，并掌握世界海关组织的基本架构。

世界海关组织（World Customs Organization，WCO），其前身为海关合作理事会（Customs Cooperation Council，CCC），是国际性的海关组织，也是世界性的，为统一关税、简化海关手续而建立的政府间协调组织。

一、世界海关组织概述

世界海关组织是一个独立的政府间的多边国际组织。1952 年在布鲁塞尔成立，当时称海关合作理事会。理事会每年六月举行一次会议，通常在布鲁塞尔举行，但每三年有一次会议在布鲁塞尔以外的地方举行。其总部设在比利时的布鲁塞尔。

世界海关组织是唯一世界范围的专门研究海关事务的国际政府间组织，它致力于加强各成员海关工作效益和提高海关工作效率，促进各成员在海关执法领域的合作。其处理超过 98% 的世界贸易，横跨地球的 179 个海关，是海关专门技术的全球性中心。

二、世界海关组织历史沿革

从 20 世纪初以来，国际上就一直在不懈地努力，以促进海关制度标准化和协调化，便利国际贸易发展。早在 1923 年，国际联盟在日内瓦签订了一个《关于简化海关手续的国际公约》，1947 年的关税与贸易总协定（GATT）也列入了一些涉及海关的问题（如海关估价）。但是，那时候还没有一个专门机构负责审查海关手续或对其提出简化和协调的建议。1947 年 9 月 12 日，在遭受了第二次世界大战战火毁坏的欧洲，有 13 个国家在巴黎签署了一项联合声明，同意为实现促进海关制度标准化和协调化及便利国际贸易发展的目标，研究在布鲁塞尔建立一个负责研究协调海关制度的专门机构的可能性。此后，欧洲关税联盟成立了一个专门小组，负责此项研究工作。

第二年，这个研究小组又成立了一个经济委员会和一个海关委员会。后来，经济委员会因其工作与欧洲经济合作组织（OEEC）重复而停止了活动。欧洲经济合作组织负责落实有关美国对欧洲提供援助的工作。之后，它又被经济合作与发展组织（OECD）所代替。然而，海关委员会的工作一直继续进行，主要负责 3 个方面的工作，包括：对一些国家的海关技术问题进行比较研究，使这些国家的海关制度协调化和标准化；制订一个统一的商品分类目录和采用一个统一的海关估价的价格定义；研究其他方面的海关法规。这三方面的工作为后来于 1950 年 12 月 15 日在布鲁塞尔签订的 3 个公约奠定了基础。这三个公约分别是《关于建立海关合作理事会的公约》（1952 年 11 月 4 日生效）、《关于海关货物估价的公约》（1953 年 7 月 28 日生效）和《关于海关税则商品归类目录的公约》（1959 年 9 月 11 日生效）。

海关合作理事会因此于 1952 年在比利时首都布鲁塞尔诞生。该组织的第一次理事会全体会议于 1953 年 1 月 26 日举行，共有 17 个成员的代表团参加会议。因此，1 月 26 日就被定为“国际海关日”，世界海关组织和许多成员海关在每年的这一天都举办一些活动，如庆祝成立世界海关组织的周年纪念和宣传海关的活动。

在 1994 年，海关合作理事会年会通过一项有关为该组织命名一个工作名称的议案，其工作名称为“世界海关组织”。

三、世界海关组织宗旨

世界海关组织的宗旨是研究有关关税合作问题，审议征税技术及其经济因素以统一关税，简化海关手续，确保对其他两个公约的统一解释和应用。监督各国的执行情况，负责调解纠纷，并向成员国提供有关关税、条例和手续方面的情报和咨询。

世界海关组织通过制定国际公约推动各国海关合作，在促进协调和简化海关手续、方便国际贸易方面发挥着积极作用。该组织成立后制定了《海关合作理事会税则商品分类目录》（又称《布鲁塞尔税则》）。20 世纪 70 年代初，该组织研究并制定了《商品名称及编码协调制度》，简称《协调制度》（Harmonized System，HS）。1992 年 1 月 1 日，我国海关正式采用《协调制度》编制中国的海关商品编码。

四、世界海关组织的职责和目标

世界海关组织使用两种正式语言，即英语和法语。但是，西班牙语也被作为一种工作语言，在估价技术委员会上用于讨论“GATT/WTO 估价协议”所涉及的估价问题。西班牙语和俄语还被用于涉及有关《1972 年集装箱关务公约》方面的工作。最近，西班牙语又被作为在原产地规则技术委员会中使用的正式工作语言。

世界海关组织的年度财政预算主要来源于各成员缴纳的会费，会费基本是按照联合国会费分摊方法计算，最低会费为预算额度的 0.15%。

一般而言，世界海关组织负责研究所有涉及海关合作的问题，其职责和目标具体为：

第一，从技术角度对海关制度和相关的经济因素进行审议，以便提出获得最高程度协调和统一的实际方法；

第二，起草公约；

第三，提出建议，确保公约的统一解释和实施；

第四，从调解的角度出发提出建议，协调解决涉及公约解释和实施方面的争议，但世界海关组织不是法院，不能偏袒任何一方和实行裁决；

第五，主动或应请求，向有关成员政府提供海关事务方面的资料或意见；

第六，就其主管范围所涉及的事务与其他国际组织进行合作。

五、世界海关组织的组织机构

（一）理事会

理事会是世界海关组织的最高权力机构，每年举行一次全体代表会议，来自所有成员的海关署长或署长代表参加理事会会议。理事会主要由财政委员会（17 个成员）和政策委员会（24 个成员）协助工作。

理事会根据政策委员会和各技术委员会提出的建议作出各项决定，确定未来活动的方向，并根据秘书长和政策委员会提出的建议解决有关预算和人事问题。最初，理事会年会总是在布鲁塞尔召开，但随着该组织成员数量不断地增加，为照顾到一些更遥远的国家的利益和愿望，理事会决定年会除在布鲁塞尔召开外，有时还可在世界其他地区举行。例如，1996 年的理事会年会在我国香港地区举行。

（二）政策委员会

政策委员会按照要求，负责对所有重要的政策问题进行研究，向理事会提供咨询性意见或建议，在该组织中起着政策导向作用。政策委员会还为理事会年会进行准备，并在理事会主席的主持下，一年召开两次会议。政策委员会中的 6 名成员除了在委员会中担任副主席外，还分别代表理事会 6 个地区的所有成员海关参加政策委员会会议和有关活动，以反映各地区的利益和需要。世界海关组织划分的 6 个地区是北非及中近东地区，西非及中部非洲地区，东部及南部非洲地区，远东、南亚和东南亚、大洋洲和太平洋群岛地区（简称亚太地区），南美、北美、中美和加勒比海地区，欧洲地区。

我国是亚太地区的成员，曾于 1993 年 7 月至 1995 年 6 月当选世界海关组织政策委员会成员，同时也是世界海关组织亚太地区的地区代表。

（三）技术委员会

世界海关组织主要通过各个技术委员会对涉及海关专业领域的技术性问题进行研究，这些技术委员会可按海关专业领域划分如下：

1. 协调制度委员会

该委员会的任务是负责对《商品名称及编码协调制度的国际公约》（以下简称《协调制度公约》）进行管理，保证协调制度与科技进步、新产品出现和国际贸易发展保持一致。协调制度委员会也负责解决一些具体的商品归类问题，还负责对各国海关在商品税则归类的税号上发生的争议进行裁决。

协调制度委员会下设两个分委会，即审议分委会和科学分委会，它们分别负责研究涉及《协调制度》商品目录的修改问题和有关的化学问题。凡是与这两方面有关的问题，都首先由这两个分委会分别提出意见，然后再报协调制度委员会审议通过。

2. 估价技术委员会

该委员会负责研究有关海关估价方面的问题，对《WTO 估价协议》涉及的问题提供专家意见、评论和解释，对一些估价问题进行专项研究和调查。

3. 常设技术委员会

该委员会负责向理事会提出几乎涉及所有海关技术和手续方面的建议，其任务是研究各个方面的海关技术问题，促使海关手续在世界范围内的简化和协调。20 世纪 80 年代，随着科技在海关业务中的广泛应用，涉及技术工作的议题增多，该委员会又下设信息管理分委员会（1995 年前称自动化数据处理分委员会），专门负责研究和讨论海关科技应用中的问题。

4. 执法委员会

执法委员会于 1986 年从常设技术委员会中独立出来，目的是加大对商业瞒骗和麻醉品非法交易的打击力度。执法委员会研究和讨论的议题还涉及一些执行国际公约管制规定的使命和活动，如打击走私和非法贩运毒品、濒危野生动植物种、核材料和放射物质、假冒香烟，保护知识产权及反洗钱和打击跨国有组织犯罪等，也研究有关国际海关行政互助问题，包括执法信息和情报交换。

上述各技术委员会的决定通常先由各种专题工作组会议、专家组或分委会负责起草，尤其是对一些问题作出决定之前，需要专家的专门技术知识或较长时间的准备。

5. 原产地规则技术委员会

1995 年，世界海关组织根据世界贸易组织的要求成立了原产地规则技术委员会，负责从技术角度审核各成员日常工作中产生的原产地规则方面的具体问题，并根据各成员提供的事实，提出合理解决问题的建议。该技术委员会还可应成员的要求，提供有关决定货物原产地的信息或建议。

（四）秘书处

理事会的日常工作主要是通过秘书处完成的。秘书处设在布鲁塞尔，总共有 115 个职员。其中，一位秘书长、一位副秘书长和两位司长须由世界海关组织所有成员通过理事会年会选举产生，任期 5 年；他们下属的副司长和技术官员由秘书长任命，任期 5 年。此外，各成员还可在一定时期内派遣官员到秘书处工作，这些官员被称为技术随员，由各成员自己支付工资。世界海关组织雇用的职员并不代表他们所属国家的海关，他们只为世界海关组织工作，保持中立态度。

秘书处与各技术委员会密切合作，秘书处通过各技术司为各技术委员会准备会议提案和草案，组织技术会议、讲座和研讨会。秘书处还负责起草公约文本和文件，提供信息，以及完成一些专项工作。秘书处下设司和分司，主要活动如下：

1. 关税及贸易事务司

（1）负责制定和管理《协调制度公约》。该公约的缔约方现已达 100 多个，《协调制度》目录已为 200 多个国家或地区使用，世界贸易组织谈判也采用了《协调制度》目录。目前，全球贸易总量 98% 以上的货物都是以《协调制度》进行分类的。

（2）负责管理已由关税与贸易总协定（GATT）移交世界贸易组织的《WTO 估价协议》。海关估价是现代海关关税制度中的一个重要内容，必须予以准确地界定以便估算关税。它也是统计、配额、许可证和税收等管理的一个重要因素。世界海关组织从技术角度保证世界贸易组织有关协议的正确解释和执行。世界海关组织在估价方面的其他工作还包括：为实施《WTO 估价协议》，从经济和财政方面进行研究；编制已申请加入世界贸易组织的国家或地区的有关估价法规索引；研究涉及海关估价的价格瞒骗问题，以及出版海关估价工作手册。

2. 守法及便利司

该司由执法/守法分司和手续/便利分司组成。

（1）执法/守法分司

在该领域，世界海关组织也制定了一个重要的国际公约《内罗毕公约》。该公约的目的是为防止、调查和惩处违反海关法规的行为提供行政互助。在执法方面的重点是加强毒品和商业瞒骗情报的国际合作。世界海关组织与国际刑警组织、联合国负责毒品执法的部门（如联合国禁毒署）相互密切合作，尤其是与国际刑警组织。

世界海关组织有一个中央信息系统（CIS），它是由若干个记录违反海关法规情况的计算机数据库组成。世界海关组织的成员报送的数据被存入中央信息系统，经过分类、分析，然后再提供给各国海关。为提高这方面工作的有效性，世界海关组织还正在与有关的国际贸易和国际货运组织签订协议，并且建立了地区情报联络处。世界海关组织还与涉及执法的其他国际组织保持密切的联系，如涉及贩卖毒品收入、洗钱、非法财产、制毒化学品前体和易制毒化学品等方面。

（2）海关手续分司

世界海关组织制订了许多涉及海关手续的公约，其中最主要的是《京都公约》，它是世界海关法典的纲要。《京都公约》是一部简化和协调海关制度的文件（例如，向旅客提供海关便利、暂准进口货物手续简化等等）。目前海关制度方面的工作重点是海关自动数据处理和电子数据交换方面，特别是在电子数据交换方面。世界海关组织积极鼓励其成员在本国海关中采用现代数据处理技术。

3. 人力资源部

世界海关组织有一个培训专家小组，在该专家组及来自成员和国际组织的专家们的协作下，人力资源部实施了许多培训和技术合作项目，如：

（1）世界海关组织海关改革和现代化项目。

（2）为各成员海关的决策人举办入门培训。

（3）成员国（地区）开展问题诊断研究。

（4）协助成员制订实施计划。

（5）协助进行项目评估。

（6）与世界海关组织有关司合作，举办世界海关组织主要公约和文件的讲座和研讨班。

（7）在有关专家的协助下，编写海关业务各方面（如协调制度、瞒骗和自动数据处理等）的单元培训教材，供海关培训人员在本国培训中使用。

（8）为各成员未来担负培训工作的人员举办教学技能培训班。

（9）举办奖学金学习班，使参加者有机会熟悉世界海关组织工作，并继续进行所选定的海关业务学习。此外，学员还有机会在某一成员海关实习。这些项目是由一些成员海关（如澳大利亚、法国、日本和瑞士）和世界海关组织资助的。

（10）研究培训方法和调查世界各地区目前的培训需要。

（11）编写所举办项目培训效果的评估报告。

（12）举办管理讲座。

（13）提倡和推广地区性培训。

（14）举办管理者讲座。

（15）WIDEBAND 培训管理数据库。

由于世界海关组织不可能培训所有的海关人员，因此，其目的是使培训具有“滚雪球”般的累积效果。此外，秘书处还下设秘书长办公室及行政管理和财务部。

六、世界海关组织制定的国际海关公约

海关合作理事会成立以来，先后制定了《关于建立海关合作理事会的公约》、《关于海关货物估价的公约》、《关于海关税则商品归类目录的公约》、《关于包装用品暂准进口海关公约》、《关于专业设备暂准进口海关公约》、《关于货物凭 ATA 报关单证册暂准进口海关公约》、《关于海员福利用品海关公约》、《关于科学设备暂准进口海关公约》、《关于教学用品暂准进口海关公约》、《关于在展览会、交易会、会议等事项中便利展出和需用货物进口海关公约》、《关于简化和协调海关业务制度国际公约》（即《京都公约》）、《协调制度公约》、《关于防止、调查和惩处违反海关法行为的行政互助国际公约》（即《内罗毕公约》）、《海关暂准进口公约》等 14 个国际海关公约。1971 年制定的《关于货物实行国际转运或过境运输海关公约》因未达到法定缔约方数目而尚未生效。

世界海关组织理事会于 2005 年 6 月 24 日通过了《全球贸易安全与便利标准框架》，并据此对海关运作模式进行重大改革，以增强各国海关应对安全与便利这两大挑战的能力。

第二章　全球贸易安全与便利标准框架

本章概要

作为监管国际货物流动的政府部门，海关在加强全球供应链安全，通过税收征管与贸易便利为社会经济发展作出贡献方面占有独一无二的位置。世界海关组织有必要通过便利贸易和保护贸易安全来促进世界经济的发展，通过加强海关管理来保护国际供应链。因此，世界海关组织成员制定了一个加强国际贸易安全与便利的制度，这就是《全球贸易安全与便利标准框架》。本章第一节介绍《全球贸易安全与便利标准框架》的背景、基本内容，第二节介绍实施《全球贸易安全与便利标准框架》的益处，第三节介绍如何进行《全球贸易安全与便利标准框架》实施和能力建设。

学习目标

了解《全球贸易安全与便利标准框架》的产生背景，掌握该框架的目标、原则、核心元素和支柱及支柱标准；理解《全球贸易安全与便利标准框架》带给国家、海关和商界的益处；掌握该标准框架实施的能力建设含义，以及取得最大收益的实施原则。

第一节　《全球贸易安全与便利标准框架》概述

一、《全球贸易安全与便利标准框架》产生的背景

国际贸易是经济繁荣的基本推动力。全球贸易极易受到恐怖分子的利用，从而严重损害全球经济。作为监管国际货物流动的政府部门，海关在加强全球供应链安全，通过税收征管与贸易便利为社会经济发展作出贡献方面占有独一无二的位置。

海关拥有其他政府部门没有的重要权力，即监管进出口及过境货物和物品的权力。由于专有的权力和专业的知识，海关能够并应当在全球贸易安全与便利方面担任核心角色。海关拥有拒绝货物进出口和加速进出口的权力，同时海关能够要求相关经营人（如收发货人、承运人、货主）提供有关进出口货物的信息。

对每一票货物都实施查验是一种不可接受和不必要的负担。事实上，这种做法将会使全球贸易停滞。因此，现代化的海关采用自动化系统对各种问题进行风险管理。在这种环境下，世界海关组织应当建立一套国际海关标准，统一各国海关的做法，并要避免与其他政府间组织的要求重复或相悖，海关应当充分考虑便利和保护贸易的要求，尽量减少对国际贸易带来的负担。

世界海关组织有必要通过便利贸易和保护贸易安全来促进世界经济的发展，通过加强海关管理来保护国际供应链。因此，世界海关组织成员制定了一个加强国际贸易安全与便利的制度，这就是《全球贸易安全与便利标准框架》（以下简称《标准框架》）。《标准框架》确定了一些原则和标准，并提议作为世界海关组织成员必须实现的最低标准而加以通过。

世界海关组织《标准框架》还考虑了能力建设和法律授权等重要因素。由于世界海关组织成员发展水平不尽相同，尽管框架很多内容在发达国家不需要能力建设就能实施，但仍有许多不发达成员海关在实施框架标准方面需要援助。

二、《标准框架》的目标、原则、核心元素和支柱

（一）目标

《标准框架》旨在制定全球范围供应链安全与便利的标准，促进稳定性和预见性，形成对所有运输方式适用的一体化供应链管理；增强海关应对21世纪挑战和机遇的作用、职能和能力；加强成员海关之间合作，提高甄别高风险货物的能力；加强海关与商界的合作；通过保护国际贸易供应链安全促进货物畅通无阻地流动。

（二）原则

《标准框架》规定了许多加强安全的措施，如风险管理和现代技术的综合运用，其中大部分措施以有关的世界海关组织指南、建议书和法律文件（如修订后的《京都公约》）

述及的现代海关制度为基础。同时，这些措施将便利合法贸易，推动海关改革与现代化建设。换言之，《标准框架》旨在把这些现代海关制度整合为反恐的安全措施，也把与安全有关的指南发展为世界海关组织成员能够以务实、灵活的方式采纳实施的标准。

《标准框架》的第一个原则是增强海关在国际供应链中尽早发现高风险货物的能力。由于在目前的技术条件下不可能对所有的进出口及过境货物实施查验，因此，运用风险评估甄别高风险货物就显得尤为重要。提前提交电子信息使海关能尽早对所有货物实施风险评估以甄别高风险货物，应尽量使用非侵入式检查设备对高风险货物实施高效查验。总之，海关能够在便利合法贸易的同时把有限的资源集中于高风险货物，从而实现保护和便利全球贸易的目的。

第二个原则与经授权的经营者①（Authorized Economic Operation，以下简称 AEO）安排相关，旨在促进低风险货物贸易量的增长。吸引国际物流中的众多企业参与 AEO 计划，具有重要的意义。海关在 AEO 的支持和帮助下识别高风险货物，能够进一步将有限的海关资源集中于高风险货物，由此进一步实现保护和便利全球贸易的目的。

第三个原则是为世界海关组织成员提供指导以避免他们制定相冲突的国家规定，避免《标准框架》与该领域其他文件冲突。美国的集装箱安全倡议（CSI）、海关—商界反恐伙伴关系（Customs – Trade Partnership Against Terrorism，以下简称 C – TPAT）、亚太地区贸易安全倡议，以及新《欧盟海关法典》属于国家和地区性倡议文件。《标准框架》也支持国际海事组织、国际民航组织及世界贸易组织等其他国际组织在此领域所做出的努力。

第四个原则是保证《标准框架》实施的机制。政府和企业都可能面临实施《标准框架》的成本问题。为实施《标准框架》，许多成员可能需要整合海关机构，改革海关制度，精简边境手续并实现海关现代化。因而，仅有少数成员海关可立即实施《标准框架》。因此，《标准框架》允许各成员海关根据其不同的能力建设程度制订各自的分阶段实施方案，并鼓励实施试点项目。此外，《标准框架》要求成员提供各阶段实施进展的情况报告。这有助于在成员间推广成功经验和最佳做法，并促使各成员因来自其他成员和商界的压力而尽早实施《标准框架》。

第五个原则，也是颇为重要的一个原则，就是能力建设。《标准框架》考虑了需要时间为有意愿实施《标准框架》的世界海关组织成员提供适当的能力建设援助。世界海关组织将努力承担此项工作，并帮助成员获取来自其他成员或赞助者的财政和人力资源支持。在各实施阶段均可利用现有的世界海关组织法律文件和技术工具，以提升能力。

（三）核心元素

世界海关组织《标准框架》包含 4 个核心元素：第一，《标准框架》协调了对进口、出口和转运货物提前递交的电子货物信息的要求；第二，加入《标准框架》的国家都应针

① 经授权的经营者是指货物在国际流通中，其职能已由海关当局确认符合世界海关组织或相应供应链安全标准的相关各方，包括生产商、进口商、出口商、报关人、承运商、装货人、协调人、口岸和机场各方、终点站经营者、综合经营者、保税仓库经营者和销售商。

对安全威胁采用一致的风险管理手段；第三，《标准框架》提出，应进口国的合理要求，出口国海关基于可比的风险布控手段，应对出口的高风险集装箱和货物进行查验，最好使用非侵入式查验设备，如大型X光机和放射性探测仪；第四，《标准框架》规定了成员海关要向满足供应链安全的最低标准并参照最佳做法的商界提供相应的便利。

（四）支柱

基于上述四要素，《标准框架》着眼于两大支柱，即海关与海关之间的合作安排和海关与商界之间的伙伴关系。两大支柱的战略有许多优势，其包括了一套标准，保证容易被各方理解和接受及在国际上迅速实施。此外，《标准框架》直接吸取了现行世界海关组织安全与便利的措施和一些成员海关制定的项目。

1. 支柱一：海关之间的合作

由于掌握专有的权力和专业的知识，海关肩负着保护全球贸易安全并促进贸易便利的双重责任。为了尽可能确保货物和集装箱在国际贸易供应链中的安全，海关间必须以共同接受的标准为基础加强合作。支柱一可以实现这一目标，它为保护国际贸易供应链的安全不受恐怖主义和其他跨国犯罪的影响提供有效的机制。

传统做法是海关在货物到达国内港口时进行检查，而当今海关必须有在集装箱或货物到达之前筛选检查货物的能力。

支柱一的中心原则是运用提前获得的电子信息识别高风险的集装箱或货物。运用自动风险布控工具，海关可以在供应链中更早的阶段，如在出发港甚至这之前识别高风险集装箱。

海关应当为相互间的信息自动交换制定相应的规则，因此，该信息交换系统应建立在统一协调的、能相互数据兼容的基础上。

为保证通关效果和便利贸易，海关应当利用现代科技手段对高风险货物进行查验，此类技术包括但并不限于大型X光机、伽马射线机和放射性探测仪。推动利用现代技术保持货物和集装箱的完整也是支柱一的关键组成部分。

支柱一的标准如下：

（1）标准1：一体化供应链管理

海关应遵守世界海关组织《一体化供应链管理指南》（ISCM Guidelines）规定的海关监管制度。

（2）标准2：货物查验权力

海关应有权对启运地货物、过境货物、出口货物（包括存放在甲板上的货物）及转运货物进行查验。

（3）标准3：现代化技术在查验设备的运用

只要条件允许并且符合风险评估的要求，非侵入式查验设备和放射性探测仪应尽可能运用于查验环节。这类设备对快速查验高风险集装箱和贸易是必要的，同时不阻碍合法贸易和货物的流动。

（4）标准4：风险管理系统

海关应当建立一个自动化的风险管理体系来识别潜在的高风险货物。该系统应包括风险评估、风险布控和最优方案选择机制。

（5）标准5：高风险货物或集装箱

如果没有充分的信息将此票货物或集装箱确认为低风险的，那么该票货物将被认定为高风险的货物或集装箱。此外，如果情报显示为高风险，或者风险指数评估确认为高风险货物，也将被认定为高风险货物。

（6）标准6：提前的电子信息

海关应提前获取货物和集装箱的电子信息，并进行及时准确的风险评估。

（7）标准7：布控和交流

海关应提供联合布控和查验，布控应当采用标准化的做法和可兼容的信息交换工作机制，这些要素将有助于相互承认监管结果这一制度的建立。

（8）标准8：绩效评估

海关应对各项措施的实施情况做出统计报告，内容包括但不限于：审查货物的数量，高风险货物目标，对高风险货物的查验情况，利用非侵入式检查技术对高风险货物进行查验的情况，非侵入式检查技术与人工查验相结合对高风险货物进行查验的情况，利用人工查验方式对高风险货物进行查验的情况，通关时间，以及各项措施取得的成效和带来的正负面影响。

（9）标准9：安全评估

海关应与其他职能机构合作进行安全评估，包括国际供应链中货物的流动，并要尽快解决发现的问题。

（10）标准10：工作人员的廉政

海关和其他职能机构应开展反腐倡廉的活动，并同时查处腐败行为。

（11）标准11：出口安全查验

若进口国的要求合理，出口国海关应对出口的高风险集装箱和货物实施查验。

2. 支柱二：海关与商界的伙伴关系

各海关都应该与企业建立伙伴关系，以保证国际贸易供应链的安全。支柱二的核心在于建立一个国际化的企业识别系统，为该系统在供应链中发挥作用提供高水平的安全保障。企业也应在这一伙伴关系中获得显而易见的益处，如通过快捷通关或其他方式的便利为企业提供实惠。

海关可以依靠商业伙伴对贸易环节中存在的风险因素进行评估和识别，就这点而言，海关面临的风险降低了。同样，企业采取措施来加强供应链安全也将使其自身受益。最低限度的风险可以让海关在行使安全职能的同时便利合法贸易。

这种合作关系通过引入企业的参与和对在原产地口岸安全要求的提高，将货物和集装箱的安全推到供应链的两端，即集装箱在出口国的生产厂家货物装箱的那一刻和集装箱在供应链中行进的每一个点。

《标准框架》规定了商业企业成为安全伙伴必须达到的标准。这一标准涉及诸多问题，比如风险评估，针对被评估的风险的安全计划、交流计划，针对阻止非正常的或没有文件记录的货物进入国际供应链的程序性措施，装卸或仓储场所的物理安全，集装箱和货物及运输工具的安全，人员审查和信息系统的保护。

经确认或授权的海关商界伙伴认证（界定）可由一系列因素决定，包括进口量，与安全问题相关的异常现象，特定的地理区域所带来的威胁或者其他风险信息。上述要素的确定将根据环境的发展而变化。

关于商界伙伴在成为 AEO 后可以取得的最小利益的统一认识是非常重要的。这些利益包括低风险货物的快速通关，更高的安全资信，通过提高安全效率而优化的供应链成本，企业获取更高的荣誉和更多的商业机会，对海关规章制度的更深刻理解，AEO 与海关间更好的沟通。

相当多的处于国际供应链节点上的企业必须满足现行的国际安全要求和拥有内部的供应链安全计划，并符合海关对商界伙伴认证标准。海关与商界伙伴关系这一支柱内的各种体系必须建立在海关对企业的资质鉴定和资格认证基础上，运用信息技术便利所有与进出口贸易有关的各种手续，并向进口商、出口商、报关人、货运代理人、承运人和其他合格的服务供应商提供优惠。

随着从大量的现有实施的计划①中吸取经验，加入《标准框架》的海关当局和国际贸易企业应使支柱二标准化。

支柱二的标准如下：

（1）标准 1：伙伴关系

国际贸易供应链中的 AEO 应当采用自我评估体系，该体系以预先制定的安全标准和最佳做法为参照，以确保该经营者的内部政策及制度可以保障货物和集装箱直至海关监管目的地验放前是安全的。

（2）标准 2：安全

AEO 应将预先制定的保障安全最佳做法融入到其现行的商业行为和经营活动当中。

（3）标准 3：授权认证

海关应和商界代表一起设计一套确认体系或者资质鉴定制度，使企业通过获取 AEO 资格而得到激励。

（4）标准 4：技术

各相关方都将被鼓励使用现代化技术来保证货物和集装箱的完整。

（5）标准 5：交流

海关应定期更新海关与商界伙伴关系项目，以改进和优化最低安全标准和供应链安全最佳做法。

（6）标准 6：便利

海关应与 AEO 加强合作，最大限度地实现从该关境开始或途经的国际贸易供应链的安全与便利。

---

① 这些项目包括修改后的《京都公约》、瑞典的“StairSec”项目、加拿大的保护伙伴项目、澳大利亚的前沿和客户认证项目、美国的反恐伙伴关系项目、新西兰的 SEP 和前沿项目、世界海关组织商业伙伴小组及世界海关组织一体化供应链管理指南。

第二节　实施《标准框架》的益处

《标准框架》为促进世界贸易提供了一个新的全面的平台，确保更安全地防范恐怖主义，以及增加海关和商业伙伴对国家经济和社会福利的贡献。它将提高海关甄别和处理高风险货物的能力，并增强货物管理的效率，从而加快货物的通关和放行。《标准框架》的标准，将给国家、政府、海关和商界都带来益处。

一、对国家、政府、海关的益处

对实施《标准框架》预期受益的详细分析，可鼓励世界海关组织成员实施《标准框架》，有助于政府和国内相关方下决心着手实施《标准框架》。考虑到国家、政府、海关密切关联，为了行文方便，以下段落将对以上三者的受益一起进行分析。

（一）巩固安全

实施《标准框架》的世界海关组织成员可获得巩固全球贸易货物安全所带来的益处。海关需要提高情报与风险管理能力以有效地对高风险货物实施布控和查验，从而实现反恐安全目的。《标准框架》可帮助海关从多渠道收集信息，包括出口地的原始信息。

恐怖主义事件不仅对目标国而且对全球经济都会带来严重的损害。它包括经济上的直接破坏及对贸易、投资、经济增长的间接影响。例如，对美国主要海港的一次原子弹袭击会导致100万人的丧生和高达5000亿美元的经济损失，并导致价值200亿美元的贸易中断。此外，许多国家担心，在缺乏安全的情况下贸易就无法进行。一份报告显示，1975～1991年期间激增的恐怖主义活动使西班牙的海外直接投资净量减少了13.5%，希腊减少了11.9%。

此外，由于当地安全手续的充分性得以确定，到达、途经、离开实施《标准框架》成员的货车、火车、船只、飞机等运输工具的保险费用将会降低。这有助于增强实施《标准框架》成员港口、机场和其他边境单位的竞争力。

此外，实施《标准框架》成员可以在遭受恐怖袭击的情况下看到其他的竞争优势。“9·11”事件之后，所有美国机场关闭3天，纽约和新泽西港口停航2天。为避免再次出现此类情况，许多措施相继出台。例如，在集装箱安全倡议港口被识别为低风险和经确认其完整性的货物，在遭受恐怖袭击的情况下其运输仍可尽量保证畅通。由于来自集装箱安全倡议港口的货物被视为低风险货物，美国海关与边境保护局能够集中资源对来自非“集装箱安全倡议”港口的高风险货物进行监管。

（二）提高效率

实施《标准框架》可推动海关改革与现代化，从而提高海关效率。为保证《标准框架》的实施，可能需要调整或整合机构，重新分配海关资源，改革海关制度，精简边境手续并实现现代化。例如，实施《标准框架》的成员可以根据其优先工作重点减少或重新分配多余的资源至更有需要的工作领域，把更多的海关关员分配至需要人力的部门，进一步提高政府部门的整体效率。

（三）加强海关监管和执法

实施《标准框架》成员对进出境和过境货物的海关监管和执法能力将得到提高。如前所述，实施《标准框架》成员提高了在反恐方面甄别高风险货物的能力。因此，海关能够运用此能力扩大海关监管范围保护社会安全，发挥在缉毒、卫生、环境、打击知识产权侵权及税收（包括打击商业瞒骗）等方面的作用。

此外，实施《标准框架》可加深海关关员对国际贸易和运输活动的认识与理解，从而更好地对国际供应链中的货物实施监管。

《标准框架》也可推动海关的廉政建设。其基于反恐安全目的，要求海关关员的廉政及企业的廉政，廉洁的海关和企业不会从事如贿赂及腐败等不正当行为。贿赂和腐败行为会对国家经济造成严重的损失，实施《标准框架》有效抑制了上述不正当行为，加强了海关监管和执法。

海关违法行为和恐怖主义活动之间的密切关系常被提及。例如，一份联合国海洋开发计划报告指出，“它（使用毒品）也为犯罪活动及在某种程度上为恐怖主义活动进行融资”。该报告称，2004 年 3 月马德里火车爆炸事件与贩毒活动有关，而且其资金很可能来源于贩毒活动。可见，提高海关监管和执法能力不仅能有效打击全球恐怖主义活动，而且有助于实施反洗钱执法行动或查获有组织商业犯罪活动。

（四）增加税收

由于《标准框架》的大部分措施是在现行的现代海关制度的基础上形成的，实施《标准框架》将推动海关改革与现代化进程。同时，来自海关改革与现代化项目的经验有助于加深对实施《标准框架》益处的认识。

海关改革与现代化项目显示，在实施项目后海关税收主要以两个方式增加：一是贸易量的上升使税收增加，二是包括偷窃、贿赂、走私在内的不正当边境活动减少使税收增加。例如，在海关改革与现代化过程中，安哥拉的海关税收从 2000 年的 2.3 亿美元增至 2001 年的 3.45 亿美元，2002 年达到约 5 亿美元。世界银行《海关现代化手册》提到的 7 个实例中，乌干达海关税收在国内生产总值中的百分比在改革后增长了 1 倍，玻利维亚、摩洛哥、莫桑比克和秘鲁尽管下调税率也保持了改革前的水平（见表 2-1）。在菲律宾和土耳其，海关关税收入在国内生产总值中的百分比在改革后大大下降了，但根据其他来源，其在货币范畴实际上是增长了。

表 2-1　改革前后的海关税收

（在国内生产总值中所占的百分比）

	玻利维亚	摩洛哥	莫桑比克	秘鲁	菲律宾	土耳其	乌干达
改革前	1.2	3.7	2.2	1.2	4.0	0.6	0.8
改革后	1.1	3.2	2.0	1.4	1.5	0.2	1.6

备注：改革前指的是以下年份：玻利维亚、摩洛哥和莫桑比克，1996；秘鲁，1990；菲律宾，1991；土耳其，1994；乌干达，1990/1991。所有国家的改革后指的是 2001 年。

（五）便利贸易

《标准框架》将增强国际货物流动的统一性和可预测性。在《标准框架》规定的有关海关最佳做法的基础上，制定与安全有关的法规和多边规则，避免实施《标准框架》的成员在此方面的规定互相冲突。因此，《标准框架》在考虑国家安全的前提下鼓励合法贸易和投资便利化，从而促进实施《标准框架》成员的经济发展。在准备贸易便利化谈判中，世界贸易组织在评估贸易便利措施的经济效益方面作了许多研究，其中包括风险评估和简化海关手续等。

贸易是经济发展的重要动力，例如，世界银行证明，通过海关改革与现代化项目采取贸易便利措施的国家，其经济发展比没有实施这些项目的国家迅速。数据研究表明：贸易便利带来的全球收益估计为400亿美元，其中2/3属于非经济合作与发展组织国家。

（六）进一步扩大的受益

上述受益可通过AEO安排加以扩大，经海关认可为AEO并参与国际货物流动的企业，根据自我评估和自我安全管理制度共同承担货物安全管理责任。由于AEO守法能力的增强，他们运营的货物被视为低风险货物。在甄别高风险货物时，海关在某种程度上依靠AEO，才能把有限资源集中于非AEO货物上。如此，AEO安排可为实施《标准框架》成员带来更多的益处，例如，通过进一步巩固安全和提高效率，提高反恐及其他海关监管方面的能力。

（七）能力建设资格

2005年年初，世界银行29个总值为3090亿美元的项目与海关现代化要素有关。考虑到国际贸易安全问题的重要性不断增强，把安全方面的内容纳入与贸易有关的能力建设具有重要的意义。在这方面，《标准框架》被认为是一个引导各实施《标准框架》成员在实施与贸易有关的能力建设项目中选取正确方向的有效手段。

《标准框架》也通过增加安全领域的指引推动海关改革与现代化进程。实施《标准框架》的成员在实施时可以充分利用现行的组织结构、海关制度、边境手续和基础设施来节省投资。这也是因为《标准框架》是在现代海关措施的基础上形成的，并且与其他正在执行的安全倡议兼容。

此外，表示了实施《标准框架》政治意愿的世界海关组织成员能获得世界海关组织在各实施阶段的战略支持。世界海关组织将动员其人力资源承担能力建设工作，并帮助成员寻求其他成员或赞助者的财政支持。在各实施阶段，可运用许多现有的世界海关组织工具，包括《安全框架自我评估指南》、《世界海关组织国家立法指南》和《标准风险评估指南》。此外，实施《标准框架》的成员可根据其不同的能力水平、发展程度、条件和要求分阶段实施。

总而言之，《标准框架》的主要目的之一就是保护和便利全球贸易，以推动经济的增长和发展。在保护全球贸易免受恐怖主义袭击的同时，使海关能够推动合法贸易的流动，并提高海关业务的现代化程度，继而有利于税收征管和国家法律法规的正确实施。因此，《标准框架》文件将保护经济和社会安全，促进外商直接投资的发展。

《标准框架》还将鼓励海关和其他政府部门之间的合作，并应当认可其他已经存在的国际标准。它将帮助政府实施统一的边境管理和监管，并通过采取必要措施，使政府能够扩大海关在这个领域的权限和职责。

《标准框架》的主张之一就是要建立海关与海关之间的合作安排，以推动货物在安全的国际贸易供应链中的畅通无阻。此外，合作安排将带来及时、准确的信息交换，使海关的风险管理建立在更加有效的基础之上。它不仅能提高海关甄别高风险货物的能力，还能加强海关对国际贸易供应链的监管，并使海关资源得到更好和更有效的配置。海关与海关之间的合作安排能加深海关之间的合作，使它们尽早地在供应链中发挥监管作用，例如，进口地海关委托出口地海关进行查验等。《标准框架》文件还规定各海关在具体形势下相互承认监管。实施《标准框架》能使海关对全球贸易供应链有一个更开阔、更全面的认识，还有机会消除重复和多样的报告要求。

《标准框架》将为海关应对国际贸易新环境下的挑战奠定基础，并推动海关的改革和现代化发展。由于《标准框架》采取灵活的结构，这也使各海关能够根据各自发展、条件和要求的具体水平，以不同的速度来实施《标准框架》。

二、商界的受益

随着不断增长的全球恐怖主义威胁，全球贸易安全问题成为国际社会关注的焦点。需要采取全球性的行动打击全球恐怖主义，已成为普遍的共识。尤其存在恐怖分子利用国际货物流通渠道运送大规模杀伤性武器和相关物品的潜在高风险，因此，越来越需要识别此类货物的非法跨境流动。

由于在查验进出口及过境货物方面专有的权力和专业的知识，海关应当在全球贸易安全与便利方面发挥重要的作用。世界海关组织是唯一主管海关事务的国际组织，拥有179个成员海关，代表着全球超过98%的贸易量，它有责任应对这个挑战。鉴于大规模杀伤性武器对社会和经济的巨大危害，必须加大监管力度，但同时也应减少阻碍贸易活动的限制性标准。这是把商界的受益作为《标准框架》4个核心元素之一的原因。

没有商界的支持和参与，世界海关组织成员就不能成功地实施《标准框架》。因此，对商界受益的详细分析，有助于鼓励商界支持《标准框架》。商界可通过积极参与《标准框架》尤其是通过AEO看到实际益处。

（一）巩固了安全

在实施《标准框架》的国家，商界可获得更安全的环境。所有参与国际货物流动的企业可因《标准框架》巩固安全的措施而面临更少的恐怖主义威胁。

国际供应链任一环节出现问题，则整个供应链都会瘫痪，因而对运输的恐怖袭击将对商界造成严重的损失，除了生命和财产的直接损失外，还包括服务的中断、港口的关闭、客货运的滞留。

（二）统一性和可预测性

《标准框架》可在全球范围内为国际供应链提供统一和可预测的安全与便利。一旦世界海关组织成员以统一和可预测的方式实施《标准框架》，商界就能够避免不同成员国家安全措施的不同和相悖。

此外，《标准框架》确保在识别参与国际货物流动企业巨大差别的同时，以一个不影响贸易的方式为企业提供机遇。由于具有统一性和可预测性，在进行了必要的风险评估后，企业可平等地获得从《标准框架》中获益的机会。

（三）便利贸易

《标准框架》在考虑国家安全的同时促进了合法贸易便利化。贸易便利对商界的益处已获得很好的证明，如边境守法成本和通关时间的减少。

日本海关曾做过一项分析，概括了包括简化海关手续在内的贸易便利化措施对日本港口进口的直接和间接影响。该分析也揭示了在过去 10 年中，由于通关时间减少 4 天，商界节省了 4 亿美元。此外，通过调查出口商从较慢的海运转向较快的空运愿意支付的费用，据估计，通关时间减少 1 天的价值相当于被交易货物价值的 0.5%。

表 2－2　日本港口进口通关时间减少的影响

实体	直接影响	间接影响
货主	• 减少边境通关时间 • 增加边境通关时间的可靠性 • 缩短从抵运到进口允许保险的时间	• 减少贸易失败机会 • 减少库存（例如，减少不必要的购货和存货成本及利息费用） • 由于采用刚好准时的生产减少安全库存 • 增加利用空闲时间的灵活性
运输企业	• 减少在码头的时间 • 减少集装箱堆场面积	• 减少每个港口的成本 • 减少租用集装箱场地的费用
货站经营者	• 提高工作效率和减少工作时间	• 减少工作成本 • 应对货主（货运人）更快处理货物的要求
代理人	• 提高工作效率和减少工作时间	• 减少工作成本 • 减少故障成本
货车经营者	• 固定提货时间	• 提高货运周转率

（四）AEO 的受益

《标准框架》描述了一系列 AEO 的受益。AEO 的受益是双重的：首先是取得授权资格的受益，其次是海关给予授权企业作为激励的益处。为了吸引国际货物流动中的众多企业参与经认证的经营者计划，世界海关组织各成员在考虑其能力、需要及其他相关因素的基础上，通过与商界的认真磋商确定激励的种类。

1. AEO 资格的益处

AEO 资格有几项益处。这些益处主要有赖于一国海关确定的授权资格的认证标准。换言之，假如实施《标准框架》的各成员海关采用共同或相似的资格认证标准，企业在各成员国的受益将是相同的。

（1）更加安全的工作环境

更加安全的工作环境是 AEO 资格的益处之一。海关要求 AEO 将完整的安全措施、与海关有关的最佳做法与其商业运作相结合。这些措施保证货物的高度安全，有利于创造安全的工作环境。

如果货物的安全无法保证，参与国际物流的企业就面临货物被毁和货运、人员、信誉等受损的风险。例如，在印度，作为钢铁废碎料进口的货物在从卡车上卸货时突然发生爆炸，造成 10 个工人死亡。卡车司机和负责卸货的工人及进口钢铁公司都不知道钢铁废碎料中至少藏有 48 个炸药。结果，印度对进口钢铁废碎料采取强制性证明的做法。

此外，AEO 的安全做法可减少货物的失窃。目前，货物失窃带来严重的后果。据报告，全球每年货物失窃产生的成本估计是 400 亿美元，间接成本则更高。

而且，保险公司在评估保险条件时可考虑到 AEO 的安全措施。由于 AEO 的货物被认为在恐怖主义及盗窃方面是低风险的，因此他们的保险成本将降低，并可获得其他有利的条件。

（2）提升企业与客户的关系

AEO 可通过提升与客户的关系和企业形象受益，从而增强企业竞争力。安全被视作“有竞争力的工具”。AEO 的货物被认为在防范恐怖主义及盗窃方面是低风险的。而且，AEO 的员工受过良好的廉政培训。这些是竞争领域的重要资产。

此外，AEO 可在国际供应链中遇到更多的新商机。国际供应链的安全水平极大地受到供应链中各相关方安全水平的影响。换言之，高安全水平是国际供应链高效运作的必要条件。在此方面，AEO 地位是有用的标志。如此，企业可能坚持其商业伙伴必须取得 AEO 资格，或者 AEO 资格可能是参与国际供应链必不可少的因素。

（3）提升企业与海关的关系

AEO 可提高对海关要求的理解程度，加强与海关的沟通，从而更好地守法，减少违规和海关处罚。

（4）提高效率

AEO 在国际供应链中可更高效地从事商业活动，从而保证对企业内部资产更好的控制。总体上，上述所有与 AEO 地位有关的受益，例如，AEO 的员工的高度廉洁和较低的货物失窃风险，可满足安全与贸易便利的双重需要，加强国际供应链的高效运作。总之，AEO 能够通过发挥《标准框架》预期的作用和职责提高商业运作效率。

2. 对 AEO 的激励

对 AEO 的激励会因各国海关要求的不同及在国际物流中所处的位置不同而有所差异。《标准框架》中指出了 3 种激励方式：特别边境手续、降低查验率、缩短通关时间。AEO 可减少边境成本，缩短通关时间，从而获得更好的对交付货物所需时间的可预测性、可信性和确定性。应当注意的是，上述提及的激励方式只是部分方式，加入《标准框架》的成员还可以使用其他激励方式。

（1）特别边境手续

特别边境手续将使 AEO 通关更加便利，但《标准框架》指出各成员海关拥有自行决定如何运用特别边境手续的权力，在实施《标准框架》过程中，国家法律法规应对上述特别边境手续有明确的定义。可采用的特别边境手续如下所列，除非另有规定，各手续适用于所有的 AEO。

这些优惠的特别边境手续包括：延长办理海关手续的时间，理想状态为全天候 24 小时制；在企业提供必要的可确认货物的最低程度信息后，可先予以放行，而后进行补充申报；放宽货物报关时限；特殊情况下给予优先权；费用的优惠（仅适用于 AEO）；AEO 企业登记后先放行后完成申报（适用有 AEO 资格的进口商）；下厂或在经海关授权的地点办理通关手续（仅限于有 AEO 资格的进出口商）；分期集中报关（仅限于有 AEO 资格的进出口商）；分期集中缴税或延期缴税（仅限于有 AEO 资格的进出口商）；减轻处罚；简化后续管理手续（仅限于有 AEO 资格的进出口商）；进出口一次报关（仅限于有 AEO 资格的承运人）。

同样，各成员海关能够根据其需要和能力自行选择这些手续或者制定其他手续。

一些特别边境手续可见诸于国际和地区与安全有关的倡议。例如，加入 C－TPAT 是卡车司机进入设在指定的加拿大—美国与美国—墨西哥边境地点的“自由安全贸易航线”的先决条件。公路运输时，凭借 C－TPAT 使得该项目成员的卡车运输业者可以更快地进入查验场地，获得更快的通关速度，

此外，新《欧盟海关法典》认为，如果有一个国际协议对在出口国实施适当安全检查作出规定，那么提前载货申报和货物申报的时限可大大缩短。

（2）降低查验率

查验率降低到何种程度，目前各海关都没有相关的规定，在现阶段，AEO 也不能完全不受查验的限制。然而，降低查验率的益处是毫无疑问的。例如，在日本，海关对进口集装箱的一个实际查验通常需要半天时间和大约 1000 美元的附加成本。

据报告，C－TPAT 项目成员的货物安全性查验的几率要比非成员小 6 倍，关于货物贸易性查验的几率要比非成员小 4 倍。新《欧盟海关法典》设想 AEO 的货物在特殊情况下才受出境地海关干预。

（3）缩短货物通关时间

各国海关对通关时间也没有明确的规定，但为缩短通关时间制定了一些措施，如 24 小时全天候通关。此外，明显地，AEO 货物由于受查验更少，其平均通关时间比非 AEO 货物更短。

总之，《标准框架》不仅创造出保护国际贸易安全的环境，还促进了国际贸易的发展。该框架充分考虑了全球化生产和全球配送的物流基础，鼓励并且便利买卖双方进行跨国贸易。

AEO 将获得好处，比如说由于查验率降低而使得货物的通关速度加快，从而节约了时

间和成本。《标准框架》的一个主要原则就是建立一套国际标准，以实现一致性和可预见性，也能减少多样而复杂的报告要求。

《标准框架》将确保 AEO 可以看到投资建设安全体系和采纳相应措施的利益所在，包括减少风险评估和查验环节，加速货物的通关速度。

第三节　《标准框架》的能力建设与实施

一、能力建设

各方都认识到有效的能力建设是确保广泛采用和实施《标准框架》的重要因素，但是，也认识到其中部分内容能够立即实施。因此，需要一个可以推动成员能力建设从而确保《标准框架》实施的战略。为使能力建设取得成功，必须先有政治意愿和廉政。因此，表明了实施《标准框架》的决心和必要的政治意愿的国家应该得到世界海关组织和一些国家及其他合作伙伴的援助。

二、实施

能力建设是实施《标准框架》所必需的，而且有必要认识到应采取分阶段实施的方法。期望每一个成员海关都能立即实施该框架是不合理的。《标准框架》被认为是一套最低标准，将根据每个成员海关的能力和必要的法律授权分不同阶段实施。

取得最大受益应当包括以下原则，但不仅仅限于以下所列：

（一）尽早实施

越多的世界海关组织成员越早实施《标准框架》，全球受益就越大；越多企业支持和积极参与《标准框架》，受益就越大。这是因为预期的益处取决于实施《标准框架》的措施、实施者、实施时间及实施方式。

不实施《标准框架》就没有受益，甚至会因为货物被视为是高风险的而处于不利地位。保持实施《标准框架》的政治意愿非常重要，在这方面，通过分享实施该框架成员的经验和进展情况，发展最佳做法，能使成员基于来自其他成员和商界的压力而尽早实施。

因此，对政府而言，取得最大受益的关键是高效地帮助世界海关组织成员解决尽早实施《标准框架》所涉及的能力建设问题。对商界而言，世界海关组织和其成员海关鼓励参与国际供应链的企业支持和积极参加《标准框架》显得非常重要。

（二）单一窗口

在“单一窗口”概念的统一认识和如何在实施《标准框架》过程中实现这个概念方面存在着挑战。“单一窗口”使企业能够通过一次性数据申报完成所有进口或出口的报关手续，《标准框架》将这一概念扩展为一次申报同时完成进口和出口的报关手续，这样不仅要求国内各主管机关之间实现数据共享，还需要在各国之间实现共享。

《标准框架》突出了“单一窗口”的重要性，但需要各成员海关和其他相关部门研究实施“单一窗口”的适当方法。该框架建议采用世界海关组织海关数据模型提前传输和补充申报报关数据。数据模型的现行版本包括了其他支持建立“单一窗口”的执法机构的数据要求。而且，数据模型定期进行更新，因此在未来版本中，“单一窗口”的范围更广，包括国际贸易中所有执法干预。这有助于商界最大限度地使用提前数据传输。

（三）《标准框架》的灵活性

需要及时适当更新《标准框架》以实现持续的受益，否则，受益就会受到严重破坏。首先，需要持续使用新技术；其次，《标准框架》应保持与已形成的国际和地区安全倡议相兼容，其为成员在采取统一标准上提供了指导。

（四）互认 AEO 资格

若更多企业参加 AEO 安排，则将会有更多的预期受益。但是，重复的 AEO 认证手续会成为企业的负担，使企业丧失成为 AEO 的积极性。《标准框架》认识到互认 AEO 资格的必要性。在这一制度下，经某一成员海关认可的 AEO 在其他成员海关同样受到承认。有很多方法可以建立互认制度，如双边或地区的互认，或第三方认证，或以世界海关组织作为认证机构等。

【本章小结】

本章主要介绍了世界海关组织《标准框架》的主要内容，实施《标准框架》的意义和原则。

【练习和思考】

1. 根据我国海关实际，实施《标准框架》对提前递交电子货物信息的对策及建议是什么？
2. 实施《标准框架》采取一致的风险管理手段的对策及建议是什么？
3. 实施《标准框架》出口监管与互认监管结果的对策及建议是什么？
4. 实施《标准框架》规定的海关与商界之间的伙伴关系的对策及建议是什么？
5. 《标准框架》的预期益处有哪些？
6. 试分析如何取得贸易安全与便利的最大收益。

第三章　贸易安全与便利与国际海关发展新趋势

本章概要

《标准框架》指出“海关在加强全球供应链安全、通过征收税款和便利贸易为社会经济发展作贡献等方面有着独特的地位”，“世界海关组织有必要制定一项战略，用以保护全球贸易安全，加快而不阻滞贸易的流动”。本章在贸易安全与便利的背景下正确地审视国际海关及中国海关的发展。第一节介绍贸易安全与便利的概念，并系统全面地介绍各国及国际组织出台的安全、便利措施；第二节阐述各国海关在贸易安全与便利领域的发展趋势；第三节介绍海关应对贸易安全与便利化新趋势的战略选择。

学习目标

了解贸易安全与便利的基本概念，并了解国际海关的发展新趋势，以及中国海关针对贸易安全与便利发展新趋势所作出的战略选择。

第一节　贸易安全与便利概述

一、贸易安全与便利的概念

（一）贸易安全的概念

学界对贸易安全的理解归纳起来主要有以下几方面观点：一是国家的贸易发展和贸易利益不受外部和内部的威胁和侵害；二是国家要为贸易的发展创造良好的国内环境和国际环境；三是避免国家利益受到来自贸易要素的影响而损失，或使本国的经济受到来自贸易要素的过大打击；四是保障国家在参与国际竞争中，贸易能维护国家的利益并争取优势地位，并能提高经济效益和促进经济增长；五是在国际贸易发展的同时，促进国民生活水平的提高。

《标准框架》指出“海关在加强全球供应链安全、通过征收税款和便利贸易为社会经济发展作贡献等方面有着独特的地位”，“世界海关组织有必要制定一项战略，用以保护全球贸易安全，加快而不阻滞贸易的流动”。可见，《标准框架》保护的安全是供应链安全，并基于海关作为国际贸易众多保障环节中一环的立场，明确了海关的职责，即执行统一的供应链安全与便利标准，适用一体化的供应链管理，加强能力建设，加强海关与海关间的合作，加强海关与商界的合作。

（二）便利的概念

便利（Facilitation）一词来源于拉丁文 Facililis，意指简易、方便。“贸易便利化”一词最初见于 1923 年的国际联盟会议，当时有学者认为，烦琐的通关程序和大量的通关文件会对货物通关产生影响，但各国基于主权因素的考虑，对这些措施的合理性给予了一定的认可。

不同国际组织关注的贸易便利化议题内容有所不同（见表 3－1），然而各主要国际组织对推动贸易便利化发展目标的认识基本一致，旨在清除跨境交易过程中的机制性和技术性障碍，以减少交易成本和困难。

表 3－1　贸易便利化的定义

世界贸易组织（WTO）	贸易便利化主要指简化和协调国际贸易手续。这些手续是指涉及国际贸易中货物流动所需要的收集、提供、传递和处理的活动、实践和手续。
世界海关组织（WCO）	贸易便利化是指避免不必要的贸易障碍，通过现代技术和现代科技手段，使用国际协调一致的监管方式提高海关监管质量。
联合国欧洲经济委员会（UNECE）	贸易便利化是指通过对海关、运输（尤其是过境运输）、电子商务等领域的关注，消除海关通过规定、程序、费用、运输规则和章程、交易方式对国际贸易的阻碍，为国际贸易创造一个简化的、协调的、透明的、可预见的环境。

续表

联合国贸易和发展会议（UNCTAD）	贸易便利化指国际贸易程序的简化和协调。这里的贸易程序系指“在收集、提交、通报和处理国际贸易中的商品流动所需的数据时所涉及的活动惯例和手续，其通常涉及海关程序、国际运输、贸易保险和支付，以及过境时必须履行的正式程序和手续”。
亚太经合组织（APEC）	贸易便利化通常是指通过简化程序、协调标准、使用新技术和其他的方法来降低或减少程序和管理上阻碍贸易的措施。

二、贸易安全与便利交织演进的发展背景

在不同的阶段和条件下，安全与便利的发展逐步从各有侧重走向融合统一。

一是20世纪80年代至“9·11”事件前，贸易便利化是各国追求的目标，安全隐身于进口的监管环节。在“9·11”事件前，国家安全和反恐在全球范围的海关内均非其主要任务和职责。发达国家海关的监管重点在毒品和侵权品等违法货物上，部分海关尝试通过贸易便利化带来的益处来平衡业务量迅猛增长与一线监管资源；发展中国家海关最重要的任务在收税上，因为关税收入是其政府开支的重要支柱。这一时期各国海关在理论和实践层面都有一共同趋势——将重点放在进口场所上。无论是打击走私、征收关税还是减少通关手续，海关通常都聚焦于进口而非出口，海关监管和分析也集中于进口物理场所（physical place of import）或以贸易商为前提，而非覆盖整个供应链的节点。

为了实现海关业务制度的简化和协调，世界海关组织出台经修正的《京都公约》。该公约为现代海关业务制度描绘了新蓝图，与世界贸易组织协定相互兼容并互为补充。世界海关组织在这一时期也很少重视供应链安全和反恐。

二是“9·11”事件后至金融危机前，由美国利用安全问题成功主导全球布局，形成“海关供应链安全范式”，便利不再是国家政策的优先选项。“9·11”事件发生后，确保国家边境安全被纳入海关的优先政策目标。有外国学者将国家安全界定为国防和国土安全政策。世界海关组织学者进一步将其聚焦于海关供应链安全政策，即边境保护和边境安全。为防止恐怖分子利用为了促进贸易便利而疏于监管的某些供应链环节，对美国进行颠覆性破坏，美国当时提出了“边境外推”（Push the border outward）的口号。美国认为边境管控的地点应该更接近出口地，而非传统上聚焦在进口，“海关供应链安全范式”由此形成。其实施的一系列举措包括C－TPAT、集装箱安全倡议、自动化商业环境（ACE）、24小时提前申报规则（24－Hour Rule）等，取得显著成效。

更为典型的案例是美国出台《100%集装箱扫描法案》。美国将防御网覆盖全球港口，试图对出口至美国的集装箱在出口地实施100%的扫描。虽然该法案因场所、成本、新型非贸易壁垒等原因经各方强烈抗议（以欧盟和拉美地区为代表）而暂未实施，但反映出美国为了实现其国家利益和国土安全，将保护其国家和领土安全措施做到了极致。

由美国主导的单边和双边“反恐”和“安全”政策迅速扩散到世界各国，并将世界海关组织改革与研究的重心调整到贸易安全方向上来。2005年6月，世界海关组织出台

《标准框架》，建立了海关之间的合作、海关与商界的伙伴关系两大支柱，将国际贸易供应链的全过程视为一个整体。2005 年版的《标准框架》与美国主导的战略密不可分，其支柱一基于集装箱安全倡议，支柱二基于 C－TPAT 设计构建。

三是 2008 年全球金融危机爆发后，海关关注的重点转向全球供应链的安全与便利。金融危机后，随着世界经济持续萧条及小规模贸易保护主义的再生，重拾贸易便利化议题至关重要，顺畅便利的贸易物流成为各国提升经济竞争力、促进增长和减少贫困的关键。2008 年世界海关组织年会正式通过《21 世纪海关》战略文件，重申贸易安全与便利的平衡，提出“加强贸易便利和边境安全，促进提高发展水平”，新提出协调边境管理（CBM）理念，强调海关与其他边境管理部门和机构的合作，强化海关边境保护职能。

同期，美国发现口岸管理部门的过度介入对美国通关效率造成一定的负面影响，考虑到国际贸易对于促进美国经济发展的重要作用，以及应对经济危机、金融危机、贸易逆差、新兴制造业的回流等迫切问题，在保障安全的前提下，实施一切对美国最便利的措施以实现经济复苏。美国于 2009 年 8 月提出《海关便利化及贸易执法再授权法案（草案）》，将口岸管理职能从一味强调反恐向促进贸易便利化的战略重心平衡转移并调整资源配置。参议院财政委员会主席 Max Baucus 称：“《法案》将充分赋予 CBP 及 ICE 必要的资源和手段，使其‘优先’履行海关便利化和贸易执法职能，以促进合法货物快速流入，同时将有害商品拒于国门之外。”美国再次捕捉时机重构一个能够使国家利益最大化，确保国家长治久安，并且战胜金融危机，使国家走出困境的战略。

四是第三次工业革命浪潮和后金融危机时代的到来，安全与便利呈现更为复杂的融合形态，不断被赋予新的内涵。随着第三次工业革命浪潮来袭，各国积极抢占新技术、新能源、新材料革命的制高点，酝酿引领全球经贸新一轮发展的大战略。新兴战略产业布局和全球价值链再分配格局的变化，新型贸易形态不断涌现，虚拟经济集聚化、实体贸易碎片化日趋明显，对全球供应链的安全、传统货物贸易和海关管理都形成了巨大挑战。世界海关组织 2012 年 6 月出台新版《标准框架》，增加协调边境管理部分，丰富了政府部门协作、跨境管理、单一窗口和贸易可持续和复苏等内容。2012 年世界海关组织《 60 周年报告》中也提出国际贸易与供应链安全便利的战略目标，行动领域的内涵不断丰富，提出框架标准、空运货物安全、风险管理、协调边境管理、“单一窗口”、放行时间研究等内容。

三、各国及国际组织出台的贸易安全与便利措施

（一）立法和国家战略层面

2002 年 7 月，美国出台其历史上第一部《国土安全战略》，其中指出：“联邦政府要平衡资源配置，在对边界和运输安全系统面临的风险进行控制的同时，加速货物、服务和人员的流动。”2006 年，美国通过了《港口安全法案》和《海上安全绿色通道法案》两项法案，整合一系列与国际供应链和港口安全有关的法律和标准，为进入美国的安全集装箱确立“最低标准和程序”。2009 年，美国推出的《海关便利化及贸易执法再授权法案（草案）》提出若干旨在推进贸易便利化、完善口岸执法的新举措。美国还推出《100% 集装

箱扫描法案》试图整合全球港口资源。2012 年 1 月 25 日，美国公布《关于全球供应链安全的国家战略》，强调美国保护供应链的努力不会停止，战略涵盖并拓展了前期在该领域的举措和成果。

鉴于欧盟海关在保护欧盟经济财政利益、反欺诈和保证贸易便利与安全方面的关键作用，欧盟理事会与欧洲议会联合发布了 4 项海关行动方案，即 Customs 2000（1996 - 2000）、Customs 2002（2001 - 2002）、Customs 2007（2003 - 2007）、Customs 2013（2008 - 2013），其中最具代表性的制度为 AEO 制度，即经授权的经营者制度。欧盟 AEO 制度在立法上主要体现在 648/2005 号欧盟海关法修正案中，配套的规定和措施包括 1875/2006 号欧盟海关法实施细则、AEO 指南、企业自我评估工具和 AEO 共享数据库。上述内容在《欧盟海关法典》中也得以了确认。

俄罗斯提出未来的海关改革“路线图”方案，以便利商品进出关境为目的，通过采用新的通关模式，使办理海关手续的程序变得更加简单、快速、透明，在提高海关监管效率的同时，减少商品的通关费用。自 2010 年 7 月 6 日起，调节关税同盟海关事务最重要的法律《关税同盟海关法典》在俄罗斯、白俄罗斯、哈萨克斯坦三国全面施行。《关税同盟海关法典》和其他相关规范性法律文件的效力从高到低排列如图 3 - 1 所示：

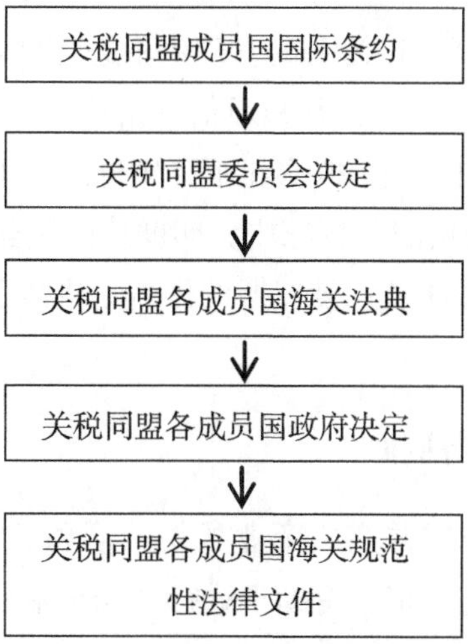

图 3 - 1　俄白哈关税同盟法律体系

（二）国际标准和量化指标层面

国际上全球供应链安全与便利的标准包括：ISO28000 系列标准，RFID 条件下 ISO 供应链安全标准，EPC global 标准，科技资产保护协会“货运安全标准”（TAPA FSR 2011），国际海事组织“国际船舶和港口设施保安规则”（IMO ISPS CODE），世界海关组织《标准框架》，经合组织贸易便利化指标体系等。

俄罗斯运用世界银行编制的投资吸引力评级作为监测指标，提出提高海关通关效率具体指标，见表 3 - 2：

表3-2 俄罗斯海关通关便利指标

目标 年份	进口				出口			
	2012	2013	2015	2020	2012	2013	2015	2020
文件单证数量（份）	10	8	6	4	8	5	4	4
文件准备和通关期限（天）	36	24	15	7	36	24	15	7
通关费用（美元）	1800	1550	1300	—	1850	1500	1200	—

世界银行发布的《2012加强连接，应对竞争：全球经济中的贸易物流》报告中，物流服务的改善、海关和边境口岸管理是物流绩效指数（LPI）的重要指标。部分国家排名如下：新加坡，第1名；德国，第4名；日本，第8名；美国，第9名；南非第23名；中国，第26名；印度，第46名。

世界经济论坛在《2012年促进全球贸易报告》（The Global Enabling Trade Report 2012）中对各国的贸易表现包括各国海关的管理水平进行排名和分析，评判标准包括进口关税的高低、海关手续的复杂程度、交通和通信网络质量、烦琐法规的数量和整体安全。美国在132个国家中排名第23位，较2010年下降4位。中国在该年度排名第56位，2010年时为第48位。在其他"金砖集团"国家中，印度从两年前的第84位降至第100位；巴西则从之前的第87位上升至第84位；俄罗斯的排名则略微上升，从2010年的第114位上升至第112位。

（三）信息及检验技术装备层面

美国海关于2012年开发完成并实施商业贸易处理系统（Automated Commercial Environment），使货物更迅捷地通过边境，有助于践行其安全倡议。美国海关还实施非侵入式和放射性探测技术项目（The NII and Radiation Detection Technology program），在便利合法贸易和旅行的同时，更大规模、更省时地扫描进境物流中出现的违禁品。

俄罗斯海关高度重视利用信息技术装备来提升海关监管效能，2011年配备了1486台计算机，2105件信息保护设备，1610件通讯联络设备（包括299台车用和船用全球卫星导航仪），601台海关监管技术设备（包括38台固定式X光检查仪），705件裂变和放射性材料海关监管技术设备。

第二节 国际海关发展新趋势

从贸易安全与便利的发展，国际组织、各国出台相关法案和措施中，可以归纳总结出国际海关的发展新趋势。

一、重视安全——海关职能的发展与嬗变

近年来，随着全球化的发展与一体化进程的加速，海关管理职能不断演化，突破原有的职能框架，开始关注那些影响范围更大、更复杂的非传统职能，海关管理职能的嬗变也体现着海关职能目标的延伸。传统职能着眼于对国家经济、政治的保卫，而非传统职能则侧重于维护国家的稳定与发展，体现国家经济与地区经济、全球经济之间安全与便利的互动关系。

2006 年，中国海关国际问题研究中心的《国际海关发展趋势——非传统职能对中国海关的影响和对策》研究报告首次对海关非传统职能的内容构成进行系统表述，并于 2007 年进行了修正，确立我国海关需要强化的非传统职能主要包括“知识产权海关保护”、“海关边境保护”、“保障供应链的安全与便利”与“口岸一体化管理”等。2008 年，时任海关总署署长牟新生首次在官方报告中提及“非传统职能”概念，指出“海关税收、监管、保税、打私、统计等传统职能任务更加艰巨，维护贸易安全与便利、保护知识产权、履行原产地管理职责、协助解决国际贸易争端、实施贸易救济和贸易保障、参与反恐和防止核扩散、负责口岸规划管理等非传统职能任务不断加重”。因应形势变化，调整海关管理职能，拓展非传统职能，是当今国际海关发展的重要趋势之一。

二、预见风险——通过风险管理进行防控

政府管理的目的是使用少量钱预防，而不是花大量钱治疗。海关面对日益扩大的职责和机遇，需要对风险有更深入的了解，挑战是双重的：如何有效运用迅速扩大的风险管理知识体系在操作层面识别和降低风险，以及在操作层面之外和海关管理的领域如何运用这种风险管理知识。

在国际上，风险管理已成为各国海关应对形势和挑战、化解矛盾和压力、预防和分析危机事件的共同选择。1997 年，世界海关组织在修订《京都公约》时正式将风险管理纳入《京都公约》总附约指南“海关监管”，作为简化和协调海关手续的一项具体措施。为在贸易便利和法律监管之间达到平衡，各国海关大多摒弃其传统的、惯常的“关口”检查，而改以应用不同程度的风险管理原则，有些国家海关甚至把风险管理作为海关的组织理论和基本工作方法，重点在于已知不可控和未知风险点。

三、技术革新——保持高效率和生命力

海关要充分利用不断涌现的各种新技术以加强风险管理，提高海关管理的自动化水平，如将物联网、云计算、地理信息系统等新技术应用于海关管理过程中。相关研究表明，海关自动化能降低海关放行的相当于 0.2% 贸易商品价值的直接成本，再加上减少耽搁时间的间接收益，实际成本减少达到商品价值的 1%。例如，美国海关就将对新技术手段的运用渗透到整个业务流程，从货物与旅客入境前的筛选、审查，到入境后相关信息的维护、监控，再到出境时的审查。新技术有助于海关创新监管模式，改进业务流程，推动实现集约式、智能化的发展。

四、客户导向——加强服务型海关的建设

人类的行政发展史经历了一个从统治行政到管理行政的演进，现在，人类社会正走向后工业社会，行政发展的逻辑把服务行政推展到人们面前。无论是美国推行的 C－TPAT 制度，还是欧盟、日本推行的 AEO 制度，以及世界海关组织倡导的"单一窗口"的实践，都旨在其服务性，即通过打造公共或单一平台创新政府服务。受客户驱使的海关以客户的需求为导向，标志着海关管理理念从"行政主导"向"客户导向"的转变，也意味着海关的角色从传统的管理者和监管人转变为服务的提供者。"客户导向"实际上就是要把海关服务的对象（包括政府和纳税人）的需求作为海关管理的目标，通过建立广泛的沟通与合作渠道，更多地吸收海关服务对象参与海关的决策和管理，同时把海关服务对象的满意度作为衡量海关工作绩效的标准，为进出口企业提供最大的通关便利和通关服务。

五、权变管理——强调"掌舵"而非仅"划桨"

在有限的管理资源与所承担任务不断加重的矛盾日益突出的情况下，海关应集中精力"掌好舵"（决策工作）而非"划好桨"（直接提供公共服务），以保持最大的灵活性来应付变化着的环境。海关要逐渐适应国际上公共管理主体多元治理模式的转型，通过协调引导来有效发挥非政府组织的中介作用，而不是直接提供公共服务。如将诸如技术鉴定、通关服务及技术支持等工作交由社会中介组织或专业企业，或通过与企业（行业协会）签订合作谅解备忘录（MOU），将部分管理职能（报关管理、外部审计等）委托报关协会、会计师事务所等社会中介组织去实施等办法，缓解海关执法的压力。

六、协同导向——从单打独斗到综合治理

随着海关管理理念由被动面对风险向主动承担和控制风险转变，海关的工作方式也开始实现从"单打独斗"向"综合治理"的转变。随着海关现代化进程的深入，各国海关愈发意识到海关与政府其他部门、商界、学界及国际伙伴之间存在广泛的共同利益。在经济全球化条件下，广泛合作理念已得到各国海关的普遍接受并成为国际海关的普遍共识，它们都十分重视并积极开拓合作渠道和创新合作方式。海关与其他部门之间的协作集中体现在几个方面：海关与本国其他政府部门合作，如部分通过机构改革和职能重组来提高行政效能；海关与商界合作，如通过推行 AEO 制度加强关企合作；海关与学界建立广泛关联，如通过 PICARD 项目、国际海关高校网络等整合全球海关研究力量，发挥学界智库作用；海关与国际伙伴开展合作，如国际海关间达成双边协定等。

七、标准统一——全球网络化海关的实现

"全球网络化海关"（Global Networked Customs，简称 GNC）是一个海关间相互接纳、相互连接的用于支持和提高国际贸易系统效率，促进各国经济发展，保证社会安全和税收征管的信息共享系统，目的在于实现监管和执法数据交换、商业和贸易数据交换。GNC 建设为建设积极主动、地位重要、相互联系、标准统一的海关，实现标准、制度和法律文件

的国际约束性和示范效应提供了可能。同时，GNC 建设对未来海关与海关合作模式、海关与商界伙伴关系、海关监管模式和贸易的发展模式等都可能产生革命性影响。世界海关组织不少成员海关已开始对全球网络化海关的探索和实践，中欧安全智能贸易航线试点计划即为典型范例。

第三节　中国海关应对贸易安全与便利新趋势的战略选择

一、新时期中国外贸发展面临的新形势

（一）区域经济一体化的发展进一步加速，亚太地区成为全球瞩目的亮点

当前，区域经济一体化的发展呈现出进一步加速的新趋势，以自由贸易协定（FTA）为核心的各种形式的区域贸易协定（RTA）数量在不断增加。据世界贸易组织统计，截至 2012 年 1 月 15 日，向世界贸易组织通报的各种区域贸易协定达 511 个，并以平均每月 1 个的速度递增。进入 21 世纪以来，伴随着地区经济的起飞，亚太经济一体化进程开始大幅加速，逐渐呈现出亚太经合组织稳步推进，东盟一体化、“东盟 + 中国”、“东盟 + 日本”、“东盟 + 韩国”与“东盟 + 中日韩”、“东盟 + 中日韩印澳新”等进程并行、交叉推进的格局。需要特别注意的是，美国的高调介入和推动使得《跨太平洋战略经济伙伴协定》（TPP）成为当今亚太区域合作中最引人关注的问题。从地区战略上看，美国加入该协定符合美国在亚太区域的战略目标。《跨太平洋战略经济伙伴协定》或将成为亚太地区新的竞争性区域合作机制，从而推动以美国为主导的亚太区域一体化进程和亚太自由贸易区的建立，加速实现亚太经合组织成员提出的贸易自由化和投资便利化目标。因此，《跨太平洋战略经济伙伴协定》的建立和发展将改变亚太地区的区域合作与自由贸易格局。

（二）新技术的发展进一步改变了贸易手段，电子商务成为引导国际贸易发展的新方向

随着信息技术的进一步发展和运用，数字化、电子化的交易方式把国际贸易中的各个参与主体同时联系在一起，实现了全球化、全天候的业务运转，大大缩短了周转时间，给国际贸易带来了深刻变化。这种变化不仅体现在贸易的实现形式上，也影响到贸易的实质内容和发展观念。电子商务实现了贸易的网络化、无边界化和个性化，降低了企业经营、管理和商务活动的成本，促进了资金、技术、产品、服务和人员在全球范围的流动，推动了经济全球化的发展，引导着当前国际贸易的发展方向。据联合国的报告统计，2000 年全球电子商务交易额达 3770 亿美元，并以倍增速度发展，到 2010 年时已占到世界贸易的 1/3。发展电子商务对各国的重要性，不仅在于能否在新兴领域分得一杯羹，更在于已有的市场份额能否保得住。所以，各主要贸易大国对电子商务都给予高度重视。

（三）全球贸易保护主义盛行，以应对气候变化为名可能成为贸易保护的新形式

从历史经验看，贸易保护主义与全球经济增长有一定关系，当全球经济保持较快增长

时，贸易保护整体呈减少趋势；反之，则相反。金融危机后，发达国家经济复苏较慢，面临很大的就业压力，有较强实施贸易保护主义的动机。发展中国家虽然受金融危机影响相对较小，但面临中长期工业化和农业劳动力转移的艰巨任务，就业压力长期存在，同样也有实施贸易保护主义的动机。总体来看，国际金融危机后的恢复时期，将是一个全球贸易保护主义高发期，对国际贸易将产生深刻影响。应对气候变化已逐渐成为后危机时代全球治理的重要组成部分。自 2005 年《京都议定书》强制生效后，就有发达国家提出应将应对气候变化与国际贸易规则挂钩，对来自不承担气候变化责任国家的产品进口实施“边境调节税”。国际金融危机全面爆发后，一些发达国家以应对气候变化为名设置贸易壁垒的步伐加快，成为新一轮贸易保护风潮中引人注目的新特点。

二、新时期中国海关面临的新情况

（一）国际安全形势错综复杂，凸显海关保障国家经济政治安全的职能

当前的国际安全形势比以往更加错综复杂。一方面，传统的国家之间的军事冲突仍然存在；另一方面，非传统安全威胁愈加严峻，新的风险不断出现。传统安全威胁与非传统安全威胁相互作用、相互影响，给国际社会应对带来的挑战压力是巨大的，国际安全形势正处于一个变化飞快和应对困难的痛苦演化的全新时段。

海关在反恐、反毒品、反洗钱和防止重大杀伤性武器扩散等方面的作用日益重要，除了肩负维护国家经济安全的职能以外，海关将担负更多的保障国家安全方面的职能。实现全球供应链的安全已被提到了议事日程。美国海关强调，当前要以维系美国在全球核心竞争力、提高经济运行质量和保护国民安全为目标，建立一个更加智能和安全的边境保护体系。2012 年美国发布了《关于全球供应链安全的国家战略》，以推进政府各层面、私营部门和其他利益相关方的联合行动，通过实施多层次防卫体系（包括情报和信息分析系统、现代科技手段、法律法规和政策体系、人员受训及装备体系、有效的合作伙伴网络），以应对不断演变的威胁。国际社会对于安全的高度重视和紧迫要求对于海关今后的发展方向有着至关重要的影响，中国海关在未来的发展中必须及时延伸职能定位，明确保障国家经济政治安全的职能。

（二）中国—东盟自由贸易区建成与中国主导的海关同盟设想

2002 年，中国与东盟签署了建立中国—东盟自由贸易区的纲领性文件《全面经济合作框架协议》，决定到 2010 年建成中国—东盟自由贸易区。在中国—东盟自由贸易区框架下，中国海关与东盟各国交流、合作机制不断完善，对东盟各国海关的影响力不断上升。合作任务从以往单纯参加会议发展到担任区域海关合作委员会、工作组和研讨会的主席，合作领域覆盖商讨简化和协调海关手续、实施风险管理和后续稽查、使用电子信息交换技术、加强执法合作等海关优先合作领域。中国海关在区域海关组织中发挥了主导作用。

2010 年，中国—东盟自由贸易区如期建成，标志着双方进入零关税时代，不仅强有力地推动了双方经贸关系的空前强劲发展，还为双方全面扩大与深化相互关系奠定了更加扎

实的基础。目前，中国和东盟之间90%以上的货物实现了零关税，贸易自由化促进了双方贸易的增长。但是，由于各种隐性的非关税壁垒和投资壁垒的存在，以及在交通运输等基础设施方面不够完善，严重束缚了中国—东盟自由贸易区机制的有效利用和深入发展。提高贸易和投资便利化水平是当前亟待解决的一个问题。

2011 年召开的东盟峰会提出一个新的自由贸易协定倡议——区域全面经济伙伴关系（Regional Comprehensive Economic Partnership，RCEP）。这一合作机制直接影响今后区域经济合作与发展，对中国的发展也将产生新的机遇和挑战。尤其是 RECP 在谈判基础和准入门槛等方面对成员国来说，较《跨太平洋战略经济伙伴协定》更具舒适度和可行性，可能对其形成有效的制衡关系。

（三）俄罗斯以加入世界贸易组织为契机，全力推进欧亚经济一体化，对我国在上合组织中海关合作的地位构成挑战

欧亚经济一体化是俄罗斯主导，实现其复兴大国战略的重要组成部分。在俄罗斯的积极推动下，俄白哈海关同盟于 2010 年正式启动。2011 年 12 月 16 日，俄罗斯获准加入世界贸易组织，哈萨克斯坦也已完成了世界贸易所有双边谈判，目前俄罗斯正积极向欧洲自由贸易联盟（EFTA）、新西兰、东盟等寻求签订自由贸易协定。2012 年年初，俄白哈统一经济空间正式启动，超国家机构欧亚经济委员会也开始运作，目标在于 2015 年前建立“欧亚经济联盟”，在此基础上建立包括整个独联体地区的“欧亚联盟”。欧亚经济一体化进程的加速给欧亚地区经济政治格局与我国对该区域的经贸关系和海关监管带来深远影响，使我国海关国际合作面临诸多新问题、新挑战。

三、新时期中国海关国际合作发展战略构想

面对新时期世界经济贸易变化和中国外经贸发展所面临的新情况、新趋势，党的十八大报告提出了“实行更加积极主动的开放战略，完善互利共赢、多元平衡、安全高效的开放型经济体系”，中国海关应当据此制定新的发展战略，找准重点、攻克难点，积极主动、有所作为，尤其应加强海关国际合作，使之成为新时期海关发展战略的重要组成部分，并在提高我国开放型经济水平和质量的过程中发挥更有效的作用。

中国海关国际合作新阶段的发展重点应放在配合国家整体发展战略，加强与重要贸易国家海关多层次、全方位的交流与合作。支持实施国家走出去战略，促进贸易便利化，努力维护供应链高效与安全；大力推进与世界海关组织、成员海关间确定的重点合作项目；加快实施自由贸易区战略，在自由贸易协定谈判中更好地发挥海关的作用，保障自由贸易区项下优惠原产地规定、反倾销反补贴等各项目标落到实处，加强自贸谈判中海关手续与贸易便利化议题的有关工作，切实提高抵御国际经济风险的能力。为实现这一发展目标，应围绕安全与便利，着力从以下几方面构建新时期中国海关国际合作战略体系：

（一）构建适应“走出去”战略的现代化全球供应链管理体系

科学的管理体系是实现贸易安全与便利的核心。中国海关在参与现代化全球供应链管

理体系的构建中，首要任务便是确保供应链的安全，脱离安全的便利没有价值。所以，安全是基础。同时，随着生产力的不断发展，企业对准时制、零库存等先进生产方式的需求也越来越迫切。所以，便利是核心。

因此，在新一轮工业革命、技术革命、能源革命的进程中，全球供应链中全球开发、全球采购、全球生产等模式的深刻变迁，以及公众对贸易同时满足安全、便利等特性的需求，将对海关的地位和作用产生重大而深远的影响。尤其是在“走出去”战略成为中国企业开拓市场空间、优化产业结构、获取经济资源、争取技术来源和突破贸易壁垒的必然选择，而企业特别是中小企业又在“走出去”的过程中遇到各种各样问题的同时，海关自身务必为企业破难而做出变革，将传统的“守卫型管理”向“强调方便、效率、服务”转变，从而在安全的基础上最高程度地促进贸易便利化，实现全球供应链中安全与便利的辩证统一。

在具体实现方式上，包括：深入推进通关改革，提高海关监管效能，完善两步申报、担保验放等管理模式的制度流程，探索实施对企业进行提前验放、上门验放等个性化监管方式；加快通关无纸化进程，以电子数据传输取代纸质单证流转；全面落实预归类、预审价和原产地预确定等管理方式；提高风险管理的针对性和有效性，通过各种“选”的手段，切实满足通关中安全与便利平衡的需要。

（二）构建与国际规则衔接、国内配套完善的法律法规体系

良法善治是实现贸易安全与便利的保障。一方面，中国海关现行的立法和实践与《标准框架》等国际标准相比，在监管模式、数据交换、风险指标等各方面都还存在一定差距。要以国家利益至上、国际利益均衡的标准来解决全球化所引发的规制冲突，就必须不断提高中国海关法体系对《标准框架》等国际标准的适应和契合程度。如海关间互认监管和查验结果，互相给予对方经认证的经营者对等的优惠便利，以及在风险分析和评估方面实现跨境合作等，都需要开展大量工作来进行相关立法予以明确，做到与国际接轨及自身的配套完善。

另一方面，近年来在金融危机、经济危机肆虐的背景下，西方国家“变危为机”，各国纷纷开展以立法、修法为基础的政府机构改革，其中大量涉及海关组织架构、业务体系的调整，以及以法制建设为基础的权责集成与整合。如美国于 2009 年推出《海关便利化和贸易执法再授权法案》，对美国海关在贸易安全与便利方面的战略计划、财政拨款及其他技术性问题带来了有意义的变革。中国海关可以充分借鉴此类做法，在提高海关立法透明度和执法一致性的基础上，重点加强维护贸易安全与便利的立法、执法。

（三）构建适应“管得住、通得快”要求的和谐、协同、高效的口岸管理体制

合理的口岸体制是实现贸易安全与便利的基础。随着贸易安全与便利双重要求的不断提高，目前口岸管理体制中存在的矛盾和问题，制约中国外向型经济的进一步发展。安全要求“管得住”，便利要求“通得快”，如果口岸部门在管理上各自为政，缺少统一平台的话，各种弊端就将日益显现。鉴于其在口岸执法中重要而特殊的地位，海关理应采取更

为科学的决策和更为主动的管理，主导并牵头推动新一轮的口岸体制改革。国家将口岸管理办公室设在海关总署，更是为中国海关履行这一职能提供了条件和制度保障。

海关通过加强与检验检疫、边防等部门的协调合作，有利于实现口岸管理资源的合理配置、口岸管理模式的不断创新和口岸技术水平的不断提高。世界主要国家如美国、加拿大、澳大利亚等国，均通过口岸机构的改革和重组，实现了边境执法的“一口对外”。在中国现行体制下，通过加强电子口岸及大通关建设，并在此基础上以推行“单一窗口”为主要手段，来提高口岸整体通行效能，或是较优选择。“单一窗口”模式的建立要依托中央政府的正确决策和组织推动，并通过法律授权的形式将各口岸部门的权责确定下来，同时科学设计新的口岸通关模式，并构建相匹配的标准规范和系统平台。

（四）构建开放、便捷、高效、适应社会需求的公共关系平台

良好的公共环境是实现贸易安全与便利的支撑。首先，海关与商界的伙伴关系是《标准框架》的两大支柱之一。海关与商界的合作将使企业参与到海关在确保贸易链安全的同时提高便利性的工作中，并协助海关对贸易中的风险因素进行识别和评估，这样一来，海关面临的风险降低了，企业也可以得到快速通关等切实优惠。因此，海关与商界的合作应当是互利的。海关应致力于改变以往以管理者自居的思维定势和传统的单向型执法方式，与商界建立互相信任、互利互惠的新型合作伙伴关系，搭建开放、便捷、高效的公共关系平台加以实现。比如，完善关企对话机制，与商界共同制定加强安全与便利的合作措施；加强执法宣传和政务公开，不断改进海关服务水平；加强与商界的情报互换和培训交流，借此来拓展海关信息渠道，延伸海关执法空间。

同时，也要注意到国际上海关与其他政府部门、国际组织、业界、学界不断互动、合作交织的趋势。在经济全球化的大环境下，实现低成本、高效率的通关环境，已成为社会各界所共同追求的目标，这是各方力量构建适应需求的公共关系平台的共同利益基础。

（五）构建适应物联网、云计算等新技术发展的技术革新体系

有效的技术手段是贸易安全与便利的重点。随着物联网、云技术等新兴科技的不断成熟，以及网络通信、数字存储等传统技术的不断发展，海关也应紧跟趋势，通过顶层设计和科技体系变革，引领海关管理的不断创新和流程再造。例如，运用物联网技术实现单货的“关联化”和监管的“实时化”，确保单证流、信息流和实际物流之间形成有效牵制，并让海关随时掌握贸易链中货物的实际状态，从而大大增强监管手段，大幅提升监管效率。再如运用云计算技术实现海关作业的“智能化”和布局的“虚拟化”，通过更进一步的国际合作，甚至可使“云”跨越国界鸿沟，实现全球海关云、商贸云的互联互通。

（六）构建具备全球视野，适应形势发展需要的人才培养、能力建设模式

优质的人才队伍是实现贸易安全与便利的关键。中国海关要在全球贸易安全与便利的发展中始终保持领先，占据引导发展的一席之地，就需要大量具备全球视野，适应国际贸易形势发展的人才。海关应进一步强调突出专家队伍建设，包括有计划地培养估价、归

类、原产地等方面的专家型人才，增强中国利用海关专业技术谋求国家利益的实力；有针对性地培养海关国际谈判专家，参与到政府间的国际贸易合作项目谈判中；有目的性、成体系地培养符合国际组织中高级雇员能力要求的关员，形成一支可持续发展的队伍，确保中国在国际海关领域及国际组织中拥有影响力和话语权。

另外，中国海关还需要构建适应国际合作任务需要及未来发展态势的海关驻外力量。目前，中国海关驻外力量方面存在派员少、职衔低、话语权小等问题。无论是服务国家"走出去"战略，还是加强国际合作打击跨境走私，或是深入参与国际海关政策或国际贸易规则的制定，中国海关加强驻外力量，确保关键时刻"找得到人、说得上话、办得成事"是非常重要的。

（七）构建适应"互利共赢、为我所用"战略的国际合作项目体系，为中国海关在国际上争取话语权和扩大影响力

中国海关应继续加大参与国际合作的资源投入，积极参与国际组织和国际规则制定，在国际合作中求同存异、合作共赢。应积极参与国际多边对话与国际交流、研讨、培训及宣讲活动，加强对国际社会的正面宣传；不断深化与贸易大国、"金砖国家"、周边地区等国家的海关合作，在公平、互利的基础上促进共同发展；开展国际比较研究，及时了解海关领域的国际关切、改革动态及有关国家的发展战略；通过积极参与国际贸易规则、国际海关规则的制定，发挥中国海关作为大国海关应有的影响与作用，维护国家的核心利益。

另外，海关在努力实现全球供应链的安全与便利的同时，也应加强对全球贸易价值链的研究。海关的眼光不应仅仅局限于全球供应链的部分环节，而应更多地具备国际视野和世界眼光，更多地强调国际分工与合作，通过对完整的全球贸易价值链的研究，找出中国在全球贸易价值链中的作用、贡献和地位，进一步提升我国参与国际竞争的能力和水平。

第二篇　贸易安全

第四章　非传统职能与贸易安全

本章概要

随着国内国际的政治、经济、文化等各种因素的不断变化，海关的职能也进一步拓展，海关的多项非传统职能应运而生。本章第一节主要介绍非传统职能、贸易安全与供应链安全，第二节介绍海关与边境保护，第三节介绍美国关于全球供应链安全的国家战略。

学习目标

掌握海关非传统职能的概念，了解海关履行非传统职能的背景，国际海关在非传统职能方面所作的积极探索，以及中国海关的非传统职能发展情况；掌握贸易安全、供应链安全及《标准框架》视角下贸易安全的含义；理解海关实现边境保护的必要性、重要性及实现路径；了解美国关于全球供应链安全的国家战略。

第一节　非传统职能、贸易安全与供应链安全

一、非传统职能

中国海关职能是指海关作为国家进出关境监督管理机关所应有的职责和依法行使职责所具备的功能。《海关法》以列举的方式确定监管、征税、缉私、统计为海关的基本任务，根据约定俗成并得到广泛认可的基本原则将这四大任务称为海关四大职能。这四项职能是海关传统职能，自《海关法》正式颁布和实施以来海关系统一直以此为工作的重点和进行各项改革的主要方向。但是随着国内国际的政治、经济、文化等各种因素的不断变化，海关的职能也进一步拓展，海关的多项非传统职能应运而生。

近年来，国际海关界在更广泛地参与国际事务，更深程度地参与全球化进程中，纷纷掀起大规模的转型式改革浪潮，特别是积极探索非传统职能，成为当今国际海关现代化改革与发展的核心之一。根据国际海关界的实践，所谓非传统职能是指海关在征税、监管、统计等传统职能以外，从当前正在履行的职责中延伸或扩展出来，或者为适应国内外经济政治形势要求新增的职能。它具有以下特征：

一是履行地域的特定性。海关是国家进出境监督管理机关，非传统职能履行在地理范围上不应超出海关监管区及规定地区。

二是履行方式的合作性。非传统职能履行着眼于海关与各政府部门、商界等广泛共存的利益，强调相互协调与合作。

三是职能内容的发展性。非传统职能必将随着时代背景的变迁而不断地发展和调整。

基于以上概念及特征，国际海关关于非传统职能探索正从边境货物监控向广义的安全保护转变，从贸易管制向贸易便利化转变。具体可归纳出以下 3 个方面的发展趋势：

（一）更加注重供应链的安全与便利

世界海关组织在《21 世纪海关》中认为，当前全球贸易供应链容易受到多种因素的干扰，如不道德的贸易商和一些有组织犯罪集团利用供应链进行逃税避税、走私、洗钱及贩卖假冒商品等违法犯罪行为。“9·11”等恐怖事件使全球贸易供应链处于前所未有的威胁之中，全球经济可能因此而遭受灾难性的后果。因此，2005 年世界海关组织通过《标准框架》，作为世界海关组织成员必须实现的最低标准。《标准框架》旨在制定全球范围内供应链安全与便利的标准，以增强各国海关保障供应链安全与便利的能力，并提出保障供应链安全与便利的两大支柱，即海关与海关之间的合作安排和海关与商界之间的伙伴关系。同时，以美国、澳大利亚为首的一些发达国家也制定了 C－TPAT、“客户认证计划”（Accredited Client Program）等措施，旨在加快进出口货物流通速度的同时，保证货物的安全，从而在供应链的安全与便利之间取得平衡。截至 2004 年 11 月，总共有 7400 多家企业登记加入了 C－TPAT 措施，全美排名前 100 名的集装箱运输进口商中就有 86 家名列其

中。这 7400 多家企业的业务占全美海路运输进口货值的 96%。①

（二）更加注重海关边境保护

世界海关组织提出："确立海关作为保证国家边境安全的首要管理机构的地位。"在对成员海关就"海关改革与现代化"进行的一项调查的结果显示，占 75% 的成员海关认为，打击跨国犯罪、保护边境安全是未来海关面临的一个挑战。"9·11"事件后，美国海关与边境保护局实施了一系列倡议计划，包括美国盾牌计划、集装箱安全倡议、24 小时提前申报规则、30 点智能边境协议等，把美国的安全区扩展至地理边境之外，使美国边境由第一道防线变为最后一道防线。欧盟税务及海关同盟总司将"管理并保护欧盟统一的外部边境，打击非法贸易，增强国际供应链的安全"确立为主要职责之一。新西兰海关"2006～2010 年海关成果目标"中的第一项，就是"边境安全——提高海关的偕同作战能力，为国家安全作出贡献"。当前，边境保护范围已经从传统经济安全扩大到国家安全、社会安全、金融安全、国际贸易供应链安全、公共卫生安全等领域。

（三）更加注重口岸一体化管理

由于口岸部门各自为政管理模式的各种弊端，国际海关界开始致力于统一口岸管理。考虑到海关在口岸执法机构中重要而特殊的地位，许多国家选择海关作为实施口岸管理的主要力量。2003 年 3 月，美国在全美 300 个口岸提出"一张面孔对外"，在口岸上由海关与边境保护局承担海关、移民、动植物检验检疫等各项口岸执法活动，实施"一站式"服务。目前，加拿大、澳大利亚、新加坡等国家在边境口岸执法上已实现海关"一口对外"。实施口岸统一管理的另一种重要方式是推行"单一窗口"，即由单一的权威机构接受纸面和电子数据信息，把该信息传递给各相关政府部门，协调各部门监管活动，以防止对供应链产生不必要的阻碍。如瑞典通过实施"单一窗口"，由海关代国家税务总局、统计局、农业局和国家贸易局，实施进口增值税管理、贸易统计、进口许可证管理等执法活动。又如，新加坡海关负责实施"单一窗口"，贸易商通过统一的程序将电子申报数据发送到不同政府部门进行处理和审批，各政府部门将处理结果反馈到贸易商。

二、贸易安全

关于传统的贸易安全的定义，国内学者的表述有两种：一种是"一个国家的对外贸易在面临来自国内外不利因素的冲击时，通过参与国际竞争和加强国际合作牢固地控制或占有国内外市场，从而为本国经济的发展提供良好的国内外生存环境"，另一种是"贸易安全是国家经济安全的重要组成部分，它保护正常的国际贸易交易能够顺利进行，使国际贸易成为国内经济发展的调整器，还能有效防范因别国经济波动对本国经济造成的影响。一国的国际生产参与程度、国际经济关系和贸易政策等因素都会对其贸易安全产生影响"。

---

① Securing the Global Supply Chain：Customs－Trade Partnership Against Terrorism（C－TPAT）Strategic Plan p. 13

经济方面的专家一般都将考量国际贸易安全的指标归纳为几个方面，如国际市场的参与程度，如果一个国家对外贸易总额占生产总值（GDP）的比值相对较高，则该国经济受国际市场影响的潜在安全风险就更大；参与国际经济组织的程度，通过政治、社会、军事、外交等各种手段来维护与主要贸易伙伴的贸易关系，可以防范潜在的贸易波动等。

有学者认为人们对贸易安全的认识有一个发展过程，大致分为3个阶段：第一阶段，消除国家贸易障碍，获得国家贸易利益的萌芽阶段；第二阶段，化解国家贸易风险，维护国家贸易安全的战略阶段；第三阶段，打击恐怖主义对国际贸易的破坏，保证世界贸易安全的国际联盟阶段。

本书认为，国际社会对贸易安全的认识和理解不能孤立地分为3个阶段，贸易安全应是一个内涵不断丰富，利益平衡日益复杂的发展过程。国际社会对贸易安全的思想萌芽于第一次世界大战后，源于各国急于恢复经济、遏制战争、维护世界和平的初衷。该期间，国际贸易的增长使国际经济体系相互依赖性显著增加，各国国内经济对海外经济的发展更加敏感，国际贸易与国际经济安全联系更加紧密。20世纪90年代后，对外贸易在许多国家经济增长中扮演越来越重要的角色，国家贸易安全被理解为减少贸易摩擦，消除贸易障碍，推行贸易自由化，这些国家纷纷将此上升为保障国家贸易利益的政策目标。2001年"9·11"事件转变了世界对贸易安全仅受市场波动影响的单一认识，从而将恐怖主义、跨国犯罪等人为破坏性因素作为国际贸易安全的首要威胁。对恐怖主义威胁国际贸易安全的关注，从2001年后国际组织和各个国家尤其是发达国家制定的纷繁的条约、协定和措施中可见一斑。

三、供应链安全

（一）供应链安全的含义

我国国家标准《物流术语》对供应链的定义是："供应链（Supply Chain）是生产及流通过程中，涉及将产品或服务提供给最终用户活动的上游与下游企业所形成的网链结构。"因为对供应链的定义尚不一致，界限也不十分明晰，所以学者和民间组织对供应链的定义也不尽相同，但大都包含3个内容：一是描述采购、供应管理相关联，用来表示与供应商之间的关系；二是注意与其他企业的联系，注意供应链的外部环境，认为它应是一个通过链中不同企业的制造、组装、分销、零售等过程将原材料转换成产品，再到最终用户的转换过程；三是注重围绕核心企业的网链关系，强调以核心企业为中心所结成的战略伙伴关系。

综上，供应链安全的定义可以归纳为从原材料采购到最终产品到达最终用户整个过程的安全，这种安全需要网链上所有参与企业的自身安全保障，并需要企业间结成战略同盟来保障，概而言之，即整个过程的安全和全体参与者的安全协作。

（二）全球贸易安全与全球供应链安全关系

通过以上对贸易安全与供应链安全含义的澄清，可见全球贸易安全与全球供应链安全并不等同，并且是完全不同的宏观经济概念。全球贸易安全的范围要远远大于全球供应链安全的范围，全球供应链安全是全球贸易安全的应有之义。全球贸易安全的考量标准很多，它不仅要求生产、流通等整个环节的安全，还要靠国家政策、外贸依存度、参与国际经济的程度、与他国关系的状态等众多的考量指标来衡量。

四、《标准框架》中“安全”的解读

《标准框架》指出，“国际贸易是经济繁荣的基本推动力”，“全球贸易体制极易被恐怖分子利用，造成对整个世界经济的严重损害”，“海关在加强全球供应链安全、通过征收税款和便利贸易为社会经济发展作贡献等方面有着独特的地位”，“世界海关组织有必要制定一项战略，用以保护全球贸易安全，加快而不阻滞贸易的流动”。可见，《标准框架》中“安全”主要是指“恐怖分子的利用”和“恐怖主义袭击”。但同时，《标准框架》也指出，加强海关管理仅是保护国际贸易供应链中的一个步骤；在保障贸易安全方面，海关虽起到关键作用，但是不可能由海关单独完成，必须有政府最高层参与，由多个行政部门共同完成。

《标准框架》的最终目标是在安全的前提下保证货物的国际贸易供应链顺畅流动。可见，它保护的是供应链的安全，范围有限，并非整个贸易领域的所有安全。《标准框架》在肯定海关保障国际贸易供应链安全的同时，也基于海关只是众多保障环节中一环的立场，明确了海关的职责，即执行统一的供应链安全与便利标准，适用一体化的供应链管理，加强能力建设，加强海关与海关间的合作，加强海关与商界的合作。

第二节　海关与边境保护

一、海关关境保护与边境保护的关系

根据《京都公约》，“关境”系指缔约方海关法适用的地域。2008 年 7 月 9 日，我国财政部《关于政府采购进口产品管理有关问题的通知》规定：我国现行关境是指适用海关法的中华人民共和国行政管辖区域，不包括香港、澳门和台湾金马等单独关境地区。关境可能大于国境，也可能小于国境，我国的关境即小于国境。与关境相关的一个概念是边境。从政治学和地理学角度，一般认为边境是指邻近边界、国界的区域范围。《中华人民共和国法律大百科全书 · 国际法卷》指出：边境是国家边界线两侧一定宽度的区域。[①] 其中，在沿边地区，边境是指紧靠国家陆地边境线内侧的一定宽度的区域，一般称为“陆地边境”；在沿海地区，边境是指紧靠国家领海线，即领海外缘线内侧一定宽度的区域，一般称为“海上边境”。[②]

“边境保护”一词在我国立法中的出现是与知识产权海关保护紧密相关的。《国务院

① 许崇德编著：《中华人民共和国法律大百科全书 · 国际法卷》，河北人民出版社 1999 年版，第 48 页。

② 苗伟明著：《边境管理学》，中国方正出版社 2010 年版，第 44 页。

1994年度立法工作计划》中提出，拟制定《知识产权边境保护条例》，这是现可查阅文件中较早提到“边境保护”一词的。截至目前，涉及边境保护的法律至少有5部行政法规、13篇部门规章，虽未界定“边境保护”的概念，但其内容均限于知识产权海关保护领域。进入21世纪以来，鉴于中国海关需要强化的非传统职能较多，2007年，海关总署署级课题《国际海关发展趋势特别是非传统职能对中国海关的影响和对策》认为，“海关边境保护”职能是指中国海关为应对新形势下非传统安全威胁对国家所产生的危害和影响，履行作为国家进出境监督管理机关应尽的职责及应发挥的作用，主要内容界定为反恐、反洗钱、环境保护、濒危动植物保护、打击洋垃圾的进口、查缉货币非法输出、查缉化学前体等。

“海关关境保护”一词较早见于2011年海关总署于广洲署长发表于《求是》杂志上《在新起点上努力开创海关工作新局面》[①] 一文，文章指出要全面发挥海关在国家建设发展中的关境保护作用。同年，《海关贯彻落实国家“十二五”规划纲要的意见》提出，“十二五”时期海关首要的工作目标是在国家经济建设、政治建设、文化建设、社会建设及生态文明建设中全面发挥关境保护职能，维护国家整体利益。海关关境保护是指我国海关以综合安全观为指导，以维护国家经济、政治、文化、社会和生态安全免受可能遭受的危害为目标，依据国家法律、行政法规，对进出境的货物、物品和运输工具全面履行进出境监督管理职责而采取的各种海关管理行为的总称。

作为与海关执法密切相关的关境保护与边境保护概念，二者主要存在以下区别：

第一，提出的历史背景不同。我国边境保护更多的是在知识产权边境保护谈判及我国知识产权海关保护制度初步确立背景下提出的；关境保护则是在海关所面临的各种传统和非传统国家安全威胁问题日益突出的背景下，为全面履行维护国家综合安全，更好地实现进出境环节监督管理职能而提出的。

第二，适用范围不同。根据我国现行有效的法律，边境保护的适用范围主要用于知识产权海关保护领域，即海关对与进出口货物有关的知识产权进行保护[②]；海关关境保护范围则包括经济安全、政治安全、文化安全、社会安全及生态安全诸多方面，涵盖了海关执法的全部。

第三，法律依据不同。我国边境保护的法律依据是以《商标法》、《专利法》、《著作权法》、《知识产权海关保护条例》为核心的，主要规定知识产权海关保护的法律体系；海关关境保护的法律依据则是以我国《海关法》为核心的法律体系，涵盖了海关执法依据的方方面面。

两者也有着密切的联系。首先，海关关境保护与边境保护是一种包含与被包含的关系，即属概念与种概念的关系。其次，从“边境保护”到“海关关境保护”概念的提出和演进，充分反映了国际海关制度及我国海关制度改革和发展趋势。边境保护在我国提出并经过20多年的实践，在立法和法律适用上均积累了丰富的经验，取得了丰硕的成果，

---

① 《在新起点上努力开创海关工作新局面》，《求是》，2011年第23期。

② 若对“边境保护”进行文理解释，其适用的范围不应该局限于知识产权海关保护，而应该是包括知识产权海关保护在内的一系列边境制度。

成为海关关境保护中最重要的领域之一，为海关关境保护制度的提出奠定了基础。

二、加强海关边境保护的必要性

全面实施海关关境保护是维护国家安全，顺应形势变化，实现海关转型的必然选择。

（一）是“把好国门”的必然要求

海关是国家进出关境的监督管理机关，“把好国门”是《海关法》赋予海关的法律职责，是海关的职责所系和立足之本。中央领导同志指出，海关是守护国家经济大门、维护国家经济利益的钢铁长城，要求海关要始终把“把好国门”放在第一位，踏实履行“把关人”职责。海关总署党组也明确提出，“把好国门”是海关根本职责所在，是海关立足之本。“把好国门”必然要求全面实施关境保护，切实维护国家经济、政治、社会、文化、生态安全。

（二）是维护国家综合安全的必然之举

当前，我国面临的国家安全形势日益严峻，挑战不断。西方一些国家联手制衡我国，在政治、经济、军事等方面千方百计给我国施压，为我国和平发展制造麻烦。海关作为国门的守卫者，是国门第一道“有形防线”，是保护国家安全和维护社会稳定大格局的重要组成部分，在防范境外安全威胁方面，占据无可替代的天然“关口”位置。因此，实施全面关境保护，应对全方位多领域的威胁和挑战，抵御外来传统安全威胁和非传统安全威胁，海关地位重要，责任重大。

（三）是兼顾我国财政型海关和安全型海关的客观之需

相当一段时间以来，海关税收总额一直占我国中央财政的30%左右，是国家财政收入的重要来源。现阶段，我国财政型海关的特点仍然非常突出，并将在一定时期内维持不变。当前国家改善民生、发展建设的任务仍然很重，海关税收仍是中央可支出经费的重要部分，因此，现阶段海关税收职能还不能削弱。同时，据统计，2004 年至 2013 年，全国海关共查办各类非涉税走私犯罪案件 5918 起，查处了大量毒品、武器、珍稀动植物及其制品、废物、文物走私大要案，海关履行安全保卫职能面临的形势比以往任何时候都更为严峻，维护国家综合安全作用更加突出，安全型海关性质日益凸显。

（四）是借鉴国际经验推动中国海关转型的必由之路

进入 21 世纪，各国海关掀起了大规模的转型式改革，其突出表现为逐步将海关执法的重点从单一强化贸易管制、维护经贸秩序向强化贸易管制、维护经贸秩序与重视非传统安全问题并重，部分发达国家海关的重点已经过渡和转移到非传统安全领域，初步进入安全型海关阶段。我国海关正处在全面改革的重要时期，借鉴国际海关制度变革的经验，以综合安全观为指导，强化海关关境保护职能，将有助于优化我国现行海关制度，加强海关自身建设，破解制约海关发展的深层次矛盾和问题。

（五）是防范海关改革创新与安全监管措施失衡的解决之策

近年来，为适应外贸经济发展转型的需要，推进贸易便利化，国家和海关积极推进了诸多改革创新举措，但是海关内外对这些制度创新存在不少片面甚至错误的认识。以上海自由贸易区为例，有人提出，既然上海自由贸易区属于“境内关外”，实行“一线放开，二线安全高效管住”的原则，那么海关就要从一线撤出，即不需要海关监管。其主张的理论依据是1973年《京都公约》中对自由区“免于实施惯常的海关监管制度”的内容规定。对此，应有正确的理解和认识：

第一，《京都公约》中对自由区“免于实施惯常的海关监管制度”规定主要指进口税费。1999年《京都公约》修订版对自由区的概念作了重新定义，删除了“免于实施惯常的海关监管制度”的内容，并将进口税是否为免（保）税作为是否属于“境内关外”的核心标准。此外，从国际范围来看，“一线放开，二线管住，区内自由”是自由贸易区运作的基本规则，但并不意味着海关从一线和区内撤出，仅仅管二线。《京都公约》专项附约四“海关仓库和自由区”第二章第六款（建议条款）规定，因“公共道德或秩序、公共安全、公共卫生或健康，或动植物检疫的需要，或保护专利、商标和版权”需要，可以对境外的货物禁止或限制其进入自由区；第四款（标准条款）规定，“海关有权随时核对自由区内储存的货物”。《欧盟海关法典》也存在着类似规定。

第二，虽然自由贸易区是一个海关特殊监管区域，但仍是中国领土的一部分，中国政府（包括海关）当然具有履行维护中国国家安全的天然职责，也就是可以对在特殊监管区内侵犯我国国家安全的各种行为采取执法措施，这也是国家主权在特殊监管区内的体现。因此，对设立的类似自由贸易区性质的各类海关特殊监管区，海关绝不能让其成为在关境上侵害我国国家安全的便利场所。对特殊监管区，海关必须主动履行关境保护职责，积极研究制定有关贸易安全配套措施，防范改革创新中可能蕴藏的安全风险。

三、当前我国海关关境保护面临的安全挑战

（一）政治、社会、文化领域安全威胁广泛，危害巨大

1. 内外源性政治安全威胁因素增多并相互交织

境外，西方国家对恐怖主义持双重标准，在资金、舆论等方面支持民族分裂势力；以“东伊运”为首的境外“东突”组织极力推行“思想上打入新疆、行动上拉人出境”计划，企图建立对我国西北边疆武装渗透的前沿阵地。境内，民族分裂、宗教极端、暴力恐怖三股势力已然勾结，并在境外势力策应下加速实体化进程。这些组织通过多种进出境渠道，窃取我国国家安全情报，输入恐怖分子、武器弹药、资金物资，加强政治意识形态、宗教极端思想、暴力恐怖主义渗透。在“3·1昆明火车站暴恐案”中，调查人员发现“东突”分子以中缅、中越边境等非设关地为通道，积极招募国内极端分子出境受训后回国开展暴恐活动。近年来，海关查获了大量走私进境的枪支弹药。例如，2004年乌鲁木齐海关查办的“3·03”特大枪支走私案，缴获民族分裂主义分子走私入境的“五四”式手枪234支。

2. 毒品问题渐成危害我国社会安全的“恶性毒瘤”

从20世纪70、80年代以来，我国在全球毒品市场中的地位发生了两次大的转变。第一次转变，是在20世纪80年代，我国从原来的毒品转运国逐渐向毒品转运国和消费国并存转变；第二次转变，是在20世纪90年代到本世纪初，不法分子在国内利用新兴技术合成冰毒、K粉、麻古、摇头丸，我国毒品犯罪活动逐渐从单纯的“通道”向“通道”+“制造”+“市场”多重格局转变。同时，近年境外毒源地对我国逐渐形成“多头入境、全线渗透”的复杂态势，全国海关查获毒品走私案件呈快速攀升趋势，海关缉毒形势极为严峻。联合国毒品和犯罪问题办公室发布的统计数据显示，阿富汗2013年罂粟种植面积从2012年的15.4万公顷大幅增长至20.9万公顷，这一数字已经超过历史最高水平；阿富汗2013年鸦片产量达到5500吨，同比增长近一半；“金新月”毒品对我国危害加剧，全国各地破获的“金新月”海洛因案件逐年增加。据统计，“金三角”毒源地年产海洛因约80吨，其中大部分通过中缅陆路边境进入我国。毒品走私多元化、专业化、集团化、国际化趋向更为明显。受此影响，全国内陆、沿海、边境海关均相继查获毒品走私案件，货运、邮递、快件、旅检和海上渠道毒品走私易发高发。2004~2013年，全国海关共查获走私毒品案件3653起，查获各类毒品15.68吨。仅2009年10~12月间，黄埔海关就在货运渠道集装箱内连续查获4起高纯度海洛因走私入境案，缴获海洛因1033.36千克。

3. 武器弹药走私直接危害我国国家安全和社会稳定

军火走私是继贩卖毒品之后世界第二大跨国犯罪活动。联合国调查报告估计，全世界范围内的轻武器总数超过5亿件，其中4~6成是走私品。我国是世界上管制最为严格的国家之一，但由于政治敌对势力的长期存在，国内局部地区不稳定因素较为突出，民间枪支收藏者较多等因素，武器弹药走私问题一直存在，其中西南边境地区武器弹药走私问题突出，利用邮递、快件和绕越设关地等渠道走私贩卖枪支弹药案件增长迅猛，对社会安全和社会秩序直接形成危害。据统计，2004~2013年，全国海关共查获走私枪支入境案件196起，缴获各类枪支1086支，子弹36.8万发。2009年深圳海关查办的“4·28”特大走私枪支案，共查获各类枪支612支，子弹10万余发。2011年上海海关与上海市公安局联手破获以网络为交易平台的“8·25”跨国走私枪支大案，查获各类枪支93把，子弹5万余发，并与美方协作摧毁了横跨中美两国的一张巨大走私网络。

4. 粮食对外依存度增大和进出口双向走私都可能导致我国粮食危机

13亿人的吃饭问题始终是治国安邦的头等大事，2013年中央经济工作会议把粮食安全列为2014年六大经济工作任务之首。当前，威胁我国粮食安全的问题主要包括3个方面：

一是粮食对外依存度增大。我国农业资源环境已达到承载极限，据国家统计局测算，稻谷、大米、小麦、玉米的新增需求几乎完全依赖进口。据海关统计，2009年来，我国粮食对外依存度逐渐加大；2012年，我国粮食产量为58957万吨，同比增长3.2%，而粮食进口量为8024.5万吨，同比增长25.9%，粮食自给率连年下降。

二是粮食生产周期性导致粮食阶段性走私问题突出。2008年国际粮价攀升，引发一轮国内粮食走私出境高峰，仅当年6~8月，全国海关就查获粮食走私案件95起，走私粮食1.66万吨。当国内粮食价格高于国外时，则可能引发国外粮食走私进口，导致国内粮食价格下跌，粮农种粮积极性下降，威胁粮食种植产业安全。

三是粮食种子行业安全一定程度受制于境外。当前，我国的种业公司有相当一部分控制在外资手里，除杂交水稻种业仍有优势外，玉米、大豆等种业很大程度为境外企业（如美国先锋公司和孟山都公司）控制。

5. 进口不合格食品严重侵害我国人民群众身心健康

进口食品主要存在两个方面的安全问题：

一是正常监管渠道进口食品安全问题突出。据国家质检总局统计，2008 年不合格进口食品等货物共 3162 批次，2009 年共 1591 批次，2010 年共 1645 批次，涉及的品种包括动物产品、水产制品、粮谷、粮食加工产品、食用油、糕点饼干、干果、保鲜蔬菜、豆，其中存在的主要问题包括携带有害生物、动植物疫情、农残超标、食品添加剂超标、品质缺陷等。

二是食品特别是疫区冻品走私入境问题屡打不绝。由于走私进口的食品为逃避海关监管，绕开了检验检疫，往往带有各类传染病菌，对消费者的人身财产安全造成威胁。近年来，海关查获了大量来自疫区的肉类，仅 2013 年全国海关就查处走私疫区肉类案件 74 起，查扣肉类 3 万吨。

进口食品质量问题，既直接危害国内消费者人身健康，又损害国内监管部门的信誉，降低国内公众对海关、检验检疫部门的信任度。同时，受到走私低价食品的冲击，食品工业作为国内关系民生的重要产业，市场竞争力会受到严重损害，导致国内食品工业萎缩。

6. 基因资源大量流失对国家安全和社会安全形成重大隐患

基因技术作为生命科学的前沿，蕴藏着巨大的商业价值和特殊的军事价值，对人类社会意义重大，基因技术及相关领域已成为发达国家竞相争夺的制高点。中国是基因资源的“黄金宝地”，是人类基因资源，也是生物基因资源最丰富的国家之一。由于我国对基因资源的价值认识上滞后，研究上匮乏，人才上缺乏，技术上落后，尚未形成有效的保护和利用机制，导致中国特有的人体基因资源材料无序流出，特有的动植物基因资源面临被掠夺和流失，基因安全保护面临着巨大的挑战，也给我国国家安全、经济安全和社会安全带来系列威胁。例如，美国哈佛大学公共卫生学院曾与国内一些单位合作，进行哮喘病等疾病的遗传基因研究，主要在安徽采集血样，哈佛大学该项目负责人曾介绍这些基因取样“达到 2 亿中国人”，其中仅安徽采集的样本就“涉及 600 万人”。美国杜克大学和德国马普研究院曾多次在我国多省市采集中国老年人血样带回美国，进行基因资源研究。同样，我国拥有许多特有的动植物基因资源，这些动植物基因资源已被国外公司所关注，面临着被掠夺和流失的危险。

7. 大量文物走私出境对我国传统文化以至国家安全构成威胁

我国大量文物流失海外，给国家和民族造成不可估量的损失。尽管海关保持高压态势，但文物走私形势依然严峻。1999 年，英国警方曾在海关查扣 9 个集装箱 14000 多件中国文物，足以举办一个上迄 3500 年前的商朝、下至前清时期的中国历史展览。如今，互联网又逐渐成为文物走私、销赃的新通道。根据国家文物局统计，我国每年通过网络交易成交的文物超过 100 万件，而多数网络卖家并没有文物交易与拍卖资质，不法分子通过网店向境外客户兜售文物，并通过快件渠道偷运出境。文物走私猖獗不仅促发古墓盗掘，催生庞大的文物造假产业，还滋生着其他犯罪行为，对国家的文化和经济乃至政治安全构成威胁。

8. 涉黄涉暴等不良文化信息的入侵冲击民族优秀文化传统

涉黄涉暴等不良文化信息通过虚拟方式大举入侵，难以管控。例如，App Store 是苹果公司为其电子硬件产品所创建的软件经营平台，购买 iPhone、iPad 的用户，都必须到 App Store 下载相关应用程序。我国苹果用户数量庞大，苹果目前线上超过 52 万个应用软件，这些软件当中包含着相当数量的涉黄内容。据统计，目前在 App Store 中销售前 10 位的应用软件里，超过半数涉及情色内容。这些情色内容未经审核和隔离，通过终端直接抵达中国消费者，与我国传统的价值观念产生冲突，给国民的文化认同造成极大的负面影响。

（二）经济领域安全问题错综复杂，隐患增多

1. 对外贸易结构不平衡、不协调、不可持续的布局凸显，削弱我国抵御国际经济风险能力

贸易结构是否趋于优化平衡，对我国对外贸易能否保持安全健康发展，能否具有抵御国际经济风险能力有巨大影响。虽然 2013 年我国对外贸易规模已迈上 4 万亿台阶，但近年来我国对外贸易结构性隐患凸显。近年来，我国外贸对外商投资企业依赖减轻，但从 2012 年我国外贸进出口值前 200 位企业榜单来看，外商投资企业占据 59% 的席位，其占据主体地位的格局并未被打破，政府和企业在贸易谈判权和商品定价领域话语权不足，自主创新能力得不到市场竞争的激发，国家产业转型升级滞后，产业安全岌岌可危，可能导致我国沦为发达国家制造工厂。外贸结构性隐患主要有：

一是从出口商品结构看，2013 年我国国际贸易具备竞争优势的产品仍是服装、鞋类、玩具、寝具等劳动密集型产品，随着我国劳动力成本的不断上升，劳动密集型产业生存空间将越来越窄。此外，我国机电产品、高新技术产品处于出口竞争优势较弱的区间，且优势仍然停留在高新技术产品生产链条上的劳动密集型环节，这些出口产品在国内的贸易增加值较少。

二是从区域结构看，我国对外开放存在明显的“重沿海轻内陆”现象，贸易领域开放试点和优惠政策集中于沿海发达地区，而西部地区外贸进出口的发展在一定程度上依赖于外商投资企业的战略调整，因此，中西部地区贸易竞争力低下，企业发展的内生动力不足，地区经济发展差距不断扩大，可能引发多重社会矛盾。

三是从市场结构看，2013 年我国贸易伙伴多元化战略取得一定进展，但市场总体布局依然不尽合理，对发达经济体的依赖程度依然较高。2013 年欧、美、日三大发达经济体在我国外贸进出口总值中的比重高达 33.5%；巴西、印度这两个重要的“金砖”国家在我国外贸进出口总值中的比重却由 2011 年的 2.3% 和 2% 分别下滑至 2013 年的 2.2% 和 1.6%，对外贸易趋于集中，降低了我国国际经济危机的防御和对抗能力。

2. 涉税产品走私和出口骗退税，严重侵害国家产业和财政安全

2004～2013 年，全国海关共查处涉税走私犯罪案件 8090 起，案值 1780 亿元，涉税 331 亿元，查办涉税千万元以上大案 412 起；查处出口申报不实影响退税案件 27645 起，案值 290.4 亿元，骗退税约 30 亿元。走私涉及产业、行业包括粮食、矿产品、副食品

（白糖等）、成品油、电子产品、化工材料、工业制品、冻品、手表、洋酒（葡萄酒）等，波及广泛。以2010～2011年期间美国冻鸡产品走私情况为例。我国自2010年起，对美国原产白羽肉鸡产品实施临时反倾销、反补贴（简称“两反”）措施，其中反倾销税税率自50.3%～105.4%不等，反补贴税税率自4%～30.3%不等，实施年限为5年。但征收“两反”税后，进口冻鸡产品仍有国内需求，因自美国进口冻鸡产品成本剧增，境内外差价进一步加大，走私美国冻鸡产品情况凸显。全球贸易统计数据（GTA）显示，2010年3月～2011年12月，美国统计向我国出口冻鸡数量约为我国统计自美进口数量的1.2倍。表明自美国直接走私势头凸显。由于肉鸡产业属于节粮型产业，具有较强的竞争优势和较大的发展潜力，走私美国冻鸡产品大幅度削弱了国家对外经济政策执行的力度，影响了国家政策的实施，损害了我国国内的肉鸡产业。再以牛肉进口情况为例，仅2013年上半年，我国就从澳大利亚、新西兰、加拿大等国进口牛肉12.6万吨，是2012年全年进口量的2倍。同时发现，我国没有自美国、印度的进口记录，但两国海关统计向我国出口牛肉却各为2000余吨，澳大利亚、新西兰所统计的出口中国牛肉总量也远远超过我国的进口统计数据。2013年上半年，海关查获走私牛肉案件128起，涉案牛肉3.35万吨，同比大幅增长。其他多种涉税商品也不同程度地存在类似情况，关系国计民生的方方面面，严重侵害了国内相关产业、行业安全。

此外，随着出口贸易增多及国家对出口退税政策的调整，企业在出口环节申报不实影响国家出口退税管理的违法行为也随之增加。以2012年上海某耳机出口骗退税案件为例，不法分子利用黄金管理薄弱环节，在国内购买黄金，并在购入价仅为4.8元人民币/副的耳机上镶嵌黄金片，通过国内多次交易手法，获得耳机增值税专用发票，并以申报价格为88美元/副出口至香港，骗取出口退税税款合计达260万元。当前，出口骗退税呈现普遍性和行业性特点，违法手法多样，拼柜申报、多报少出、模糊申报、伪报品名、高报价格等现象明显，而部分违法活动分工更加细致，隐秘性更强，呈团伙作案趋势，严重危害国家财政安全，更虚增贸易顺差，影响宏观调控政策的制定，引发国际贸易摩擦。

3. 虚假贸易导致海关统计数据失真，影响国家宏观调控政策

海关统计数据是反映外贸进出口情况的第一手资料，也是反映宏观经济情况的重要数据，因而成为国家与地方党政领导和部门、研究机构、外贸企业准确把握和正确判断国际贸易形势，科学应对国际贸易争端的重要参考，并受到社会各界广泛关注。但目前因为虚假贸易、各种涉税商品走私等因素，导致海关统计数据准确性无法保障，直接影响国家外贸政策的制定，可能对国家经济造成难以估量的损失。据调查，由于香港地区存贷利率均低于内地，一些企业通过深圳毗邻香港的海关特殊监管区域，利用集成电路等体积小、价值高商品作为道具货物反复进出口的方式，套取资金跨境流动的利差，造成此期间广东进出口外贸数据出现超常增长。以一批申报价格合计为597.3万美元的集成电路为例，如果以600万美元计算，10天时间反复进出口50批，10天的进出口数据就增加了3亿美元①，推高了海关统计数据。根据数据分析结果，2013年1～2月，我国外贸进出口增速为

---

① 《深港套利贸易调查》，2013年中央电视台经济半小时栏目。

14.2%，如果剔除海关特殊监管区域物流进出口值后，我国外贸进出口增幅仅为9.4%，该情况得到了国家领导人的高度重视。同年4月，国家外汇管理局、银行和海关等部门先后出台加大对外汇资金流入管理和保税区进出口货物监管措施后，出口虚增数据有所回落，2013年全国进出口增速为7.6%，剔除深圳市海关特殊监管区域物流特殊因素影响，我国实际进出口增速为6%，表明政策实施效果明显。因此，该种反常的货物进出境流动严重扭曲了海关统计数据真实性，造成外贸进出口数据虚高，加大我国贸易顺差规模，不仅影响国家对外贸走势的客观判断，干扰我国正常经济金融秩序，还带来国际上对人民币增值的压力。此外，虚增我国贸易顺差规模，更容易造成国际贸易摩擦，给我国正常的经贸活动造成被动影响。

4. 主要能源、矿产、原材料对外依存度攀升，国民经济命脉受境外影响逐渐加深

我国原油、铁矿砂、铜等主要矿产资源和原材料的供应大量依赖进口，进口价格受制于国际市场价格。例如，我国已经连续10年成为全球最大的铁矿石买家，年进口量从2004年的2.1亿吨大幅攀升至2013年的8.2亿吨，年度进口均价也从2004年的每吨115.3美元攀升至2013年的129美元，国际矿业巨头把铁矿石的定价机制从年度定价变成季度定价甚至月度定价，我国面临的价格风险被不断增大。又如，2012年12月单月我国超过美国成为全球最大的原油净进口国，但据测算，我国影响国际石油定价权的权重不足0.1%，且我国进口原油的运输路线高度集中，部分进口原油经海上运往国内，一旦出现局部自然环境、地缘政治变动，都将使我国能源保障和经济发展安全受到威胁。

5. 贸易摩擦日益加剧，增加了我国贸易安全外部环境的不确定性

据海关统计，我国在全球进出口贸易中的份额逐年上升，已由2004年的7.5%达到2012年的约11%。我国已经成为全球举足轻重的贸易大国，自2009年起连续4年稳居全球货物贸易第二大国位置，2012年进出口总值已十分接近排名全球第一的美国。2013年，我国进出口总值为4.16万亿美元，超越美国成为全球第一大货物贸易国。西方国家既希望我国成为经济全球化的主要参与者，又担心我国的发展对其构成威胁，导致全球贸易保护主义呈扩大之势，严重影响我国贸易安全与便利。商务部统计数据显示，2009~2012年间，我国遭遇贸易经济调查案件328起，涉及出口金额534亿美元。其中，2012年我国遭遇21个国家发起的贸易救济调查案件77起，涉及金额达277亿美元，同比分别增长11.6%和369%。其主要手段有：一是对华反倾销、反补贴调查力度加大；二是贸易壁垒层出不穷；三是直接违背与我国加入世界贸易组织谈判承诺，如西班牙、意大利等国一直对我国纺织品征收临时性关税；四是以“保护劳工权益”为幌子制造事端，向我国施压。

6. 珍贵初级资源流失严重，削弱我国全球竞争力

由于长期以来我国地方政府对待珍贵初级资源的粗放型开发态度，以及西方国家操纵、压低我国资源性产品价格，并毫无节制地消费、储存，导致我国稀土、钨、锡等重要战略资源流失严重。以稀土为例，我国长期以占全世界30%的储量供应超过90%的需求。2012年起我国收紧稀土政策，压缩了国内私采滥挖稀土产品“出路”，但西方一些企业以合资方式在中国设立公司，绕过政策法规监管，渗入稀土产品开采、加工、利用、出口渠道。目前在海关统计中，稀土出口量正在萎缩，但国外稀土供应并未因此受到影响。

7. 知识产权保护滞后，制约知识产权创新和知识产权经济发展

目前，知识产权的关境保护形势仍不容乐观：

一是国内企业品牌知识产权保护意识薄弱。2010 年海关总署核准国内知识产权备案 1815 项，截至 2011 年，海关总署累计核准国内企业知识产权备案 10906 项，仅占全部核准知识产权备案总量的 49%。据调查，广东中山 100 多个知名品牌中逾 9 成至今仍未向海关总署进行知识产权海关保护备案。汕头市共有注册商标 6 万多个，已在海关总署备案的不到 40 个；自有的 15 个驰名商标，备案的不到 1/3。

二是虚拟网络知识产权的关境保护仍处于空白状态，实体途径监管形成的屏障形同虚设。以苹果系列电子产品通过 App Store 进行软件征税争议为例，2013 年 1 月 8 日，苹果公司宣布 App Store 的应用下载量已经突破 400 亿次。苹果公司通过 App Store 中数量庞大的中文应用获取数额可观的销售利益，但该笔销售收入却从未向中国政府缴纳任何税费。对第三方平台经营的线上软件交易是否应该向收入来源国缴纳关税，目前在国际、国内实践领域都处于空白阶段。如将 APP 软件交易定义为跨境提供服务，将其归属为 Cross - border Supply（跨境交付）中的线上数据服务交易，则按照世界贸易组织《服务贸易总协定》中对“跨境交付”的定义，服务本身不属于货物，海关目前无权予以征税。而类似于苹果 APP 商城通过建立第三方平台，将软件以电子终端途径进入中国市场的例子并非独此一家，对民族软件行业的创新造成严重打击。

（三）生态领域安全问题突出，威胁加剧

1.“洋垃圾”非法贸易加剧对我国生态环境的破坏

根据美国国际贸易委员会的数据，自 2000 ~ 2011 年，中国从美国进口的垃圾废品交易额由 7.4 亿美元飙升至 115.4 亿美元。2011 年，该类货物占中国从美国进口贸易总额的 11.1%，这其中的大部分是以可利用固体废物名义正常出口至中国，但由于走私的存在，利用技术的限制、治理资金的缺乏和检验检疫漏洞，存在巨大的环境污染隐患。例如，2013 年全国海关查办利用他人许可证件走私进口固体废物案 135 起，涉案进口的废塑料达 91.75 万吨，这些固体废物进境后，有的弃而不用，有的治污不彻底，被查获后难以及时退运或妥善处置，长期在口岸存放，对当地环境造成严重污染。在一些“洋垃圾”污染重灾区，人们祖祖辈辈赖以生存的根基被毁掉，沦为环境难民。以“一夜暴富”的“电子垃圾第一镇”汕头市贵屿镇为例，在经过 20 多年的污染后，已成为全球二恶英浓度最高的地区，成为“血铅镇”和“癌症区”，当地水源无法饮用，土地无法耕作，有经济能力的居民不得不纷纷搬离该地区，引发激烈的社会矛盾，教训极为惨痛。

2. 海关特殊监管区在一定程度上成为国外工业污染越境转移中转站

20 世纪 80 年代，美、日等国电镀、冶金、制革、印染等高污染行业就相继往我国珠三角、长三角地区海关特殊监管区转移。根据 2013 年第三次全国经济普查数据，外商投资于污染密集产业的企业有 16.93 万家，占全部外商投资工业企业的 30% 左右，主要投资领域包括化工业、纸浆造纸业、钢铁业、非铁的金属业和非金属的采矿业等污染最严重的 5 个产业，其中大部分位于特殊监管区内。部分外商还通过投资将泡沫塑料、ODS 物质等

国外淘汰的，严重污染环境的产品的技术、设备、产能、消费转移至我国，变相攫取我国生态承载力，危害国家生态安全。例如，广东、浙江等地的制鞋、制革等职业病高发区和高发行业，也正是外国投资最热衷的地区和行业。当前，上海已获批设立自由贸易区，贸易自由化可能对我国环境产生的负面影响应引起重视。

3. 外来物种入侵和国内物种资源流失导致生物多样性遭受破坏

外来物种入侵是导致生物多样性消失的第二大国际因素。第二届国际生物入侵大会确认，目前入侵中国的外来生物已有544种，其中大面积发生、危害严重的达100多种，危害区域遍布全国所有省、区、市的农田、森林、湿地、草原等各个生态系统，我国已成为遭受生物入侵最严重的国家之一，广西食人鲳、广东福寿螺和水葫芦事件已给我们敲响警钟。同时，20世纪90年代后期开始，野生动植物开始越来越频繁地出现在走私清单上，特别是我国加入世界贸易组织后，由于关税水平逐步降低，以野生动植物为代表的非涉税物品走私更加突出，导致国内物种资源不断流失。根据印度野生动物保护协会的报告，每年约有3000千克藏羚绒由西藏转道尼泊尔、巴基斯坦到印度进行加工，相当于有24000只藏羚羊被捕杀。

四、当前我国海关关境保护工作存在的不足

新中国成立以来，海关始终高度关注关境安全保护，着力加强经济、政治、社会、文化、生态“五个把关”，在维护国家安全方面做了大量卓有成效的工作，成绩斐然，效果显著。但同时，海关在维护国家综合安全上还存在六大不足：

（一）顶层设计缺乏

一是认识偏差。实施海关关境保护职能是一个全新的系统性课题，可能涉及宏观战略层面和微观技术层面海关发展路径的调整和选择。但目前海关内部相当层级领导和关员对海关发展环境的变化并不敏感，缺乏应有的转型紧迫感和危机意识，对关境保护意义认识不足，整体保护国家安全的意识仍较为薄弱，对查缉危害国家安全相关活动的敏感性不强、主动性不高、思想准备不足，且各关区对保护国家安全工作认识存在差距，呈现明显不平衡格局。二是规划缺位。各层级对海关关境保护的目标、范畴、手段没有清晰的理解，没有针对性的具体规划和设计。如以海关保护国家经济安全为例，《海关贯彻落实国家“十二五”规划纲要的意见》中提出“全面发挥”海关“在国家经济建设”中的关境保护职能，使“海关维护市场经济秩序”能力进一步提高，可视为对海关参与国家宏观经济安全决策的表述。但在具体意见部分，海关维护国家经济安全的内容则整体缺失。又如，对境外海关战略理念借鉴和吸收步伐缓慢，对如何通过关境保护提升国家核心竞争力，推动口岸管理职能集约化改革，完善海关危机应对机制建设等，缺乏系统性的理论研究、统一的战略规划和系统性的实施方案，难以全面高效地履行关境保护职能。三是理念落后。海关监管体系的主体设计，仍然以涉税货物、物品为核心，以完成税收任务为核心。尽管海关已经关注非传统职能，但在以税收为轴心的理念影响下，现有海关监管模式缺乏针对非涉税货物、物品，如毒品、武器弹药等的风险布控指令通道和特殊查验方法、

手段，无法全面满足监管需求。四是职责不明。对海关总署、直属海关、隶属海关3个层面如何维护国家安全方面也缺乏统一、合理的责任划分。海关业务改革多聚焦于贸易便利化，对安全监管的“把关”职责关注不够，多数停留在自我完善的“内生式”调整和零敲碎打的“修补式”改良，关境保护措施存在很大程度的滞后性、局限性和随意性。

（二）法律定位模糊

《海关法》制定至今已经20多年，虽作过修改，但其立法目的和海关基本任务的表述，仍缺乏对海关履行关境保护职能清晰明确的定位。在实践中，把实施海关关境保护的内容和手段大部分纳入监管、征税、缉私和统计分析的基本任务范畴，但存在明显不足：一是弱化了海关内外部对海关应对非传统安全威胁作用和重要性的认同，海关在口岸各部门间关境保护执法的主导地位无法得到彰显；二是现行海关缉私职能并不能涵盖海关关境保护的应有范畴；三是海关在政策制定、资源配置上更倾向于传统税收和监管任务，在一定程度上制约了非传统关境保护职能的发展。随着形势的发展，有必要通过制定法律的形式，明确海关关境保护职能，平衡海关关境保护职能和四大任务之间的关系。

（三）理论研究薄弱

一是研究起步晚。回顾关境保护理论研究工作，对这项工作研究时间起点相对较晚，2007年在海关总署领导讲话中出现具有关境保护内涵的“边境保护”提法，2011年在于广洲署长讲话中出现“要全面发挥海关在国家建设发展中的关境保护作用”的提法。虽然有了这些提法，但研究成果不多。二是研究缺乏广度和深度。至今，海关内部对关境保护的概念、内涵和外延的认识仍较为模糊，海关内外对关境保护与边境保护概念的理解见仁见智。如在保护国家政治安全方面，欠缺对利用海关综合手段（如经济政策）辅助维护政治安全情况研究。但是，西方国家常常利用多种经济政策来影响中国的政治走向，如通过有针对性金融改革政策、汇率政策等影响我国的经济安全，从而在一定程度上影响我国政治安全。三是前瞻性不足。海关综合监管改革和新兴业务领域改革较少提高到体现关境保护的高度。如针对自由贸易区、跨境电商等新兴领域关境保护研究十分薄弱；在一些领域，如苹果公司通过网络终端销售软件问题，基因资源出境监管问题，甚至成为研究的“空白”和“盲点”，导致监管缺失。四是系统性不强。远远没有形成基本理论、规范理论和应用理论体系。如对错综复杂的对外经贸安全问题、政治安全和社会安全交织问题，都缺乏系统的研究。

（四）改革配套措施缺失

根据国家总体部署，近年来海关不断进行制度创新，着力简化手续，提高通关效率，服务地方经济发展，促进国际贸易便利化。尤其是2013年来，海关配合上海自由贸易试验区的设立而出台“一线放开，二线高效管住”的特殊海关监管措施，推动无纸化通关，探索实施“属地申报、属地放行”监管措施，取消报关员资格考试，有效减轻企业负担，推动国际贸易便利化。但这些措施的制定、执行，在一定程度上忽略了进出境环节存在的国家安全威胁，缺乏安全评估机制和有效实施海关安全保护的改革配套措施，导致制度创新的风险日益凸显。例如，“属地申报、口岸验放”模式下的转关运输监管制度存在薄弱环节，易于被不法分子利用，将枪支、爆炸物等严重威胁国家政治稳定与人民群众人身安全的物品偷运进境；海关报关单证保存期限短，且定期组织销毁，不利于对长期连续走私违法行为的打击；自由贸易区、出口加工区、保税港区、中哈霍尔果斯国际边境合作中心中方配套区、综合保税区等海关特殊监管区域层出不穷，且适用的政策各不相同，海关准确执行监管规定存在困难。

（五）体制机制滞后

一是反走私综合治理体制有待进一步完善。一些省市将打私办由地方政府主管转为挂靠在政府有关部门，在一定程度上削弱了地方党政机关在打私方面的主体责任和综合治理的协调力度；“联合缉私、统一处理、综合治理”的缉私体制在综合治理方面还缺乏有力有效的保障落实机制，海关与海警、边防、地方公安等各机构在打私工作中的责任、权利、义务等关系需要明确和理顺。二是缉私职责划分界限亟待明确。海关受职责和资源的限制，无法对非设关地进行管理，主要依靠地方党政进行综合治理，而目前国家对缉私体制的规定比较原则，地方政府对非设关地的管理权责、机构设置、执法资格等问题还有待明确。海关在监管区内权限清晰明确，但在非监管区无法进行“拉网式”巡查和堵截，对群众性、行业性、地区性走私缺乏治理手段，可利用的资源不及地方政府部门丰富，容易陷入单打独斗的境地；而地方政府打私办没有具体执法权和强制措施，主要起牵头和协调作用，难以对非设关地走私具体行为进行管理和惩戒。例如，北部湾和北仑河地区非设关地走私经过多年的发展演变，已不仅是单纯的经济犯罪问题，还牵涉出大量的社会问题、治安问题。仅 2012 年，该地区就发生 10 余起哄抢私货、暴力抗法事件，不但危害国家正常进出口秩序，而且危及社会稳定，已成为中央高度重视、社会各方甚至国际媒体关注的突出问题。此外，国家海洋局成立海警之后，海关海上缉私职能移交，但对此尚未形成统一明确的职责区分界限和协作配合机制。三是有效协作机制尚未形成。海关与军队、公安、安全、边检等均参与保护国家安全工作，但情报共享、执法协作机制尚不完善。同时，与其他国家海关尤其是周边国家及区域海关组织的互助合作机制也未健全。

（六）保护能力不足

一是情报先导作用未能充分发挥。海关情报工作依旧遵循各部门从职能管理角度出发分散采集模式，与其他执法机关的数据交换、数据共享工作进展缓慢，未能充分利用公安机关情报系统、国家地理平台和全国人口基础数据库、全国企业信息基础数据库等基础数据平台，情报信息的采集、利用水平仍有待提升。二是监测预警工作格局存在缺陷。存在重跟踪监测、轻主动预警的倾向；国家经济安全进出口预警指标体系亟待完善，定期的理论探讨和实践探索仍需加强。目前海关已形成如出口依存度、出口市场份额、城市竞争力指标、外贸出口先导指数等专门领域的反映国家经济走势及经济安全的预警指标，但并未将其统一归纳，形成系统化的中国经济安全预警指标体系。此外，除重点关注的进口商品量、值等指标外，对预警指标体系中的重点指标并未全部设置量化的预警级别。三是缺乏装备设施和防护设施。当前，海关在通关环节发现爆炸物、危险品的技术手段仍较为原始。行李无线识别系统、门式辐射探测器、核辐射探测器、行李及人体X光检查仪器、移动手持设备等基础专业查验设备配备不能满足工作的需要。四是缺乏专业知识、实战能力和处置规范。一线关员普遍缺乏恐怖风险的识别、排查能力和危险物品的隔离、封存等专业知识，缺乏基因资源（如粮食种子、人体基因样本、动植物基因样本）专业识别能力，缺乏实战模拟演习，急需加强技能培训。海关还未形成结合自身监管场所特点应对各类危害国家安全突发事件的应急预案体系。五是人力资源不足。为配合地方发展经济的需求，长期以来，海关机构设置多与地方要求设置海关、设立特殊监管区的需要相配套，但由于编制所限，经常出现增设机构编制内部调剂的情况，出现了机构点多、线长、面广，人力资源严重不足、监管不到位的问题。

五、我国海关关境保护职能实现方式与路径

自1998年全国打击走私工作会议以来，海关发展取得前所未有的成绩，确立现代海关制度确立，海关总署机构升格，建立衔级制度，组建缉私警察，配备协勤武警，海关在国家机关中的地位和作用日益凸显。但当前我国海关所面临的形势和所处的发展环境正发生着深刻变化：从外部来看，海关维护国家综合安全的形势更为严峻，任务更为紧迫；从内部来看，以税收为轴心的财政侧重型海关功能扩张基本结束。多年来，海关税收占中央本级财政收入约30%，近年占比有所减少。如果剔除代征税，海关关税占中央财政收入将降至5%左右。单纯通过税收来衡量海关的地位和作用已明显不够。在新的时期，世界发达国家海关的职能大多经历由财政侧重型海关逐步向财政、安全并重型海关转变，再向安全侧重型海关转变的过程，这已成为海关职能发展变化的一条规律。我国海关正面临“推动内陆同沿海沿边通关协作，实现口岸管理相关部门信息互换、监管互认、执法互助”（《中共中央关于全面深化改革若干重大问题的决定》）等变革，在这个重要时刻，必须把握关境保护职能发展变化的规律，明确海关在国家发展大局中新的职能定位，找准职能实现方式和途径，以战略的视角、非凡的勇气深化改革，迎接挑战。

（一）新中国海关职能的发展变化和现阶段我国海关的职能定位

事物主要矛盾的变化决定着事物的发展方向。回顾新中国成立后海关职能的发展进程，可以清晰地看出海关职能定位与海关工作矛盾之间的变化脉络：

第一阶段，新中国成立后到1978年。在冷战的大背景下，海关工作的主要矛盾是巩固和发展社会主义制度与敌对势力渗透破坏颠覆之间的矛盾。这一时期，海关职能明显偏重于政治保卫，在相当长一个时期内奉行海关是“无产阶级专政的国家机关”、“无产阶级专政工具”、“经济政治保卫”和“‘保卫’和‘团结’两条腿走路”指导思想和工作方针。

第二阶段，1978年十一届三中全会后至1998年。改革开放前期阶段，海关工作的主要矛盾是国家和地方经济高速发展的迫切需求与海关服务发展能力不足之间的矛盾。这一时期，海关职能相对侧重于促进外贸增长，先后提出了“保护促进”、“促进为主”、“依

法行政、贯彻政策”的工作方针。

第三阶段，1998 年全国打击走私工作会议后至 2011 年。经济全球化加速，我国加入世界贸易组织，海关确定了以风险管理为中心环节的现代海关制度，海关工作的主要矛盾是服务经济发展和严密海关监管之间的矛盾。这一时期，海关职能相对侧重于财政增收和促进贸易便利化，海关税收从 1998 年的 879 亿急剧增长至 2011 年的 16142 亿，海关系统遵循的是“依法行政，为国把关，服务经济，促进发展”工作方针。

第四阶段，2011 年至今后一个时期。美国“9·11”事件后，世界海关组织出台了《标准框架》，这意味着全球海关法律制度的重大变革，它对我国海关的影响最直接、最重要的体现之一就是海关关境保护内涵和范围的拓展。全球金融危机后，国际贸易安全与便利呈现更为复杂的融合形态，新兴战略产业布局和全球价值链再分配格局发生变化，新型贸易形态的不断涌现，虚拟经济集聚化、实体贸易碎片化日趋明显，对海关监管改革和维护国家安全形成巨大挑战。2008 年世界海关组织年会正式通过《21 世纪海关》战略文件，2012 年世界海关组织出台新版《标准框架》，提出协调边境管理（CBM）理念，强调海关与其他边境管理部门和机构合作，强化海关边境管理职能，海关关注重点转向全球供应链的安全与便利。同时，在国家发展“两转”（经济转轨和社会转型）时期，国家面临的传统和非传统安全威胁日益严峻，海关维护国家免遭非传统安全威胁的挑战也日益增多。基于海关面临形势和矛盾的变化，2011 年开始，海关总署党组提出了“把好国门，做好服务，防好风险，带好队伍”的海关工作总要求，并要求在国家全面建设中发挥关境保护职能，维护国家整体利益。这一时期，海关工作的主要矛盾开始逐步向全面开放发展需要与维护国家综合安全能力建设滞后之间的矛盾转化（主要体现为贸易便利化和贸易安全之间的矛盾）。实施全面关境保护、维护国家综合安全将成为海关今后一个相当长时期的职能重心发展转变方向。

综合国际海关变革趋势和我国海关发展面临现状分析，新中国海关发展至今，大体经历了政治保卫型—经济促进型—财政侧重型 3 个阶段，现阶段我国海关正由财政侧重型海关逐步向财政、安全并重型海关转变，并最终过渡到安全侧重型海关，也就是遵循财政侧重型海关—财政、安全并重型海关—安全侧重型海关的模式发展演进。

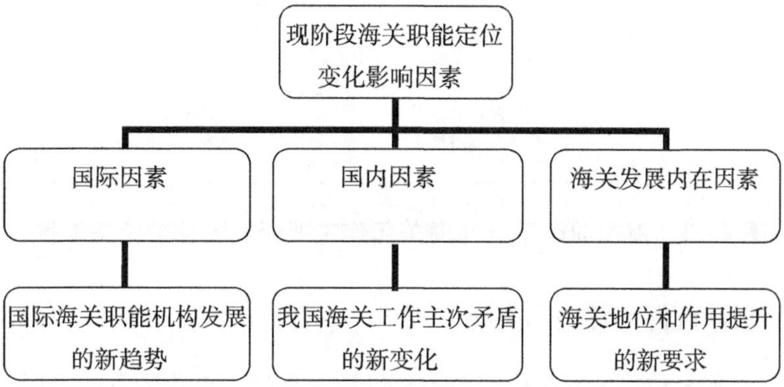

图 4-1　海关职能定位发展影响因素分析图

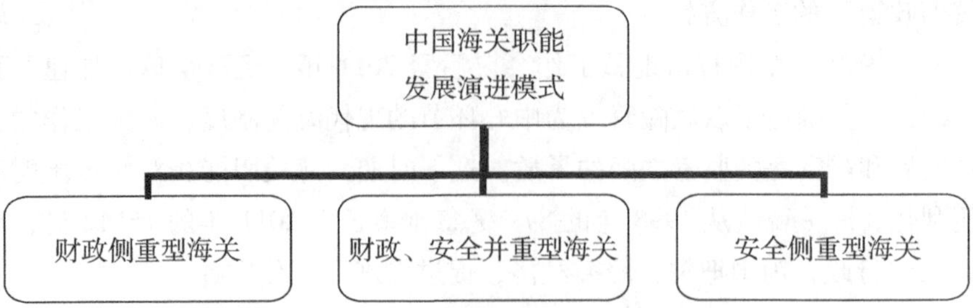

图4－2　海关职能发展演进模式构想图

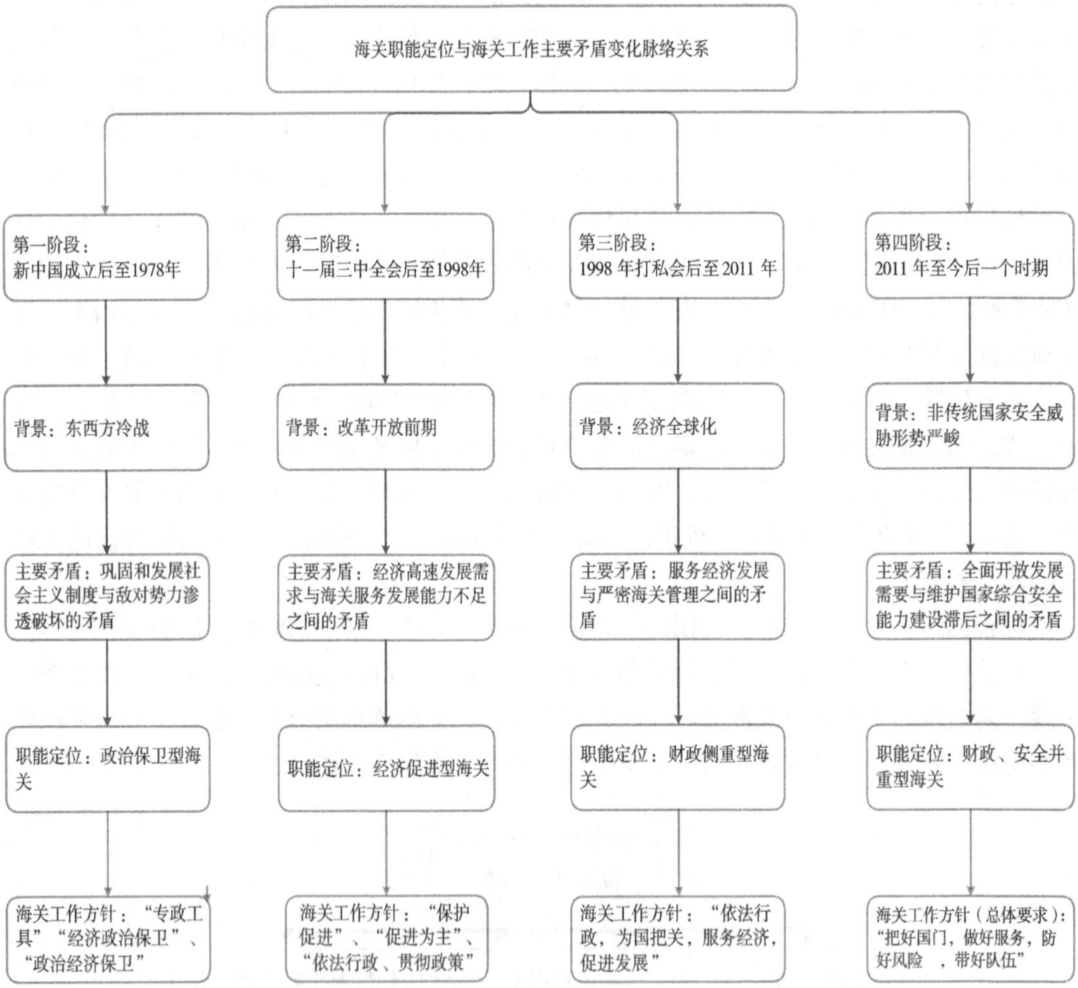

图4－3　海关职能定位与海关工作主要矛盾变化脉络关系图

（二）现阶段我国海关转型的实现方式

海关职能的转型定位，关系到中国海关在继往开来的形势背景下的发展道路和发展方向问题，意义十分重大而深远。海关对此应保持高度清醒，居安思危，未雨绸缪，及时对海关的发展进行前瞻性研究，并充分借鉴国际海关发展变革的先进理念和实践经验，为海关的发展制定一套科学合理的整体规划，通过政策取向、监管模式和组织方式的转变，逐步推动我国财政侧重型海关向财政、安全并重型海关转型。

1. 在政策取向上，由偏重贸易便利向实现贸易便利和贸易安全平衡转变

在不同的历史时期和条件下，海关对“贸易安全”与“贸易便利”的关注有所侧重。在传统和非传统安全威胁错综复杂的形势下，“贸易安全”与“贸易便利”日益成为我国对外贸易腾飞的两翼，是有机统一的矛盾体。因此，海关在履行关境保护职能中应改变“贸易安全”与“贸易便利”失衡的偏向，在指导思想、法律设计上作相应调整，以适应贸易安全与贸易便利并重的需要。

一要处理好制度创新与风险防控之间的关系。为推进贸易便利化，近年来海关不断进行制度改革和创新，如大力推进自由贸易区监管创新，全面深化区域通关改革，全面实施通关作业无纸化改革，创新多式联运监管模式等。但在制度或模式创新中，制度或模式的缺陷或漏洞所带来的风险与创新的红利一样，如影随形。风险来源有二，其一来源于海关，其二来源于海关管理相对人。来源于海关的风险往往表现为法律依据或制度政策的缺失或不足。以上海自由贸易区为例，海关创新监管措施的采用，在上海自由贸易区与境内区外之间形成了一个巨大的落差，包括制度落差、监管制度落差，以及在这两者基础上形成的诸如价格、许可证件等具体的落差。这些落差是否会诱发违反海关法行为，特别是走私行为的发生，海关如何应对，都是需要高度关注的问题。因此，必须在自由贸易试验区内加强防控可能出现的走私、洗钱等风险。为处理好制度创新与海关风险防控之间的关系，中国海关既要超越自己的经验，也要超越他国经验。在顶层设计的同时，也需要摸着石头过河；在促进贸易便利的同时，也要正视潜在的违反海关法风险，并积极地予以控制和化解，以保证贸易安全。

二要处理好简政放权与强化海关监管之间的关系。简政放权是当前海关工作的核心之一。2013 年，海关总署对现有 21 项行政审批事项，取消、下放或转移了 13 项。但是，简政放权不是一放了之。海关既要通过简政放权促进贸易便利，向海关管理相对人释放制度红利，也需要优化监管、强化监管，完善分类管理和风险管理，力保贸易安全。为此，海关需要正确处理好“放”、“管”、“导”的关系。“放”是最大限度地减少对各类企业和人员资质资格的许可，最大限度地减少对各类生产经营活动的事前审批，最大限度地缩小海关审批、核准、备案范围。但是，“放”的同时要有效地“管”。以上海自由贸易区“先进区后报关”的监管模式为例，在“先进区后报关”的监管模式下，舱单成了货物实际进出上海自由贸易区的第一道凭证，而目前舱单系统只需船名航次、件数和重量信息，这就给据舱单信息进行风险分析工作带来一定难度，潜藏了违反海关法的风险。因此，要完善舱单信息。同时，要在现有的海关对企业分类管理的基础上，深化、细化对企业的分类管理制度；与海关对企业的分类管理相适应，海关应充分调动和发挥行业协会的作用，杜绝行业性的走私现象。“导”是指海关要灵活运用行政指导这一手段。我国海关关区众多，情况各异，在不同的阶段、不同的条件下，贸易安全与贸易便利的表现不尽相同。海关应从服务地方经济发展大局考虑，根据企业的资信情况和风险等级区别对待，实施分类指导，既便利企业，又提高通关效率。以将报关员资格核准移交给相关社会组织为例，为避免“一放就乱，一收就死”，促进报关行业的健康发展，海关需要通过指导、督促报关企业加强内部管理，实现对报关从业人员的间接管理。

2. 在监管模式上，由分散式风险管理逐步向相对集中式风险管理转变

20世纪90年代以来，特别是“9·11”事件后，贸易范围的扩大和有限监管资源之间的矛盾、贸易便利和贸易安全之间的矛盾逐步成为西方发达国家海关面临的两大矛盾。针对这一问题，西方国家普遍采用的应对策略是引入和推行海关风险管理的监管模式。随着我国对外贸易的快速发展，我国海关监管范围不断扩大，监管任务日趋繁重，导致海关业务迅猛增长与有限监管资源之间的矛盾日益突出。在此背景下，2003年，海关总署启动了以风险管理为中心环节的海关现代制度第二步发展战略改革，经过多年的建设，现代海关制度整体管理框架和体制机制基本确立，带动了海关管理理念、管理模式、管理制度和管理手段的全面变革，海关风险管理工作取得了飞跃性发展，促进了海关的全面发展和进步。但从当前实际情况看，现有海关风险管理实践结果与期望值仍有较大差距：

一是风险管理职能架构设置不匹配。风险管理是整个海关大监管体系的中心环节，但风险管理部门在海关总署层级仅是司局下属的一个处级部门，与其在现代海关制度中的重要作用不相匹配，地位十分尴尬，缺乏足够的影响力和工作推动力。

二是风险管理的整体性、统一性有待增强。以风险管理为中心环节的监管模式尚未真正确立，风险管理运行机制衔接配合不畅，传统条块职能分工、机构设置格局基本没有打破，导致一定程度的各自为战。风险管理职能分散于各业务部门之中；风险信息来源基本基于通关数据，缺乏跨行业、跨部门风险信息；风险信息处理分散，散见于风险管理、关税监控、缉私情报、廉政预警、统计分析等多平台；风险管理大量重复，风险种类杂乱繁多，效果较差。这种管理在实质上是一种多部门、多层级的分散式风险管理。

三是以风险管理为中心环节的配套改革措施、手段缺乏。如风险管理与海关情报没有实现真正融合，风险管理不能完全体现“中心环节”作用，海关情报先导作用发挥也受到一定制约。缺乏维护“五位一体”关境安全的风险监管手段建设，打击走私的内外协作机制有待增强。

2014年年初，中央成立了网络安全和信息化领导小组，习近平总书记亲自担任组长，统筹协调涉及经济、政治、文化、社会及军事各个领域的网络安全和信息化重大问题，推动国家网络安全和信息化建设，这充分表明，信息化运用能力是当前国家和政府机关履行职能的重要能力。于广洲署长在2014年全国海关缉私工作会议上指出，大数据时代，谁拥有数据，谁就赢得未来。海关风险管理的技术基础是大数据集中应用。为此，可以考虑通过整合职能机构、改造作业流程、完善管理制度、提升技术能力，逐步实现风险数据的集中利用和风险管理的整体统一，最终建立“一个部门（风险情报指挥中心）、一个平台（风险情报管理平台）、一个体系（统一科学的风险管理体系）”风险管理机制模式，从而解决现行海关风险管理存在条块分割、职能交叉、管理重复、信息不畅诸多问题，实现海关整体资源的合理调整和最佳配置。

3. 在组织方式上，由口岸多部门平行分块管理向由海关主导全面协作转变

关境保护是一个系统性工程，海关作为口岸管理的主要部门之一，理应发挥关境保护职能的主导作用。但目前在关境保护协作方面，关境保护法律法规体系不健全，进出境多部门平行管理协作较为松散，海关与国家安全、地方公安、工商管理等部门安全协作机制尚不完善，缉私综合治理机制尚未完全落实到位，这些都严重影响海关关境保护职能的有效发挥。《中共中央关于全面深化改革若干重大问题的决定》提出要“推动内陆同沿海沿边通关协作，实现口岸管理相关部门信息互换、监管互认、执法互助”，对于海关而言，这是一个难得的历史契机。从近期而言，可以通过推动海关总署提出的“单一窗口”、关检“三个一”建设，逐步改革我国口岸目前多部门平行实施进出境管理的工作模式，实现由海关主导口岸管理和关境保护的模式。通过这一转变，逐步革除多部门平行管理三大弊端：一是“铁路警察，各管一段”，各自为政，资源分散，情报封闭，协调复杂；二是与国际通行“一口对外”做法反差过大，让人无所适从；三是部分职能交叉，通关手续烦琐，效率下降，与促进贸易便利化目标相违背。从远期而言，可以逐步推动口岸管理部门职能整合研究论证，在条件成熟的时候，建言中央推进和深化口岸管理职能和机构优化整合，如将进出境管理部门不必要的行政职能移交社会组织承接，将交叉的行政职能归口一个部门管理，并可借鉴其他国家“嫁接”式机构重组，即按国家战略发展整体规划的要求，将其他相关部门与海关合并重组。囿于历史原因和部门利益关系，改革整合工作应按照“充分调研，确定目标，平衡利益，分步实施”的思路逐步推进，以缓解各利益方矛盾。在当前的体制下，可先推行“移位组合”式机构重组，主要是将海关在货运和旅客进出境环节的监管职责前移，由海关“一张面孔”对外，其他部门在后台运作，对外呈现海关、边防、海事、检验检疫职责的划一，对内则维持各自的职责分工。同时，积极推进各口岸部门通关数据、执法信息互联互享，统筹口岸现场监管资源共用共享，建立健全进出境人员、货物、运输工具安全检查执法互助长效机制。

（三）现阶段我国海关转型的实现路径

当前，我国海关在履行关境保护职能中，从宏观到微观、从顶层设计到具体措施手段等仍存在着诸多不足，需要解决的问题和改进的不足涉及海关工作的方面，不作逐一探讨。从可行性和可操作性角度出发，对应关境保护职能实现方式的3个转变，应通过构建并完善与财政、安全并重型海关相适应的法律和政策体系，构建以情报信息为先导、以风险管理为中心的海关大情报体系，构建内外协调、合作紧密的“打击、防控、监管”一体化的关境保护工作体系等3条具体路径，有效履行海关关境保护职能。

1. 构建并完善与财政、安全并重型海关相适应的法律和政策体系

（1）主动把海关关境保护工作融入国家综合安全体系。从战略机遇思维的高度认识海关关境保护工作，通过自上而下、自内而外的政策宣传，提升关境保护职能在海关整体工作中的地位和定位，确立国家安全关境保护战略观。以中央成立国家安全委员会为契机，主动向党中央、国务院反映海关关境保护工作情况，通过有关政策明确新时期海关在国家安全工作中的定位和地位，进一步丰富中国海关事权。在国家将海关纳入国家安全委员会体系后，海关系统建立起“国家安全海关关境保护工作领导小组”或类似机构，全面领导和统筹规划关境保护工作；积极参与国家安全战略的制定和实施，争取海关在关境保护工

作中的主导地位。

（2）完善关境保护法律规定。从立法层面完善海关关境保护职能和维护国家综合安全相关法律规定。加强立法前瞻研究，在条件成熟时对《海关法》进行修订，在《海关法》第一条立法目的部分增加“保障国家关境安全”或“有效维护国家综合安全”类似内容，第二条海关基本任务部分增加“实施海关关境保护”内容。回应地方缉私综治立法倒逼要求，牵头研究和推动制定国家《打击走私综合治理工作条例》。

（3）加强政策研究规划。对《海关贯彻落实国家“十二五”规划纲要的意见》进行适当补充修改，吸收拓展关境保护的具体实施意见，把海关关境保护职能纳入海关中长期工作规划。同步加强监管、征税、缉私、统计4项基本任务与关境保护职能的规划衔接研究，推动海关履行关境保护职能的规范化和长效化。

（4）开展海关改革工作机制和配套措施研究。建立海关政策事前安全评估工作机制，对海关改革和制度创新中出现的风险做到提前发现、监测、预警，消除并堵塞改革创新中可能存在的危害国家安全的隐患和漏洞。针对海关关境保护工作发现的不足和漏洞，对现有门类繁杂的监管制度进行全面梳理和清理，修订与海关关境保护工作要求不相符合、不相适应的法律、规章和制度，通过废、立、改办法，建立符合海关关境保护的制度体系。特别对其中一些主要目的为平衡关区间税收或纯粹为个别地方区域经济发展而提出的无推广价值的所谓个性化服务保税制度、监管制度，要重新进行评估和论证，对不科学、不合理的制度设计坚决予以调整或清理，提升海关监管制度的科学化、统一化水平。

2. 构建以情报信息为先导、以风险管理为中心的海关大情报体系

（1）构建“耳聪目明”的现代化海关大情报体系。借鉴发达国家海关经验和成功模式，确立情报先导战略在海关现代化进程中的重要地位，建立“广泛搜集、专业研判、科学处置、互联共享”的海关大情报体系，实现业务监管情报先导、缉私办案情报主导、政务指挥情报引导的格局，力争在“十二五”期末，基本形成以情报为先导、以风险管理为中心的打私和监管工作模式，全面提升情报工作为科学决策、海关监管、打击走私、社会管理“四个服务”的能力。

在建设海关大情报体系中，采用全员采集模式，充分调动海关各层级、各业务领域参与情报体系建设的积极性，并建立情报指令作业反馈机制。以电子口岸为抓手，联合检验检疫、边防、税务、银行、外汇管理、海事、港口、物流部门建立统一的进出口数据平台，提高海关关境保护的信息化建设水平。依托科技手段，强化情报信息的协同收集、标准录入、智能输出，打造一个综合广泛、多部门联合共享的海关情报系统，为履行海关关境保护职能提供广泛的情报信息。组建海关总署和直属海关两级海关情报中心，通过专业的情报搜集整理、分析研判，形成分析报告、工作建议、案件线索等情报产品，按照风险管理工作机制进行科学处置。

（2）建立全新的风险管理工作机制。在完善企业分类管理等风险管理机制的同时，要以海关情报系统为基础，逐步建立统一配套的风险分析、评估、预警、布控、处置、反馈的工作机制。对海关情报中心提供的情报产品，按战略性情报、动态性情报、预警性情报、行动性情报等不同类型，分别作出不同的处理。对战略性情报、动态性情报，可由情报部门报送有关领导或提供有关业务部门参考；对预警性情报、行动性情报，要由海关监控指挥中心向有关业务部门发出预警或布控指令，及时防范风险；对涉及走私活动的行动性情报，要及时提供缉私部门依法处置

3. 构建内外协调、合作紧密的“打击、防控、监管”一体化的海关关境保护工作体系

（1）健全打私机制，巩固打击综治防线。在现有联合缉私体制下，要适应打私形势和海洋执法职能调整变化，着力推动打击走私综合治理工作由完善体制向健全机制转变，特别是进一步明确界定沿海、沿边地区和非设关地码头等非海关监管区地方政府、海关、边防、海警、地方公安打击走私职责范围。通过落实打击走私责任，切实发挥地方党政的领导作用和打私办的牵头作用，增强各职能部门的打击合力。对走私问题比较突出的重点地区、重点领域，要切实加强海关与各地、各有关部门的协作配合，实施专项打击、协同作战、联合治理。通过强化海关、边防、地方公安、检验检疫、工商、税务等部门打击走私职责和执法联动，巩固打击立体防线。

（2）加强部门协作，推动重点领域联合防控。要针对走私链条境外筹划购买、走私入境、仓储运输、市场流通、资金流转各环节，进一步完善打击走私防控措施。在境外环节，要进一步加强国际海关执法协作，加强源头信息情报掌控；在走私入境环节，重点要推动地方政府开展综合整治，完善打击治理非设关地走私长效机制；在通关现场，要注重发挥各部门优势，增强各部门各环节打击走私的有效衔接，推动对人流、物流、资金流、信息流的共同管控，切断走私链条；在市场环节，要开展重点地区私货交易市场和集散地专项治理，净化市场环境；在资金非法跨境流动环节，要加强海关与公安、税务、银行、外汇部门信息共享和执法协作，打击非法资金流动行为，切断走私非法资金流。

（3）构建企业信用评估体系，优化监管效能。建立口岸系统数据平台，通过与工商、税务、银行、外汇、检验检疫等部门的协作，逐步建立统一的进出口企业信用评估体系，为海关开展企业管理和监管奠定信息基础。进一步完善海关企业分类管理制度，真正树立“守法便利、违法惩戒”的监管导向，不断优化海关监管效能，引导企业“以诚信换效率”，努力实现“管得住、通得快”的贸易便利和贸易安全平衡目标。吸收借鉴发达国家海关管理经验，推行与企业商业伙伴管理关系，提升管理能力，如利用商品识别码系统服务海关工作，实行企业违反海关法规“主动披露”制度等。

（4）加强海关境外执法合作。以务实合作的态度加强国际执法合作与交流，密切同境外海关及相关政府部门、国际机构的协作配合，特别是加强对相关国际公约、发达国家海关边境保护措施的专门研究，推动中国海关关境保护工作同国际通行做法接轨；适时牵头召开有关国际、地区会议，组织国家间的专门行动，争取在国际合作中的主动权。重视加强对《标准框架》的研究利用，加强与重要贸易伙伴合作，建立安全合作协作机制。探索推动与主要贸易伙伴国和上海合作组织成员国、东盟国家、我国港澳台地区，建立安全、集成、可操作和相互访问的电子海关系统，逐步实现各种贸易和安全信息的对接。通过境外执法合作，使“打击、防控、监管”一体化的海关关境保护工作体系有更好的外部条件。

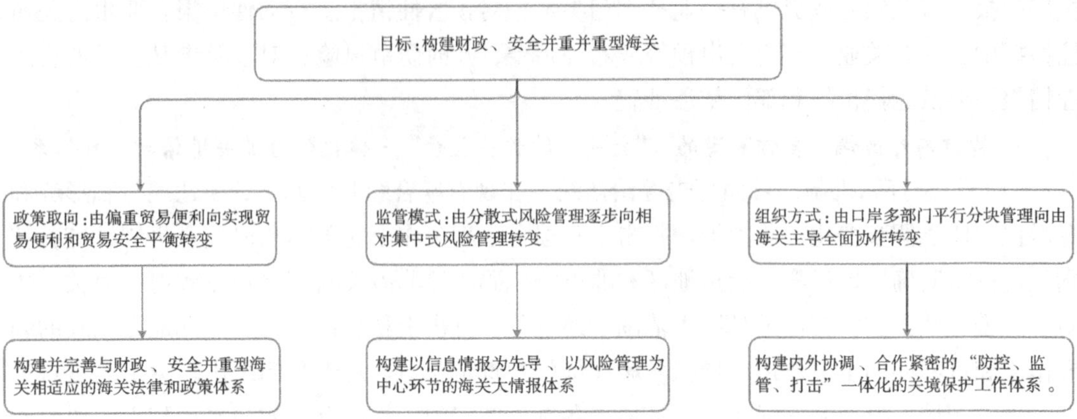

图4-4　我国海关关境保护职能实现方式和路径示意图

当前，我国海关仍处于向财政、安全并重型海关转型阶段。在我国加入世界贸易组织保护期结束，以及我国迈入经济发达国家行列之后，我国海关关税保护和财政职能的地位和作用必将呈现弱化趋势，海关维护国家综合安全要求将大大高于财税征收要求，国家综合安全将上升为海关工作的第一目标。以美国为例，其海关的首要职能就是维护国土安全。今后，我国海关也将按照国际海关职能发展的规律，由财政、安全并重型海关进一步向安全侧重型海关转变。把握这个趋势，无疑对推动海关工作朝着正确方向发展有重大的战略意义。

第三节　美国关于全球供应链安全的国家战略

一、前言

全球供应链提供了食物、药品、能源及其他一切支持人类生存的产品。许多不同的实体都担负或依赖着全球供应链的正常运转，这些实体包括管制部门、执法部门、公共部门的采购者、私营部门及其他国内外的合作者。这一全球系统依赖于一个互联的网络，即交通运输基础设施和路径、信息技术，以及计算机和能源网络。这些网络在促进经济活动的同时，也加速了源自某一地区、某一行业风险的大范围传播。

美国政府与州、郡（县）、市，以及国际和私营部门的合作伙伴进行合作，采取了一系列加强全球供应链安全的措施，包括实施供应链安全的相关法律法规（如美国《港口安全法案》）并采取了一系列安全战略措施（如国家打击跨国有组织犯罪战略、国家反恐战略等）。美国关于全球供应链安全的国家战略涵盖并发展了这些举措和成果。

二、战略目标

美国寻求建立并保护一个支持创新和繁荣的全球供应链系统，以确保商品安全、可靠、迅速地进行流通。其必须既保持现有系统的延续性，又着眼未来，通过实施高效、经济的措施加强这一系统并便利合法商贸往来。

（一）目标一：提高商品运输的效率与安全

海关与商界在促进迅捷、高效的合法流通并保护供应链免受破坏、降低风险方面有着共同的利益。美国政府认为，安全与效率可以被统一到一个目标，安全是保持供应链高效运转的一个基本因素。为实现这一目标，美国政府将寻求：

1. 及早解除威胁以加速合法流动。通过整合供应链操作中的各个安全机制，尽可能提前发现并解决问题。

2. 提高核查和甄别能力以识别那些伪报、瞒报，被污染的和被禁止的货物，防止货物在流转途中遭受破坏。

3. 加强基础设施和运输工具的安全以保护供应链及其关键环节，只向那些合法、负责的部门开放货物、基础设施、运输工具和信息等的资源和准入。

4. 实现合法贸易的最大化流动。更新换代供应链基础设施，扩大准入并提升市场机会，开发促进低风险货物流动的新系统和机制，简化守法便利程序，制定支持和鼓励利益相关者之间合作的倡议和机制。

（二）目标二：培育一个经得起冲击、有弹力的供应链

供应链的一体化带来了效率和速度，但也使其更易遭受打击，使局部的问题迅速升级为大范围的危害。美国寻求建立一个能够有效防范、经得起冲击并迅速修复的供应链系统。较高的灵活性和抗打击能力将提升整个国家吸收冲击、拯救生命、降低整体危害影响的水平。

为实现这一目标，美国政府将：

1. 减少供应链的系统性薄弱环节（mitigate systematic vulnerabilities）。通过应用风险管理规则和手段，在风险发生之前识别风险，保护关键的资产、基础设施和辅助系统，加大实施可持续的业务流程，对相关资产适当进行备份。

2. 推进贸易恢复政策和实践。通过制定、实施国家和全球范围的指南、标准、政策和项目，确保供应链在遭受潜在破坏后，尽快予以协调以恢复货物的流动。

三、战略手段

美国海关实现上述战略目标的手段是通过一系列反映国家价值观、信仰和工作重心的原则来体现的。其具体包括：唤醒和激发联邦政府内外各个系统的迅速行动（galvanize action），有效进行风险管理并将资源集中到最能够提高效能、降低风险的领域。该战略关注的是货物从运输直至抵达最终消费者的整个流程上的各个环节，包括交通工具、邮递和海运运输、基础设施及相关资产，也涵盖从加工制造、装配、装箱（船）、拼箱、运输及仓储的各个节点及其相应的通讯和计算机支持系统。

（一）唤醒行动

为应对挑战，加强全球供应链，必须推进政府各层面、私营部门和其他关键利益相关

方的联合行动。为实现战略目标，美国将：

1. 整合联邦政府资源。寻求更为高效、经济的手段来应对安全威胁，最大化联邦政府层面的各类资源和专业知识。将通过完善指标、改革流程、加强信息共享来提升联邦政府层面的主动性和工作能力。

2. 全国上下共同参与。充分发挥州、郡（县）、市各级政府及私营部门在加强供应链安全中的作用。将赋予各级政府和相关方更多的权利和资源，加强其与联邦政府的协调与对接，弘扬一种利益共享、责任共担的文化。

3. 具备全球思维。加强与国际社会及外国利益相关方的协调。考虑到全球供应链超越了国家边界和联邦政府管辖，将致力于开发和实施全球标准，提高甄别、拦截和信息共享能力，与国际社会共同促进点对点的供应链安全。

（二）管理供应链风险

全球供应链所面临的风险在不断演变，关键问题是对涉及供应链的风险进行管理，保障货物、能源、人员及信息的流动。为管理风险，美国海关将：

1. 认识并解决供应链的薄弱环节，打击企图利用供应链输入有害物品和材料的行为，化解潜在袭击、突发事件和自然灾害对供应链造成的破坏。集中精力应对那些给美国公民带来危害或威胁到供应链正常运转的风险。

2. 实施多层次防卫体系，防控复杂的传统性威胁和不对称威胁。多层次体系包括情报和信息分析系统、现代科技手段、法律法规和政策体系、人员受训及装备体系、有效的合作伙伴网络。

3. 及时调整安全工作的立场和姿态，应对不断演变的威胁。将采取积极、灵活的风险管理手段，重点解决影响最大的风险。还必须建立一种有效的环境，使美国海关能够及时发现、研判新的风险，并相应调整行动。

四、工作规划

战略包括：

第一，提高认识，把美国联邦政府各部门的行动统一到该战略设定的目标上来；

第二，做好形势研判，深刻认识、理解全球供应链的威胁和风险；

第三，推进科技装备的研发、测试和评估，提高保障海运、空运和陆运货物安全的能力；

第四，确定一批基础设施项目，用做关键基础设施修复计划最佳实践的示范项目；

第五，寻求把全球供应链恢复计划的目标和任务与联邦政府的基础设施投资项目和评审相结合；

第六，为联邦各部门和机构执行本战略提供必要的法律保障；

第七，与企业界和外国政府共同制订针对性方案，促进低风险、达到要求的供应链的合法流动；

第八，整合联邦政府各部门关于“可信任的贸易商”的标准，重点考虑统一申请程序，加强信息共享，组建联合或跨部门工作组进行安全审查。

除上述工作外，美国海关还将与国内外的合作伙伴研究制定具体的推荐做法。其已经正式建立了意见征询机制，征求供应链相关利益方的意见和反馈，这有助于指导和完善本战略的实施。特别是美国海关将通过关键基础设施合作伙伴咨询理事会（CIPAC）下设的跨行业供应链工作组，获得来自各级政府及私营部门的意见和建议。其还将寻求外国政府和相关国际组织的意见和建议。

美国海关所寻求建立的全球供应链系统旨在保障国家和世界范围内迅速、安全、可靠流动的货物和服务，促进创新与繁荣。该战略既是向合作伙伴证明，也是对敌方的警告：美国海关保护供应链的努力不会停止。

第五章　提前递交电子货物信息

本章概要

提前递交电子货物信息是《标准框架》的核心要素之一，进口、出口和转运货物都需要遵守此规定。海关将越来越依靠物流来实现其监管的职能，而货物信息、运输工具、承运人又是海关物流监控中的核心与关键。本章第一节介绍提单，第二节介绍《舱单管理办法》，第三节主要介绍运输工具的海关监管，第四节介绍国际航行船舶的口岸检查。

学习目标

掌握提单的基本概念与分类，掌握舱单概念及舱单的海关监管，理解运输工具的海关监管，了解运输工具及口岸检查。

第一节 提 单

一、提单的定义

海运提单，简称提单（Bill of Lading，简称 B/L），是货物的承运人或其代理人收到货物后，签发给托运人的一种证件。这个证件说明了货物运输有关当事人，如承运人、托运人和收货人之间的权利与义务。提单的作用主要表现为以下几个方面：

第一，提单是承运人或其代理人签发的货物收据（Receipt for the goods），证明已按提单所列内容收到货物。

第二，提单是一种货物所有权的凭证（Documents of title）。提单的合法持有人凭提单可在目的港向轮船公司提取货物，也可以在载货船舶到达目的港之前，通过转让提单而转移货物所有权，或凭以向银行办理押汇货款。

第三，提单是托运人与承运人之间所订立的运输契约的证明（Evidence of contract of carrier）。在班轮运输的条件下，它是处理承运人与托运人在运输中产生争议的依据；在包租船运输的条件下，承运人或其代理人签发的提单也是运输契约的证明，这种运输的契约是租船合同（Charter Party），它是处理承运人（船东）与租船人在运输中的权利义务的依据。

二、提单的分类

提单可以从不同角度加以分类，主要有以下几种：

（一）根据货物是否装船可分为已装船提单和备运提单

已装船提单（On Board B/L or Shipped B/L），是指承运人已将货物装上指定的船只后签发的提单。这种提单的特点是提单上面有载货船舶名称和装货日期。备运提单（Received for Shipment B/L），是指承运人收到托运的货物待装船期间，签发给托运人的提单。这种提单上面没有装船日期，也无载货的具体船名。在国际贸易中，一般都必须是已装船提单。《跟单信用证统一惯例》规定，在信用证无特殊规定的情况下，要求卖方必须提供已装船提单。银行一般不接受备运提单。

（二）根据货物表面状况、有无不良批注，分为清洁和不清洁提单

清洁提单（Clean B/L），是指货物装船时，表面状况良好，承运人在签发提单时未加任何货损、包装不良或其他有碍结汇批注的提单。不清洁提单（Unclean B/L or Foul B/L），是指承运人收到货物之后，在提单上加注了货物外表状况不良或货物存在缺陷和包装破损的提单。例如，在提单上批注“铁条松失”（Iron strip loose of missing）、“包装不固”（In sufficiently Packed）、“X 件损坏”（X Package in damage condition）等。但是，并非提单有批注即为不清洁提单。国际航运公会（International Chamber of Shipping）于 1951 年规定，下列 3 种内容的批注不能视为不清洁：第一，不明白地表示货物或包装不能令人满

意，如只批注“旧包装”、“旧箱”、“旧桶”等；第二，强调承运人对于货物或包装性质所引起的风险不负责任；第三，否认承运人知悉货物内容、重量、容积、质量或技术规格。这三项内容已被大多数的国家和航运组织所接受。在使用信用证支付方式时，银行一般不接受不清洁提单。有时在装船常会发生货损或包装不良，托运人常要求承运人在提单上不作不良批注，而向承运人出具保函，也称赔偿保证书（Letter or Indemnity），向承运人保证如因货物破残损及承运人因签发清洁提单而引起的一切损失，由托运人负责。承运人则给予签发清洁提单，便于在信用证下结汇。对这种保函，有些国家法律和判例并不承认，如美国法律认为这是一种欺骗行为。所以，使用保函时要视具体情况而定。

（三）根据收货人抬头，分为记名提单、不记名提单和指示提单

记名提单（Straight B/L），又称收货人抬头提单，它是指在提单的收货人栏内，具体写明了收货人的名称。由于这种提单只能由提单内指定的收货人提货，所以提单不易转让。不记名提单（Open B/L），又称空白提单，是指在提单收货人栏内不填明具体的收货人或指示人的名称而留空的提单。不记名提单的转让不需任何背书手续，仅凭提单交付即可，提单持有者凭提单提货。指示提单（Order B/L），是指收货人栏内，只填写“凭指示”（To order）或“凭某人指示”（To order of …）字样的一种提单。这种提单通过背书方式可以流通或转让。所以，又称可转让提单。

（四）根据运输方式，分为直达提单、转船提单和联运提单

直达提单（Direct B/L），是指轮船装货后，中途不经过转船而直接驶往指定目的港，由承运人签发的提单。转船提单（Transshipment B/L），是指货物经由两程以上船舶运输至指定目的港，而由承运人在装运港签发的提单。转船提单内一般注明“在某港转船”的字样。联运提单（Through B/L），是指海陆、海空、海河、海海等联运货物，由第一承运人收取全程运费后并负责代办下程运输手续在装运港签发的全程提单。卖方可凭联运提单在当地银行结汇。转船提单和联运提单虽然包括全程运输，但签发提单的承运人一般都在提单上载明只负责自己直接承运区段发生货损，只要货物卸离他的运输工具，其责任即告终止。

（五）根据提单内容的繁简，分为全式提单和略式提单

全式提单（Long From B/L），是指正面印就提单格式所记载的事项，背面列有关于承运人与托运人及收货人之间权利、义务等详细条款的提单。略式提单（Short Form B/L），是指省略提单背面条款的提单。

（六）根据其他情况，分为舱面提单、过期提单、倒签提单和预借提单

舱面提单（On Deck B/L），又称甲板货提单，是指对装在甲板上的货物所签发的提单。在这种提单上一般都有“装舱面”（On Deck）字样。舱面货（Deck Cargo）风险较大，根据《海牙规则》规定，承运人对舱面货的损坏或灭失不负责任。因此，买方和银行一般都不愿意接受舱面提单。但有些货物，如易燃、易爆、剧毒、体积大的货物和活牲畜

等必须装在甲板上。在这种情况下，合同和信用证中就应规定“允许货物装在甲板上”的条款，这样，舱面提单才可结汇。但采用集装箱运输时，根据《汉堡规则》规定和国际航运中的一般解释，装于舱面的集装箱是“船舱的延伸”，与舱内货物处于同等地位。

过期提单（Stale B/L），是指卖方向当地银行交单结汇的日期与装船开航的日期相距太久，以致银行按正常邮程寄单预计收货人不能在船到达目的港前收到的提单。此外，根据《跟单信用证统一惯例》规定，在提单签发日期后21天才向银行提交的提单也属过期单。

倒签提单（Ante dated B/L），是指承运人应托运人的要求，签发提单的日期早于实际装船日期的提单，以符合信用证对装船日期的规定，便于在该信用证下结汇。装船日期的确定，主要是通过提单的签发日期证明的。提单日期不仅对买卖双方有着重要作用，而且银行向收货人提供垫款和向发货人转账，对海关办理延长进口许可证，对海上货物保险契约的生效等都有密切关系。在出口业务中，往往在信用证即将到期或不能按期装船时，采用倒签提单。有人认为倒签提单是解决迟期装船的有效方式，用起来特别随便，好像是一种正常签发提单的方式。但是，根据国际贸易惯例和有关国家的法律实践，错填提单日期，是一种欺骗行为，是违法的。

预借提单（Advanced B/L）又称无货提单，是指因信用证规定装运日期和议付日期已到，货物因故而未能及时装船，但已被承运人接管，或已经开装而未装毕，托运人出具保函，要求承运人签发已装船提单。预借提单与倒签提单同属一种性质，为了避免造成损失，尽量不用或少用这两种提单。

三、提单的内容和填制

（一）提单编号（B/L No）：一般列在提单右上角，以便于工作联系和查核。发货人向收货人发送装船通知（Shipment Advice）时，也要列明船名和提单编号。

（二）托运人（Shipper）：填写托运人的名称、地址，必要时也可填写代码。托运人一般为信用证中的受益人（出口商）。

（三）收货人（Consignee）：填写收货人的名称、地址，必要时可填写电话、传真或代码。如要求记名提单，此栏可填上具体的收货人的名称；如属指示提单，则填为“To order”或“To order of…”。

（四）通知方（Notify party）：这是船公司在货物到达目的港时发送到货通知的收件人，有时即为进口商。在信用证项下的提单，如信用证上对提单通知方有具体规定，则必须严格按照信用证要求填写。如果是记名提单或收货人指示提单，且收货人又有详细地址的，则此栏可以不写。如果是空白指示提单或托运人指示提单，则此栏必须填写通知方的名称与详细地址，否则船方就无法与收货人联系，收货人也不能及时报关提货。通知方一般为预定的收货人或收货人的代理人。

（五）船名（Name of Vessel）：填写装运货物的船名及航次。若是已装船提单，必须填写船名；如是待运提单，待货物实际装船完毕后记载船名。

（六）接货地（Place of Receipt）：此栏在多式联运方式下填写，表明承运人接收到货物的地点，其运输条款可以是门—门、门—场、门—站。

（七）装货港（Port of Loading）：此栏应填写实际装船港口的具体名称。

（八）卸货港（Port of Discharge）：此栏应填写实际卸下货物的港口具体名称。如属转船，第一程提单上的卸货港填转船港，收货人填二程船公司；第二程提单上的装货港填上述的转船港，卸货港填最后的目的港，如由第一程船公司签发联运提单（Through B/L），则卸货港即可填写最后目的港，并在提单上列明第一和第二船名。如经某港转运，要显示"via …"字样。填写此栏要注意同名港口问题，如属选择港提单，要在此栏中注明。

（九）交货地（Place of Delivery）：此栏在多式联运方式下填写，表明承运人交付货物的地点，其运输条款可以是门—门、场—门、站—门。

（十）货名（Description of Goods）：在信用证项下，货名必须与信用证上规定的货名一致。

（十一）件数和包装种类（Number and kind of Package）：此栏按箱子的实际包装情况填写。在集装箱整箱货运输下，此栏通常填写集装箱的数量、型号（例如：1 × 20FT DC）；如果是在拼箱货运输下，此栏应填写货物件数（例如：10 Cases machinery）。

（十二）唛头（Shipping Marks）：信用证上有规定的，必须按规定填写；否则，可按发票上的唛头填写。

（十三）毛重、尺码（Gross Weight；Measurement）：信用证上有规定的，必须按规定填写；否则，一般以公斤为单位列出货物的毛重，以立方米列出货物的体积。

（十四）运费与费用（Freight and Charges）：一般为预付（Freight Prepaid）或到付（Freight Collect）。如 CIF 或 CFR 出口，一般均填上"运费预付"字样，千万不可漏填；否则，收货人会因为运费未清问题而晚提货或提不到货。如系 FOB 出口，则运费可制作"运费到付"字样，除非收货人委托发货人垫付运费。

（十五）温度指示（Temperature Control Instructions）：此栏填写冷藏箱运输时所要求的温度，应尽量避免标明具体温度。

（十六）提单的签发地点、日期和份数 [Place and date of issue，number of original B（s）/L]：提单签发的地点原则上是装货地点，一般是在装货港或货物集中地签发；提单的签发日期应该是提单上所列货物实际装船完毕的日期，也应该与收货单上大副所签发的日期是一致的，如果是在跟单信用证项下结汇时，提单上所签发的日期必须与信用证或合同上所要求的最后装船期一致或先于装船期，如果卖方估计货物无法在信用证规定的期限内装船，应尽早通知买方，要求修改信用证，而不应该利用"倒签提单"、"预借提单"等欺诈行为取得货款；提单份数一般按信用证要求出具，如"Full Set of"，一般理解为正本提单一式三份，每份都有同等效力，收货人凭其中一份提取货物后，其他各份自动失效。副本提单的份数可视托运人的需要而定。

（十七）承运人或船长，或由其授权的人签字或盖章：提单必须由承运人或船长，或由其授权的人签发，并且明确表明签发人的身份。一般表示方法有"Carrier"、"Caption"或"as Agent for the Carrier：…"等。提单必须经过签署手续后才能生效。

全式提单有正面的印刷条款和背面的印刷条款。在提单的正面通常会有确认条款、不知条款、承诺条款、签署条款。提单的背面印刷条款主要有首要条款、定义条款、承运人责任条款、承运人责任限制条款、承运人赔偿责任限制条款、特定货物条款等。

四、电子提单

（一）电子提单概述

1. 电子提单产生的背景

电子商务于20世纪60年代末伴随着计算机技术的迅猛发展开始出现，20世纪90年代又出现Internet电子商务，使得EDI从专用网扩大到因特网，EDI的运用也从长期稳定合作的伙伴发展到了随机的、偶然的企业或个人。Internet电子商务因为其价格低廉和高效使得各种各样的企业不分大小都能获得广泛的商业机会，可以说Internet电子商务极大地改变了传统的商业贸易形式。Internet电子商务的发展使商业贸易速度大幅提升，数据交换超越了空间的限制，理论上，在地球上任何两点之间都可以在很短的时间里实现信息交换，达成贸易协议。与此同时，由传统的面对面交易所形成的商事习惯演变而来的贸易制度受到严重冲击，电子提单的出现就是一例。提单制度依托传统的面对面交易，需要履行许多烦琐的步骤，例如，提单必须签名进入流通才是有效的，转让提单必须经背书才能转让。随着现代海上货物运输技术的发展，纸面提单固有的诸如较高的成本、缓慢的流转速度及安全存在漏洞等弊端越来越凸显，已经跟不上国际航运业的发展步伐。这样的情况尤其会在短途运输中出现，即船舶货物已到达目的港，但提单却还不知所踪。其实提单更多的只是传递一种信息，随着电子信息技术的不断发展，用电子提单的方式传递信息完全可以取代传统提单，这也是电子提单不断繁荣发展的原因。至于电子化后产生的问题，这些问题的解决不仅需要技术上的突破，同时也需要法律制度上的肯定。

2. 电子提单的定义

对于电子提单的定义，有些学者定义得较简单，如“电子提单是指通过电子传递的有关海上货物运输合同的数据”,① “电子提单是指通过电子数据交换系统传送的有关海上货物运输合同的数据”等②；有些学者则定义得较为复杂，如“电子提单是利用电子数据交换系统，通过特定密码的使用对海运途中的货物占有权进行转让进而完成运输单据的流转的一种电子单证”③，“电子提单是指遵循传统提单的运作规程，按照相关国际规则（即《联合国管理、商业和运输电子数据交换规则》和《远距离数据交换统一规则》）组合而成，并以电子计算机通讯途径进行传送的关于海上货物运输的电子数据”④，等等。Bolero规则手册（Bolero Rulebook）把通过Bolero系统传输的提单称为Bolero提单（Bolero Bill of Lading，BBL），Bolero提单包括一个BBL文本及其相关的权利登记处记录，其中的BBL

---

① 司玉琢、胡正良等编著：《海商法详论》，大连海事大学出版社，1995年10月第1版，第166页；邢海宝著：《海商提单法》，法律出版社，1999年6月第1版，第591页。

② 贾林青主编：《海商法》，中国人民大学出版社，2000年7月第1版，第105页；於世成、杨召南，汪淮江编著：《海商法》，法律出版社，1997年12月第1版，第118页。

③ 翟少成：《浅议电子提单的法律问题》，《对外经贸实务》，1999年第5期。

④ 傅廷中：《关于电子提单的业务与法律问题》，《世界海运》，1998年第6期。

文本，规则手册规定，是海上货物运输承运人承认已收到货物的确认文件。[①] 根据对电子提单的具体分析，通过其特征可以对其进行以下定义：电子提单是指法律明确规定的承运人可以通过电子数据交换系统（网络通信系统）将借助于特定计算机程序数据化后的传统提单信息发送到相对方或第三方的计算机终端上，并借助于该特定程序还可以还原为传统提单信息的有关海上货物运输合同内容的符合约定或法定标准的一组数据电文。

（二）电子提单的优越性

电子提单作为一组数据信息，经特定的数据化处理，通过计算机网络进行传输，相较传统纸质提单有着独特的优越性。

第一，安全性。传统纸质提单常常面临伪造、涂改、丢失等物理风险，所以伪造提单、提单诈骗屡见不鲜，使船公司和善意第三人的利益受损。电子提单运用最新信息技术成果，通过密码技术有效保障了提单的安全。

第二，准确性。在信用证结算中，大量单证存有不符点，有些甚至需要多次更正，造成时间和精力的巨大浪费。同时，为制作各种单证及完成交易，同样的数据往往需要在不同的地点，由不同的人向不同的系统中输入，不但造成资源的浪费，而且也是造成单证错误的潜在问题。电子提单在电脑上缮制、修改、存储，从根本上避免了纸质提单的各份提单相互之间不一致的现象。至于电子提单与运输合同之间的内容不一致，则可以通知签发方立即通过电子传送系统加以更正，避免损失的发生。

第三，高效性。电子提单条件下的提单信息以电子数据流的形式通过网络进行传输，极大地缩短了单证在流转过程中的时间。同时，信息技术应用于提单后，提单的缮写、修改、流转、储存都在电脑上实现，方便、快捷，不但简化了提单制作上的许多繁复手续，而且提高了工作效率。总之，网络技术的发展使企业直接面对全球供销商甚至消费者成为可能，电子提单的出现使迅捷、安全、高速的贸易机制成得以实现。完全有理由相信，在不久的将来，货物贸易变得极为迅速简捷，人们不用出门就可以在家中通过网络达成贸易协议，接收货物和享受服务。

（三）电子提单的签发和流转

电子提单的签发模式现在主要有两种，即 CMI 模式和 Bolero 模式。

1. CMI 模式下电子提单的流转运作

国际贸易交易各方如果要采用 CMI《电子提单规则》，必须首先订立协议，约定使用电子提单而非书面提单，并且同意适用该规则。接下来的流转程序可分为以下几个过程：

（1）达成运输合同。托运人向承运人发出订舱电讯（Booking Message）进行订舱，承运人或其代理人如同意订舱，则向托运人发送接受订舱及有关运输合同条件的电讯回函。由托运人加以确认后，运输合同成立。

（2）签发电子提单。托运人按约将货物交给承运人，承运人在接收到托运人提供的货

① Bolero Rulebook, First Edition, September 1999, 1.1.（6）。

物后按照托运人说明的电子地址给予托运人已收到货物的电讯（Receipt Message）。该电讯包括的内容，即电子提单的记载事项，需要强调的是它必须包含一个用于日后转让的密码。托运人必须向承运人确认该讯息，根据该确认电讯，托运人便成为收货电讯（Receipt Message）的持有人。等货物实际装船后，根据持有人要求，收货电讯中的地点和日期应及时更新。这时，托运人就成为已装船电子提单的持有人。持有人可以根据运输合同条款，向承运人发出指示，如同一个书面提单持有人一样。

（3）转让电子提单。如果电子提单持有人意欲转让电子提单给第三人，应先向承运人发送该通知，由承运人确认该通知电讯，并据此向第三人发送电子提单除密码以外的所有信息，经第三人确认并接受该电子提单后，承运人销毁前手密码并向第三人发出一新的密码。该第三人成为电子提单的新的持有人。货物的支配权和转让权也因此转移至新的持有人。如果第三人通知承运人其不欲接受该电子提单，或在一段合理时间内未能通知承运人其是否接受，那么将不出现支配权和转让权的转让。据此，承运人应通知原持有人，同时保持原密码的有效性。

（4）凭电子提单提货。货物运抵目的港后，承运人应将拟交货的地点和日期通知最终持有人。根据该项通知，最终持有人有义务指定一收货人。该收货人有权要求承运人履行交货义务，经承运人核实密码并验明收货人身份后，即可将货物交于收货人，并销毁密码。如无人被指定为收货人，电子提单持有人本人将被视为收货人。

以上就是CMI《电子提单规则》设计的电子提单的流转过程。其特点是以通知制度代替了背书方式，以掌握电子提单密码的方式表示对电子提单的占有。①

2. Bolero模式下电子提单的流转运作

Bolero系统的运作过程大致如下

（1）卖方（发货人）确定承运人后，使用Bolero向承运人发出订舱指示，在该指示中对货物进行描述，提供收货人资料。

（2）承运人确认接受订舱后，通过Bolero向卖方确认。

（3）确认货物装船后，承运人向权利注册系统发出一个指令，依据卖方提供的资料创建一份Bolero提单，同时指定卖方作为提单持有人。

（4）卖方将其他电子化的单证（如商业发票、装箱单等）发给议付行，同时给权利注册系统发出指令，指定议付行作为提单的质押持有人。

（5）议付行在收到单证后进行审核、确认单证与信用证要求相符后，向卖方付款。

（6）付款后，议付行将单证发给开证行，并指示权利注册系统将开证行指定为提单的新质押持有人。

（7）开证行收到单证后向议付行付款，然后通知买方（收货人）赎单。

（8）买方向开证行付款后，开证行指定买方为提单持有人。

（9）同时作为提单持有人和收货人的买方可以向承运人交回提单，要求提取货物。一

① CMI Rules for Electronic Bills of Lading, http：//www.comitemaritime.org/rules/rulesebla.html, 2014/05/01.

份 Bolero 提单的流程就此结束，此后任何向权利注册系统发出的有关此提单的指令将不被执行。[①]

在实践中，Bolero 系统要求用户间及用户与系统间电讯传递使用“数字签名”。收讯方借助从 Bolero 认证机构取得的发讯方的相应公开密钥，通过相应验证算法对讯息进行验算，可以精确认定该数据电讯是否使用对应的私人密钥签署，以及自该数据电讯发送后是否被更改过。Bolero 规则手册明确指出，“经用户使用数字签名的电讯内容或电讯内容一部分就像其经过手书签字一样对该用户具有同等程度、同等效果的法律约束力”，“任何用户不得以电子形式的签名代替了纸面签字为由，对使用数字签名的任何交易，陈述或讯息，或使用数字签名电讯的一部分的有效性进行抗辩”。[②]

第二节　解读《舱单管理办法》

为了规范海关对进出境运输工具舱单的管理，促进国际贸易便利，保障国际贸易安全，根据《海关法》及有关法律、行政法规的规定，制定《中华人民共和国海关进出境运输工具舱单管理办法》（以下简称《舱单管理办法》）。

一、立法目的

制定任何法律都有立法目的。将立法目的作为法的主要内容开宗明义地写在法的最前面是中国立法的一大特色。中国一般的行政管理法律都将立法目的明文规定。

（一）规范海关对进出境运输工具舱单的管理。

根据《海关法》有关规定，海关对运输工具、货物、物品实施监管。舱单是反映运输工具载运货物、物品、旅客情况的最基础的第三方数据。在海关监管实践中发挥着“基础底账”的作用。

《中华人民共和国海关舱单电子数据传输管理办法》（海关总署令第 70 号发布，以下简称原管理办法）自 1999 年实施以来，对于加强海关对舱单电子数据的管理，提高通关效率，便利企业办理海关手续，规范海关执法起到了重要作用。近年来，我国对外贸易规模的不断扩大和国际物流的不断发展，海关对舱单的管理面临一些新情况、新问题，原管理办法仅对海运和空运舱单的管理已不适应形势发展的要求。同时，海运、空运、铁路、公路各种运输方式下的舱单作业模式各异，不同关区间海关对舱单管理的要求亦各不相同，甚至同一关区内不同现场之间在舱单作业模式和执法尺度上也不尽相同。这样，不仅不利于海关执法的统一，也给海关带来极大的执法风险。因此，规范海关对舱单的管理成为起草和制定《舱单管理办法》最为直接的目的。

---

① 茅建勋：《Bolero 电子提单系统》（下），载《集装箱化》2000 年第 6 期。

② Bolero Rulebook, First Edition, September 1999, 2.2.2.（2）（3）, http：//www.boleroassociation.org/dow_ docs.htm 2014/05/01

风险管理需要大量的基础性数据作为支撑，尤其是与货物报关数据可以相互印证的第三方基础数据，而该第三方基础数据大部分源于物流作业的各个环节，这就必须通过舱单这条主线，对物流作业各环节所产生的物流数据进行串联、印证、整合，因此，制定并实施《舱单管理办法》是海关业务改革和发展的需要。

（二）促进国际贸易便利，保障国际贸易安全

随着国际贸易的发展，世界经济的全球化和区域经济的一体化趋势日趋显著，我国经济对外的依存度不断加大，保障和促进贸易的安全与便利这一世界各国海关面临的两大课题同样也摆在中国海关面前。原海关总署署长牟新生在世界海关组织101/102次年会上郑重承诺，中国海关高度重视国际贸易安全，并且在保证安全的前提下继续大力推进贸易便利。

2005年6月，世界海关组织理事会通过了《标准框架》，舱单电子数据的提前传输是其中的一个重要内容。因此，制定《舱单管理办法》是适应国际海关合作大趋势的需要，也是我国落实《标准框架》倡导的有关做法的具体体现。这样一方面将海关甄别货物风险的时间提前到货物抵港之前，有效压缩货物通关时间；另一方面通过对进出境物流所产生数据的收集、整合，有效监控货物，从而有效降低海关监管风险。

二、立法依据

《舱单管理办法》以海关总署令公布，在海关法律体系中属于部门规章。其立法依据是《海关法》和其他有关法律、行政法规。具体为：

（一）法律

主要是由全国人民代表大会或者全国人民代表大会常务委员会制定的与海关监督管理相关的法律。本办法立法依据主要是《海关法》及相关的法律。

（二）行政法规

主要是由国务院制定的法律规范，包括：

1. 专门适用于海关执法的行政法规，如《中华人民共和国海关行政处罚实施条例》（以下简称《海关行政处罚实施条例》）。

2. 其他行政管理的行政法规，如《国际航行船舶进出中华人民共和国口岸检查办法》。

三、海关对进出境船舶、航空器、铁路列车及公路车辆舱单的管理适用本办法

《海关法》第一百条的规定，进出境运输工具是指用以载运人员、货物、物品进出境的各种船舶、车辆、航空器和驮畜。根据实际，要求驮畜方式运输申报电子数据舱单不尽现实，故办法未明确驮畜适用。另外，公路车辆与铁路车辆在监管模式上存在着较大差异，故在本办法中分列。原管理办法适用于海关对海运和空运舱单电子数据交换的管理，

排除了公路和铁路。本办法与原办法相比，拓宽了适用范围，涵盖了水（船舶）、陆（公路车辆）、空（航空器）、铁（铁路列车）4 种运输方式。

四、数据传输主体及要求

进出境运输工具负责人、无船承运业务经营人、货运代理企业、船舶代理企业、邮政企业及快件经营人等舱单电子数据传输义务人（以下统称舱单传输人）应当按照海关备案的范围在规定时限向海关传输舱单电子数据。

海关监管场所经营人、理货部门、出口货物发货人等舱单相关电子数据传输义务人应当在规定时限向海关传输舱单相关电子数据。对未按照本办法规定传输舱单及相关电子数据的，海关可以暂不予办理运输工具进出境申报手续。因计算机故障等特殊情况无法向海关传输舱单及相关电子数据的，经海关同意，可以采用纸质形式在规定时限向海关递交有关单证。

根据《海关行政处罚实施条例》第二十二条第四项的规定，未按照规定期限向海关传输舱单等电子数据、传输电子数据不准确的或者未按照规定期限保存相关电子数据，影响海关监管的，予以警告，可以处以 5 万元以下罚款，有违法所得的，没收违法所得。这是关于《舱单管理办法》传输部分最直接的上位法律支持。根据该规定，《舱单管理办法》在起草过程中，将传输的数据确定为两类：一类是舱单电子数据，另一类是与舱单相关的电子数据。据此，数据传输的主体亦分为两类，即舱单数据传输人和与舱单相关数据传输人。

（一）舱单数据传输人

舱单传输人包括两类：

1. 运输工具负责人

上位法依据是《海关法》。这是《海关法》所规定的法定传输义务人，主要包括：对运输工具负有责任的运输工具所有人、承租人，以及运输工具上最高职务的自然人，即船长、机长、列车长、司机。

2. 运输工具负责人的代理人

上位法依据是《民法》。根据《民法》的有关规定，代理人有权在被代理人授权范围内行使被代理人的权利。运输工具负责人的代理人可以成为舱单数据传输的主体，这是对运输工具负责人的延伸。

在舱单传输过程中，具体包括以下企业：

（1）船舶：无船承运业务经营人、船舶代理企业等能够对外签发提单的企业。

（2）航空器：航空公司的地面代理企业、货运代理企业、快件运营人等能够对外签发航空总运单或分运单的企业。

（3）铁路：车站等能够对外签发铁路运单的企业。

（4）公路：公路运输货运代理企业。

在这里需要说明的是，由于代理关系具有不确定性，所以在办法中不可能穷举殆尽。办法明确使用了“等”字的表述，一方面表明舱单申报人不仅仅局限于上述列举的企业；

另一方面表明办法具有开放性，也会根据上位法的变化作出相应的调整。关于上述第二类舱单传输人应当具备两个基本要件，一是与运输工具负责人具有代理关系；二是具体数据传输的基本条件（如计算机联网等条件）。

（二）与舱单相关数据传输人

与舱单相关数据是指国际物流在进出境作业环节所产生的能够反应物流流向，且能与舱单相互校验、印证的相关数据。就本办法来看，包括运抵报告、分拨分流申请、理货报告、结关申请。

1. 运抵报告数据的传输人：海关监管场所经营人

《海关法》第二十四条规定，“出口货物的发货人除海关特准的外应当在货物运抵海关监管区后、装货的二十四小时以前，向海关申报”。据此，《海关总署关于出口集装箱货物监管问题的通报》要求各关在2007年6月30日前启动运抵报告功能模块。由此可以看出，《舱单管理办法》要求传输运抵报告数据并非新的规定，而是对原有规定的再次强调和完善。

在《舱单管理办法》中涉及运抵报告传输的有3款：

《舱单管理办法》第十六条第二款：分拨货物、物品运抵海关监管场所时，海关监管场所经营人应当以电子数据方式向海关提交分拨货物、物品运抵报告。

《舱单管理办法》第十七条第二款：疏港分流完毕后，海关监管场所经营人应当以电子数据方式向海关提交疏港分流货物、物品运抵报告。

《舱单管理办法》第二十二条：出境货物、物品运抵海关监管场所时，海关监管场所经营人应当以电子数据方式向海关提交运抵报告。

另外，《中华人民共和国海关监管场所管理办法》第四条明确，海关对监管场所实行计算机联网管理。这也为运抵报告的传输奠定了基础。

2. 理货报告数据的传输人：理货部门和海关监管场所经营人

《海关总署监管司关于海关向港务、理货核对进出境船舶有关内容的通知》中规定，进出境船舶在进出境船舶抵港时或驶离前，海关应办理进出境手续，并收取舱单。海关收取舱单后，须向港务、理货等部门核对舱单的内容，确定舱单的真实性，作为海关监管货物的依据。港务理货部门系指港务部门或理货公司提供的报告，二者任用一份。就目前来看，各港口已经政企分开，根据当前实际操作，该项功能的操作由理货公司和海关监管场所承担。

客观上讲，该项功能应当由具备公证资格的第三方即理货公司承担。但考虑目前实际情况，一方面，并非所有货物理货公司都进行理货；另一方面，目前部分口岸没有成立理货公司，该项工作由监管场所来完成，为此，《舱单管理办法》明确理货报告有两个传输人，理货部门为第一传输人，如理货部门无法传输，则监管场所经营人作为第二传输人向海关传输理货报告。

3. 分拨、分流申请：监管场所经营人

货物分拨与疏港分流是两个不同的概念（在《舱单管理办法》第三十四条相关用语

中具体说明)。货物分拨申请、货物疏港分流申请分别使用两种不同的单证，但从实际操作和海关所需数据看，二者内容基本相同，故此处进行了合并。

《海关法》第二十三条规定，进口货物自进境起到办结海关手续，出口货物自海关申报起到出境止，过境、转运和通运货物自进境起到出境止，应当接受海关监管。第三十七条规定，海关监管货物，未经海关许可，不得开拆、提取、交付、发运、调换、改装、抵押、质押、留置、转让、更换标记、移作他用或者进行其他处置。规定表明，对海关监管货物的任何处置均应提前向海关提出申请，并经海关同意后方可进行。

从监管实际看，目前各海关在监管过程中，很难获知监管货物实际存放位置等信息，这对货物实际监管尤其是查验带来困难。所以办法明确监管货物在发生位移时应当以电子数据方式报告海关。海关据此可以准确运用视频、信息和人工对货物进行有效监控。

4. 结关申请传输人：运输工具的负责人

根据《海关法》第十七条第二款的规定，货物、物品装卸完毕后，运输工具负责人应当向海关递交反映实际装卸情况的交接单据和记录。这个反映实际装卸情况交接单据和记录的过程在《舱单管理办法》中就是结关申请。

5. 装箱清单数据传输人：出口货物的发货人

《海关法》第二十四条规定，出口货物的发货人除海关特准的外应当在货物运抵海关监管区后、装货的二十四小时以前，向海关申报。

装箱数据传输可以由发货人或其代理人来完成。从目前舱单系统设计看，提供了两种传输渠道：一是直接联网数据传输；二是提供公共的数据录入平台，对数据进行录入。两种渠道由舱单传输人根据自身实际选择。

五、传输时间确认

海关以接受原始舱单主要数据传输的时间为进口舱单电子数据传输时间，海关以接受预配舱单电子数据传输的时间为出口舱单电子数据传输的时间。

海关接受舱单传输的两个时间点的确认：第一，进口舱单电子数据的传输时间是以海关接受原始舱单主要数据传输的时间为准；第二，出口舱单电子数据的传输时间是以海关接受预配舱单电子数据传输的时间为准。

需要说明的是，海关接受舱单申报时间，并非舱单申报人发送数据时间。目前，海关舱单系统设计流程是接收舱单申报人传输数据后，首先运用计算机进行数据的完整性校验和逻辑校验后，海关计算机自动发送接受舱单申报回执。在这里，海关计算机发出确认接受申报时间才是海关接受舱单传输的时间。

六、备案管理

舱单传输人、监管场所经营人、理货部门、出口货物发货人应当向其经营业务所在地直属海关或者经授权的隶属海关备案。

舱单传输人办理备案手续时，应当向海关提交下列文件：

（一）备案登记表；

（二）提（运）单和装货单的样本；

（三）企业印章及相关业务印章的印模；

（四）行政主管部门核发的许可证件或者资格证件的复印件；

（五）海关需要的其他文件。

海关监管场所经营人、理货部门、出口货物发货人办理备案手续时，应当向海关提交上述（一）、（四）、（五）项文件。

提交复印件的，应当同时出示原件供海关验核。

在海关备案的有关内容如果发生改变的，舱单传输人、监管场所经营人、理货部门、出口货物发货人应当持书面申请和有关文件到海关办理备案变更手续。因备案不是行政许可，如无虚假，海关应当予以变更。

另外，需要特别说明的是，海关对备案数据实行电子联网、数据共享，即一地备案、全国共享，舱单及相关数据传输人无须在各个口岸分别备案；备案只是海关获取数据传输人的基本信息，以便于管理，并非行政许可，无须按照行政许可进行审批；备案是数据传输的必备条件。

七、保密义务

舱单传输人可以书面形式海关提出为其保守商业秘密的要求，并具体列明需要保密的内容。海关应当按照国家有关规定承担保密义务，妥善保管舱单传输人及相关义务人提供的涉及商业秘密的资料。

舱单数据是舱单传输人关注的一个焦点，涉及商业机密。该规定在《舱单管理办法》起草阶段普遍认为必要，为新增条款。其表述方式也是保密条款的习惯表述。

（一）海关承担保密的基本条件

海关承担保密的基本条件有两个：一是舱单申报人书面提出申请，二是申请人在书面申请中具体列明需要保密的内容。

（二）海关承担保密责任的条件

海关承担保密责任是按照国家有关规定，而不是无限制的承担。符合下列条件的，海关可以对外提供有关数据：

1. 依据我国法律、行政法规规定应当对外提供的，如司法取证等；
2. 依据我国缔结或签署的双边或多边的协议对外交换数据的；
3. 海关总署批准对外提供的。

（三）海关承担保密责任的手段

妥善保管舱单传输人及相关义务人提供的涉及商业秘密的资料。

八、动态传输

原始舱单电子数据传输以前，运输工具负责人应当将运输工具预计抵达境内目的港的时间通知海关。

运输工具抵港以前，运输工具负责人应当将运输工具确切的抵港时间通知海关。运输工具抵达设立海关的地点时，运输工具负责人应当向海关进行运输工具抵港申报。

所谓动态，就是运输工具抵达的时间。《舱单管理办法》所规定的申报主要有 3 种，也就是监管实际中所说的预报、确报、抵港报。

《海关法》第十六条规定，进出境船舶、火车、航空器到达或驶离的时间、停留地点、停留期间更换地点，以及装卸货物、物品的时间，运输工具负责人或者有关交通运输部门应事先通知海关。

《国际航行船舶进出中华人民共和国口岸检查办法》（国务院令第 175 号，以下简称《口岸检查办法》）第六条规定，船舶或其代理人应当在船舶预计抵达口岸 7 日前（航程不足 7 日的，在驶离上一口岸时）填写“国际航行船舶进口岸申请书”，报请抵达口岸的港务监督机构审批。

拟进入长江水域的船舶，船方或其代理人应当在船舶预计经上海港区 7 日前（航程不足 7 日的，在驶离上一口岸时），填写“国际航行船舶进口岸申请书”，报请抵达口岸的港务监督机构审批。

《口岸检查办法》第七条规定，船方或其代理人应当在船舶预计抵达口岸的 24 小时前（航程不足 24 小时的，在驶离上一口岸时）将抵达时间、停泊地点、靠泊移泊的计划及船员、旅客的有关情况报告检查机关。

《海关法》第十四条规定，进出境运输工具到达或者驶离设立海关的地点时，运输工具负责人应当向海关如实申报，交验单证，并接受海关监管和检查。

（一）预报动态

从实际操作来讲，海关需要预报动态的主要目的有两个，一个是海关需要根据运输工具预报的动态合理安排监管力量；另一方面，在舱单系统中为该运输工具“建模”，传输预报动态后，海关即可以将今后舱单的数据存放到指定的位置。客观上讲，这是运输工具监管的内容，考虑到与舱单管理的关联较大，故在这里进行明确。

1. 申报人

申报人为运输工具的负责人或其代理人。

2. 申报时间

《舱单管理办法》第九条规定，原始舱单第一申报的时限为：

（1）船舶：集装箱船舶装船的 24 小时以前，非集装箱船舶抵达境内第一目的港的 24 小时以前；

（2）航空器：航程 4 小时以下的，航空器起飞前；航程超过 4 小时的，航空器抵达境内第一目的港的 4 小时以前；

（3）铁路列车：抵达境内第一目的站的 2 小时以前；

（4）公路车辆：抵达境内第一目的站的 1 小时以前。

（二）确报动态

确报动态是指口岸运输工具调度部门所安排并通知运输工具负责人的进港（站）时间。

1. 申报人：运输工具的负责人及其代理人。

2. 时限要求：运输工具抵港前，但相对于船舶应当为进港的24小时前。

3. 申报方式：以电子数据方式。

（三）抵港确认

抵港确认，主要是指运输工具抵达设立海关的口岸时，运输工具负责人应当向海关进行运输工具申报。其实际上就是运输工具进境申报，也就是传统意义上的“联检”手续。

1. 申报人：运输工具负责人及其代理人。

2. 申报时间：运输工具抵港时。客观上这是一个模糊的概念，因为申报本身是一个过程，不可能在一个点的时间上申报，在实践中，可以理解为运输工具抵港后立即申报。

3. 申报内容：

（1）船舶。按照《中华人民共和国海关对进出境国际航行船舶及其所载货物、物品监管办法》第九条的规定，应当向海关提交如下单证：

①船舶进口报告书一份；

②进口载货清单二份（无进口货物的交无货清单）；

③进口旅客清单一份（包括通运旅客，无旅客的免交）；

④船员清单一份；

⑤船员自用和船舶备用物品、货币、金银清单一份；

⑥船员自用和船舶备用烟、酒加封清单一份；

⑦船舶进出境（港）海关监管簿（境外船舶免交）；

⑧海关监管需要的其他单证。

（2）航空器。根据《中华人民共和国海关对国际民航机监管办法》第五条规定，应当递交以下单证：

①入境和过境旅客以及行李舱单一份；

②进口和过境的货物、邮件和其他物品舱单一份，以及有关货物的运单副本一份；

③机组人员及其自用物品、货币、金银清单一份。

（3）铁路列车。根据《中华人民共和国海关对国际铁路联运进出境列车和所载货物、物品监管办法》第九条规定，应当递交以下单证：

①货物运单或行李、包裹运行申报单及其添附文件；

②货物交接单或行李、包裹交接单；

③海关需要的其他文件。

（4）公路车辆。根据《中华人民共和国海关对进出国境汽车及所载货物监管试行办法》第二条、第五条第二款的规定，应当递交载货清单（或运单）一份；需要继续内驶的，应当填写内驶车辆申报单。

4. 申报方式：电子数据方式。

九、货物、物品原始舱单传输

进境运输工具载有货物、物品的，舱单传输人应当在下列时限向海关传输原始舱单主要数据：

（一）集装箱船舶装船的24小时以前，非集装箱船舶抵达境内第一目的港的24小时以前；

（二）航程4小时以下的，航空器起飞前；航程超过4小时的，航空器抵达境内第一目的港的4小时以前；

（三）铁路列车抵达境内第一目的站的2小时以前；

（四）公路车辆抵达境内第一目的站的1小时以前。

舱单传输人应当在进境货物、物品运抵目的港以前向海关传输原始舱单其他数据。海关接受原始舱单主要数据传输后，收货人、受委托报关企业方可向海关办理货物、物品的申报手续。

海关接受原始舱单主要数据传输后，收货人、受委托的报关企业方可向海关办理货物、物品申报手续。也可以简单理解为，原始舱单第一次传输（即原始舱单主要数据传输）是货物办理报关手续的前提条件。

在此还需要强调的是海关接受原始舱单的主要数据传输后，而不是主要数据传输后。关于海关接受原始舱单的主要数据传输后，海关会以电子数据方式通知舱单传输人，同时会利用公开的渠道公布数据，供进出口及报关企业查阅。

《海关法》第二十三条规定："进口货物自进境起到办结海关手续止，出口货物自向海关申报起至出境止，过境、转运和通运货物自进境起到出境止，应当接受海关监管。"过境、转运、通运货物也是进出境运输工具所载货物，因此，原始舱单应包含进口、过境、通运和转运货物的信息。

十、境外禁装

海关发现原始舱单中列有我国禁止进境的货物、物品，可以通知运输工具负责人不得装载进境。《舱单管理办法》如此规定，出于两方面的原因：

一是为落实《标准框架》的需要。《标准框架》支柱一《海关与海关之间的联系协作技术说明》1.3.5规定："禁止装运"和"禁止卸货"通知中明确，海关应为"禁止装运"和"禁止卸货"的货物建立专门的通知制度，在提交了风险评估所需要的数据的特定时间内作出相应的通知。这就要求我国海关在提前获知货物信息后，通知舱单申报人在境外暂不得装船，由出口国进行查验。就此，美国已经进行了有益的尝试。

二是出于我国贸易安全的考虑。我国已经成为贸易大国，保障我国对外贸易的安全和我国经济社会安全已经成为当前海关的一项重要内容。将有害于我国经济、社会、环境安全的货物、物品有效拒于国门之外，由国外海关平等地承担减少有害货物、物品对我国经济、社会的危害的责任。这是《舱单管理办法》第十条立法的核心。

在监管实践中，对于我国法律、行政法规列明的禁止进境的货物、物品，一方面承运人有义务拒绝承载，另一方面海关发现运输工具载有有害于我国政治、经济、文化、环境的货物、物品，也有义务及时通知给承运人。这是相辅相成的两个方面。

十一、旅客原始舱单传输

进境运输工具载有旅客的，舱单传输人应当在下列时限向海关传输（旅客）原始舱单电子数据：

（一）船舶抵达境内第一目的港的2小时以前。

（二）航程在1小时以下的，航空器抵达境内第一目的港的30分钟以前；航程在1小时至2小时的，航空器抵达境内第一目的港的1小时以前；航程在2小时以上的，航空器抵达境内第一目的港的2小时以前。

（三）铁路列车抵达境内第一目的站的2小时以前。

（四）公路车辆抵达境内第一目的站的1小时以前。

十二、通知不准予卸货或者下客

海关接受原始舱单主要数据传输后，对决定不准予卸载货物、物品或者下客的，应当以电子数据方式通知舱单传输人，并告知不准予卸载货物、物品或者下客的理由。

第一，《标准框架》中已经明确。《标准框架》支柱一《海关与海关之间的联系协作技术说明》1.3.5规定："禁止装运"和"禁止卸货"通知中明确，海关应为"禁止装运"和"禁止卸货"的货物建立专门的通知制度，在提交了风险评估所需要的数据的特定时间内做出相应的通知。

第二，海关监管作业流程实际需要。一方面禁止卸货是对境外禁止装运行政指导行为的有效补充；另一方面解决了明确装载有禁止进境的货物、物品如何处置的问题，即采用禁止装载的办法，对直接退运的方式也是有益补充。

第三，对部分行政法规的补充。根据《国际航行船舶进出中华人民共和国口岸检查办法》第九条规定，在未办妥进口岸手续前，除联检人员和引航员外，不得上下人员和装卸货物。如果以不办理海关手续而迫使船舶不能装卸货物，这样对于运输工具所载的其他货物会造成损失。为了避免上述情况发生，《舱单管理办法》如此规定，即对单票货物可以实施禁止卸货的决定。

需要注意的是，做出禁止卸货决定的机关应为海关，这是海关的决定，即海关的具体行政行为，对该决定，海关负有通知舱单申报人的义务；通知的方式是电子数据方式，因计算机故障原因不能以电子数据方式通知的，应当派员实地办理；通知禁止卸货的附带条件，应当同时告知舱单传输人不准予卸货的理由；通知禁止卸货的时限应当为原始舱单的主要数据传输后和运输工具开始卸货前。从监管实践看，海关办结运输工具进境手续后，不应当再下达禁止运输工具卸货的通知。

十三、理货报告

《舱单管理办法》第三十四条中明确，理货报告是海关监管场所经营人或者理货部门对进出境运输工具所载货物、物品的实际装卸情况予以核对、确认的记录。

理货部门或者海关监管场所经营人应当在进境运输工具卸载货物、物品完毕后的6小时以内以电子数据方式向海关提交理货报告。

需要二次理货的，经海关同意，可以在进境运输工具卸载货物、物品完毕后的24小时以内以电子数据方式向海关提交理货报告。

在进出境船舶抵港时或驶离前，海关应办理进出境手续，并收取舱单。海关收取舱单后，须向港务、理货等部门核对舱单的内容，确定舱单的真实性，依凭作为海关监管货物的依据。港务理货部门系指港务部门或理货公司。就目前来看，各港口已经政企分开，根据当前实际操作，该项功能的操作由理货部门和海关监管场所经营人承担。

关于二次理货，主要考虑部分液态货物运输途中需要加压降温，需要卸货稳罐一段时间后方能进行理货，故经海关同意可以延长到卸货后24小时传输。

十四、不符数据处理

海关应当将原始舱单与理货报告进行核对，对二者不相符的，以电子数据方式通知运输工具负责人。运输工具负责人应当在卸载货物、物品完毕后的48小时以内向海关报告不相符的原因。

船舶起卸进口货物、物品完毕后，船舶负责人应当将反映实际情况的交接单据和溢、短、误、损记录在24小时内送交海关。

《海关总署监管司关于海关向港务、理货核对进出境船舶有关内容的通知》规定，进出境船舶在进出境船舶抵港时或驶离前，海关应办理进出境手续，并收取舱单。海关收取舱单后，须向港务、理货等部门核对舱单的内容，确定舱单的真实性，依凭作为海关监管货物的依据。

（一）海关和舱单传输人的义务

一是海关负有核对舱单与理货报告电子数据是否相符并通知舱单传输人的义务。原始舱单与理货报告核对的主体是海关。传输方式是以电子数据方式，目前“海关物流信息监控系统舱单管理子系统”中设计为计算机自动核对，自动发送不符信息；数据接收方为舱单传输人，即谁传输的舱单信息错误，核对结果就发送给谁；通知的内容是原始舱单与理货报告不符的数据。

二是舱单传输人负有核查不符原因并报告海关的责任。核实不符原因的责任主体是舱单传输人；报告内容是不符的原因，这里隐含着舱单传输人应当核实的义务；报告的对象应当是海关，这里并没有规定传输方式，既可以用电子数据方式也可以用纸质形式；报告的接受方是海关；核查的时限要求是卸货完毕后的48小时，卸货完毕的时间界定以港（站）方的作业记录为准。

（二）海关核对的目的

1. 核对运输工具是否载有原始舱单未列明的货物、物品，这部分货物应当为海关重点监控货物，也为后面的退运提供必要的数据支持。

2. 核对原始舱单列明的货物是否全部进境，这为运输工具抵补奠定基础。

（三）不符数据所涉及货物的处理问题

由于产生不符数据的原因较多，需要甄别处理，归结起来可以视为两类：一类是原始舱单数据错误，另一类是理货报告数据错误。

1. 原始舱单数据错误的，处理方式有 3 种：一是按照《舱单管理办法》第十五条明确责令直接退运；二是涉及走私的，按照《舱单管理办法》三十七条处理；三是其他的，按照《舱单管理办法》第四章的有关规定处理。

2. 理货报告数据错误的，有两种处理方式：一是按照《舱单管理办法》三十七条规定处理；二是不符合《舱单管理办法》三十七条规定的，可以直接变更理货报告数据。

十五、责令退运

原始舱单中未列名的进境货物、物品，海关可以责令原运输工具负责人直接退运。

《中华人民共和国海关进口货物直接退运管理办法》（以下简称《直接退运管理办法》）第十一条的规定，违反国家有关法律、行政法规，应当责令退运的其他情形，由海关责令当事人直接退运。

《舱单管理办法》关于责令退运的规定相对简单，可以简单地理解为：海关有对原始舱单未列明货物作出责令退运的权利，直接退运的义务接受者是承运该货物进境的运输工具负责人，具体方式应当按照《直接退运管理办法》程序办理。

十六、分拨货物、物品

《舱单管理办法》第三十四条规定，分拨是指监管场所经营人将进境货物、物品从一海关监管场所运至另一海关监管场所的行为。客观上讲，分拨货物就是货物在两个监管区之间的位移。在实际监管过程中，分拨货物包括 3 类：第一类是由港区、机场、车站等卸货地点分拨到其他监管场所，第二类是航空运输货物、铁路运输货物从一级监管仓库转运到二级监管仓单，第三类是从一个监管地点转移到另一个监管地点进行对集装箱进行拆箱、分票作业。

进境货物、物品需要分拨的，舱单传输人应当以电子数据方式向海关提出分拨货物、物品申请，经海关同意后方可分拨。

分拨货物、物品运抵海关监管场所时，海关监管场所经营人应当以电子数据方式向海关提交分拨货物、物品运抵报告。

在分拨货物、物品拆分完毕后的 2 小时以内，理货部门或者海关监管场所经营人应当以电子数据方式向海关提交分拨货物、物品理货报告。

根据《海关法》第二十三条规定，进口货物自进境起到办结海关手续止，应当接受海关监管。《海法法》第三十七条规定，海关监管货物，未经海关许可，不得开拆、提取、交付、发运、调换、改装、抵押、质押、留置、转让、更换标记、移作他用或者作其他处置。

十七、疏港分流

货物、物品需要疏港分流的，海关监管场所经营人应当以电子数据方式向海关提出疏港分流申请，经海关同意后方可疏港分流。

疏港分流完毕后，海关监管场所经营人应当以电子数据方式向海关提交疏港分流货物、物品运抵报告。

（一）疏港分流的3个条件

1. 货物、物品需要分拨；
2. 监管场所经营人提出申请；
3. 经过海关同意。

（二）提交运抵报告的基本要求

1. 提交方式要求：以电子数据方式提交。
2. 提交时限要求：疏港分流完毕后。
3. 格式和内容：海关规定的格式、内容，即按照《舱单管理办法》三十六条的规定。

客观上讲，疏港分流与分拨都是货物在两个监管区之间发生了位移。其区别在于：

其一，具有不同的目的。疏港分流是为了防止港口积压、杜塞，分拨是一种常规的位移。

其二，疏港分流的决定应当由监管场所向港务管理部门提出，港务管理部门作出疏港分流的决定；分拨货物无须港务行政管理部门决定。

其三，分拨货物可以进行分拨后的拆箱作业，即按照集装箱内的实际收货人进行分票；疏港分流不能进行拆分作业。

十八、办理查验放行条件

进口货物、物品和分拨货物、物品提交理货报告电子数据后，疏港分流货物、物品提交运抵报告电子数据后，海关即可办理货物、物品的查验、放行手续。

海关查验货物应当在海关监管区内进行。从监管实践看，一方面海关需要知道货物已经抵达海关监管场所的信息，以实施查验；另一方面要有效落实“货到验放”的规定。可以证明货到的文件资料为3项，即进口货物理货报告、分拨货物理货报告、分流货物运抵报告。

十九、旅客及其行李物品结关

进境运输工具载有旅客的，运输工具负责人或者海关监管场所经营人应当在进境运输工具下客完毕后3小时以内向海关提交进境旅客及其行李物品结关申请，并提供实际下客人数、托运行李物品提取数量及未运抵行李物品数量。经海关核对无误的，可以办理结关手续；原始舱单与结关申请不相符的，运输工具负责人应当在进境运输工具下客完毕后24

小时以内向海关报告不相符的原因。

运输工具负责人或者海关监管场所经营人应当将无人认领的托运行李物品转交海关处理。

二十、装箱清单传输

以集装箱运输的货物、物品，出口货物发货人应当在货物、物品装箱以前向海关传输装箱清单电子数据。

根据《中华人民共和国海关进出口货物申报管理规定》（海关总署令第103号）第十二条第（二）项规定，报关企业接受进出口收发货人的委托，办理报关手续时，应当审核有关进出口货物的合同、发票、运输单据、装箱单等商业单证。《舱单管理办法》的规定与之相比，一是时间上提前，提前到货物、物品装载集装箱前；二是提交方式上由纸质单据改为电子数据传输。

装箱清单的传输可以为海关开展风险分析提供最基础、最原始的数据，而且是对舱单数据的有益补充，从而形成能够反映货物情况的完整舱单。此外，这也是与欧盟数据交换的需要。

二十一、预配舱单传输

出境运输工具预计载有货物、物品的，舱单传输人应当在办理货物、物品申报手续以前向海关传输预配舱单主要数据。

海关接受预配舱单主要数据传输后，舱单传输人应当在下列时限向海关传输预配舱单其他数据：

（一）集装箱船舶装船的24小时以前，非集装箱船舶在开始装载货物、物品的2小时以前；

（二）航空器在开始装载货物、物品的4小时以前；

（三）铁路列车在开始装载货物、物品的2小时以前；

（四）公路车辆在开始装载货物、物品的1小时以前。

出境运输工具预计载有旅客的，舱单传输人应当在出境旅客开始办理登机（船、车）手续的1小时以前向海关传输预配舱单电子数据。

从风险分析的角度看，预配舱单对海关提前获知货物信息，积极开展风险分析具有重要作用，同时有利于加强对出口货物的实际监管，可以根据预配舱单有效合理安排人力资源，有重点地加强对重点运输工具、重点货物、物品的监管。此外，这是适应欧盟数据交换的需求。

二十二、运抵报告提交

运抵报告是指进出境货物、物品运抵海关监管场所时，海关监管场所经营人向海关提交的反映货物、物品实际到货情况的记录。

出境货物、物品运抵海关监管场所时，海关监管场所经营人应当以电子数据方式向海关提交运抵报告。运抵报告提交后，海关即可办理货物、物品的查验、放行手续。

运抵报告是证明货物进入海关监管区的重要单证，是海关对进出境货物和物品进行监控，确定货物和物品位移的重要信息，是海关加强实际监管的重要基础。

《海关法》第二十四条规定，出口货物发货人除海关特准的外，应当在货物运抵海关监管场所后、装货的24小时以前，向海关申报。

二十三、装载舱单传输

《海关法》第十七条第二款规定："货物、物品装卸完毕，运输工具负责人应当向海关递交反映实际装卸情况的交接单据和记录。"装载舱单是指海关放行货物、物品后，运输工具配载情况的舱单。要求传输装载舱单，对于海关加强实际监管具有重要作用：一是通过装载舱单数据与海关放行数据对比，核对准备装载运输工具的货物是否为海关已经放行的货物；二是通过装载舱单数据与海关放行数据对比，核对海关放行的货物是否已经全部配载备装，为以后的退关提供数据准备。

装载舱单的传输要求具体有：第一，主体要求是舱单传输人；第二，传输方式要求是以电子数据方式，这里同样隐含着按照海关规定的格式、内容传输到海关指定的数据接收地点；第三，传输时限要求为运输工具开始装载货物前的30分钟。

二十四、乘载舱单传输

承载舱单是办结海关出境手续的旅客和运输工具服务人员名单。

舱单传输人应当在旅客办理登机（船、车）手续后、运输工具上客以前向海关传输乘载舱单电子数据。

二十五、通知不准予装载货物或者上客

海关接受装（乘）载舱单电子数据传输后，对决定不准予装载货物、物品或者上客的，应当以电子数据方式通知舱单传输人，并告知不准予装载货物、物品或者上客的理由。

海关因故无法以电子数据方式通知的，应当派员实地办理相关手续。

海关决定不准予装载的货物包括：我国法律、行政法规中明确列明禁止出口的货物；按照国际海关协作协议，应进口国要求不准装载运输工具的货物；经核实装载舱单中所列货物未经海关放行的；经海关风险分析，认为具有高风险的货物。

海关有通知运输工具负责人不准装载的权利，也有通知运输工具负责人不准予装载并告知不准予装载理由的义务。

二十六、动态传输

运输工具负责人应当在运输工具驶离设立海关的地点的2小时以前将驶离时间以电子数据方式通知海关。对临时追加的运输工具，运输工具负责人应当在运输工具驶离设立海关的地点以前以电子数据方式将驶离时间通知海关。

《海关法》第十六条规定，进出境船舶、火车、航空器到达和驶离时间、停留地点、停留期间更换地点，以及装卸货物、物品时间，运输工具负责人或者有关交通运输部门应

当事先通知海关。

《口岸检查办法》第八条规定，船方或其代理人在船舶预计抵达口岸的24小时前（不足24小时的在驶离上一口岸时），将抵达时间、停靠地点、停靠泊位计划及船员、旅客情况报检查机关。

对运输工具负责人传输动态的要求是：第一，主体要求是运输工具负责人；第二，时限要求是在驶离设立海关的地点前24小时，本条所规定的申报时间是按照上述规定取最大范畴拟定的；第三，传输方式在此没有要求，海关系统处理的要求是以电子数据方式传输。对于临时追加进出境的运输工具，需要进出境的特例处理，即无法在2小时之内传输的，必须在运输工具驶离前通知海关。

二十七、运输工具结关

运输工具负责人应当在货物、物品装载完毕或者旅客全部登机（船、车）后向海关提交结关申请，经海关办结手续后，出境运输工具方可离境。

《海关法》第十四条规定，进出境运输工具到达或者驶离设立海关地点时，运输工具负责人应当向海关如实申报，交验单证，并接受海关监管和检查。停留在设立海关地点的运输工具，未经海关同意，不得擅自驶离。进出境运输工具从一个设立海关的地点驶往另外一个设立海关的地点，应当符合海关监管要求，并办理海关手续，未办结海关手续的，不得改驶境外。

《海关法》第十七条规定，货物、物品装载完毕，运输工具负责人应当向海关递交反映实际装卸货物情况的交接单据和记录。

运输工具办理结关手续的要求有两点：一是时间要求，即在出境运输工具在货物、物品装载完毕或旅客全部登机（船、火车、汽车）后，驶离前；二是提交方式，对此《舱单管理办法》第二十七条未明确规定，即可以采用电子数据方式和纸质方式。办结结关手续是运输工具驶离的前提和条件，未办理结关手续，运输工具不得驶离。

这里需要说明的是，运输工具的结关手续不等同于运输工具的出境申报手续、货物结关手续。

结关手续应当包括以下几方面内容：

（一）运输工具负责人需要向海关申请运输工具结关并递交相关单证

需要递交的相关单证如下：

1. 结关申请；
2. 运输工具负责人确认的装载记录（即准确的装载舱单）；
3. 海关需要的其他单证。

（二）海关需办理相关手续

海关在舱单系统中调阅该运输工具的所有舱单数据，看是否全部结关。如认为有必要，可以对运输工具进行检查、核实；如可以结关，在舱单上进行批注，并同意结关。

运输工具结关意味着海关可以办理运输工具出境手续，即出境联检。当然，运输工具的结关手续与出境联检手续可以合并进行。

运输工具结关后，仍需要接受海关监管，除海关特准外，不得上下人员、装卸货物、添加物料。

二十八、理货报告提交

出境运输工具驶离装货港的 6 小时以内，海关监管场所经营人或者理货部门应当以电子数据方式向海关提交理货报告。

理货报告是指海关监管场所经营人或者理货部门对进出境运输工具所载货物、物品的实际装卸情况予以核对、确认的记录。理货报告是通过监管货物装载，并且实际清点货物数量的数据，完全可以作为海关、承运人之外的第三方数据。《海关总署监管司关于海关向港务、理货核对进出境船舶有关内容的通知》规定，进出境船舶在进出境船舶抵港时或驶离前，海关应办理进出境手续，并收取舱单。海关收取舱单后，须向港务、理货等部门核对舱单的内容，确定舱单的真实性，依凭作为海关监管货物的依据。

传输理货报告的要求有：第一，时间要求，即出境运输工具驶离装货港的 6 小时以内；第二，主体要求，即海关监管场所经营人或者理货部门；第三，方式要求，即以电子数据方式，按照《舱单管理办法》第三十六条规定，为按海关规定的格式、内容传输。

二十九、不符数据处理

海关应当将装载舱单与理货报告进行核对，对二者不相符的，以电子数据方式通知运输工具负责人。运输工具负责人应当在装载货物、物品完毕后的 48 小时以内向海关报告不相符的原因。

海关应当将乘载舱单与结关申请进行核对，对二者不相符的，以电子数据方式通知运输工具负责人。运输工具负责人应当在出境运输工具结关完毕后的 24 小时以内向海关报告不相符的原因。

《海关总署监管司关于海关向港务、理货核对进出境船舶有关内容的通知》规定，进出境船舶在进出境船舶抵港时或驶离前，海关应办理进出境手续，并收取舱单。海关收取舱单后，须向港务、理货等部门核对舱单的内容，确定舱单的真实性，依凭作为海关监管货物的依据。

海关负有核对装（乘）载舱单与电子数据是否相符并通知舱单传输人的义务，装（乘）载舱单传输人负有核查不符原因并报告海关的责任。

三十、自主变更

已经传输的舱单电子数据需要变更的，舱单传输人可以在原始单和预配舱单规定的传输时限以前直接予以变更，但是货物、物品所有人已经向海关办理货物、物品申报手续的除外。

舱单电子数据传输时间以海关接受舱单电子数据变更的时间为准。

自主变更是第一种变更形式，《舱单管理办法》明确该规定，主要是为了鼓励提前申报舱单。该规定含义：一是在海关规定允许自主变更的时限内变更；二是采用重新发送正确舱单数据的方式覆盖原传输数据。

自主变更的条件有3个：第一，只能对原始舱单和预配舱单进行变更；第二，只能在规定的原始舱单、预配舱单传输时限以前变更；第三，货物、物品的所有人未向海关办理货物、物品申报手续。

舱单变更后，海关以舱单变更的时间作为舱单的传输时间。

三十一、免责变更

所谓免责，就是舱单变更时，免除罚责。这是允许舱单更改的第二种情况。属于免责情形的有4项，包括：

第一，货物、物品因不可抗力灭失、短损，造成舱单电子数据不准确的。根据我国有关法律规定，一般由于不可抗力原因造成的法律后果均不承担法律责任。不可抗力，在《中华人民共和国合同法》第一百一十七条规定，是指不可预见、不可克服、不可避免的客观情况。

第二，装载舱单中所列的出境货物、物品，因装运、配载等原因造成部分或者全部货物、物品退关或者变更运输工具的。本项主要是明确货物“拉装”造成舱单不准确。所谓“拉装”，就是货物、物品因配载原因无法装载出境。从目前来看，海运超配现象普遍存在，超配比重在10%左右，这就造成部分已经通关的货物不能装载出口，导致舱单不准。因这类货物仍然在海关监管之下，不会给监管带来风险，故这类情况下可以对舱单更改，免予处罚。

第三，大宗散装货物、集装箱独立箱体内载运的散装货物的溢短装数量在规定范围以内的。本项主要说明的是货物、物品发生短、溢情况的处理，并且限定了条件：一是大宗散装货物数量在规定的范围以内；二是集装箱单箱内数量在短、溢范围之内的，出现整个集装箱的短装或溢装不能适用该项。

第四，其他客观原因造成传输错误的。本项是一个保险条款，也就是兜底条款。在认定时应当注意：一是客观原因造成的差错，并非人为造成的；二是专指传输错误，必须是在传输过程中造成的，如传输过程中的数据丢失等。

关于免责更改的办理程序：第一，舱单传输人应当递交纸质申请；第二，海关同意修改；第三，按照《舱单管理办法》规定递交单证。

三十二、处罚后变更

按照《舱单管理办法》第三十七条的规定处理后，需要变更舱单电子数据的，舱单传输人应当按照海关的要求予以变更。这是关于舱单变更的第三种情况，即经过海关处理后对舱单进行变更。

变更的情形有两种：一种是仅因舱单申报不准确或不及时，受到海关处理，且主动申请变更舱单数据的；另一种是发生走私违规行为的，经海关处理后，海关责令变更舱单电子数据的。

需要注意两种区分：

第一种，“处理”与“处罚”的不同。《海关行政处罚实施条例》第二十二条第（四）项规定，未按照规定期限向海关传输舱单等电子数据、传输的电子数据不准确或者未按照规定期限保存相关电子数据，影响海关监管的，予以警告，可以处5万元以下罚款，有违法所得的，没收违法所得。根据海关有关规定，由于未按照规定期限传输舱单等电子数据或传输电子数据不准确的，不仅仅是一个处罚的问题，其中还涉及刑事处罚。因此，《舱单管理办法》第三十七条中规定为“处理”而非“处罚”。

第二种，“海关责令变更”与“舱单申报人应当按照海关要求予以变更”的区别。主要基于如下考虑：一是舱单传输人数据传输错误，应当接受海关处理，并有义务按照海关要求变更；二是海关责令变更是海关的具体行政行为，在客观上会造成手续上较为繁杂，不利于简化手续，提高效率。

综上所述，舱单变更的方式主要有自由变更、条件变更、处罚变更。从中不难看出，海关不能无条件地删改舱单数据。

三十三、舱单变更申请手续

舱单传输人向海关申请变更货物、物品舱单时，应当提交下列文件：舱单变更申请表、提（运）单的复印件、加盖有舱单传输人公章的正确的纸质舱单、其他能够证明舱单变更合理性的文件。

舱单传输人向海关申请变更旅客舱单时，应当提交舱单变更申请表、加盖舱单传输人公章的正确的纸质舱单及其他能够证明舱单变更合理性的文件。提交复印件的，应当同时出示原件供海关验核。

（一）关于货物舱单变更

1. 提交书面申请。关于书面申请的问题，从长远看，信息化作业将成为舱单管理的趋势，但在现阶段看，完全意义上的信息化条件不尽成熟，由于对于舱单变更，涉及诸多法律责任问题，故《舱单管理办法》规定以书面申请方式向海关提出舱单变更申请。

2. 提交的相关单证。相关单证包括舱单变更申请表、提（运）单的复印件、加盖有舱单传输人公章的正确的纸质舱单、其他能够证明舱单变更合理性的文件。如经过处罚后变更舱单的，应当递交处罚决定书等。

3. 上述单证提交复印件的，应当提交正本。之所以要求提交正本，主要是为了验核复印件与正本是否一致和正本的合法性。

（二）关于旅客舱单变更手续

1. 以纸质方式向海关提出申请。

2. 提交如下单证：

（1）舱单变更申请表；

（2）加盖有舱单传输人公章的正确的纸质舱单；

（3）其他能够证明舱单变更合理性的文件。

3. 提交复印件的应当提交正本供海关验核。

三十四、用语解释

（一）关于原始舱单

原始舱单，是指舱单传输人向海关传输的反映进境运输工具装载货物、物品或者乘载旅客信息的舱单。

客观上讲，原始舱单相当于传统意义上的进口舱单，但在范围、格式、内容上有所区别。比如，传统意义上的进口舱单是不包括旅客内容的；又如，在传输内容与传统意义上存在出入。

之所以称其为原始舱单，意在强调两点：一是传输时间，是在境外装载运输工具前的舱单信息，这个舱单信息是未经境内修改的；二是舱单的真实性，是反映境外实际装载运输工具的舱单。

（二）关于预配舱单。

预配舱单，是指反映出境运输工具预计装载货物、物品或者乘载旅客信息的舱单。

关于预配舱单的信息，主要是指货物的订舱信息；针对旅客而言，就是旅客的订票信息。

（三）关于装（乘）载舱单

装（乘）载舱单，是指反映出境运输工具实际配载货物、物品或者载有旅客信息的舱单。

这里需要说明两点：

第一，这是两种舱单。相对于货物，称为装载舱单；相对于旅客，称为乘载舱单。

第二，装载舱单信息实际就是运输工具配载图上所列的有关信息。

（四）关于提（运）单

1. 提单与运单

提（运）单，相对于海运，称为“提单”；相对于空运、铁路、公路运输方式，一般称为运单。提单，是一种货物的物权凭证；运单并非物权凭证，仅相当于反映运输合同的一种形式。

2. 总提（运）单与分提（运）单

只有货物舱单才涉及这两类提（运）单，也有人习惯称为“大提单”和“小提单”。

总提（运）单，是指由运输工具负责人、运输工具代理企业所签发的提（运）单。分提（运）单，是指在总提（运）单项下，由无船承运业务经营人、货运代理人或者快件经营人等企业所签发的提（运）单。其关系是总分的关系，即总提（运）单与分提（运）单是一对多的关系。

三十五、舱单的风险分析

根据海运舱单的分析内容，可以用5W的方法对以下内容进行分析。

分析清单

WHO？
谁是收货人？
谁是托运人？
谁是承运人？
货物是直接送达还是必须经过转运？
谁打包或者装箱货物？
WHAT？
进口的货物是什么？
货物的价值是多少？
WHEN？
提运单何时签发？
运输时间是否合理？
WHERE？
货物的原产地是哪里？
托运人的住址在哪里？
WHY？
该货物是否合适选择此运输方式？

第三节　运输工具监管

一、运输工具监管概述

为了规范海关对进出境运输工具的监管，保障进出境运输工具负责人和进出境运输工具服务企业的合法权益，根据我国《海关法》，制定《中华人民共和国海关进出境运输工具监管办法》（以下简称《运输工具监管办法》），并于2011年1月1日实施。

进出境运输工具是指用于载运人员、货物、物品进出境的各种船舶、航空器、铁路列车、公路车辆和驮畜。

海关对经营性进出境运输工具的监管适用《运输工具监管办法》，对非经营性进出境运输工具的监管比照该办法管理。

除经国务院或者国务院授权的机关批准外，进出境运输工具应当通过设立海关的地点进境或者出境，在海关监管场所停靠，装卸货物、物品和上下人员。由于不可抗力原因，进出境运输工具被迫在未设立海关的地点或者在非海关监管场所停靠、降落或者抛掷、起卸货物、物品及上下人员的，进出境运输工具负责人应当立即报告附近海关。附近海关应当对运输工具及其所载的货物、物品实施监管。

进境运输工具在进境以后向海关申报以前，出境运输工具在办结海关手续以后出境以前，应当按照交通运输主管机关规定的路线行进；交通运输主管机关没有规定的，由海关指定。进境运输工具在进境申报以后出境以前，应当按照海关认可的路线行进。进出境运输工具到达或者驶离设立海关的地点时，进出境运输工具负责人应当采用电子数据和纸质申报单形式向海关申报。

进境的境外运输工具和出境的境内运输工具，未向海关办理手续并缴纳关税，不得转让或者移作他用。运输工具作为货物以租赁或其他贸易方式进出口的，除按照《运输工具监管办法》办理进出境运输工具进境或者出境手续外，还应当按照有关规定办理进出境运输工具进出口报关手续。

二、备案管理

进出境运输工具、进出境运输工具负责人和进出境运输工具服务企业应当在经营业务所在地的直属海关或者经直属海关授权的隶属海关备案。海关对进出境运输工具、进出境运输工具负责人及进出境运输工具服务企业的备案实行全国海关联网管理。

进出境运输工具、进出境运输工具负责人和进出境运输工具服务企业在海关办理备案的，应当按不同运输方式分别提交进出境国际航行船舶备案表、进出境航空器备案表、进出境铁路列车备案表、进出境公路车辆备案表、运输工具负责人备案表、运输工具服务企业备案表，并同时提交上述备案表随附单证栏中列明的材料。运输工具服务企业相关管理办法，由海关总署另行制定。

运输工具备案表、运输工具负责人备案表和运输工具服务企业备案表的内容发生变更的，进出境运输工具负责人、进出境运输工具服务企业应当在海关规定的时限内持备案变更表和有关文件到备案海关办理备案变更手续。进出境运输工具负责人、进出境运输工具服务企业可以主动申请撤销备案，海关也可以依法撤销备案。海关对在海关备案的进出境运输工具服务企业和进出境运输工具所有企业、经营企业实施分类管理，具体办法由海关总署另行制定。

三、运输工具管理

（一）进境监管

进境运输工具负责人应当在规定时限将运输工具预计抵达境内目的港和预计抵达时间以电子数据形式通知海关。因客观条件限制，经海关批准，公路车辆负责人可以采用电话、传真等方式通知海关。进境运输工具抵达设立海关的地点以前，运输工具负责人应当将进境时间、抵达目的港的时间和停靠位置通知海关。

进境运输工具抵达设立海关的地点时，运输工具负责人应当按不同运输方式向海关申报，分别提交“中华人民共和国海关船舶进境（港）申报单”、“中华人民共和国海关航空器进境（港）申报单”、“中华人民共和国海关铁路列车进境申报单”、“中华人民共和国海关公路车辆进境（港）申报单”，以及上述申报单中列明应当交验的其他单证。

进境运输工具负责人也可以在运输工具进境前提前向海关办理申报手续。进境运输工具抵达监管场所时，监管场所经营人应当通知海关。海关接受进境运输工具申报时，应当审核电子数据和纸质申报单证。进境运输工具在向海关申报以前，未经海关同意，不得装卸货物、物品，除引航员、口岸检查机关工作人员外，不得上下人员。

（二）停留监管

进出境运输工具到达设立海关的地点时，应当接受海关监管和检查。海关检查进出境运输工具时，运输工具负责人应当到场，并根据海关的要求开启舱室、房间、车门；有走私嫌疑的，并应当开拆可能藏匿走私货物、物品的部位，搬移货物、物料。

海关认为必要时，可以要求进出境运输工具工作人员进行集中，配合海关实施检查。海关检查完毕后，应当按规定制作检查记录。

海关认为必要的，可以派员对进出境运输工具值守，进出境运输工具负责人应当为海关人员提供方便。海关派员对进出境运输工具值守的，进出境运输工具装卸货物、物品及上下人员应当征得值守海关人员同意。

进出境运输工具负责人应当在进出境运输工具装卸货物的 1 小时以前通知海关；航程或者路程不足 1 小时的，可以在装卸货物以前通知海关。海关可以对进出境运输工具装卸货物实施监装监卸。

进出境运输工具装卸货物、物品完毕后，进出境运输工具负责人应当向海关递交反映实际装卸情况的交接单据和记录。进出境运输工具在海关监管场所停靠期间更换停靠地点的，进出境运输工具负责人应当事先通知海关。

（三）境内续驶监管

进出境运输工具在境内从一个设立海关的地点驶往另一个设立海关的地点的，进出境运输工具负责人应当按照有关规定办理驶离手续。进出境运输工具在境内从一个设立海关的地点驶往另一个设立海关的地点的，应当符合海关监管要求，驶离地海关应当制发关封。进出境运输工具负责人应当妥善保管关封，抵达另一设立海关的地点时提交目的地海关。未经驶离地海关同意，进出境运输工具不得改驶其他目的地；未办结海关手续的，不得改驶境外。

进出境运输工具在境内从一个设立海关的地点驶往另一个设立海关的地点时，海关可以派员随运输工具实施监管，进出境运输工具负责人应当为海关人员提供方便。进出境运输工具在境内从一个设立海关的地点驶往另一个设立海关的地点抵达目的地以后，应当按照有关规定办理抵达手续。

（四）出境监管

出境运输工具离开设立海关的地点驶往境外的 2 小时以前，运输工具负责人应当将驶离时间以电子数据形式通知海关。对临时出境的运输工具，运输工具负责人可以在其驶离设立海关的地点以前将驶离时间通知海关。因客观条件限制，经海关批准，公路车辆负责人可以在车辆出境前采用电话、传真等方式通知海关。

运输工具出境时，运输工具负责人应当按不同运输方式向海关申报，分别提交“中华人民共和国海关船舶出境（港）申报单”、“中华人民共和国海关航空器出境（港）申报单”、“中华人民共和国海关铁路列车出境申报单”、“中华人民共和国海关公路车辆出境（港）申报单”，以及上述申报单中列明应当交验的其他单证。

出境运输工具负责人在货物、物品装载完毕或者旅客全部登机（船、车）以后，应当向海关提交结关申请。海关审核无误的，制发结关通知书。海关制发结关通知书以后，非经海关同意，出境运输工具不得装卸货物、上下旅客。

出境运输工具驶离海关监管场所时，监管场所经营人应当通知海关。进出境运输工具在办结海关出境或者续驶手续后的 24 小时未能驶离的，运输工具负责人应当重新办理有关手续。

四、物料管理

经运输工具负责人申请，海关核准后，进出境运输工具可以添加、起卸、调拨下列物料：

（一）保障进出境运输工具行驶、航行的轻油、重油等燃料；

（二）供应进出境运输工具工作人员和旅客的日常生活用品、食品；

（三）保障进出境运输工具及所载货物运输安全的备件、垫舱物料，以及加固、苫盖用的绳索、篷布、苫网等；

（四）海关核准的其他物品。

进出境运输工具需要添加、起卸物料的，物料添加单位或者接受物料起卸单位应当向海关申报，并提交以下单证：

（一）中华人民共和国海关运输工具起卸/添加物料申报单；

（二）添加、起卸物料明细单；

（三）海关认为必要的其他单证。

境外运输工具在我国境内添加、起卸物料的，应当列入海关统计。

进出境运输工具之间调拨物料的，接受物料的进出境运输工具负责人应当在物料调拨完毕后向海关提交运输工具物料调拨清单。进出境运输工具添加、起卸、调拨物料的，应当接受海关监管。进出境运输工具添加、起卸、调拨的物料，运输工具负责人免予提交许可证件，海关予以免税放行；添加、起卸国家限制进出境或者涉及国计民生的物料超出自用合理数量范围的，应当按照进出口货物的有关规定办理海关手续。

除下列情况外，进出境运输工具使用过的废弃物料应当复运出境：

（一）运输工具负责人声明废弃的物料属于《自动进口类可用做原料的废物目录》和《限制进口类可用做原料的废物目录》列明，且接收单位已经办理进口手续的。

（二）不属于《自动进口类可用做原料的废物目录》和《限制进口类可用做原料废物目录》范围内的供应物料，以及进出境运输工具产生的清舱污油水、垃圾等，且运输工具负责人或者接受单位能够自卸下进出境运输工具之日起30天内依法作无害化处理的。

第（一）、（二）项所列物项未办理合法手续或者未在规定时限内依法作无害化处理的，海关可以责令退运。

进出境运输工具负责人应当将进口货物全部交付收货人。经海关核准，同时符合下列条件的扫舱地脚，可以免税放行：

（一）进口货物为散装货物；

（二）进口货物的收货人确认运输工具已经卸空；

（三）数量不足1吨，且不足进口货物重量的0.1%。

上述规定的扫舱地脚涉及许可证件管理的，进出境运输工具负责人免于提交许可证件。

五、运输工具工作人员携带物品管理

进出境运输工具工作人员携带物品进出境的，应当向海关申报并接受海关监管。进出境运输工具工作人员携带的物品，应当以服务期间必需和自用合理数量为限。运输工具工作人员不得为其他人员托带物品进境或者出境。进出境运输工具工作人员需携带物品进入境内使用的，应当向海关办理手续，海关按照有关规定验放。

第四节　国际航行船舶口岸检查

一、国际航行船舶口岸检查概述

为了加强对国际航行船舶进出中华人民共和国口岸的管理，便利船舶进出口岸，提高口岸效能，我国制定了《口岸检查办法》。进出中华人民共和国口岸的国际航行船舶（以下简称船舶）及其所载船员、旅客、货物和其他物品，按规定实施检查。但是，法律另有特别规定的，或者国务院另有特别规定的，从其规定。

国际航行船舶，是指进出中华人民共和国口岸的外国籍船舶和航行国际航线的中华人民共和国国籍船舶。口岸，是指国家批准可以进出国际航行船舶的港口。船方，是指船舶所有人或者经营人。

港务监督机构负责召集有其他检查机关参加的船舶进出口岸检查联席会议，研究、解决船舶进出口岸检查的有关问题。

船舶进出中华人民共和国口岸，由船方或其代理人依照《口岸检查办法》有关规定办理进出口岸手续。除规定的特殊情形外，检查机关不登船检查。

船方或其代理人办理船舶进出口岸手续时，应当按照检查机关的有关规定准确填写报

表，并如实提供有关证件、资料。船方或其代理人应当在船舶预计抵达口岸7日前（航程不足7日的，在驶离上一口岸时），填写“国际航行船舶进口岸申请书”，报请抵达口岸的港务监督机构审批。

拟进入长江水域的船舶，船方或其代理人应当在船舶预计经上海港区7日前（航程不足7日的，在驶离上一口岸时），填写“国际航行船舶进口岸申请书”，报请抵达口岸的港务监督机构审批。船方或其代理人应当在船舶预计抵达口岸24小时前（航程不足24小时的，在驶离上一口岸时），将抵达时间、停泊地点、靠泊移泊计划及船员、旅客的有关情况报告检查机关。船方或其代理人在船舶抵达口岸前未办妥进口岸手续的，须在船舶抵达口岸24小时内到检查机关办理进口岸手续。船舶在口岸停泊时间不足24小时的，经检查机关同意，船方或其代理人在办理进口岸手续时，可以同时办理出口岸手续。

船方或其代理人在船舶抵达口岸前已经办妥进口岸手续的，船舶抵达后即可上下人员，装卸货物和其他物品。

船方或其代理人在船舶抵达口岸前未办妥口岸手续的，船舶抵达后，除检查机关办理进口岸检查手续的工作人员和引航员外，其他人员不得上下船舶，不得装卸货物和其他物品；船舶进出的上一口岸是中华人民共和国口岸的，船舶抵达后即可上下人员，装卸货物和其他物品，但是应当立即办理进口岸手续。

船方或其代理人应当在船舶驶离口岸前4小时内（船舶在口岸停泊时间不足4小时的，在抵达口岸时），到检查机关办理必要的出口岸手续。有关检查机关应当在船舶出口岸手续联系单上签注；船方或其代理人持船舶出口岸手续联系单和港务监督机构要求的其他证件、资料，到港务监督机构申请领取出口岸许可证。

船舶领取出口许可证后，情况发生变化或者24小时内未能驶离口岸的，船方或其代理人应当报告港务监督机构，由港务监督机构商其他检查机关决定是否重新办理出口岸手续。

定航线、定船员并在24小时内往返一个或者一个以上航次的船舶，船方或其代理人可以向港务监督机构书面申请办理定期进出口岸手续。受理申请的港务监督机构和其他检查机关审查批准后，签发有效期不超过7天的定期出口岸许可证，在许可证有效期内对该船舶免办进口岸手续。

二、海关对国际航行船舶监管

（一）船舶进出境（港）手续

1. 进境（港）

（1）除有下列情况者外，海关一般不上船办理手续和检查：有走私或违规嫌疑的；有情报线索或举报的；海关在审核单证中发现问题或存在疑点的；船方要求海关上船办理手续的；应口岸管理部门和其他检查部门要求，海关上船办理手续的；海关监管工作需要的。如需上船检查，须经主管科长以上领导批准，实施抄船检查船舶须经主管关（处）长批准。

船舶的到港时间，应由港务监督部门或者船舶负责人或其代理人在24小时前通知海关。船舶进境（港）时，由船舶负责人或其代理人持下列单证到海关办理手续：

①船舶进口报告书一份；

②进口载货清单二份（无进口货物的交“无货清单”）；

③进境旅客名单一份（包括通运旅客，无旅客的免交）；

④船员名单一份；

⑤船员自用和船舶备用物品、货币、金银清单一份；

⑥船员自用和船舶备用烟酒加封清单一份；

⑦船舶进出境（港）海关监管簿（境外船舶免交）；

⑧国际航行船舶吨税证书一份；

⑨海关监管需要的其他单证。

船舶的进境（港）手续，应在船舶进境（港）24小时内办理（停泊时间不足24小时的，在驶离口岸6小时前）。在上述时间内不能办理的，船舶负责人或其代理人应在自船舶进境（港）24小时内以口头或书面形式向海关报告，经主管科长同意可延迟办理。

船舶的进境时间，进境后驶达锚地（原联检锚地）的，应以船舶抵达锚地时间为准；进境后直接靠泊的，应以靠泊时间为准。

（2）船舶代理人事先到海关办理进境（港）手续时，无法向海关递交有关单证的，可按下列办法办理：

①无法向海关递交有船长签章的单证时，其代理人签章亦视为有效。

②无法向海关提供我国国籍船舶监管簿的，允许该船到港后24小时内送到海关签章。

③无法向海关递交进口载货清单的，可凭其代理人提供的保证函办理，但应当在船舶到港后24小时内将齐全的进口载货清单补交海关。

2. 出境（港）

船舶出境（港）时间，应由港务监督部门或者船舶负责人或其代理人提前24小时通知海关。船舶出境（港）前，船舶负责人或其代理人应持下列单证到海关办理手续：

①出口载货清单一份（无出口货物的，交“无货清单”）；

②出境旅客名单一份（对进境无更动的免交）；

③船员名单一份（对进境无更动的免交）；

④船舶进出境（港）海关监管簿（境外船舶免交）；

⑤海关监管需要的其他单证。

在办理出境（港）手续时，不能向海关递交出口舱单的，船舶代理人应在开航后24小时内提供齐全有效的舱单。海关审核所需单证并办理手续后，应在船舶出口岸手续联系单签注办理时间、签字并加盖印章。进出境时间在24小时以内的，离港前又能提供出境（港）单据的船舶，可在办理进境（港）手续的同时办结出境（港）手续，但后又未能在24小时内离境（港）的，应当重新办理手续。

（二）对集装箱的监管

1. 对通运、转运、过境集装箱的监管

对通运、转运、过境的集装箱货物，海关一般只作单据审核，对箱体封志进行抽核。

下列情况经主管关长批准，可开箱查验：

（1）有举报、情报证明货物有属于来自或运往与我国停止贸易国家嫌疑的；

（2）有非法运输各种武器、弹药、爆炸物品及军需品嫌疑的；

（3）有运输各种吗啡、海洛因、可卡因和烈性毒品等嫌疑的；

（4）其他法令规定禁止进出境的。

对进出口转关运输的集装箱货物，箱体无损、封志完好，经海关认可的，一般可仅作外形核对，必要时海关可施封。

下列情况经科长批准，可开箱查验：

（1）箱体破损、封志损坏或丢失的；

（2）有情报线索或举报的；

（3）海关掌握的信誉不好的重点管理企业的货物；

（4）申报中有疑点的；

（5）海关监管的重点商品；

（6）主管海关要求查验的。

经查验的集装箱货物，应在有关单证中作注记，及时通知主管海关。

2. 需重点检查的进出口集装箱货物

对下列在口岸报关的进出口集装箱货物，经科长批准要进行有重点的检查：

（1）有走私违规举报、情报或线索的；

（2）收发货人属海关掌握的重点管理企业；

（3）审单、征税中发现有非法进出或逃漏关税等嫌疑的；

（4）因监管或征税需要取样、化验、鉴定的；

（5）海关监管的重点商品；

（6）海关总署通知或规定需查验的。

集装箱货物的查验要严格控制开箱率，一般掌握在5%以下，以提高查验准确率。

（三）简化船用物资的供应监管手续

1. 对船用燃料、物料、物品、食料的监管

船用燃料是指轻重油、润滑油等。物料指船用备件、油漆、垫舱料、缆绳等。物品指家用电器、厨房用品、生活用品等。食料指食品、饮料、调料等。

供船单位必须经过主管部门批准和海关审核同意。

供上船的保税燃料、物料、物品、烟酒和食料，船方或供船单位应在供船后24小时内，持船长签字或盖章的供货单到海关办理手续。

经海关卡口供船的，且与海关订有集中报关协议的上述物品，可事后补报，期限按协议时间办理。

非保税的上述物品，船方或供船单位供船前应到海关申报，经同意后可按相关规定办理。在供船后，船舶24小时内开航的，船方或供船单位应在开航前到海关办理手续。兼营船舶，在经营国内运输期间不得申请保税的船用燃料、物料、烟酒等上船。船舶间调拨上述物品时，应由调出船舶负责人编制清单，经双方船长签字。调拨后，应由调入船舶负责人在24小时内将清单送交海关，在24小时内开航的，应在开航前送到。船舶间调拨上述物品需落地暂存的，应由调出船舶负责人编制清单，经海关同意后，存放在海关监管的仓库内，调拨上船后按规定办理。对卸地的扫舱地脚和放弃的船用物料应由船舶负责人编制清单，经海关同意后，接收单位按规定办理征免税。

2. 简化对烟、酒和人民币的管理

中国籍船舶到港后，船舶公用烟酒在监管簿上登记、申报，经办关员签字、盖章后，船方集中保管于烟酒库内，海关可不予加封。外国籍船舶到港后，船舶公用烟酒使用烟酒加封清单登记申报，由船方保管于烟酒库内，海关可不予加封。在港期间，船舶如需提取烟、酒，应由船舶负责人以书面形式向海关申请，获准后海关在监管簿或烟酒加封清单上注记，船方可自行开取。船舶出境（港）时，无异常情况的，海关对集中保管的烟酒可不予核查。海关认为需要的，经主管科长及以上领导同意，可登轮加封，也可交由船方代行施封，海关视情核查。对中国籍船员携带出境的人民币，仍按海关有关规定办理。

有下列情况者，经主管科长批准，可上船检查：

（1）申报数量较大，明显超出实际需要的；

（2）有走私前科的；

（3）有举报或走私嫌疑的；

（4）现场查获船员有走私行为的；

（5）申报显然不实和不清的；

（6）其他部门要求海关配合检查的；

（7）其他海关认为有必要上船核查的。

（四）便利船舶装卸货物

凡事先办完海关手续的船舶，靠泊后即可上下人员和装卸货物，无须海关批准。直接靠泊的，在未办理海关手续前，不得上下人员和装卸货物。特殊情况的，可事先口头向海关报告，经主管关长或关长授权的人员同意后，方可装卸货物和上下人员，但应在24小时内到海关补办手续。出境船舶如空载离港，并在事先办完手续的，无须海关再次批准即可自行离港出境。

（五）便利港区作业

在同一海关监管区内，除海关事先通知正在调查中的重点监控货物外，货物的移动、搬运无须经海关批准。监管货物如需存放监管区外的，应由货主或有关部门提出书面申请，并经海关批准。存放于港区外监管场所的，由科长批准；放于其他临时场所的，由主管关长批准。

（六）便利船员办理验放手续。

进口的中国籍船舶应于办妥进口手续后，由船舶负责人或其代理人持船舶监管簿、出境证明书、自用物品登记证到海关集中办理船员物品验放手续。根据需要，海关也可加验船员自用物品清单。上述手续也可与船舶的进境手续同时办理。无法集中办理船员物品验放手续的，也可由船员本人持出境证明书（含复印件）、自用物品登记证、船方出具的调离证明、本人护照或海员证到海关有关部门办理。船员物品验放手续办理前，船员不得携带海关限制管理物品下船。

以下情况，经船方申请，海关可同意上船办理：

第一，船舶进出港时间短、船期紧的；

第二，船员公休调船数量较多的；

第三，船员携带物品数量较大、种类较多的；

第四，靠泊地远离海关办理地点的。

海关需要结合验放手续开展调查和检查核对的，也可上船办理。

第六章　一致的风险管理手段

本章概要

面对日益严重的国际恐怖主义和有组织的跨国犯罪，各方面都要求加强现行的边境管理，并加强海关、其他执法部门和商界之间的有效合作。海关所面临的最大挑战将是在便利国家间绝大部分货物和旅客流动的同时，甄别并处理一小部分确实存在的安全危险。基于《标准框架》支柱一海关与海关之间的合作及支柱二海关与商界的合作，本章第一节主要介绍海关一体化的供应链管理，第二节介绍贸易安全的海关构建措施，第三节介绍海关供应链安全认证。

学习目标

掌握海关一体化供应链管理的基本概念，理解一体化海关监管制度；掌握实现贸易安全的海关构建措施，如集装箱安全倡议、C－TPAT、安全智能贸易航线试点计划；理解海关供应链安全认证机制的构建。

第一节　供应链安全和一体化供应链管理指南

一、引言

面对日益严重的国际恐怖主义和有组织的跨国犯罪，各方面都要求加强现行的边境管理，并加强海关、其他执法部门和商界之间的有效合作。海关所面临的最大挑战将是在便利国家间绝大部分货物和旅客流动的同时，甄别并处理那一小部分确实存在的安全危险。

对于世界海关组织成员和一些国际组织如八国峰会和国际海事组织的倡议，世界海关组织迅速作出应对，于 2002 年 6 月理事会年会上通过了“供应链安全与便利”的决议。此决议在确立便利原则的同时，也提出一系列的步骤来保护国际贸易供应链免遭恐怖主义或其他犯罪的侵扰。

风险管理作为现代海关合作的核心要素之一，在修订后的《京都公约》中得到完善，这使海关在充分发挥监管作用的同时，最大限度地减少对合法贸易的阻碍。决议成立了由海关与商界专家组成的特别小组，在修订后的《京都公约》和其指南的基础上，就此项《一体化供应链管理指南》发展与完善的问题，与有关各方包括贸易团体和政府间机构在内的有关组织进行协商。

《一体化供应链管理指南》应在国家的层面上开展实施。然而，只有当供应链上的海关以共同的标准实施了海关监管、风险评估，并按照经认证的供应链标准实现该指南中所描述的相互认可、海关一体化监管及国际交易处理的情况下，其才行之有效。虽然实施《一体化供应链管理指南》主要依靠双边安排，但重点仍应是要求各方体现出灵活性，最终在全球范围内实施该指南。

那些和其他国家协作实施《一体化供应链管理指南》的国家，在与相关各方商讨过后，必须建立必要的技术基础，包括海关信息技术系统，并根据国家法律制定适当的法律框架，规定出口货物的风险评估与监管；单一货物代码的使用；负责提供信息的一方及承担法律责任的一方；要求谁提供什么样的信息进行风险评估，以确保信息只需要提交一次；此类信息的接收方；在贸易过程中在什么时候、什么环节提供此类信息；信息应如何提供；海关有哪些简化和便利措施可以提供给经认证的贸易商和安全的企业；如何利用和保护已接收的信息。

世界海关组织的《一体化供应链管理指南》，正在制订的世界海关组织工作小组在各国立法基础上为各国海关进行数据提前交换的指南，以及在海关与商界伙伴关系基础上详细说明供应链安全标准的指南，可以为各海关在实施中提供选择和指导。

二、管理概述

时间、高质量的信息和情报是高效的海关监管和风险管理过程中最重要的因素，这些因素在加强全球供应链安全方面更是变得越来越重要。由于供应链包含了从起运地至目的地的货物流和其并行的商业数据，其全部目的就在于尽可能早的从全球供应链信息源中提取必要的信息进行风险评估，从而保证物流的畅通。

修订后的《京都公约》及其实施指南中规定的在海关监管中实施的海关风险管理，已经成为海关有效监管及更好利用资源的最好举措。通过实施风险管理项目，海关可以确定哪些货物和贸易商遵守海关法律，在监管中是风险较低的，然后这些贸易商能够获得手续上的简化，其货物在海关通关与放行上也能得到更多的便利。任何一个贸易商，只要达到认定标准，足以保证遵守海关法律，就可以得到授权。这种授权指出了被授权人在使用简化手续方面的责任。

为了获得风险管理所必需的时间和高质量的信息，政府部门和海关应把全球供应链视作一个一体化的商业活动。这就要求供应链涉及的所有海关来发展并完善一体化的海关监管链，其中包括从起运地到目的地中涉及的事务和供应链安全性中的核心要素，也就是单证和货物的监管、装运，以及人员和信息的安全性。

在一体化海关监管链中，为安全目的而实施的海关监管和风险评估是一个持续进行，且由各相关方合作完成的过程。该过程从出口商在准备货物出口时开始，对货物完整性进行持续性确认，从而避免不必要的重复查验。为使双方互认查验结果，海关间应当达成协议，保持协调一致的监管和风险管理标准，共享情报和风险信息，实现海关数据的交换，这要考虑到实施“世界海关组织全球信息和情报战略”的内容。有关协议应当预见联合监管或高质量监管制度的可能性，以督促对相关标准的贯彻实施。

为实现供应链安全和一体化海关监管链，特别是保证集装箱从装箱到目的地海关监管验放这一过程的绝对安全，海关应当运用封志完整性项目。

一体化海关监管链还将要求那些或代表那些从启动国际贸易交易到国际货物运送，以及供应链上所涉及的各方使用单一货物代码，从而实现对货物从起运地到目的地的信息和单证的跟踪单一货物代码能够使海关从不同部门取得关于特定货物的信息，并且能方便各海关之间的数据交换。

除了一体化海关监管链，海关成员还应就实施经认证的供应链达成一致，通过此供应链，进出口商双方都可以取得“经认证的贸易商”地位。此外，在货物的流动过程中进出口商也同意只通过安全经营者进行交易。为了保障全球供应链的长远安全，商界的代表尤其是经认证的贸易商及安全经营者必须运用合理有效的供应链管理政策，并就他们与供应商和客户之间的安全问题作出相应的规定。当经认证的供应链安全性加强，海关可以提供他们点到点特惠手续和简化的一体化国际交易处理方法。

对于海关和其他涉及跨国货物和人员监管的政府机关来说，越来越多的使用贸易链中的电子商务使他们能够方便地获取更多有用的电子信息。这就使得海关能够在货物出发运至进口国之前，从供应链中的初始供应者即出口商或进口商手中获取必要的信息。针对各种各样的运输方式中运用的不同商业惯例，可制定不同的信息提交规则。

一般来说，海关应该快速放行所有货物，条件是那些货物需符合海关要求，并在其到达前的规定时间内，最好以电子传输方式提交国家法律规定所需的信息。

政府部门应采取一个全方位的计划来确保国际贸易供应链免受恐怖主义或其他犯罪分子的利用，同时还必须保证贸易便利的持续性，并杜绝不必要费用的出现。因此，政府应主动制定海关及其他与国际贸易相关的政府机构之间的合作安排，以实现国际贸易数据的无缝传输（即“单一窗口”概念）和国内、国家间风险情报的交换。这样，贸易商可以通过电子方式将所需信息一次性提交给某一指定机构，最好为海关。在此模式中，海关应当与全球供应链中的商业流程和信息流紧密衔接，例如，将发票和订单之类的商业单证作为进出口申报单。

信息通讯技术对高效的海关监管来说是极为重要的。在开发贸易监管和便利化的电子手段，尤其是包括电子数据交换在内的信息技术的应用方面，海关必须做到灵活而有远见。要在这样一个运用开放网络的国际大环境下运作，海关就需要以世界海关组织修订后的《京都公约》为基础的协调的海关制度和手续，以及解决“签名”和“文档”等问题电子化方面的立法；在进出口方面要求标准化的数据，该标准已在世界海关组织海关数据模型中列出；一个主要解决数字化证件跨境认可的全面的信息技术安全战略。

全球供应链的安全和便利需要海关和供应链上其他所有的相关方拥有受到良好培训和高度积极的员工。海关应当保证所有层次的员工都能定期接受必要的培训，培养必要的技能，以实施高效海关监管并能胜任信息化环境下的工作。

三、定义

出口商，是指出口申报人或委托申报人，货主或者当申报被接受时对货物拥有类似处置权的一方。

代理人，是指受委托代理他人权利的一方。

承运人，是指提供指定地点之间货物运输的一方，其中包括无船公共承运人。

进口商，是指自行进口申报的人、委托报关行代理报关的人或授权他人作出进口申报的人，可以包括货物的所有人或收货人。

收货人，是指货物运达的一方。

发货人，是指与承运人订立合同，委托承运人发货，或者由承运人直接发货的一方。

安全经营者，是指国际货物流动中，经由国家海关批准或授权批准，遵从世界海关组织或同等的供应链安全标准的一方。安全经营者还包括制造商、进口商、出口商、报关行、承运人、理货人、中间商、口岸和机场各方、货站经营者、综合经营者、仓储业经营者和分销商。

经认证的贸易商，是指经海关批准，授权使用简化手续的安全经营者，它必须达到认定标准，足以保证其遵守海关法律。

国际供应链，是指从客户对产品或服务的认可并订购，到供应商完成订单，最后结算完成的所有环节，它包括中间商和政府部门所必须完成的所有工作。

经认证的供应链，是指在两个经认证的贸易商之间，只通过安全经营者进行跨境贸易，这种贸易适用简化的通关手续，在进出口环节只需按规定的最低限度信息要求提供一次信息。

货物申报，是指用海关指定的方式，由相关人员向海关说明其货物适用的海关业务制度，并满足海关的所有要求。

载货申报，是指商用运输工具到达前、到达或出发时根据海关要求向海关提供运入或运出关境的相关货物详细信息。

装运地，是指港口、机场、货运站、火车站或其他将货物装至出境的运输工具的地点。

卸货地，是指港口、机场、货运站、火车站或者其他用来卸载运输工具所装运货物的地点。

出境地海关，是指货物运出或即将运出关境时所通过的海关办公地点。

海关监管，是指海关运用强制手段来保证法律和规定得到遵守的措施。

四、一体化海关监管制度

（一）总则

所有进入或离开关境的货物，包括运输工具，都应接受海关监管。然而，为实现一体化海关监管制度的要求，从货物离开起运地直到抵达目的地的整个过程中，货物的完整性都应当予以保证。在不需要国际标准和协议的情况下，在世界海关组织或同等级的供应链安全标准的基础上，通过海关与商界伙伴关系，包括经认证的供应链，能够达成此目的。

为了供应链安全性和贸易便利化，由出口商或其代理人提前传输出口货物电子报关单，报关单应向出口地海关提供出口商的信息，如有需要，出口商可根据协定事后补充申报；由承运人提前传输进出口货物电子报关单，报关单应向进口的或出口地海关提供出口商的信息，如有需要，出口商可根据协定事后补充申报，此份完整的载货申报应包含初始申报中所没有的信息；由进口商或其代理人提前传输进口货物电子报关单，报关单应向进口地海关提供进口商的信息，如有需要，进口商可根据协定事后补充申报；经认证的供应链使得信息流整合成一个单一的报关单，同时可用于进出口申报；进出口地海关之间常规的海关电子数据（提前）交换，以支持风险评估和货物快速放行。

当货物进入国际贸易链时，比如订立出口合同或者下订单，国际贸易的发起方，比如买家或进口商或其代理人应该为货物指定单一货物代码，并且此代码要与世界海关组织所推荐的单一货物代码及其附属指南相一致。这个单一货物代码应运用到整个供应链中所有相关部门的联系中。

对于符合海关规定标准的经认证的贸易商，包括在遵守海关规定方面有良好记录和具有完善的商业记录管理系统的，海关应根据所提供的能够识别货物并足以使日后最终完成货物申报的最少信息来放行货物，同时保证税款征收和收集贸易统计数据。这些安排可以进一步拓展，成为一个经认证的供应链以促进贸易便利和安全。在这样的经认证的供应链中，所有国际贸易的实际参与者都经过海关认可，达到规定的货物和相关信息的安全标准。

当进出口都只需最少的信息就可完成简化的统一跨境申报手续时，整个从起运地到目的地的货运流程就会从中受益。当在一个经认证的供应链中的经认证的贸易商和安全经营者都同意与出境地、进境地、过境地海关联网，提供他们的内部管理信息，并且出境地和进境地海关相互承认对方授权，货物申报就可以简化到只使用单一货物代码。这种业务制度需要对贸易商的内部管理系统进行一个全面的跨境稽查。

申报人必须对货物申报内容的准确性负责。修订后的《京都公约》进一步要求国家法律应对取得申报人资格的条件作出规定。许多国家都要求取得报关资格的人员才可进行报关，也有国家允许出口商/进口商决定是否由其报关或是委托代理人报关，而受委托代理人可能需经海关许可，也有可能不需要。

如申报人在货物申报时资料不全，海关认为合理时，应准许申报人作出临时的或不完整的申报，但该申报须载有海关认为必需的内容，且申报人承诺在规定期限内作出完整申报。初始申报可视为不完全的申报。

承运人应向海关承担义务，包括保证所有货物均被包括在载货申报中，或者以其他得到许可的方式使海关掌握这些货物。尽管该标准条款要求所有货物都必须申报，但也存在许多不同做法，一些海关只要求申报那些在其关境内卸载的货物，而有些海关要求所有货物无论是否卸载都必须申报。在某些情况下，那些不卸载或是目的地在关境外的货物，可以用简化的方式进行申报。无论如何，海关要求提供的信息应仅限于承运人正常单证上所载信息，并且海关对信息的要求应以相关的国际运输协定中的要求为基础，如国际海事组织《国际海上便利运输公约》、国际民航组织《芝加哥公约》。

对已查验或决定不查验的申报货物，海关应立即放行，如海关决定查验申报的货物，查验应在货物申报登记后尽快进行。海关应在规定时限内告知申报人，货物是否能够装运、卸载或是放行。

国家立法规定了提交货物申报的期限，该期限应足以使申报人完成申报和获取所需的随附单证。海关应对在货物运抵前货物申报和随附单证的提交及登记或审核作出规定。出口商或其代理人应在货物被装运上运输工具或集装箱之前向海关作出初始出口货物申报。尤其是在一体化海关监管链下，进口商应尽可能在货物被装运上运输工具或集装箱之前，或者在货物到达进口国之前，向海关提交初始进口申报。承运人或其代理人应提前提交载货申报，直到初始载货申报被接受。在任何情况下要求提交初始载货申报的时间都不能早于既定的出口或进口初始货物申报的时间。货物向出口地或进口地海关申报的具体时间，应根据不同的地理条件、因运输方式而异的商业流程进行认真分析，并与相关商界和其他海关进行磋商后以国家法律的形式加以确定。无论何种运输方式，海关应当向经认证的贸易商和安全经营者提供平等的享用简化手续安排的机会。

货物申报的内容应由海关规定。为使进出口海关数据标准化和相互协调，世界海关组织制定了海关数据元。它定义了完成进出口手续所需的最大的数据组，规定了载货申报和货物申报电子格式，还包括了海关监管和风险评估必要的数据。

新的或经修正的国家立法应规定海关有权保留信息自用，在适当情况下，有权与其他海关和其余法律许可的各方以电子方式交换此类信息。海关应寻求相互合作，并签署双边行政互助协定以加强海关监管。

离境地海关应采取一切必要行动，使目的地海关得以识别货物，并查明任何非法行为。此外，离境地海关与目的地海关应同意使用电子信息系统进行常规数据交换，尤其是高风险货物的监管结果和到货通知。

（二）出口货物申报

出口商或其代理人应在货物被装运上运输工具或集装箱之前，向出口地海关提交初始出口货物申报，该申报包含所列的关于出口商的详细信息。如果初始出口货物申报也被用于承运人申报的话，出口商应在出口申报中添加承运人详细信息。在这种情况下，出口商应向承运人提供初始申报的副本。在初始申报之后，可能在国家法律规定的时间内作出补充申报，以满足收集如贸易统计数据等用途的需要。

在经认证的供应链中，完整或简化的出口货物申报能够同时充当简化的进口货物申报。在这一情况下，相关海关可以要求出口商向进口地海关提供出口货物申报的副本，或者相关海关会共享以单一货物代码作为密码的电子信息。当出口地海关和进口地海关能够在线进入到经认证的贸易商和安全经营者的商务系统中，相关海关就会同意只提供单一货物代码。对这一制度的授权将使出口商和进口商承担相关的法律责任。

出口初始货物申报应以世界海关组织海关数据元中“世界海关组织出口数据组”EX12 关于出口商的细节情况为基础。出口货物补充申报应以世界海关组织海关数据元中“世界海关组织专项数据组”EX22 为基础。如果经认证的供应链中，使出口货物申报也能作为简化的进口货物申报，那么该货物申报应符合世界海关组织海关数据元中“世界海关组织专项数据组”IM12 的要求。

（三）出口载货申报

在出口商或其代理人已经向出口地海关提交了出口货物申报，而此申报包含所有装运上运输工具的货物及包括所有关于承运人的细节信息的情况下，应不要求再进行单独的出口载货申报。

除上述情况以外，用来装运货物的运输工具从装运地出发之前，承运人或其代理人应向出口地海关（或进口地，取决于建立一体化海关监管链的双边协议）提交关于承运人详细规定的初始出口申报。初始申报应在商定的时间内进行完整的载货申报，如果此次载货申报还没有作为出口货物申报的一部分被提交或其中包含有初始申报中所没有的信息。当运输链的参与者在港口或机场建立了电子系统（也称货运服务系统）进行相关各方之间的信息交换时，海关应考虑加入上述系统，并通过该系统接收风险评估所需要的数据。

海关应根据规定放行待装运货物。进出口海关应允许进出口载货申报使用单一的数据元和电子信息。此外，各海关应同意承运人或其代理人向出口地海关或进口地海关提交载货申报，且相关海关可以共享以单一货物代码为密码的电子信息。在经认证的供应链中理应包括上述协议。出口载货申报应以在世界海关组织海关数据元中“世界海关组织货运报告出口数据组”CRE 关于承运人的详细规定为基础。

（四）进口载货申报

根据上述的规定，承运人或其代理人应在运输工具到达前向进口地海关提交初始进口申报，并在商定的时间内进行完整的载货申报，如果此次载货申报还没有作为进口货物申报的一部分被提交或其中包含有初始申报中所没有的信息。当运输链的参与者在港口或机场建立了货运服务系统进行相关单位之间的信息交换时，海关应考虑加入上述系统，并通过该系统接收风险评估所需要的数据。

运输工具抵达卸货地点后，应尽快允许开始卸货。海关应根据规定放行卸载的货物。如上款中提到的，海关应允许进出口载货申报使用单一的数据元和电子信息。在此基础上，进口地海关能够从承运人或出口地海关处接收初始申报或初始出口载货申报的副本，这样就无须提交进口载货申报。进口载货申报应以世界海关组织海关数据元中“世界海关组织进口载货报告数据组”CRI 关于承运人的详细规定为基础。

（五）进口货物申报

进口商或其代理人在运输工具到达前向海关提交完整的或初始/简化的货物申报。在经认证的供应链中，进口地海关已经可以接收出口货物申报，并应将它作为简化的进口货物申报。对这一制度的授权将使出口商和进口商承担相关法律责任。进口商或其代理人应提交补充进口货物申报。完整的进口货物申报应以世界海关组织海关数据元中“世界海关组织进口数据组”IM1 为基础。对于简化了的手续，进口商（如果是完整的交易过程，则为出口商）要提交以世界海关组织海关数据元中“世界海关组织专项数据组”IM12 为基础的简化货物申报，以及以世界海关组织海关数据元中“世界海关组织专项数据组”IM22 为基础的补充货物申报。

（六）海关成员之间的交流

作为一体化海关监管链和经认证的供应链的一部分，根据《海关行政互助协定》的规定，供应链上的各海关可以考虑海关之间的常规数据交换，尤其是针对高风险货物。这种电子信息系统应包含包括监管结果和相应的货物到达通知在内的出口交易信息的交换。有关海关可以单一货物代码作为密码限制通过网络获取相关信息，而非人工的数据交换。

举例来说，欧盟和欧洲自由贸易协会国家（包括“维谢格拉德集团”国家）的新型计算机转运系统使得离境地海关能将出发货物（大多数为敏感货物）的信息提前传输到进境地海关。此类交换的信息取自过境货物报关单，且包括大部分来自世界海关组织海关数据元中的信息。建立这一信息系统的基础是《欧盟海关法典》的法律框架和《常规传输公约》。

五、数据保密和保护

只有相关国家间就必要的数据保密和保护问题进行协商之后，海关之间或海关要求企业进行的跨国境数据交换才能开展。近年来，为了保护个人隐私权和商业机密，以及允许个人核实电脑中私人数据的准确性，许多国家已制定了数据保密和保护的法规。这样的立法在各国是不同的，但在规定上却有着很大程度的共同点。数据保密和保护立法特别要求个人与商业数据在进行自动化处理时，应公正合法地获取和处理；应为了合法目的而存储，并且不能用在相反的目的上；应充分地、相关地及适度地用于其存储目的上；应保证准确，并根据需要及时更新；保存形式应方便查找数据内容，且保存时间不应超过数据存储目的的要求。

六、信息技术系统

向海关提前传输电子信息的系统要求使用计算机化的海关系统，包括进出口信息的电子交换。

在海关业务中应用信息通讯技术，包括电子商务技术。为此，世界海关组织已为海关自动化的应用制定了详尽的指南。海关应参照《京都公约》信息通讯技术指南开发新系统或加强现有的海关信息通讯技术系统。

信息通讯技术指南也建议对贸易商的商务系统进行审计，并用该方法达到海关的要求。尤其在经认证的供应链中，由于海关有可能在线进入相关各方的商务系统，就拥有了获取更真实信息的渠道，并可能使手续进一步简化。另一例子是在货运服务系统中，运输链中相关方已在港口或者机场建立一套电子系统，通过此系统交换所有相关货物和运输数据。只要这些系统包括海关需要的信息，海关应考虑加入，并可按其目的提取所需数据。

《京都公约》信息通讯技术指南建议海关提供多种电子信息交换方案。尽管运用国际标准的 UN/EDIFACT 电子数据交换是最佳的方案之一，海关仍应寻求其他选择方式，比如可扩展标记语言。根据风险的大小，电子邮件和传真的形式都可视为可行的办法。

虽然世界海关组织也正致力于可扩展标记语言的解决方法，但世界海关组织海关数据元当前只包括了以 UN/EDIFACT 为基础的技术说明。贸易商向海关提交载货和货物申报单，应使用世界海关组织数据元的 EDIFACT 信息执行指南。

信息通讯技术的一般运用和在开放性网络中进行电子信息交换尤其需要一个详细的信息通讯技术安全战略，信息通讯技术安全因此应被视为任何海关供应链安全战略中必不可少的一部分。为确保信息技术安全战略的效率和有效性，海关应进行严格的风险评估。

供应链安全战略中一个基本的信息通讯技术安全要素与数字化签名有关。数字化签名，或公共关键基础设施安排，可以在保证电子信息交换安全方面发挥重要作用。一体化海关监管链使贸易商可以提前向出口地和进口地海关提交货物申报。如经认证的贸易商制度也能包含有关数字化认证的相关规定，则对各方都十分有益，这意味着经认证的贸易商可以向接受并认可电子证书的海关提交所有的电子签名信息。各国互认数字化证书能够在提高安全性的同时显著地促进贸易便利，简化通关手续。

此外，《京都公约》信息通讯技术指南概述了全面的信息通讯技术安全战略如何能够确保信息、信息技术系统及其处理信息的可用性、完整性和机密性，例如，避免起运或收货的不一致。《京都公约》信息通讯技术指南还为实施该战略提出了多种可供参考的方式。

第二节　贸易安全的海关构建措施

一、美国集装箱安全倡议

美国集装箱安全倡议是美国全球反恐战略部署的重要组成部分，目的在于防止恐怖组织或恐怖分子利用海运集装箱袭击美国。

集装箱安全倡仪的主导原则是把甄别货物安全风险和查验的环节前置在海运集装箱的出口港和装运港，使美国的边境或港口由第一道防线变为最后一道防线。

集装箱安全倡仪的主要内容具体包括：以对预先获得信息的风险目标分析为基础，制定高风险集装箱的识别标准；在集装箱运往美国之前进行预先甄别；运用科学手段预先检查高风险的集装箱；设计和使用智能化的安全集装箱。

（一）全球二十大港口“入网”集装箱安全倡仪计划

为全面实施集装箱安全倡仪，美国海关计划先从对美国出口海运集装箱前二十大外国港口入手进行试点。输美前二十大海运集装箱港口依次是香港、上海、新加坡、高雄、鹿特丹、釜山、不莱梅港（德国）、东京、热那亚（意大利）、盐田港、安特卫普（比利时）、名古屋、勒阿弗尔（法国）、汉堡（德国）、斯塔西亚（意大利）、费利克斯托（英国）、阿尔赫西拉斯（西班牙）、神户、横滨、拉加班（泰国）。

（二）为确保集装箱安全倡仪的有效实施，美国已经或即将采取的相关及配套措施

1. 出台规定承运人须在海运集装箱装船前24小时向美国海关申报货运舱单的新法规（简称“24小时规定”）。

美国海关署长于2002年8月7日宣布了要求海运货物承运人必须在海运集装箱装船前24小时向美国海关申报货运舱单的新法规，并于8月8日在美国《联邦宪法》公布该法规，当年12月2日生效，2003年2月2日正式实行。

2. 实施C－TPAT和海关与企业的合作伙伴计划。

3. 与CSI结合确定通关便利的适用对象。美国海关将按是否加入集装箱安全倡仪和C－TPAT决定对运抵美国的海运集装箱货物给予快速通关还是细查细验。

4. 海关增配高技术检查设备。

5. 建立海关与港务部门的伙伴关系。

6. 取得国际海事组织的支持配合，着手建立相关管理制度和国际标准。为支持美国集装箱安全倡仪，国际海事组织已提出一项在世界海关组织的协助下研究建立装运港集装箱检查机制的建议，并已通报国际海事组织各成员审议。此外，国际海事组织正着手研究建立对所有超过5000吨位船舶的船舶自动识别系统，并会同国际劳工组织制订新的海员身份证件。国际海事组织支持国际主要海运公司建立与美国海关的安全伙伴关系。

二、美国海关 C－TPAT

（一）C－TPAT 的基本概念

C－TPAT 是美国海关在“9·11”事件发生后所倡议成立的自愿性计划，并于 2002 年 4 月 16 日正式实行。C－TPAT 全名为 Customs－Trade Partnership Against Terrorism，即海关—商界反恐伙伴关系。通过 C－TPAT 的安全建议，美国海关希望能与相关业界合作建立供应链安全管理系统，以确保供应链从起点到终点的运输安全、安全信息及货况的流通，从而阻止恐怖分子的渗入。

（二）C－TPAT 带来的影响

1. 供货商面对更严谨的监察

首先，本地厂商/供货商作为美国进口商的商业伙伴，将会面对进口商更高的安全程序要求及更严谨的监察。自 2005 年 3 月 25 日起，美国海关已进一步收紧对其美国进口商成员的安全要求，其中包括规定进口商须订立书面和可核实的程序以挑选商业伙伴，包括制造商、产品供货商和卖家；进口商亦须具备文件证明整个供应链内的商业伙伴均达到 C－TPAT的安全标准（或外国海关当局实施的同等供应链保安计划的标准）。

2. 服务竞争区别因素

作为 C－TPAT 成员，不论是进口商或运输商等，都能借此令它们的货物和服务在竞争对手中区别出来。对于非 C－TPAT 成员来说（例如外地制造厂商、货仓经营者等），也面临一定的市场压力而考虑邀请第三方认证机构审查其保安程序、发出类似 ISO9000 的证书，向外界显示其已遵循相关的供应链安全指引。

3. 供应链安全成为全球采购要求的一部分

进口商/国家（不限于美国，亦不论是否加入 C－TPAT）对供应链安全的关切将会令安全考虑成为采购要求中的一部分。进口商会通过订单、证书、行为守则、经销商手册等，将安全责任加于制造厂商身上。

4. 应用货物追踪科技提升供应链的可视性

根据美国海关将推出的 C－TPAT 升级计划（即 C－TPAT Plus），符合安全建议的货柜抵美时或无须经海关检验即可过关，又或至少保证货柜最快放行。要符合建议，便要确保货柜在出发之前门栓已经装有可以侦察并记录所有意图开柜动作的科技设备，RFID 电子卷标便是其中之一。由此可见，在供应链安全及管理上应用追踪技术（不论是条形码、RFID、蜂窝或卫星定位等）已成趋势。

从 2005 年 3 月 25 日起，美国海关进一步收紧了进口商申请 C－TPAT 的安全条例要求，其中一项便是要求进口商必须提供书面文件证明其贸易伙伴（包括制造厂商）符合 C－TPAT的安全条例要求，而这必须进行审核确认。对已经获取 C－TPAT 认证的成员，则必须在 2005 年 9 月 25 日前符合新的安全条例。

作为整个供应链中的制造厂商，虽然加入 C－TPAT 计划的企业将要在安全系统设计及发展方面进行大量投资，但长远来说，可以大大增强企业出口美国市场的竞争力及节省成本。若拒绝加入该计划，将不得参与其他有利贸易的计划。此外，美国海关还将要求没有加入 C－TPAT 计划的公司在货物进口时提交各种各样的所需资料。

（三）C－TPAT 执行标准

1. 集装箱保安 （Container Security）

（1）总则：工厂必须有完整的集装箱使用管理程序，所有运往美国的集装箱必须有保安功能较好的封条并符合现有的 PASISO17712 高度安全的封条标准，集装箱内不允许装载未经授权的物料，非授权人员不可进入集装箱内。

（2）集装箱的检查：工厂必须制定完整的空柜检验程序，以确保货柜的完整性；确保使用的集装箱或拖车的结构密实并且状态良好；检查过程需包括柜头、左面、右面、顶部、底部、内/外门（柜门须有合法的锁闭装置）和外底盘；检验人员应在集装箱的检验单上签名确认。

（3）集装箱的封条：工厂须制定封条监管和使用的程序，包含不正确使用和遗失处理；管理部门须指派专人负责封条的监管工作；封条号码应准确无误地记录在运输单上。

（4）集装箱的储存：集装箱必须储存在安全区域，防止未经授权和非法操作；工厂须制定有效的报告和制止未经授权进入的程序文件。

2. 物理保安（Physical Security）

（1）围栏：在货物堆放及储存的区域周围应建有围栏；围栏内外应清除杂物如树木、植物等，以保证保安人员的视线无遮挡物，防止有人躲藏或爬入而无法及时发现；工厂应定期对围栏进行检查，以确保围栏完整无损。

（2）进出口：车辆及人员进入的大门必须有登记记录或监控措施，对进出的司机须验证其身份或驾驶证，正常的出入口数量应控制在最少的范围内。

（3）停车场：访客及私人的车辆禁止停在接近货物堆放或储存的区域，尤其货物装卸的区域。

（4）建筑物结构：所有建筑物的结构应能防止非法闯入和防止从外面进入；工厂应定期组织人员对建筑物进行检查和维修，确保其完好无损。

（5）锁闭装置和钥匙保管：所有窗户、大门和围栏必须有足够数量的锁闭装置；管理层或保安人员必须保管所有的锁和钥匙，确保锁和钥匙的使用及保管过程是安全的。

（6）灯光：在出入口、紧急出口、装卸货区的出入口、货物堆放及储存区域、集装箱存放的地方、围栏和停车场/停车区域必须提供充足的灯光，确保闭路电视的影像清晰可见。

（7）报警系统和闭路电视监控系统：工厂装置有效的警报系统以防范和阻止非授权人员在非工作时间内进入货物装卸和存放区；在工厂的出入口，包括人员进出口、紧急出口、装卸货区的出入口、拖车和集装箱的装卸区及货物存放区需利用警报系统和闭路电视进行监控，以防止未经授权的进入；闭路电视录下的影像至少需要保持 30 天；录像带需每3～6个月更换一次，以确保录像质量，或定期检查其质量；如设立保安人员站岗的，应对此岗位的任务和工作程序进行文件记录，文件应易于理解和定期更新。

（8）货物管理：对于存放的国际、国内、高价值的货物和危险品必须加以标注并分开存放在安全有围栏或围墙的区域内。

（9）沟通系统：拥有良好的内外部沟通系统，确保能及时与内部保安人员或当地执法部门取得沟通。

（10）物品管理：工厂应制定政策阻止员工携带私人物品进入工作区域；检查员工的随身物品，防止带入不明物品或擅自带走公司财物；工厂需抽查垃圾有无可疑物品存在，并对存放垃圾的地方和搬运垃圾的过程进行监控。

（11）计算机系统：工厂应设立有效的措施，以防止计算机系统遭非法进入，如设置用户密码、系统防火墙、病毒防护装置和服务器安全等。

（12）进入管制：

①对于员工的进入管制。工厂必须建立一套员工档案数据系统，并可作为进入管制和识别工具；员工进入厂区应佩带厂牌（厂牌上的照片应与本人相符），保安人员应禁止无厂牌者进入和对其进行盘问。

②对于访客的进入管制。访客进入工厂时必须经管理层批准并出示带有相片的个人证件，以供识别和登记使用；所有访客在工厂范围内必须有保安人员或相关工作人员陪同，并佩带访客证。

③对于邮寄品/邮件的管制。收到的邮包或邮件应在分发前定期进行检查。

④对于未经授权人员的管制。工厂必须建立一套用以识别、查问和驱逐未经授权人员进入的管理程序。

⑤禁止无关人员进入装、卸货柜和货物堆放的区域。

3. 人事保安（Personnel Security）

（1）应聘者的审核：在雇佣前应对应聘者进行背景调查，包括犯罪背景和申请资料（如前雇主或公民身份）的确认。

（2）背景的审核/调查：对新员工包括临时工和合同工的背景进行调查和研究，以确保其符合国家的法律法规；对身处敏感工作岗位的员工如仓库和船务人员进行定期检查或重新调查。

（3）雇佣关系的终止：对离厂人员应制定有关程序，以有效撤销其证件、设施和进入系统的使用权。

（4）药物测试：工厂需对所有人员进行药物测试。

（5）管理政策：工厂需制定明确的行为规范文明条例。

4. 程序保安（Procedural Security）

（1）文件保管程序：工厂应建立文件保管程序，包括计算机系统内数据的安全性，确保所有业务和货物数据是清晰、完整和正确的；防止调换、遗失或提交不正确数据。

（2）载货单保管程序：工厂应建立载货单保管程序，以确保顾客准时及正确地收到数据；对有权接触和允许输入或变更交易数据的人员进行管制。

（3）收货及出货的管理：工厂应制定书面的保安程序，包括对进出货物的处理措施，以防止非法物品、调包和其他损失；指派专门的保安主管对货物进出和装卸过程进行监控，以及有系统地监察和追踪货物的进出时间；工厂应将私人停车区、装卸货区域及货物存放区隔离开来；对装卸货区进行分隔，并限制非授权人士进入；对非授权人员或身份不明的人员进入厂房及装卸货区的，制定有关的盘问和阻止程序；在装卸区域及拖车和集装箱停放区域安装闭路电视并进行录像；对于收到的货物必须有载货单，货物的重量、数量、标签和商标均为正确并且经过检验；核对运货单和包装单上的货物，当有超额、短缺、损坏或其他反常现象时应及时向管理层汇报；对于发出的货物必须有采购订单或发货单；对进出的货车、拖车和司机进行检查并登记在案；确认司机的驾驶执照是否有效，并把其执照号码及其车辆的号码登记在记录表上；货车司机在发货或收货时必须鉴定货物有无异常；制定清晰的程序以规范如何汇报发现非授权人员、不明物料或不法行为，以及如何汇报不准确的封条和遗失封条的处理方法；制定可靠的保安措施，确保供应链的货物运输、处理和存放的过程是安全无误的。

（4）运输设备的管理：正确储存空/重集装箱及拖车，防止不明物品或违禁品混入，或集装箱内的物品被人盗窃。

（5）货物差异的管理：当货物出现差异或有异常情况时，应向海关或相关执法部门报告。

5. 信息技术保安（Information Technology Security）

（1）用户密码保护：自动化操作系统必须有专人的账户和密码，并定期更改用户密码；必须对员工进行信息技术安全知识培训。

（2）监控措施：工厂应针对计算机保安系统制定标准的明文条例；安装有关的监控程序，以便有系统去识别滥用信息技术的情况，包括非法的进入公司 IT 网络，临时的或更改商业数据；对违反者进行相应的惩罚处分。

6. 安全培训和反恐意识（Security Training & Threat Awareness）

（1）工厂应建立反恐系统，使保安人员知晓并能胜任工作；培养保安人员识别由恐怖分子或非法走私犯所带来的危险意识，此程序必须包括日常工作简报和走私记录，查封和通报恐怖分子在供应链的恐怖活动。

（2）工厂必须制定描述现实情况和如何汇报的程序，同时为身处重要岗位的员工如船务和仓库的人员提供额外的培训，特别是识别文件诈骗和计算机保安培训。

（3）培训员工的反恐意识，包括防止非授权人员的进入、恐怖活动的威吓，如何维持货物的完整性和辨识内部间谍等；接受过安全培训的员工应能识别可疑或违法行为并懂得举报的方法；工厂应设置员工举报热线和制定其他程序鼓励员工匿名汇报任何错误行为；工厂应积极鼓励员工参与保安控制的活动，并对举报的员工进行奖赏。

7. 保安系统（Security System）

（1）工厂必须指派专人负责整体保安系统之事宜，并应向整体人员通报其职责和联系方式。

（2）每个部门应指派保安代表负责保安实施及审核交收货物过程中的保安问题。

（3）工厂须制定书面的保安政策和程序，包括实体保安、门禁管理、人事保安、教育和培训、集装箱保安、提货单及运输保安、出入货物管理，以鉴定货物有否超重或短少，以及有否不明或违法的物品混入。

(4) 有关保安事件的汇报和调查应建立书面的实施程序，并定期将其向海关和当地执法部门汇报。

(5) 工厂应与当地执法部门保持良好的关系，以便及时获取有效信息和帮助。

(6) 工厂必须建立和定期更新紧急联系电话清单，包括与执法部门、公司管理层、客户和供货商的联系电话。

(7) 工厂内部应定期（至少每年）对保安事宜包括货物的交收、产品的制造和货物的存放进行内部检查。

(8) 工厂需制定书面的保安改进计划，以促进保安事务的持续发展。

(9) 工厂必须与承运至美国的运输公司及其他服务公司签订服务合同，以确保其能最低程度地符合 C－TPAT 的要求。

(10) 工厂可考虑对供货商/加工商进行 C－TPAT 评估。

三、欧盟海关安全智能贸易

（一）概念

中欧安全智能贸易航线试点计划（Secure and Smart Trade Line Pilot Program，SSTL），是一项旨在完善亚欧之间贸易供应链安全与便利的规则，实现对海运集装箱及箱内货物的全程监控，建立安全便利的智能化国际贸易运输链而实施的试点计划。这个项目是一项中欧海关的合作项目，也是一项海关与企业的合作项目。

（二）背景

随着“9·11”事件的发生，世界反恐形势对全球供应链产生了深远的影响，保护供应链免遭可能的恐怖袭击已经成为大多数以贸易为主的国家优先考虑的问题。2005 年 6 月，世界海关组织第 105/106 次理事会年会通过了《标准框架》。中国海关正式表达了实施《标准框架》的意向。《标准框架》包含 4 个核心元素和两大支柱，其中海关与商界的合作中明确了企业应使用更先进、更安全的集装箱的内容。

为全面落实《标准框架》，中欧海关提出了安全智能贸易航线试点计划，旨在建立安全便利的智能化国际贸易运输链，从而在便利国际贸易的同时，实现海关对国际物流的全程监控。安全智能贸易航线试点计划以海关间数据交换、互认监管结果、经授权的经营者及集装箱安全设备的应用为基础，实现信息共享，确保贸易链安全。

经中欧双方的共同努力，安全智能贸易航线试点计划项目于 2007 年 11 月 19 日在中国深圳港、英国菲利克斯托港和荷兰鹿特丹港正式实施。

中欧双方确定，在安全智能贸易航线试点计划项目中使用电子封志技术，并以公平竞争为原则，共同制定了《中欧安全智能贸易航线试点计划安全设备应用需求》。参与试点的进出口企业可自主选择符合上述标准的集装箱安全设备供应商。

（三）安全智能贸易航线试点计划核心内容

1. 合作领域

安全智能贸易航线试点计划项目有5个优先合作领域：数据交换、选取试点企业、运用共同风险规则、互认监管结果、运用集装箱安全设备。

（1）数据交换：中欧双方在货物出口前通过提前交换和共享进出口货物的信息数据，实现对进出口货物的前置风险分析。

（2）选取试点企业：中欧双方以企业自愿为前提，参照世界海关组织关于AEO（经授权的经营者）的标准选定参与试点的企业。

（3）运用共同风险规则：中欧双方海关协商制定一致的共同风险规则和最低监管标准，并运用于风险分析和布控。

（4）互认监管结果：进口国通过提前获得的电子数据进行风险分析，进而向出口国提出查验请求。出口国应进口国请求进行货物查验。在没有收到进一步情报的情况下，进口国海关认可出口国海关的查验结果，给予企业通关便利。

（5）运用集装箱安全设备：企业选用符合海关要求的电子封志/智能集装箱用于安全运输安全智能贸易航线试点计划货物，以此推动电子封志/智能集装箱技术的发展。

2. 参与方

海关是实施安全智能贸易航线试点计划并制定相关规则的主体，在项目实施过程中享有主导地位和执法权。中欧海关协商制定合作的政策性指南和包括出口查验、风险管理、数据交换、经授权的经营者等内容的技术性规则。项目将完全按照中欧海关制定的各项规则实施。国际贸易供应链上的各方，还包括船公司、船代、出口商、进口商、承运人等，作为海关与商界伙伴关系中重要角色，将是试点计划的参与者和受益者。

3. 数据交换

双方对15个数据项进行交换，分别是：提运单编号、航次号、出港日期、出境地海关代码、装货港代码、海关商品编码、件数、商品名称、全球统一货物代码、出口经营单位、运输工具名称、集装箱编号、封志号、海关放行时间、海关备注。

（四）安全智能贸易航线试点计划的益处

1. 安全措施和手段的加强及安全供应链的进一步实施，可减少货物被盗的可能性，降低货物运输保险费用，提高货物可销售性，提高劳动力的安全性。

2. 降低由恐怖主义事件引发的使全球供应链中断的风险，并且一旦上述事件发生，可使贸易在最短时间内重新开始，并提供给参与企业和国家一定的经济优势。

3. 降低贸易风险值并由此减少海关对货物的监管手续。

4. 减少货物在边境地的滞留时间。

5. 减少因港口堵塞带来的滞留。

6. 提高海关查验手续的连接性、确定性和优先性。

第三节　海关视角下的供应链安全认证

一、海关供应链安全认证的内涵

（一）海关供应链安全认证的定义

在全球重视并关注贸易安全与便利的背景下，供应链安全的重要性已经获得普遍的认可。供应链安全认证是实现供应链安全的有力工具和途径，这在美国海关的 C－TPAT 项目与欧盟海关的 AEO 制度中都得以实践。具体来说，供应链安全认证是指某法定机构运用安全认证的专业知识和技术，对供应链上的各企业进行安全认证，并将这些认证的标准融入到企业的商业运作中，帮助供应链上企业减少国际贸易和国际运输、储运等环节的风险。同时，获得认证的企业可以获得相应的便利。海关供应链安全认证的核心要义就是由海关负责供应链安全认证，在海关的监控下，由独立的第三方机构实施具体的供应链安全认证工作，实现全球的贸易安全与贸易便利。

（二）海关供应链安全认证的基本内涵

海关供应链安全认证的基本内涵，主要包括验证客体、验证主体、验证内容及验证方式等方面。

第一，验证客体，即验证对象，包括供应链上所涉及的所有企业，具体包括但不限于进出口收发货人、经营人、承运人（包括无船承运人）、货运代理、船舶代理，以及报关报检代理企业、港口、码头、物流配送分拨中心等。

第二，验证主体，是指在海关严密监控下，具有完整运作机制的、经海关授权的独立第三方机构。

第三，验证内容，包括程序的安全、信息处理的安全、场所实体安全、人员安全、申报舱单程序、运输安全等。

第四，验证方式，具体包括材料审查、现场实地审查、C－TPAT 供应链安全认证与欧盟海关的安全智能贸易航线试点计划项目下的 AEO 免检。

在构建验证机制之后，整个供应链中可建立一套完整的数据记录，包括供货商的货品数据、运送过程、栈放时间、人员名单等，实现信息的可追溯性。

（三）实施海关供应链安全认证的意义

1. 在国家层面上的意义：加速我国海关供应链安全认证工作，有利于提升供应链的安全性，有效降低贸易风险，从而巩固了贸易安全；独立第三方机构参与供应链安全认证，有利于减缓海关资源短缺的压力，提高海关资源配置效率和整体工作效率；实施海关供应链安全认证，有利于合作开展供应链风险管理工作，提高海关在反恐方面甄别高风险货物的能力，并进而扩大海关监管范围，加强海关监管执法，更好地发挥其在非传统职能方面的作用，保护社会安全。

2. 从商界层面上的意义：实施海关供应链安全认证，有利于缩短货物在通关环节（包括但不限于海关、检验检疫、海事等一系列口岸管理环节）的放行时间，提高通关效率，积极改善口岸通关软环境；外企参与供应链安全认证，可在全球范围提供统一的可预测的认证标准，商界的边境守法成本和通关时间减少，有效降低通关的成本，进而降低供应链的物流总成本；实施海关供应链安全认证，为我国海关与国外海关的监管结果互认奠定基础，实现供应链的无缝监管，促进贸易便利化，有助于我国出口企业提高国际竞争力。

就上海国际贸易中心建设而言，上海市政府可以与海关总署积极沟通，谋划在上海海关先行先试，推行实施供应链安全认证，这也是上海国际贸易中心建设的现实性必然要求。

二、国内外有关海关供应链安全认证的文献综述

（一）关于供应链安全的研究

国内外研究供应链安全的较少，主要集中在两个视角：

1. 从供应链上某一具体环节入手，如从运输、生产、库存角度开展供应链安全研究。例如，从提高海运船舶和海运港口的安全性来提高供应链的安全性［Barnes、Paul（2005）与 Oloruntoba、Richard（2005）］；采用生产流程再造［Nurthen、William（2003）］；从全面质量管理提高供应链的安全性［Lee. HauL、Whang. Seungjin（2005）］。

2. 从安全工具入手开展供应链安全研究，如考虑采取各项安全措施保护数据和计算机安全，智能集装箱，职员审查，采取上锁、安全门和防护栏等物理安全措施，区域监控，X 光机或其他非侵入式探测设备，无线射频识别或其他跟踪设备［彭传圣（2005）］；对集装箱实施安全管理，对供应链上的人员实施安全管理［真虹（2006）］；开发以 RFID 为核心的智能集装箱［Rizzo、Francesco（2010）］；从美国、欧洲、加拿大、巴西和中国不同行业的 310 公司样本说明信息系统对供应链安全的提升作用非常重要［Trkman、Peter（2010）］。

此外，Sarac、Aysegul（2010）认为库存不准确的问题、牛鞭效应和补给政策是供应链安全的主要问题所在，并且认为通过 RFID 技术可以降低库存损失，提高流程的效率，改善信息的准确性和速度；Tang（2010）指出，供应链安全涉及的风险问题存在于实物流、信息流和资金流之中。

（二）关于海关服务外包的研究

海关供应链安全认证还涉及服务外包问题，因此，服务外包理论也是研究的主要理论基础。Hood（2000）认为，公共服务外包的理论和实践源于西方，是西方行政改革浪潮中的一个重要的制度创新，在 20 世纪 70 年代，以米尔顿·弗里德曼为代表的新芝加哥学派就已提出，私人垄断方式将优于政府规制或是公共所有。

各理论学派从不同的角度对产生这种现象的原因进行深入细致的分析，并提出了许多解决方法，给公共服务事业外包提供了有力的理论指导。吴光芸（2004）认为，公共选择理论主张根据公共服务的类型来选择适当的社会组织进行生产，即将公共服务类型与社会组织类型进行理性组合，因为从理论和实践两方面都可证明，私人企业、非营利机构、半独立性的政府国有企业及政府机构等各种类型的组织，都可以提供公共服务。田凯（2003）认为，政府失灵主要体现在一是高成本低效率并存，二是公共物品供给问题，政府提供的服务和公共物品具有普遍性和单一性，不能形成差异性服务，无法满足社会对公共物品的多样性需求；三是政府行为失范，政府统一提供公共物品存在垄断性，这种没有竞争的局面，低效率难以避免，这些都是公共物品短缺甚至无效率的直接原因。林闽钢（2006）认为，莱斯特·萨拉蒙提出的第三方管理理论很有说服力，政府应主要是政策制定者和提供资金的角色，而不是服务的唯一提供者，在提供具体的社会服务时，政府应更多依靠大量的第三方机构来实施其服务职能，从而出现了精巧的第三方管理模式。

关于服务外包的动因，学者们的分析也很热烈。Lacity 和 Willcocks（1994）认为，服务外包的动因主要包括财务原因（成本降低、增加成本控制等）、业务原因（回归核心竞争力等）、技术原因（获得技术人才等）、政治原因（证明效率、证明新资源的正当性等）。Christina Costa（2001）则认为，服务外包的动因是成本降低、技术因素及关注核心竞争力。Diromualdo 和 Gurbaxani（1998）则把服务外包的战略意图分为 3 类：降低成本和提高 IT 资源的效率，提高 IT 对企业绩效的贡献，利用市场上与技术相关的资产来开发和销售以新技术为基础的货物或服务。我国学者（陈菲，2005）认为，服务外包动因主要包括外部环境动因和内部推动力量，外部环境因素主要有技术动因、经济动因、市场动因；内部推动力量主要表现在服务外包通过有效节省成本来提高企业绩效，通过关注核心竞争力来提高企业绩效。

就服务外包的发展趋势，陈松（2006）认为：外包的核心是把竞争机制引入公共物品和服务的供给过程中，用竞争代替政府的垄断；外包的实施条件包括存在潜在供应商、服务产出和质量能够被界定、政府有能力监督和控制私人供应商的行为，这也是政府外包得以成功的关键；政府能力包括生产、设计和维护能力，外包是把生产能力转移给私人部门，而政府利用其设计能力决定公共服务的质量和数量规则，即政府并不是把政策制定和管理职能外包给私人部门。

在学术研究上，西方诸多学者如 E. S. Savas、Hood C. 和 Donald F. Kettl 等作出的理论贡献日益成为当代西方公共管理学的研究重心。在实践上，以教育、医疗、卫生、社会保障等为代表的公共服务外包逐渐成为发达国家公共服务改革和治理模式变革的基本潮流，并对世界其他国家的政府改革产生了巨大的影响。我国公共管理的理论研究要相对落后于西方，目前，国内学者在第三方机构组织参与政府公共服务外包领域的研究还主要停留在概念和意义的介绍阶段，大多讨论了其优点与可行性，而对其深层次的问题涉及得不深。国内在第三方机构组织参与公共服务外包过程管理机制等方面存在许多理论盲点，有待进一步深入研究，尤其是作为对进出境监管机构之一的海关，这方面的研究显得尤为缺乏。

三、我国海关开展供应链安全认证的现状及存在的问题

随着不断增长的全球恐怖主义的威胁，全球供应链安全问题成为国际社会关注的焦点。由于在查验进出口及过境货物方面专有的权力和专业的知识，海关应当在全球供应链安全与贸易便利方面发挥重要的作用。中国海关已经于2005年承诺实施世界海关组织的《标准框架》，《标准框架》将“海关与商界伙伴关系”作为两大支柱之一，核心是建立国际化的供应链安全认证体系。但是，中国海关对于供应链安全的认证工作的开展陷入了困境。

首先，缺乏专业认证资源。供应链安全认证需要专业性人才，国外海关都是交由有专业资质的独立第三方机构开展，如Intertek和CSCC都得到美国海关的授权开展C－TPAT的供应链安全认证。中国海关目前只有少量的企业管理部门的关员参与企业的分类管理，大量的监管资源都投入到通关审单和物流监控岗位，缺乏专业认证资源，专业认证人才更是短缺。

其次，遭遇国际化的难题。一体化的供应链安全认证要求认证标准的全球统一性和可预测性，即企业在进出境口岸都适用相同的认证标准。我国海关目前的供应链安全认证工作仅处于探索阶段，即仅对收发货人和报关企业进行事后的守法评估，并进行相应的级别分类，远未涉及国际化标准。因此，供应链上的企业只能根据进出境口岸的具体要求被动调整。例如，涉及输美货物，企业适用C－TPAT认证；涉及欧盟的货物，企业适用AEO、安全智能贸易航线试点计划，对于企业而言非常不便。

最后，中国海关当前的认证工作具有片面性和滞后性。目前中国海关的企业分类管理被认为是供应链安全认证的探索，但是企业分类管理工作仅限于报关企业和进出口收发货人，并不涉及承运人、代理人等。再者，目前企业分类管理的工作不具有提前性，而是滞后的，即根据企业的违规行为进行降级等相应的处理。供应链安全认证工作是预先根据一定的标准将企业进行分类，具有提前性。

四、海关供应链安全认证体系的构建

（一）战略层面

在全球重视贸易安全与便利的大背景下，海关供应链安全认证体系的构建应当适应国际贸易出现的新特点，把握以下3个原则：

1. 管理客体上，以企业为主

外贸利润和风险根本上来自贸易企业的经营策略和经营方法，因此，海关监管的对象要瞄准企业，而不仅仅是进出关境的货物与运输工具。海关供应链安全体系构建时，要注意在管理客体上以企业为主的原则。

2. 构建导向上，以适应全球供应链运作需求为主

全球供应链中，既有制造企业、贸易企业，也有运输企业、代理企业、仓储企业等，既有货物贸易又有服务贸易，而且往往跨越多个国家或者地区，每一个环节都将影响到这

个供应链的安全。因此，海关必须拓展视野，从单一的收发货人或者报关企业拓展到供应链运作的全程，从整体设计供应链安全认证体系，促使海关管理在供应链运作过程中实现前后呼应，提升对外贸易的安全性和国际竞争力。

3. 实现方式上，以优化贸易环境为主

外贸企业不断创新贸易运作机制，随之，各种新的贸易运行方式也层出不穷。外贸发展需要的不仅仅是针对具体商品、具体行业的便利性措施，而是期待一个有利于创新发展、稳定发展、持续发展的整体环境。创造良好的贸易环境，要求海关持续创新和完善管理方法与手段，不断丰富和创新海关公共服务产品，为贸易可持续发展提供有力支撑。海关供应链安全认证体系构建应符合优化贸易环境的原则。

（二）操作层面

加强海关供应链安全认证的具体措施，要从其准入机制、日常运行机制、监督机制、互助机制等环节着手。

在准入机制方面，由具有一定资质的独立的供应链安全认证机构负责供应链上各个企业的安全认证工作，即把海关此项事务性职能外包给具有此资质的认证企业或机构。在供应链安全认证体系建设的初期，可由国外已经参与到 C－TPAT 的国外认证企业或机构先行在海关试点。

在日常的运行机制方面，该认证企业或机构将对供应链上的各个企业，包括供应链上的生产企业、贸易企业、代理企业、运输企业、物流企业进行全方位的认证，并结合海关的企业分类管理规定，可以考虑先从目前已实施守法评估的收发货人、报关企业入手，逐步铺开，最终完成供应链上所有企业的认证。

在监督机制方面，海关在向独立的第三方认证企业或机构转交供应链安全认证事务性工作之后，将承担起监督的职责。这样既保证了供应链安全认证的有效性和高效率，也大大提高了海关的工作效率，保证了贸易安全的可靠性。

在海关实行供应链安全认证外包的同时，互助机制也是对供应链安全认证工作的重要支撑。世界各类与贸易安全和便利相关的行业组织，如国际海事组织、国际民用航空组织、世界海关组织等，都可以为海关的供应链安全认证工作提供技术的支撑和知识的更新。同时，国内的行业组织，如报关协会、货代协会、外贸企业协会等组织，也将对海关更好地开展供应链安全认证的外包工作起到支持作用，比如，对行业内的成员进行供应链安全性理论的培训。

此外，世界海关组织《标准框架》可以作为全球统一认证的基础性标准，以实现全球统一化和可预见性。作为需要异地认证的安全认证模式，构建通用模式的安全认证工具也是其理想的工具之一。

五、上海先行推进海关供应链安全认证促进国际贸易中心建设

上海市政府可以就海关供应链安全认证工作，与海关总署积极沟通，谋划在上海海关先行先试，推行实施供应链安全认证，提升上海国际贸易中心的功能和国际化水平，从而

促进上海国际贸易中心建设。实施供应链安全认证促进上海国际贸易中心建设主要可以从以下 3 个环节着眼。

（一）仓储环节实施供应链安全认证对上海国际贸易中心建设的促进机制

依托上海的三港——洋山深水港、外高桥港、浦东空港和三区——洋山保税港区、外高桥保税区、浦东机场综合保税区的口岸集散功能载体，通过通行管制和实体安全、装卸货区的安全等切实保障，确保海运和空运口岸的边境安全，为国际贸易的顺利推进，提供可靠稳定的安全环境。

在推进上海国际贸易中心建设的平台构建中，在海关特殊监管区域实行服务业的对外开放创新是其重要举措。为了适应经济发展和我国对外贸易发展方式的转变，海关也正在着手特殊监管区域的整合，并鼓励在海关特殊监管区域内进行与保税基本功能相关的服务业对外开放创新试点。目前，海关特殊监管区域的管理模式是采用封闭式围网进行卡口管理的物理隔离方式，该方式已经逐渐不适应国际贸易的发展要求，尤其是服务贸易的发展，采用电子围网监管的虚拟海关特殊监管区域管理模式已经在我国南方如东莞等地开始试点。新的模式对仓储监管场所安全要求更为严格，仓储环节供应链安全认证将仓储场所的经营人纳入验证对象范围，并有具体可操作的验证要求，通过验证能够较好地解决电子虚拟监管与实体监管之间的矛盾。上海应当率先开展对仓储企业的供应链安全认证，为适应海关特殊监管区域发展的新趋势提前做好准备，积极创建上海国际贸易中心的发展平台。

（二）运输环节实施供应链安全认证的促进机制

在美国，超过了 96% 的海运集装箱运输交易的承运人加入了 C－TPAT，所有 C－TPAT 成员要进行的查验次数与非 C－TPAT 成员相比仅为后者的 1/6，这就大大缩短了货物通过海关检查的时间；间接地，获得供应链安全认证的企业能更快速通关，并可能成为一些国际品牌和行业组织的合作伙伴。

由于供应链安全认证的对象不仅仅是收发货人，还包括承运人、无船承运人、代理人等，这些都是航运中心建设中有着紧密关联的当事人，因此供应链安全认证，将有效地降低航运的风险，并降低航运保险成本乃至整个供应链成本。大力发展供应链安全认证，有助于促进航运保险的发展，建构积极的国际航运中心建设软环境，进而促进国际航运中心的建成。

由于国际航运中心与国际贸易中心建设的关联性，供应链安全认证对国际航运中心的促进作用，最终将对国际贸易中心建设产生积极影响。

（三）交易及通关环节实施供应链安全认证的促进机制

海关目前正在实施的促进贸易便利化措施的手段有：加强海关通关作业事前风险分析；建立分类通关作业模式；加大海关通关作业事后风险控制力度。但是这些手段都是在通关程序开始后，海关才被动介入的。如果海关能够在货物申报之前就实施认证，进出口经营企业能够预先就了解供应链安全的基本要求，并主动地将全球统一规范的供应链安全要求融入到日常的经营活动中，获得海关供应链安全认证，则有助于提高企业在国际市场的竞争力并满足海关风险管理的要求，进而获得通关的便利和通关成本的降低。

供应链安全认证为我国海关与国外海关的监管结果互认奠定基础，基于世界海关组织《标准框架》的海关之间监管结果互认机制，使经过我国海关供应链安全认证的外贸企业，同时也获得对方国家海关的资质认可，避免我国企业为了获取不同国家的客户的订单，申请不同国家海关的供应链安全认证。

同时，通过供应链安全认证将认证企业的信息在上海的口岸管理单位内先行实现共享，主动开放海关风险管理平台，有助于推动单一窗口的建设，推进国际贸易全过程的便利化。

如果在上海率先试点供应链安全认证，这些具体体现在交易和通关环节的便利将吸引越来越多的企业聚集到通关效率高、通关成本低、上海认证全球认可的上海口岸，提升上海国际贸易中心的凝聚力。

第七章　商界视角的贸易安全

本章概要

无论是国际贸易企业还是国际物流企业，都会面临各种风险。与海关面临的监管风险相比，国际贸易交易风险及国际物流运作风险有其独特之处，无论经济形势如何发展变化，风险控制是每一个外贸企业和物流企业的必修课。本章第一节从国际贸易企业的角度阐述风险及防范的对策，第二节从物流企业的角度阐述风险及防范的对策。

学习目标

掌握国际贸易环节中各个环节隐藏的风险及防范措施；掌握承运人责任基础，以及承运人在集装箱运输中的风险及对策。

第一节 贸易风险和防范

在我国对外贸易业务中，常用的贸易术语主要有 FOB、CIF、CFR 这三种，但在出口贸易合同中多采用 FOB 贸易术语，占到 80% 以上，还有上升趋势。究其原因，主要有两个方面：

一方面，随着买方市场逐渐增强，出口企业不由自主地卷入了外销价格的竞争。由于 FOB 贸易术语的价格构成与 CIF、CFR 贸易术语相比少了运费和保险费，还可以省却耗费在租船订舱、投保等环节上的诸多精力，相对出口报价比较低，对卖方来说会增加交易机会。

另一方面，很多业务人员认为采用 FOB、CIF、CFR 这三种常用术语成交，风险是完全相同的——都是以“船舷为界”转移风险，费用负担上也是“羊毛出在羊身上”，最后都由买方负担，只是在责任的承担上有所不同。其实这是一种误解，《2000 年国际贸易术语解释通则》中所说的“以船舷为界”划分风险，只是用以确定货物在交接过程中损坏或灭失的后果由卖方还是买方承担的问题，并不泛指所有的风险，如货物运输途中的风险、租船订舱风险和收汇风险等。

本节就从这三方面来探讨 FOB 合同中卖方存在的风险，并有针对性地提出风险防范措施，希望能对我国外贸企业的长期发展有所帮助。

一、货物运输途中隐藏的风险及其防范措施

货物运输途中包含货物从仓库运至装运港和货物从装运港运至目的港两个环节。

（一）货物从仓库运至装运港的风险

货物从卖方仓库运往装运港码头途中，如果遇到承保范围内的损失，卖方是否能从保险公司处取得赔偿？按照 FOB 贸易术语的解释，货运保险由买方根据情况自行办理，卖方不负责。对于这一程运输货物出现的损失，不论买方是否投保，卖方都得不到赔偿。假设买方选择投保，虽然根据“仓至仓”条款，即保险公司的保险责任从卖方的仓库开始到买方的仓库为止，但买方在货物装船后才承担风险，即才具有可保利益。根据英国《海上保险法》第六条“被保险人在保险标的物发生损失时必须享有可保利益”，以及《中华人民共和国保险法》第四十八条规定，“保险事故发生时，被保险人对保险标的不具有保险利益的，不得向保险人请求赔偿保险金”，由于买方对于这一程货物不具备可保利益，因而无权就货物从仓库运至装运港之间的风险损失向保险公司索赔，同时买方无法将保单转让给卖方，卖方无法成为保险单的被保险人或合法持有人，因而也没有索赔权。因此，买方投保的“仓至仓条款”实质上是“船至仓”条款，对于这一段发生的货物损失，如卖方在货物从仓库运至装运港之间发生火灾或翻车，保险公司不负责赔偿。

（二）货物从装运港运至目的港风险

在 FOB 合同下，货物从装运港运至目的港途中的风险由买方承担，买方根据需要对

这一程运输进行投保。假设买方对运输途中的货物没有投保，根据《国际海洋货物运输的惯例与规则》，承运人对其所承运的货物在运输过程中所产生的短少和灭失，仅承担有限的赔偿，卖方在发生损失时无法从承运人那里得到全部补偿。如果买方已经投保，保险单在买方手中，而提单却被卖方或银行所掌握，要向保险公司索赔，除非是买卖双方协议由买方将保险单转让给卖方，并依保单向保险人索赔，或者是卖方将货运单据转让给买方，由其凭保险单向保险公司求偿后再将保险赔偿金拨付卖方。可是买卖双方在保险索赔问题上的这种合作，往往会因买方拒收后双方关系紧张而成为疑问。在遇到市场行情下跌时，买方可能会拒付货款，拒绝帮助卖方处理索赔事宜，这就导致卖方在索赔时处于不利地位。

（三）货物运输途中风险的防范措施

对于货物从仓库运至装运港的风险，笔者建议卖方可自行投保从仓库至装运港这一距离的“路运险”来规避可能发生的风险；对于货物从装运港运至目的港的风险，建议卖方可通过投保“卖方利益险”来规避风险。卖方利益险保障的是卖方没有投保货运保险的情形下，当货物运输途中遭遇事故而买方又不付款赎单时遭受的损失。尽管在 FOB 合同中，卖方对货物在海上运输过程中的损失并不具有可保利益，但一般习惯做法认为，如果买方选择正当拒收货物并解除合同，货物损失风险依然复归卖方。如果是采用信用证付款方式，根据（UCP600）规定，信用证一经开出，开证行就对受益人卖方负第一性付款责任，那么，即使货物实际遭受承保风险发生了灭失或损坏，开证行作为第一性付款人仍应对受益人付款，开证申请人无法因市价下跌或因货物在运输途中出现货损而对受益人拒付货款，只要发运的货物与合同规定相符，卖方的利益通过开证行的银行信用可以得到充分保障，卖方无须另行投保卖方利益险。

二、买方租船订舱引起的风险及其防范措施

（一）买方指定货代公司引起的无单放货的风险

FOB 贸易术语下，由买方指定货代公司进行承运货物，对于卖方来说，不但订舱费和 THC 等费用比自己找国内的货代公司要高很多，而且买方所指定的境外货代大多在中国只是开设办事处，名义上是不能经营的，但实际上都在变相经营。境外的货代公司签发的提单通常是以无船承运人身份签发的货代提单，不是物权凭证，只能作为结汇的单据，而正本提单在货代公司手中，可能发生买方和货代公司串通一气，凭手中的正本提单向船公司提货而未付款赎单，即通常所说的无单放货，卖方就可能出现货款两空的风险。

（二）船货衔接不上的风险

根据《2000 年国际贸易术语解释通则》的规定，在 FOB 贸易术语下由买方租船订舱，并及时将有关船名、装货地点和要求交货时间等内容通知卖方；卖方应按合同规定的装船期和装运港，将货物装上船。这就容易发生船等货或货等船的情况，即存在船货衔接不上的风险。按有关法律和惯例，如果买方按期派船到装运港并给予了卖方充分的通知，而卖

方因货未备妥或由于其他原因，导致货物未能在指定日期装上指定的船只，则卖方应承担未按合同履约的后果，包括负担空舱费和滞期费。

如买方延迟派船或因各种原因导致装船期延迟或变更船名，导致货物不能按时装船，滞留港口，不但使卖方增加仓储费用，而且可能导致信用证过期，或错过规定的交单日期，结果卖方只能申请把信用证规定的装运期限和有效期延长，或把银行信用改为商业信用结算，这给货款的顺利收回带来了风险。

由此可以看出，租船订舱的装运主动权掌握在买方手中，一旦市场行情有变化，买方就以种种理由推迟装运，直至信用证过期，使得卖方无法正常履行合同。

（三）卖方代办运输事项的风险

在 FOB 贸易术语下，买方可能委托卖方代办运输事宜，卖方一般会接受买方委托代为租船订舱，这时就会产生两个风险：一个是是否有租船订舱的把握，另一个是运费由谁承担的问题。按照《2000 年国际贸易术语解释通则》的解释，由买方承担运费，但这项规定仅仅适用于销售合同，而不适用于运输合同。在实际业务中，如果遇到买方破产，导致承运人无法从 FOB 买方取得运费，就可能转向 FOB 卖方主张，甚至不惜通过法律诉讼途径来解决纠纷，由于运输合同是卖方订立的，因而卖方无法摆脱支付海运费的责任。

（四）买方租船订舱引起的风险防范措施

为避免出现买方指定货代公司无单放货的风险，应尽量避免接受指定的境外货代或无船承运人，争取采用船公司提单取代货代提单。如果不可避免地要通过对方指定的货代并使用货代提单，卖方首先要了解该货代公司的资质，出口商应指定境外货代的提单必须委托经商务部批准的货运代理企业签发，并掌握货物的控制权，同时由代理签发提单的货代企业出具保函，承诺货到目的港后须凭信用证项下银行流转的正本提单放货，否则要承担无单放货的赔偿责任。一旦发现境外货代公司无单放货的现象，我国外贸企业除了要及时向我国法院起诉，维护自身的合法权益外，还要密切关注境外货代办事处的动向，防止其消失。

为避免出现船货不衔接问题，应注意在合同中订明买方所派船只到港装货的时间和由于一方违约引起的费用及损失由谁承担这两个条款，并在订约后加强联系，密切配合，防止船货脱节。如果买方不派船接货，根据《联合国国际货物销售合同公约》，买方属于根本性违约，卖方可以宣告合同无效并要求损害赔偿。为避免买方不派船这一情况发生，可以在订立合同时约定：装运期截止买方仍不派船，由卖方代买方租船订舱，风险和费用由卖方承担，卖方有展证权。

如果卖方要替买方办理租船订舱事宜，首先应考虑是否有租船订舱的把握，在船源上要事先向船公司查询在装运期内能否租到船只或订到舱位。其次，在运费安全上，为防止买方不支付或延迟支付运费，卖方应采取预防措施：一是让买方预付运费，多退少补；二是要求开证时把运费金额加在总额中或是在信用证金额前加“about”字样。根据（UCP600），可以多支取不超过 10% 的信用证金额。另外，为了避免被承运人主张运费赔偿，出口企业应争取与承运人签订责任排除协议，排除承运人追索任何海运及相关费用的权利，同时要明确规定有关运费由买方负担。对于买方提出的将运输代理人或保险公司收到通知后的回执作为议付单据这样的条件，卖方不能接受。

三、收汇环节的风险及其防范措施

（一）由于海运提单托运人规定不当引起的风险

海运提单作为结汇必不可少的单据之一，如果制作不当会引起风险。按照《汉堡规则》的解释，托运人包含与承运人签订海上运输合同的人（买方）和将货物交给与海上货物运输有关的承运人的人（卖方），买方会因此要求在海运提单的“托运人”这一栏填写买方的名称，这将使卖方失去处理货物的权力。因为从提单表面看，该提单与卖方没有任何关系，卖方既不是提单上的托运人，也不是收货人，在提单上见不到卖方的名字，而且卖方持有的提单没有买方的背书，因此卖方既不是提单的托运人，也不是合法的受让人，这份提单对卖方来说没有任何效力。卖方虽控制着作为物权凭证的提单，然而货物却可能已被买方指定的收货人提走。即使卖方向法院起诉承运人无单放货，法院也会以无权起诉为由予以驳回，原因就在于通常都认为只有提单上的托运人才是权利人，拥有处理货物的权力，卖方一旦以买方作为托运人就失去了货物控制权。

（二）使用不同收汇方式产生的风险

在出口收汇方式中，如果采用电汇或托收方式，买方是否付款，完全依赖买方的信用。当遇到市场行情下跌或者货物在运输途中受损，买方可能不付款，不提货，或者无理拒付，对于货损部分更是不承担任何责任，这将给卖方带来货款两空的风险。如果采用信用证付款，只要卖方在做单的过程中存在疏忽，单据里有不符点，买方可以轻易地拒付货款，甚至会故意在信用证里设置软条款，轻易达到拒付货款的目的，然后利用与船公司的关系提取货物，导致卖方钱货两空。因此，卖方在各种收汇方式下的风险其实都很大。

（三）收汇风险的防范措施

在海运提单制作方面，托运人应规定为卖方，并尽可能采用指示提单。如果是信用证收汇方式，在指示提单的格式上，尽量采用 To Order of Issuing Bank 这一种提单，将信用证开证行捆绑进来；在背书转让时，只能由开证行背书，这样就算买方提出自己作为提单的承运人，也没有后顾之忧，甚至在出现单证不符的情况下，还可以保证货物的所有权，因为只要银行背书让收货人提货，就可以要求开证行付款。

收汇方式应针对客户的信用调查结果，灵活运用各种结算方式。对于新客户指定境外无船货代的情况下，可以使用预付货款的形式，要求客户先支付一定比例的货款，余款再采用信用证或托收，对实在没把握的客户，甚至可以要求对方全额预付货款。在收汇方式采用电汇或托收付款方式时，为防止买方拒收造成的损失，可投“出口信用险”。出口信用险是国家为了鼓励并推动本国的出口贸易，为众多出口企业承担由于进口国政治违约风险［战争、外汇管制、进口管制和进口许可证的取消等和进口商商业违约风险（破产、拖欠和拒收）］而引起的收汇损失的不可抗力风险。在风险事故产生时，通过代位权的转移，由保险公司帮助卖方通过不同的渠道对有关责任方进行追索。若收汇方式采用 L/C 支付时，必须加强对信用证的审核，严防买方在信用证里设置软条款，然后通过无船货代骗取货物；对于信用证规定的单据，要严把单据质量关，避免单据不符点。

四、出口争取采用 CIF、CFR 贸易术语成交

通过上述分析，不难看出，如果想尽可能降低 FOB 合同的风险，必须对保险、装运条件和收汇方式等合同条款予以足够的重视，采取相应的风险防范措施来保证 Fob 出口合同顺利履行、安全收汇。

相对 FOB 贸易术语的风险，在出口业务中采用 CW 或 CFR 术语成交要比采用 FOB 有利。特别是在 CIF 贸易术语下，上述各项风险都能得到很好的解决。因为在 CIF 条件下，国际货物买卖中涉及的 3 个合同（买卖合同、运输合同和保险合同）都由卖方作为其当事人，其可根据情况统筹安排备货、装运、投保等事项，保证作业流程上的相互衔接。

（一）卖方租船订舱控制货物运输途中风险，避免买方租船订舱的风险

以 CIF 贸易术语签订的合同，由卖方租船订舱，在货物到目的港之前，卖方控制着所有的货物运转的流程，并且出口商利用自己的货代，使自己有更多的灵活性、机动性和主动性。出口商利用自己投保的优势，在保险单上把自己当做投保人，在货物遭受损失而买方拒绝收货时，出口商可凭保险单向保险公司索赔。

（二）采用 CIF 减少卖方收汇风险

CIF 是一种典型的象征性交货（Symbolic Delivery），即卖方按期在约定地点完成装运，并向买方提交合同规定的包括物权凭证在内的有关单证，就算完成了交货义务，而无须保证到货。卖方是凭单交货，买方是凭单付款，只要卖方按时向买方提交了符合合同规定的全套单据，即使买方在收到货物时，发现货物在运输途中已经损坏或灭失，买方也不得因货损而拒付货款。

第二节　物流风险和防范

一、承运人责任基础

承运人的责任基础，狭义地解释，相当于大陆法的归责原则，是指海上货物运输国际公约或相应的国内法“赋予承运人对其所承运的货物应承担的责任”，《鹿特丹规则》把责任基础涵盖归责原则、除外风险和举证责任三部分内容。

任何一个国际公约或国内法，其责任基础始终处于货物运输法的核心地位，决定着海上货物运输法的基本特征与价值取向。纵观海上货物运输国际公约的沿革，不难发现，承

运人责任基础的改变，是海上货物运输国际公约沿革的标志。每当国际贸易、国际航运向前发展，船货双方力量对比发生变化，就相应出现一个新的提单公约，在一定的历史时期内，推动着国际班轮运输向前发展。

联合国第63届大会第67次全体会议通过的《鹿特丹规则》对承运人的责任基础重新进行构建。新构建的责任基础，既不是《海牙规则》的不完全过错责任制，也不完全是《汉堡规则》的推定过错责任制，而是在平衡船货各方利益的基础上，吸纳两个公约的合理成分，形成具有独特风格的承运人责任基础的新模式。

（一）《鹿特丹规则》责任基础的新构建

《鹿特丹规则》有关承运人责任基础的规定，从性质上说，应当属于《汉堡规则》的完全过错责任制；从举证责任的分配分析，更接近于《海牙规则》；从结构的特点看，《鹿特丹规则》用举证责任的归属贯穿责任基础始终，其基本构成是管货义务、除外风险和适航义务实行不同的举证责任分配，达到3个推定的目的，既体现过错责任制度，又平衡了船货双方的利益。

1. 管货义务实行承运人有过错推定——第一个推定

《鹿特丹规则》对承运人责任基础实行的第一个推定是：承运人的管货义务，实行推定过错原则。《鹿特丹规则》第十七条第一款和第二款分别规定：

“如果索赔人证明，货物的灭失、损害或迟延交付，或造成、促成了灭失、损害或迟延交付的事件或者情形是在第四章规定的承运人责任期间内发生的，承运人应当对货物灭失或者损坏及迟延交付负赔偿责任。

如果承运人证明，灭失、损害或迟延交付的原因或者原因之一不能归责于承运人本人的过错，或者第十八条述及的任何人的过错，承运人免除其根据本条第一款所承担的全部或部分赔偿责任。”

上述规定类似于《汉堡规则》第五条的推定过错，即货物索赔方证明其遭受了货物的灭失、损坏或迟延交付，且该货损或造成或促成该货损的事故发生在承运人的责任期间内，此时便推定承运人犯有管货过失，负有对货损的赔偿责任，除非承运人通过举证证明自己、其履约方、承运人或履约方的受雇人或代理人无过错，推翻此推定，免除其赔偿责任。如果举证不能，推定承运人有过错便成立，其要对货物的灭失、损坏或迟延交付承担赔偿责任。此推定过错制度的必然结果是承运人承担实质性举证责任。但《鹿特丹规则》的推定过错与《汉堡规则》的推定过错存在着细微的差别，主要表现在如下两个方面：

第一，要求承运人承担举证无过错的程度有所不同。《汉堡规则》第五条要求承运人举证证明“其本人及其受雇人和代理人已为避免事故的发生及其后果而采取一切所能合理要求的措施”，这种无过错举证责任，尽管尚无判例支持，但从条文解释上看，似乎要比《鹿特丹规则》要求更严格。

第二，推定承运人有过错的范围不同。《汉堡规则》是在承运人的责任期间内实行除火灾外的全部责任推定；《鹿特丹规则》是在有限的责任范围内实行推定，即在除外风险之外，实行承运人过错推定（详见下文“第二个推定”）。

2. 除外风险范围内实行承运人无过错推定——第二个推定

《鹿特丹规则》对承运人责任基础实行的第二个推定是：在列明的除外风险范围内实行承运人无过错推定。

《鹿特丹规则》第十七条第三款和第四款分别规定："除证明不存在本条第二款所述的过错之外，如果承运人证明下列一种或数种事件或情形造成、促成了灭失、损坏或迟延交付，也可免除承运人根据本条第一款所负的全部或部分赔偿责任：

（a）天灾；

（b）海上或其他可航水域的风险、危险和意外事故；

（c）战争、敌对行动、武装冲突、海盗、恐怖活动、暴乱和民变；

（d）检疫限制；政府、主管当局、统治者或民众的干预或妨碍，包括非由承运人或第十八条述及的任何人所造成的滞留、扣留或扣押；

（e）罢工、关厂、停工或劳动力受限制；

（f）船上发生的火灾；

（g）虽谨慎处理仍无法发现的船舶潜在缺陷；

（h）托运人、单证托运人、控制方或根据第三十三条或第三十四条托运人或单证托运人对其作为承担责任的其他任何人的行为或不为；

（i）按照第十三条第二款所述及的约定进行的货物装载、操作、积载或卸载，除非承运人或履约方代表托运人、单证托运人或收货人实施该作业；

（j）由于货物固有缺陷、品质或瑕疵而造成的数量或重量损耗或其他任何灭失或损坏；

（k）包装不固或标志欠缺、不清，且包装和标志非由承运人或代其行事的人所为；

（l）救助或企图救助海上人命；

（m）救助或企图救助海上财产的合理措施；

（n）避免或企图避免对环境造成危害的合理措施；或

（o）承运人行使第十五条和第十六条规定权利之下的行为。

虽有本条第三款规定，有下列情形之一的，承运人仍应对全部或部分灭失、损坏或迟延交付承担赔偿责任：

（a）索赔人证明，承运人或第十八条述及的人的过错造成或促成了承运人所依据的事件或情形；

（b）索赔人证明，本条第三款所列事件或情形以外的事件或情形促成了灭失、损坏或迟延交付，且承运人无法证明该事件或情形既不能归责于其本人的过错，也不能归责于第十八条述及的任何人的过错。"

承运人除根据第二款规定，证明其无过错外，还可以根据第三款规定举证证明该款15项除外风险中的一项或数项事件或情形造成或促成货物灭失、损坏或迟延交付，从而推定承运人无过错，免除其全部或部分赔偿责任，这就是《鹿特丹规则》的第二个推定。15项除外风险的内容，较之《海牙规则》的重要变化是取消了"航海过错"免责和承运人的受雇人或代理人的过错所致火灾免责。

第四款规定，如果索赔人能够举证推翻第三款的推定，即证明承运人或第十八条述及的人的过错造成、促成承运人所依据的除外风险事件或情形，则承运人无过错推定不能成立，仍要对上述货损负赔偿责任。但是，要求索赔方证明承运人或履约方及他们的受雇人、代理人的过错造成或促成其所依据的除外风险，往往是很困难的事情，如船上火灾，要索赔方证明是由承运人等的过错导致的，通常情况下是很难的。

《鹿特丹规则》实行承运人无过错推定的必然结果是：索赔方在除外风险范围内承担着实质性举证责任。这一推定较之《汉堡规则》规定，加重了索赔方的举证责任。

索赔方也可证明货损系由承运人援引的除外风险以外的其他原因所致，这时实际上回到了第一个推定，由承运人证明自己无过错，举证不能，依然要对货损承担赔偿责任。

3. 适航义务实行承运人有过错推定——第三个推定

《鹿特丹规则》对承运人责任基础实行的第三个推定是：适航义务实行承运人有过错推定。《鹿特丹规则》第十七条第五款规定："虽有本条第三款规定，承运人还应对下列情形之一的全部或部分灭失、损坏或迟延交付承担赔偿责任：

（a）索赔人证明，造成或可能造成或促成灭失、损坏或迟延交付的原因是：（i）船舶不适航；（ii）配备船员、装备船舶和提供供应品不当；或者（iii）货舱、船舶其他载货处所或由承运人提供的载货集装箱不适于且不能安全接收、运输和保管货物；并且

（b）承运人无法证明：（i）本条第五款第一项述及的任何事件或情形未造成灭失、损坏或迟延交付；或者（ii）承运人已经履行了第十四条规定的谨慎处理的义务。"

上述规定与《海牙规则》的规定比较，举证责任更加明确、清晰。

第一，索赔人必须首先完成船舶不适航的事实举证，而不适航与货损的因果关系只完成初步举证即可，证明货损是或可能是船舶不适航所致，举证责任就发生转移，推定承运人对不适航负有未尽谨慎处理之责，且不适航与货损存在因果关系。

第二，承运人欲推翻上述推定，必须完成两项举证责任之一，方可免除赔偿责任：或者证明承运人已尽"谨慎处理"之责，即使船舶不适航，也可免除不适航的赔偿责任，或者证明船舶不适航与货损没有因果关系。举证不能，承运人对货损将承担赔偿责任。

第三，与第一个推定比较，承运人适航义务的举证内容不是证明其无过错，而是证明其已履行了"谨慎处理"之责或货损与不适航不存在因果关系。至于举证未尽"谨慎处理"之责与举证无过错的关系，根据中国法，过错包含故意和过失，未尽"谨慎处理"之责应属过失范畴，也就是说，过错涵盖了未尽"谨慎处理"的情况，故而此规定不会出现未尽"谨慎处理"与过错在解释上的冲突问题，只是适航义务的举证责任更加具体罢了。

对于《鹿特丹规则》的这一推定，承运人承担较重的举证责任是有道理的，因为承运人对船舶的适航性最为知情。

4. 例外规定

一般情况下，《鹿特丹规则》关于承运人责任基础的上述规定，是强制适用于海运区段的。对非海运区段和海运区段的特殊情况，承运人的责任基础又有所不同，分别规定在《鹿特丹规则》第十五条（危险货的特别规定）、第十六条（为共同安全而牺牲货物的特

别规定)、第二十五条第二至五款（舱面货的特别规定)、第二十六条（非海运区段承运人的责任基础)、第四十八条第五款（货物未交付期间的承运人责任基础)、第八十一条（活动物运输的特别规定)。非海运区段承运人的责任基础适用该区段的国际公约规定；海运区段特殊情况下承运人责任基础，公约作了不同程度的减轻。

（二）《鹿特丹规则》承运人责任基础与《海牙规则》、《汉堡规则》和《中华人民共和国海商法》规定之比较

1. 与《海牙规则》比较

（1）归责原则

《海牙规则》实行过失责任归责原则，该规则第四条第二款第十七项除外责任规定："非由于承运人的实际过失或私谋，或承运人的代理人或受雇人的过失或疏忽所引起的其他任何原因"这一条款表明：除本款另有规定外，凡因承运人及其受雇人或代理人的过失导致的货物的灭失或损坏，承运人都应负赔偿责任。显然，这是过失归责原则的规定。

但是，因航海过失和火灾过失免除承运人的赔偿责任，使得承运人的上述过失责任变得不完全了。《海牙—维斯比规则》就责任基础而言，与《海牙规则》没有任何变化，均是不完全过失责任制。

（2）免责事项

《海牙规则》第四条第二款列明 17 项免责条款，实际上，17 项免责条款中真正属于免责事项（exoneration）的是航海过失和火灾过失两项。免责是指本应由承运人承担赔偿责任的，却因法定而免除了，故该款其余 15 项所谓的免责事项应称其为除外风险（excepted perils），即属海上特殊风险范畴。

（3）举证责任分配

《海牙规则》的举证责任分配不是很清晰，只能通过分析判断得出并非完全统一认识的结论。

①管货义务。《海牙规则》第四条第二款第十七项除外责任规定："非由于承运人的实际过失或私谋，或承运人的代理人或受雇人的过失或疏忽所引起的其他任何原因。但请求此项免责利益的人应当负举证责任，证明灭失或损害既非由于承运人的实际过失或私谋，又非由于承运人的代理人或受雇人的过失或疏忽所造成。"该免责事项表明了管货义务的举证责任应由承运人承担，证明其无过失，举证不能，承担赔偿责任，相当于《鹿特丹规则》的第一个推定。

②免责事项。《海牙规则》的免责事项的举证责任分配，也是从该规则第四条第二款第十七项除外责任的规定推导出来的，该规则仅规定此项免责举证责任是由承运人承担，那么，就意味着该款第 1～16 项免责的举证责任应由索赔方承担。相当于《鹿特丹规则》的第二个推定。

③适航义务。《海牙规则》适航义务的举证责任分配更加模糊不清。该规则第四条第一款规定："不论是承运人或船舶，对因船舶不适航所引起或造成的灭失或损害，都不负责，除非系承运人未按第三条第一款规定，谨慎处理使船舶适航……所引起或造成的。一

且由于船舶不适航引起灭失或损害，谨慎处理的举证责任应由承运人或请求本条免责的其他人承担。”这一款第一句话的含义是：承运人对船舶不适航导致的货物灭失或损害不负责，除非证明该灭失或损害是由于承运人未履行适航义务所致。显然，这一举证责任只能由索赔方承担，不可能是承运人自己证明自己没有履行适航义务。这里索赔方的举证既包括货损和不适航存在的客观事实，也包括货损与不适航之间的因果关系。这一款的第二句话是第一句话的例外规定，即“谨慎处理”的举证责任应由承运人承担。可见，《海牙规则》适航义务的举证责任分配，是索赔方承担较重的责任。

与《海牙规则》的责任基础比较，《鹿特丹规则》还有几个具体问题需要说明。

第一，航海过失免责的废除。航海过失免责条款，作为一个“世纪条款”，源于美国的《哈特法》，在国际航运发展的历史上，曾发挥了重要的作用。但随着时代的进步，它早已落后于时代。在《鹿特丹规则》的讨论中，尽管有少数代表团开始曾主张保留航海过错免责，担心一旦取消，将对船货双方的风险划分产生重大改变，对保险业带来经济冲击。但多数代表并不相信随着风险转移至承运人，责任保险费上升会使整个运输成本大幅上升的说法。工作组第十届会议与会者普遍认为：“《华沙公约》最早的案文中也曾出现过基于航行偏误的承运人赔偿责任除外情形，但早在 1955 年就已从空运货物的赔偿责任制度中去掉，这反映了航行方法上的技术进步。”“从调整海上货物运输的国际制度中取消此种免责条款，将是朝着运输法的现代化和统一方向迈出的一个重要步骤，这一步骤可能对确定门到门运输的国际规则至关重要。”CMI 在向 UNCITRAL 提交的公约草案报告中指出：“驾驶船舶或管理船舶的过失免责和火灾免责是《海牙规则》和《海牙—维斯比规则》中关于承运人传统除外规定中的头两条规定。对保留这两项中的任何一项都存在强烈的反对意见。”欧盟海洋运输委员会（Maritime Transport Committee）于 2001 年举办了货损责任研讨班，会议集中讨论表明，取消航海过失免责是可能被接受的。废止论者最终获得压倒性的优势，工作组决定取消航海过错免责。因此，从 A/CN. 9/WGIII/WP56 文件(2005 年 9 月 8 日）开始，到 WP81、WP101 案文，直到公约通过，对于取消航海过失免责始终没有再提出异议。

第二，首要义务的消亡。根据对《海牙规则》的体系解释，产生了关于船舶适航的“首要义务原则”（the principle of overriding obligation)，并在英美普通法国家一系列判决中得到应用。根据这一原则，“《海牙规则》第三条第一款（指承运人的适航义务)，是一项首要义务。如果其未履行适航义务且造成损失，则第四条所列的免责事项就不能被援用。这是根据第三条第二款（指承运人的管货义务）的开首语‘除第四条另有规定外’（subject to Article 4)，得出的合乎情理的解释。第三条第二款受制于第四条规定，而第三条第一款却不受这样条件限制的事实，使得这一结论十分清楚，无可争议”。在首要义务原则下，承运人要享受免责条款，必须首先履行谨慎处理使船舶适航的义务，而管货义务又要服从于免责条款。

《鹿特丹规则》第十七条第五款规定的适航义务，开头一句短语是“虽有本条第三款规定”（notwithstanding paragraph 3 of this article)，第三款规定的是除外风险条款。显然，在《鹿特丹规则》体制下，除外风险条款与适航义务的关系，不再是除外风险条款服从于适航义务的关系，而是索赔方可以证明不适航是或可能是导致货损的原因，以此对承运人援用除外风险提出抗辩。至于承运人的管货义务与除外风险的关系，《鹿特丹规则》并没有像《海牙规则》第三条第二款那样，在第十三条第一款前加一短语“除第十七条第三款另有规定外”（Subject to Article 17. 3）来表明管货义务要服从于除外风险。

《鹿特丹规则》之所以发生上述变化，是因为在该规则下，承运人的归责原则实行完全的过错责任制，不会再出现因承运人的过错行为既属于违反适航义务，又属于除外风险，或既属于管货过错，又属于除外风险。也就是说，只要承运人有过错，不论是直接造成货损（第十三条第一款），还是促成某种除外风险的发生而间接地造成货损（第十七条第四款），或是承运人违反谨慎处理使船舶适航的义务造成货损（第十七条第五款），都要承担赔偿责任，再不会出现3个条款相互重叠谁应优先适用的问题。因此，《鹿特丹规则》下，“首要义务”原则也就此消失。既然如此，为何不像《汉堡规则》那样，取消适航义务、管货义务和除外风险条款的单独规定，只规定一条原则性的归责原则条款？因为3个条款仍有必要单独规定的理由：一是继承《海牙规则》行之有效的条款，增加新公约的可操作性；二是3个条款的举证责任要求作出不同的规定。

第三，“同类原则”不再适用。《鹿特丹规则》第十七条第三款的15项除外风险，没有《海牙规则》第四条第二款第十七项的免责内容，即“非由于承运人的实际过错或私谋，或承运人的代理人或受雇人的过错或疏忽所引起的其他任何原因”。根据英国的司法实践，在解释该项免责事项时，适用英国法的“同类原则”，不作更广泛的解释。《鹿特丹规则》取消这一除外条款表明：除外风险是列明的，限定在本条第三款中的15项范围内，没有再适用“同类原则”的空间，不会也不允许有类似15项免责之外的任何其他免责事项。

2. 与《汉堡规则》比较

（1）归责原则

《汉堡规则》属于完全的过错责任制度，且实行除火灾以外的全部推定过失。承运人责任基础的全部内容都涵盖在一个条款之中，即第五条第一款：“如果引起货物的灭失、损坏或迟延交付的事故发生在第四条定义的承运人掌管货物的期间，承运人对由于货物的灭失、损坏及迟延交付所造成的损失，应负赔偿责任，除非承运人证明，其本人及其受雇人和代理人已为避免事故的发生及其后果而采取一切所能合理要求的措施。”这一表述虽与《鹿特丹规则》不同，但就本质而言，都属于完全过错责任。

（2）免责事项

《汉堡规则》取消了所有免责事项，除火灾外，统一用推定过错衡量承运人是否承担货损赔偿责任。

（3）举证责任分配

①管货义务。实行承运人过错推定，即《鹿特丹规则》的第一个推定。

②免责事项。取消免责事项，但因火灾引起的货物灭失、损坏或迟延交付，由索赔方负责举证。因为船上火灾由索赔方举证实属困难，所以，有人认为《汉堡规则》实质上等于保留了火灾免责。举证相当于《鹿特丹规则》的第二个推定。

③适航义务。与管货义务相同，实行承运人过错推定，即《鹿特丹规则》的第一个推定。《鹿特丹规则》与《汉堡规则》不同之处还有一点需要说明，这就是“瓦里斯库拉原则”的排除适用。《汉堡规则》第五条第七款规定：“如果货物的灭失、损坏或迟延交付是由于承运人、其受雇人或代理人的过失或疏忽连同另一原因所引起，承运人只在能归之于这种过失或疏忽所引起的灭失、损坏或迟延交付的范围内负责。但是，承运人应对不属于这种灭失、损坏或迟延交付的数额提出证明。”这一条款体现的是“瓦里斯库拉原则”，即两种原因造成同一货损，一个可以免责，一个不能免责，如果承运人不能举证将两者合理分开，承运人将承担全部赔偿责任。《鹿特丹规则》第十七条第六款规定：“承运人根据本条规定被免除部分赔偿责任的，承运人仅对根据本条应由其负赔偿责任的事件或情形所造成的灭失、损坏或迟延交付承担赔偿责任。”

这一款规定了两种以上原因造成的货损，承运人仅对其不能免除赔偿责任的部分负责。该款本身没有规定举证责任，暗含着举证责任的分配应适用本条前几款的规定。至于索赔人与承运人是否完成举证，以及免责与不能免责的原因各占货损责任的比例，是法官行使自由裁量权的问题。这就暗示《鹿特丹规则》不再适用“瓦里斯库拉原则”。

3. 与《中华人民共和国海商法》比较

（1）归责原则

《中华人民共和国海商法》（以下简称《海商法》）实行过错原则，《海商法》第四十六条第一款规定：“在承运人的责任期间，货物发生灭失或者损坏，除本节另有规定外，承运人应当负赔偿责任。”联系第五十一条第一款第（十二）项免除承运人赔偿责任的规定，即“非由于承运人或者承运人的受雇人、代理人的过失造成的其他原因”，说明承运人对所运货物承担过失赔偿责任。但是，由于第五十一条第一款第（一）项和第（二）项免除了承运人的受雇人、代理人航海过失和火灾过失所致货损的赔偿责任，使得过错责任原则变得不完全了。就此而言，《海商法》与《海牙规则》是一致的。

（2）免责事项

同《海牙规则》的免责事项基本相同，只是作了适当的合并，把《海牙规则》的17项免责变成了《海商法》的12项免责。

（3）举证责任分配

①管货义务。《海商法》第五十一条第一款第（十二）项规定，“非由于承运人或者承运人的受雇人、代理人的过失造成的其他原因”，承运人可以免除赔偿责任，但该条第二款接着规定：“承运人依照前款规定免除赔偿责任的，除第（二）项规定的原因（火灾免责）外，应当负举证责任。”这就是说，承运人要对自己无过错承担举证责任，举证不能，推定过失成立，承担货损赔偿责任，相当于《鹿特丹规则》的第一个推定。

②免责事项。《海商法》第五十一条第二款规定，第一款的12项免责，“除第（二）项规定的原因外”，承运人负举证责任。这就是说，只有火灾一项由索赔方证明承运人本人有过失，举证不能，推定承运人无过失成立，享受火灾免责，相当于《鹿特丹规则》第二个推定；其余11项免责规定均由承运人自己举证，证明自己没有过失，实际上回到《鹿特丹规则》第一个推定。

③适航义务。《海商法》有关适航义务的举证是不明确的。根据上述免责事项的举证责任分析，除火灾由索赔方举证外，其余 11 项免责，包括第（十一）项“经谨慎处理仍未发现的船舶潜在缺陷”和第（十二）项“非由承运人或者承运人的受雇人、代理人的过失”所致货损，均由承运人负责举证。因此，货损与不适航的因果关系，尽管谨慎处理使船舶适航，但均应由承运人举证，举证不能，则承担不适航的法律后果，这相当于《鹿特丹规则》的第三个推定。

（三）结论

从责任基础的上述比较可得出如下几点结论。

第一，《海牙规则》的归责原则实行不完全过失责任；除外责任列出 17 项免责条款（含航海过失和火灾）；除管货义务的举证责任由承运人承担外，免责事项和适航义务的举证都由索赔方承担。《海牙规则》的这种责任基础非常有利于保护船方利益。

第二，《汉堡规则》的归责原则实行完全过失责任，且是推定；取消所有免责事项；除火灾一项由索赔方举证外，所有举证均由承运人承担。《汉堡规则》的责任基础十分有利于保护货方利益。

第三，《鹿特丹规则》的归责原则同《汉堡规则》，而举证责任的分配接近《海牙规则》；除外风险既不是《汉堡规则》，也不是《海牙规则》；取消了《海牙规则》中免责事项中的核心条款——航海过失和火灾过失免责，保留了 15 项除外风险，综合分析对船货双方的利弊，基本适中，达到新形势下的利益平衡。

第四，《海商法》的归责原则是《海牙规则》的，但举证责任的分配是《汉堡规则》的，免责事项基本是《海牙规则》的。从责任基础的表现形式上看，虽与《鹿特丹规则》有所不同，但就平衡船货双方的利益分析，也是较为适中，兼顾船货双方的利益，与《鹿特丹规则》有异曲同工的效果。

从上述分析可以看出，《鹿特丹规则》的责任基础有其鲜明的特点，具有合理性、继承性、时代性和可操作性。我国既是航运大国又是贸易大国，从承运人的责任基础考虑，较好地平衡了船货各方的利益，不应成为签署《鹿特丹规则》的障碍。

当然，《鹿特丹规则》有关责任基础的新构架，可能会产生新的矛盾，带来新的问题。比如，《鹿特丹规则》第十七条取消了航海过失免责，而海上风险（perils of the sea）仍然是除外责任［见第十七条第三款（b）项］，那么，当风浪天气时船舶搁浅，究竟是因为大风浪将船舶吹向浅滩，还是船员驾驶不慎驶向浅滩？如果是前者，承运人可以免责；如果是后者，承运人不能免责，如此很可能会产生新规则下界限不清的问题。

二、承运人在集装箱运输中的风险及对策

（一）承运人无单放货的风险及对策

1. 风险

在实际业务中，提单上的收发货人因为正本提单不慎丢失或提单流转时间过长，导致

收发货人无法在货物抵达目的港后的免费堆存期内提货，或者根本无法提货，从而要求承运人无单放货。凭正本提单交付货物是国际公认的准则，也是承运人应尽的法定义务。从理论上讲，承运人在任何情况下都应凭正本提单交付货物，但从实务操作的角度来看，严格遵循凭正本提单交付货物的原则会导致收货人在目的港无法及时提货，并随之产生无人提货等超期重箱问题。可见，如何保证既安全又迅速地交货是承运人面临的难题。

2. 对策

通常情况下，承运人在接到提货人无正本提单提货的请求后，应首先确定该提单是指示提单还是记名提单。

（1）在指示提单的情况下，承运人应要求提货人提供提单正本、副本的影印件和装箱单等单据，以审核提货人是否为收货人，同时要求提货人提供资质优良银行出具的保函，并严格审核保函的有效期和担保金额。此外，承运人应取得发货人同意将货物放给提货人的书面保证。

（2）在记名提单的情况下，承运人无单放货所面临的风险相对较小，但承运人在放货前须取得收货人的保函及发货人同意放货的书面保证。

（二）承运人因无权查验货物而面临的风险及对策

1. 风险

由于集装箱运输的特殊性，承运人对集装箱内所装货物无权开箱查验、核对和计数，因此，承运人对所承运货物信息的了解完全依赖于货主的如实申报。部分货主为达到其不法目的（比如偷逃税款等），借机提供虚假货物信息，例如，谎报、瞒报货物品名、质量和件数等。鉴于此，目的港（尤其是欧盟国家港口）海关对从特定地区出口的货物予以高度关注，并对之实施随机开箱查验。随着目的港海关对我国出口产品检查力度的进一步加大，众多世界名牌企业与本国海关签署协议，以加强对进口假冒名牌货物的查处和打击。如果承运人被发现所承运集装箱内的货物与申报不符，往往会被目的港海关处以高额罚款。

2011 年 7 月，某船公司承运 7 个集装箱从巴基斯坦到海防港。货物到港后一直无人提取，联系收发货人也无任何反馈。最终，承运人在目的港申请海关查验，发现箱内货物不是所申报的海蜇皮，而是粗盐。由于承运人无法联系到收发货人，只能与目的港海关沟通，最终海关同意承运人就地销毁箱内粗盐，从而避免了集装箱退运的尴尬处境。但单箱货物的销毁费用为 3000 美元，承运人不得不为此支付高达 21000 美元的销毁费用。可见，虽然承运人在此案中没有过失，却仍要承担风险和损失。

2. 对策

承运人在目的港的代理人一旦发现所承运货物与货主申报信息不符，应立即与装货港代理人联系；装货港代理人须密切配合，设法及时与发货人联系，并发出书面通知，要求发货人就此事承担所有责任及一切可能发生的费用。

然而，在实际操作中，谎报、瞒报货物品名的发货人在货物托运前已做好被发现后的逃逸准备，此时承运人往往联系不到发货人。再者，大量发货人通过多家货代公司异地订舱，一旦出现问题，货代公司之间往往相互推诿，导致查找托运人和实际货主困难重重，即便找到托运人或实际货主，其往往拒绝承担相关责任，给事后处理造成极大困难。鉴于此，承运人及其代理人应要求订舱客户提供合约号或税则号，发货人、收货人、通知人及货运代理人的详细信息，以及船名、航次、收货地、装货港、卸货港、交货地、货物品名、箱型、箱量、运输条款和客户的个性化要求等，并要求客户的订舱单上必须有委托人的有效签章或签名。总之，承运人及其代理人应采取有效的安全防范措施，强化操作和管理规范，以避免损失，维护信誉。

（三）货主瞒报、谎报危险货物信息所带来的风险及对策

1. 风险

货主瞒报、谎报危险货物信息是承运人在集装箱运输业务中面临的重大隐患和风险，不仅可能造成严重人员伤亡和巨大财产损失，还会造成恶劣的社会影响，因此，承运人必须加强危险货物集装箱运输风险防控工作。

2. 对策

为降低危险货物集装箱运输风险，承运人在接受货主订舱时，应要求其提交书面申请，并且不接受货主在装船后的改单要求。对于货主正常的改单申请，承运人应认真查实货物品名，核对货物是否为危险品。此外，承运人还应要求货主提供有效担保，要求其承担可能引起的任何风险和损失，并加收相应的改单费用。

根据我国《海商法》等相关法律法规，货主有义务向承运人如实申报危险货物信息。如果货主瞒报、谎报危险货物信息，承运人不仅有权向货主主张和追究由此造成和产生的全部损失和法律责任，而且对瞒报、谎报的危险货物享有使之无害的权利，并且不承担赔偿责任。

（四）货主走私违禁品等货物所带来的风险及对策

1. 风险

随着我国国民经济的发展，海上集装箱运输中的走私品由传统的烟酒转为日常食品，如腌制品、方便面、榨菜和粉丝等，同时还包括我国禁止进口的物品，比如电警棍和仿真枪械等。在此类集装箱货物运输中，货主为方便进出口，往往不会如实申报货物品名，而多用服装、家居用品等合法货物品名替代。在走私案件中，承运人不仅面临目的港海关的高额罚款，还要承担由此造成的经济及名誉损失。

2. 对策

根据我国《海商法》的相关规定，托运人（或者其他发货人及其代理人）应当向承运人保证其在货物装船时所提供的货物品名的正确性，并且保证所托运的货物是合法货物。如因托运人未正确申报或从事走私等违法行为对承运人造成损失，托运人应当负赔偿责任。在实践中，对于因货物中夹带违禁品、走私品导致集装箱及箱内货物在目的港被海关扣留的情况，承运人及其在目的港的代理人应主动配合目的港海关，提供与货物有关的文件和单证，并积极联系收发货人，要求其提供相应的现金担保或银行担保，以使海关尽

快放行货物，并保证承运人能够追回由此产生的损失。

（五）承运人因货主装箱不当而面临的风险及对策

1. 箱内货物积载、绑扎不当

（1）风险

在集装箱运输中，承运人将预检合格的集装箱交给货主，由货主自行将货物装箱后交付承运人，然后由承运人安排将装箱完毕并且铅封完好的集装箱装船运往目的港。由于承运人在未征得货主同意的情况下无权擅自开箱查验货物，因此，承运人对于箱内货物的堆装、积载、绑扎等情况一无所知。由于货主对远洋集装箱运输风险（如遭遇海浪、恶劣气候等）缺乏直观的感受和预测，因此，其在装箱时对箱内货物的积载、绑扎往往不会给予充分重视，其结果不仅会导致货物发生严重损坏，而且会造成箱体损坏。

（2）对策

为避免因货物装箱不当产生风险和责任，承运人通常在签发的提单上注明“发货人装箱、清点数量并施封”字样，避免使用“清洁已装船”字样。在因货主积载、绑扎货物不当导致货物受损的情况下，承运人不仅不应承担货损的赔偿责任，还应根据集装箱的损坏情况向货主追偿相关修理费用。

2. 冷藏货物装箱不当

（1）风险

随着冷藏集装箱制冷和控制技术的发展和日臻完善，冷藏集装箱适装货物的范围不断扩大。虽然冷藏集装箱现已具备多种保证货物质量的功能，但对货物进行正确的装箱前预处理和适当的包装，以及箱内货物堆装，对特定温度、湿度、新鲜空气换气量等的设置均十分重要。如果货物在装箱前没有预冷，或者箱内货物堆装超高，或者因货主对冷藏集装箱工作原理认识不足，将冷藏集装箱的通风口遮蔽，承运人将无法保质保量地将货物安全运抵目的地。

（2）对策

在运输冷藏集装箱时，承运人应配合货主完成以下工作：对货物进行预冷处理，使货物温度达到运输要求的温度；冷藏集装箱一般不予预冷，以防止箱内水汽凝结后产生水滴损坏货物外包装和标签，但在货物冷库温度与箱内温度一致并采用冷风通道装货时，可以预冷冷藏集装箱；在冷藏集装箱交付使用前，承运人应对箱体、制冷系统等进行全面检查，保证冷藏集装箱清洁、无损坏，并确保制冷系统状态良好；货物装箱前应将箱内温度、湿度和换气量等数据设定在正确范围内，同时箱内堆装的货物应低于红色装载线，并不超出“T”形槽的垂直面；在多式联运的交接过程中，货物可能短途脱离制冷，或者因制冷系统故障造成货物脱离制冷，对此，承运人应尽量避免冷藏集装箱长时间停止制冷的情况，以免温度波动造成货物质量下降。总之，如果因货主装箱不当造成货损，承运人不承担赔偿责任。

（六）承运人因无人提货而面临的风险及对策

1. 风险

受国际金融危机和经济危机的影响，重箱超期堆存、无人提货的现象日趋严重。2010年9月，某船公司从欧洲承运30个集装箱的大理石货物抵达蛇口港后，收货人陆续提走15个集装箱，剩下15个集装箱因为清关问题无法解决一直无人提取。承运人在与收货人多次沟通无效后，对提单上的收货人提起诉讼。我国海事法院开庭审理该案，但收货人否认一切责任，并表示弃货。

2. 对策

为避免无人提货和超期重箱案件发生，承运人在目的港的代理人应在货物抵港后及时通知收货人，并催促收货人尽快安排提货事宜。如果收货人对承运人的通知和查询不予协助，或者发生收货人公司倒闭及收货人失踪等情况，承运人在目的港的代理人应与当地海关等相关政府部门商讨货物处理办法，或尽快申请法院拍卖或销毁货物，以避免超期重箱在目的港长期堆放，最终也有利于承运人向责任人追偿损失。

我国《海商法》第八十六条、八十七条和八十八条对在卸货港无人提取货物或收货人迟延、拒绝提取货物作出规定，据此可以认定提单上的收货人是无人提货、超期重箱案件的首要义务主体。在提单上载有收货人联系方式和名称的情况下，如果收货人拒绝提取货物，法院一般认为收货人应当履行及时提货并按时向承运人返还集装箱的义务，同时承担因收货人未能及时返还集装箱产生的集装箱超期使用费等损失。

（七）承运人签发交换提单的风险

从广义上讲，交换提单的含义可扩大为：凡在已签发提单的原正本提单基础上，再签发另一套正本提单来代替原提单，均属于交换提单。

1. 交换提单使用的原因

（1）打破因某种原因造成的港口间不能直接通航的限制

在当今的国际贸易中，可能由于某些原因特别是由于政治方面的原因造成的国家间或区域间的贸易障碍，致使两个港口之间不能直接通航，如韩国和朝鲜之间。在此种情况下，通常可以通过转口贸易和交换提单两种途径来解决。通过交换提单这种方式的做法通常是在装运港将货物装上船并签发一套以该港为装运港的提单，但由于该提单上的装运港不能为目的港官方所接受，因此当船驶抵某一经政治上为目的港官方所认可的中途港后，发货人可请求船方重新签发一套提单，在新提单上将该中途港作为新装运港，从而使政治上的问题得到解决。

（2）便于中间商从事转手贸易

在当代国际贸易中，有中间商存在的三角贸易仍然占一定比例。有些中间商为了保守商业秘密，要确保进口商与实际供货人是相互隔绝的，以达到控制货源并赚取中间差价的目的，常采用可转让信用证或背对背信用证，为此与之相配套的工作便是中间商可能更换发票、提单等单据，因此，签发交换提单就成了便利三角贸易的运输安排。另外，在有些中间商存在的贸易中，货物可能因故已装船且签发了提单，该船已经离港后还未确定买主或原定的买主购货数量有所增减，如果在航行途中联系好买主，则需要签发交换提单。

（3）为实现贸易便利的需要

当买卖合同和信用证中规定以某一特定港口为装运港，而作为托运人的卖方可能因备货等原因，不得不在这一特定港口以外的其他港口装运时，卖方为了符合合同或信用证中对装运港的要求，便可以要求承运人签发交换提单这种变通的做法。通常的做法是待货物装船以后先行签发实际装货港的提单，但此时提单只能起到一个货物收据的作用，还不能以此去银行结汇。待船舶驶抵合同或信用证上规定的装货港以后，发货人应将原提单交还给承运人，承运人再凭此换发一套以该中途港为装货港的提单，从而符合信用证的规定，以便顺利结汇。

（4）避税或享受某些税收方面的优惠

海关征收进出口关税，大都要查验提单，而提单上的装货港、目的港决定了该票货物是对外贸易的进口或出口，还是国内贸易。装货港、目的港也决定了是否征收关税和征收多少。在某些情况下，货物进口国会对来自不同国家的同一货物征收差别关税，为了逃避高额税率，某些发货人便根据收货人的意愿，请求承运人签发交换提单，以达到逃税或享受税收优惠的目的。

（5）为了报关方便

在极个别情况下，船舶沿途停靠几个装货港并装载货物，船方虽然分别签发几套提单，但这些提单项下的收货人均为同一人，并且只能以单票货提单报关。为了报关方便，有时货方在某一中途港将若干套提单同时交还给承运人，并要求承运人换发一套以该中途港为装运港的提单，以此来解决报关问题。

2. 交换提单项下承运人面临的风险及防范

通过以上对交换提单产生原因的分析可以看出，交换提单的产生主要是为了便于托运人或中间商规避法律或从事贸易的需要。但是，承运人一旦接受签发交换提单的要求，便有可能面临巨大的风险。

首先，可能面临进口国政府或相关职能部门的法律或行政制裁的风险。由于签发交换提单的目的大多是为了规避相关贸易管理法规的需要，这在世界上为大多数国家所明令禁止，因此，这种交换提单的行为一旦被发现，承运人将面临诸如禁止货物进口、扣船、罚款等法律和行政制裁，会使其处于十分不利的地位。

其次，承运人还可能会面临被货物进口方索赔的风险。承运人往往是应托运人的要求签发交换提单，而收货人有时对此并不知情，一旦被收货人发现，往往会立即指控承运人和托运人共同串谋欺诈，而且某些即使知情的发货人也会因货物市价下跌等原因而拒收货物甚至要求赔偿，从而承运人将陷入十分危险的处境。

可见，承运人签发交换提单的风险巨大，加之目前对交换提单问题还没有相应法律法规加以约束，更是增加了承运人的风险。但从商业实践来说，承运人签发交换提单并非完全“恶意”，在某些特殊情况下，承运人为了争取更多业务又不得不签发这种提单。这样，承运人如何保护好自己的利益问题就变得尤为重要。承运人原则上不要轻易接受签发交换提单的要求，但是一旦接受，一定要注意防范其风险。对此，承运人一定要注意以下几点：

（1）做好客户的资信调查

承运人在决定是否接受交换提单前，首先应对这一要求的提出者的资信程度作出较为适当的评价。一般来说，最好是承运人比较熟悉和了解的长期客户，否则不应贸然接受其要求。

（2）要求托运人提供担保

为了减少自己的风险，承运人在签发交换提单时，应该要求托运人提供担保，通常的做法就是提供保函，在保函中要明确表示：因签发交换提单而产生的一切损失由托运人承担。之所以这样要求，是因为承运人在明知提单上的装货港与实际装货港不符的情况下，仍然为托运人签发交换提单，就有可能被法院认定为欺诈行为。如果托运人提供了保函，一旦承运人被判定负有责任，还可以转过头来向托运人追偿。当然，在负有欺诈责任的情况下，保函有可能被判定无效，但法院在处理此类追偿之诉时，通常是会实事求是并认真考虑航运中的现状。因此，收取保函在一定意义上可以起到保护承运人利益的作用。另外，在某些情况下，承运人还应要求托运人提供可以依据该交换提单顺利交货的保证，以证明通过交换提单方式交货是买卖双方协商一致的结果。

（3）收妥运费后才可办理交换提单

为了减少风险，承运人应拒绝在未收妥足额运费的前提下办理交换提单的手续，即使是签发运费到付的提单，应该在收妥运费后才可办理交换手续。

（4）必须收回原装货港签发的提单

所谓交换提单，顾名思义，就是要凭原提单换发新提单，否则“交换”二字即无从谈起。作为承运人，尤其要注意：在签发交换提单时，必须要求托运人交回原提单，如确实因客观原因以致暂时无法收回原提单的，也应在托运人提供保函的前提下才可办理转换手续。坚持这样的做法，对承运人来讲可以减少风险；对托运人来讲，也可便利国际贸易，减少有关的损失。

在我国曾发生过这样的一个案例：某经贸公司与韩国某公司签订一份水泥买卖合同，合同约定的装货港为中国的青岛港，卸港为韩国的木浦。然而真正的装货港却是朝鲜的某一港口。为了符合韩国的法令，也为了方便结汇，只能采取签发交换提单的做法。承运人首先以朝鲜港口为装货港签发了提单，几天以后，中国的经贸公司要求承运人再签发一份以青岛港为装货港的提单，以便结汇。承运人依照惯例，要求中国的经贸公司交出原提单，但由于该公司的业务人员不了解海运业务与海商法理论，一味强调提单是物权凭证不能轻易交给别人，因而使交换提单无法签发，货方凭原提单去银行结汇又遭到了拒绝。当船舶驶抵韩国的卸货港以后，由于收货人收不到提单，因而使提货根本无法进行，致使船舶在港口停泊达一月之久，以后不得已又将船驶回国内，在法院的主持下将水泥拍卖以赔偿滞期损失。通过此案可以看出，正是由于货方未交还原来所签发的提单，才使交换提单无法进行，因而造成巨大的经济损失。

（5）必须限定交换提单的条件

如果交换提单的内容可以应发货人要求随意变更，那么对承运人来说风险无疑是非常大的。因此，承运人在签发交换提单时还必须注意限定交换提单的条件。例如，交换提单（第二套提单）的签发地应是第一套提单的目的港或中转港；交换提单的签单日应同第一份提单，不得更改；提出交换提单要求的时间应不少于交换提单所及船舶抵达目的港的前5天。交换提单的提单记载事项应与原第一套提单的记载事项相同，可转换的内容限定如下：

①发货人：一般情况由原发货人提出，需核实第一套提单的收、发货人，经书面确认同意。

②收货人或通知方：记名提单时应由原提单的收货人提出，但需核实第一套提单的发货人，经书面确认同意；指示提单时更要注意提单的流通特点所带来的风险更大。一般应由原发货人或经发货人背书的提单持有人或通知方提出，并需核实第一套提单的各有关方，书面证实其间的关系。

③卸货港：必须在本航线范围内合理港序的港口。

④箱量和数量：分票换发或集中一票换发，但箱量、总件数、重量和体积与第一套提单相符。

综上所述，交换提单产生的原因比较复杂，而且此种提单的办理常给承运人带来一定的风险。因此，作为一个谨慎的承运人，在实践中应该本着严肃认真的态度，坚持不参与欺诈活动和不损害货方利益的原则，区分情况，按习惯做法进行谨慎操作，做到既不影响国际贸易的进行，又不损害收货人的利益。

三、无船承运人风险防范

（一）承担船舶适航过错及造成损失的责任

无船承运人相对于托运人而言，承担的是契约承运人风险。无船承运人作为契约承运人与托运人订立海上货物运输合同中，必须符合我国《海商法》有关契约承运人须谨慎处理使船舶适航的规定。《海商法》第四十七条规定："承运人在船舶开航前和开航当时，应当谨慎处理，使船舶处于适航状态，妥善配备船员、装备船舶和配备供应品，并使货舱、冷藏舱、冷气舱和其他载货处所适于并能安全收受、载运和保管货物。"根据该条款，本应实际承运人履行的船舶适航义务，同样适用于作为契约承运人的无船承运人，其须对由于实际承运人未能谨慎处理使船舶适航的过错及造成的损失承担责任，这就要求无船承运人在选择实际承运人及船舶时，要特别谨慎地考察其资信情况和船舶状况。

2000年12月，托运人M公司、土畜公司分别与收货人K公司签订买卖合同，K公司向上述两家购买菇类货物。装箱时M公司的603纸箱香菇和土畜公司的726纸箱蘑菇装在一个集装箱内。原告即无船承运人以自己的名义为上述货物签发了两套提单，载明托运人为M公司和土畜公司，收货人均为K公司。原告又与被告N香港公司联系实际运输事宜，由另一被告N海运公司实际承运涉案货物。由于冷藏集装箱在运输途中发生故障，致使箱内温度升高，蘑菇发生货损。货物抵港后分拣，部分出售，部分作废弃物处理。原告向K公司进行赔付。12月25日，K公司向原告出具了“收据及权益转让书”。随后原告起诉N香港公司和N海运公司，要求两被告承担责任。经法院审理，最后判决N海运公司赔偿货物价值、海运费及检验费。

此案中，因为该货损发生在承运人的责任期间，也在实际承运人N海运公司控制货物的期间内，所以被告N海运公司同样负有赔偿责任，原告向收货人K公司赔付后，有权向N海运公司追偿。被告N香港公司仅为中间联系人，也非实际承运人，故不承担责任。

2000年3月，原告无船承运人承运货主D公司的一批冻虾（共3个冷藏集装箱），从加拿大运往中国宁波。原告无船承运人签发了全套正本提单，提单记载的装运指示是：冷藏集装箱温度须保持在零下25摄氏度。货物几经转船，于5月26日由A公司经营的“向荣”轮运抵宁波。卸货后由于B公司未及时给集装箱通电，造成货物解冻。6月21日，货主D公司又将货物运回上海，开箱后发现货物变质。货损事故的发生引起两个诉讼，一个是提单持有人起诉无船承运人和货物管理人；另一个是无船承运人赔付货主后，向实际承运人、船舶经营人和货物管理人进行的追偿诉讼。

法院认为：提单持有人即货主D公司有权起诉无船承运人和B公司，货主D公司与无船承运人存在海运合同关系，无船承运人收取了全程运费，应对全程运输负责，对货损负有赔偿责任，法院判决无船承运人赔付货主D公司的货物损失。无船承运人赔付后，同样有权向责任人即实际承运人进行追偿。于是，无船承运人向某海事法院起诉区段实际承运人C公司和“向荣”轮的经营人A公司及B公司，并获得胜诉。

对此种风险防控措施如下：

1. 争取将实际承运人列为共同被告

《海商法》引入了《汉堡规则》中的“实际承运人”概念。根据《海商法》第四十二条第（二）项的规定，“实际承运人”是指“接受承运人的委托，从事货物运输或者部分运输的人，包括接受转委托从事此项运输的其他人。”就《海商法》的立法意图及航运实践，无疑对此处的“委托”与“转委托”应作广义解释，而不应局限于我国《合同法》上的委托合同（在航运实践中，承运人与实际承运人之间的关系，很难符合我国《合同法》第二十一章所规定的委托关系），即应包括提单中约定“自由转运条款”的情况。在联运提单下进行的转运，也应包括租船运输（程租租船和期租租船），以及无船承运人为履行与托运人订立的运输合同而与其他人另订运输合同的情况。因此，应当认为与无船承运人订立海上货物运输合同的海运承运人的地位应为《海商法》中的实际承运人。《海商法》为了更好地保护货方的利益规定了承运人与实际承运人均负有赔偿责任的连带责任，据此发生货损、货差、迟延交付时，货方可以将实际承运人作为共同被告提起诉讼。因此，无船承运人应争取将实际承运人列为共同被告，以便一步到位地解决纠纷的责任与赔偿问题，避免另案起诉追偿，省时、省费、省精力。

2. 争取由实际承运人承担责任

《海商法》第六十条第二款规定，“在海上运输合同中明确约定合同所包括的特定的部分运输由承运人以外的指定的实际承运人履行的，合同可以同时约定，货物在指定的实际承运人掌管期间发生的灭失、损害或迟延交付，承运人不负赔偿责任”。当出现此种情况时，托运人则无权要求承运人与实际承运人承担连带责任，而应由实际承运人独立承担责任，托运人应直接向实际承运人索赔。

这对无船承运人来说无疑是十分有利的，但无船承运人要援引该条规定必须满足以下条件：

（1）合同中明确约定了指定的实际承运人，即定明实际承运人的名称；

（2）合同中明确约定了实际承运人履行的特定的部分运输，即具体规定了哪部分运输由实际承运人履行；

（3）承运人证明，货物的灭失、损害或者迟延交付发生在该实际承运人掌管货物的期间；

（4）合同中约定承运人对这种灭失、损坏或迟延交付可以免责。

从我国无船承运业务的客观实践来看，大多数无船承运人签发的提单很难满足上述条件，从而也就丧失了《海商法》第六十条第二款的保护。

3. 争取享受与海运承运人同等的权利

无船承运人因其本身并不拥有船舶，而是通过拥有船舶的海运承运人来承担海上货物运输，因此虽是契约承运人，其责任、义务与传统的海运承运人完全相同，但其权利却不完全相同，如无船承运人不可享受海事赔偿责任限制。因此，在将《海商法》适用作为一类特殊的契约承运人的无船承运人时，还有待于进一步的细化、明确，甚至变通，使得无船承运人也可享受海事赔偿责任限制，否则对无船承运人是不公平的，同时也不利于无船承运人业务的发展。

（二）承担不合理绕航的责任

《海商法》第四十九条第一款规定：“承运人应当按照约定的或者习惯的或者地理上的航线将货物运往卸货港。”但一旦出现不合理绕航情形，作为“契约承运人”的无船承运人仍需承担赔偿责任。

无船承运人 E 公司负责货物拼箱并运至中东迪拜（从新加坡中转），2005 年 3 月 6 日货物所装船只驶离上海，当时一切正常。3 月 22 日接新加坡代理（JSAS）来电称该货物在准备转运装上二程船时发现部分货物遗失，并随即收到代理的邮件。E 公司在第一时间将该消息电话告之客户。4 月 3 日收到代理转来的仓库（HABA LOGISTICS）信函称，其中的 13 箱货物仍在仓库，另外的货物正在寻找中，并已经提交警方处理。E 公司将这一消息告诉了客户，为了避免迟延交货，客户要求立刻空运 13 箱货物并承担相应的费用。经过多次与代理交涉，代理与仓库交涉，剩余的 13 箱货物赶上了航班，并于 4 月 7 日到达迪拜。2005 年 4 月 5 日收到仓库第二封邮箱信函称，另外的 18 箱货物已经遗失，到目前为止尚未找到，警方仍在调查中。从客户提供的发票看，31 箱货物的发票金额为 32550 美元，其中 13 箱改为空运的货物发票金额为 11488. 50 美元。由于 18 箱货物无法找到，客户另外安排了补货。2005 年 4 月 11 日客户向 E 公司提交了对 18 箱货物遗失的索赔函，共计索赔金额为 32550 美元。事情发生后，华东公司随即通知了股份公司，并向无船承运人责任保险人报了案。本案E公司实际应承担的货损金额为17460美元。按照保单条款的约定需扣除4000美元的免赔额，责任保险人经过几个月的理赔证据搜集工作，最后确定的赔偿数额为13460美元。客户收到赔款后，撤销了对E公司的索赔并表示不再追究。

对此类风险的防控措施如下：

1. 每个环节都要过细

海上货物运输涉及的环节较多，《海商法》第四十八条中所列承运人需承担责任的环节就有7个之多，而无船承运人作为契约承运人，所涉及的环节则更多。要想使所承运的货物安全、准确、完好运抵目的港/地，并依据无船承运人提单交付给收货人，必须在整个运输过程中不出一点问题。所以，无船承运人作为组织并承担整个运输的经营人，不但自身工作要做好，尚需与海运实际承运人、船务代理、装卸货物的雇员、理货公司、仓储公司等每个环节及时沟通、细致工作，尤其是对一些薄弱环节更要加强管理，不得有丝毫大意。

2. 严格遵循操作流程

海上货物运输虽然很复杂，存在着各种风险，但是，它毕竟已有数百年的历史，积累了丰富的经验，形成了许多国际海上运输中的正确做法与科学管理，且制定了许多配套的国际公约与各国的法律法规，所以，只要严格按照这些规范的流程进行操作，就可避免或减少货损、货差的风险。

3. 特殊货物特殊安排

现代运输与传统运输有很大的区别，尤其体现在所承载的特殊货物方面。随着社会的发展，有特殊要求的货物越来越多，如危险品货物、化工产品、冷藏冷冻货物等，对待这些货物必须加以“特殊照顾”，决不能掉以轻心。尤其是危险品，一旦未能认真严格按规矩办事，稍有不慎就会出事，甚至出大事，所以必须倍加小心。例如，货物是否合理积载，不仅影响到货损、货差的产生，还会直接影响到船舶是否适航的大问题，同时还涉及船舶的稳性，所以承运人在货物积载时，一定要特别注意货物装卸港的顺序，重货在下，轻泡货在上，各种危险品按《国际海运危险货物规则》存放在不同货舱或同一货舱不同部位，或同一部位但相隔一定距离，将易燃怕热的货物远离船体发热处，将冷藏冷冻货物妥善存放并按要求接插电源，对集装箱货物的码放也要合规。

4. 所载货物须符合运输方式要求

无船承运人揽取的货物一般都是集装箱形式，且责任较之海运货物有所延伸，往往不是从货物装上船开始、到卸下船为止，而是从无船承运人或其代理人接收或照管货物开始、到收货人收到货物为止。所以，货物的包装不但要符合海上运输，还要符合陆路运输，集装箱内部的货物包装也必须考虑到这一特点。货物的包装须符合各种运输要求的标准。需要隔垫或固定的货物，必须做到符合买卖合同约定的标准，没有约定的应按运输惯例的标准进行隔垫或固定。虽然无船承运人对非由其本人负责装箱和铅封的，只要集装箱运抵收货人手中时，箱体外部完好、铅封完好，其对集装箱内产生的货损、货差不承担任何责任，但如果无船承运人一开始就注意到这些问题，并且事先提醒货方，那么也可减少出现集装箱的货损、货差，避免产生一些不必要的纠纷。

5. 防止信息有误

当今社会已进入一个信息化时代。各行各业都依赖电脑网络进行高效业务活动，许多无船承运人及相关企业也通过这一途径开展工作。利用电脑网络无疑提高了工作效率，降低了成本，加速了各种货物运输信息的交流，有利于无船承运人业务的发展，但也提醒无船承运人在工作中要更加认真负责，认真仔细地对待每一件“小事”。例如，填错一个数字、一个地址、一个客户名称、一个字母（或多一个或少一个字母）、一种货币、一项货物名称等，这些看似“小事”，却可能导致承担巨大经济损失的“大事”。所以在业务操作过程中，无船承运人要有这种由于信息有误亦会引起货损、货差，甚至会带来巨大风险的意识。

第三篇　贸易便利化

第八章　贸易便利化

本章概要

有效促进贸易便利化、降低贸易成本是服务经济对海关监管的本质要求。本章第一节介绍贸易便利化的理论渊源和政治根源，第二节介绍国际组织在贸易便利化方面所进行的实践和探索，第三节介绍我国海关在贸易便利化方面的实践与成就。

学习目标

理解贸易便利化的理论渊源、政治根源和贸易便利化的内涵，了解各个国际组织和贸易便利化的关联及他们所做的实践和探索，掌握贸易便利化的影响因素分析及我国海关在贸易便利化领域所作的贡献。

第一节　贸易便利化概述

一、贸易便利化的理论渊源：贸易自由化

亚当·斯密、大卫·李嘉图、赫克歇尔、俄林、巴格瓦蒂等自由主义者认为，各国应当削减关税和非关税壁垒（Non - tariff barriers）①，发挥各自的比较优势，这样才能增加社会福利，促进经济增长。汉密尔顿、李斯特、克鲁格曼等贸易保护主义者则认为，为了保护本国的幼稚产业，发展生产力，各国需要运用关税和非关税措施。“到底哪种政策更佳，自由贸易主义还是贸易保护主义？这已成为一项持续多年的争议。20 世纪 50 年代至 60 年代，呈现的是稍偏离保护主义而偏向于自由主义的场景。但从 70 年代早期开始，天平又开始向另一方倾斜，频繁且更加熟练地采用关税和非关税措施又成为常见现象。”②

有人认为，“要想保证国家经济能够持续开放，必须降低关税壁垒，解除贸易禁锢。20 世纪下半叶的 50 年间，发达国家平均关税水平从 40% 降到了 4%。期间的事实表明，愈开放的并且以出口为主的经济比封闭的以内销为主的经济发展得更快。整个 20 世纪全球国民生产总值翻了 19 番，超过人类有史以来所有时期的国民生产总值之和”。③ 美国经济学家保罗·萨缪尔森指出：“有关自由贸易，或比较自由的贸易的论证，实质上只有一种，但却非常有力的论证，即自由贸易促进了相互有利的劳动分工，极大地增强所有国家的潜在生产力，并且，使全球范围的生活水平可能得以提高。”④ 关税与贸易总协定在序言中明确表示，以扩大世界资源的充分利用及发展商品的生产与交换为目的。成立于 1995 年的世界贸易组织，承继了关税与贸易总协定一贯倡导的自由贸易理念，通过多轮谈判，降低了关税，增加了市场准入。

---

① 关税与贸易总协定（GATT）秘书处于 20 世纪 60 年代首次提出“非关税壁垒（Non - tariff barriers）”的概念，并将其分为 5 组共 26 项：第一组，国家干预外贸的措施，包括国内生产商及国产货物消费者特权、出口补贴、反补贴税、国家采购、政府企业贸易行为、贸易限制方面的其他措施；第二组，海关程序和行政措施，包括海关估价办法、反倾销税、反补贴税、领事和海关手续及其单证；第三组，标准，包括技术标准、货物包装及标志要求；第四组，具体贸易壁垒，包括进口数量限制、进口双边歧视性限制、出口限制、最低价格限制、许可证限制、电影方面的限制；第五组，进口收费，包括保证金、进口人信贷限制、杂费、边境财政税费、对国外葡萄酒和烈性酒的限制、对机动车辆的歧视性收费、统计和管理收费、进口货物特别税费。Inventory of Non - tariff Barriers. GATT. Geneva，1968/1969。转引自［阿塞拜疆］A. A. 阿里耶夫著，方宁、刘平译：《海关业务与世界经济发展》，中国海关出版社 2006 年 12 月版，第 30 ~ 32 页。

② ［阿塞拜疆］A. A. 阿里耶夫著：《海关业务与世界经济发展》，方宁、刘平译，北京：中国海关出版社，2006 年 12 月版，第 17 页。

③ ［阿塞拜疆］A. A. 阿里耶夫著：《海关业务与世界经济发展》，方宁、刘平译，北京：中国海关出版社，2006 年 12 月版，第 6 ~ 7 页。

④ 保罗·萨缪尔森著：《经济学》，麦格劳出版社，1980 年第 11 版，第 651 页。转引自约翰·H·杰克逊著：《世界贸易体制——国际经济关系的法律与政策》，张乃根译，上海：复旦大学出版社，2001 年 12 月第 1 版，第 13 页。

然而，贸易的自由化并不必然带来贸易的便利化。成员方名目繁多、层出不穷的非关税贸易壁垒措施的出现，例如繁杂的和非标准化的进出口通关程序、低透明度的文件，不同程度地导致了国际贸易时间的拖延和成本的增加，这无疑给“时间就是金钱，效率就是生命”的进出口商增添了沉重的负荷，也阻碍了国际贸易的健康发展。为降低贸易成本，提高贸易的可预见性，减少腐败，各国纷纷通过修改其国内对外贸易法、海关法来便利贸易。联合国贸易和发展会议曾经做过一项统计，平均来说，一项海关通关程序要涉及20～30个不同的部门、40个文件、200个数据元（其中30个重复至少30遍），并且60%～70%的数据至少重新输入一遍。由于全球关税的降低，在很多情况下，遵守海关的繁文缛节所带来的成本比关税的成本还要高。事实上，在即时生产和交付的现代化商业环境中，更需要的是快速和及时的货物交付。亚太经合组织做出的一项调查表明，贸易便利化将使其产生相当于实际国内生产总值0.26%的利益，几乎是关税自由化的两倍，并且因此带来进口价格的降低将会使该地区发展中国家进口价格下降1%～2%。同时，专家指出，许多中小型企业（他们在许多国家占GDP的60%）不积极参与国际贸易主要是由于海关程序繁琐而不是贸易壁垒。对于发展中国家来说，海关和交通的低效性将对他们融入全球经济一体化造成极大障碍，并且可能严重损害本国的出口竞争力和外国直接投资的流入。①

1996年，世界贸易组织将贸易便利化作为独立的议题之一列入“多哈回合”多边谈判，试图通过谈判来制定多边规则，从而统一和协调各国政府管理贸易的政策和法律。

二、贸易便利化的政治根源：国家利益与利益集团

2009年9月11日美国总统奥巴马宣布，对从中国进口的所有小轿车和轻型卡车轮胎征收为期三年的惩罚性关税，税率第一年为35%，第二年为30%，第三年为25%。作为回应，两天后即9月13日，中国商务部对原产于美国的部分进口汽车产品和肉鸡产品启动反倾销和反补贴立案审查程序。“在贸易或国际货币这类所谓具体问题的背后，隐藏着影响国家政权、独立性及切身利益这类意义重大的政治问题。虽然贸易可以做到互利互惠，但每个国家都想得到多于其应得的收益；每个国家都想在技术上更上一层楼，以便从它对国际劳动分工所做的贡献中获取最高的附加值收益。同样，每个国家也都要求对国际金融体系规则的制定具有发言权。无论是国际经济事务的哪一领域，经济问题与政治问题都是紧密结合在一起的。”②

贸易自由化和便利化还取决于各国的国家利益及其国内利益集团的博弈。对于国际贸易政治，目前存在自由主义、现实主义（经济民族主义）及马克思主义三大理论。“自由派认为，贸易是一种和平力量，因为他们相信，经济的相互依存创造了各国积极进行联系的条件，促进了各国利益的协调，而且使维护现状对各国都有重大的利害关系。另一方

---

① 薛荣久、樊瑛等著：《WTO多哈回合与中国》，北京：对外经济贸易大学出版社，2004年7月第1版，第194页。

② ［美］罗伯特·吉尔平著：《国际关系政治经济学》，杨宇光等译，上海：上海世纪出版集团，2006年10月版，第21页。

面，经济民族主义和现代马克思主义者认为，贸易有害，因为经济专业化和相互依存使得各国不安定、依赖别国以及动辄受到外部事态的影响。于是把贸易看作为政治紧张和经济拉平的一个根源，还把它当成一种使国家不能控制本国事务的工具。"①

"所有学派的经济学家都确信，自由贸易要比保护贸易好。实际上，他们认为对一个国家而言，即使其他所有国家都实行贸易保护，自由贸易仍然是最好的政策。"② 可是各国在贸易行为上的事实说明，贸易保护主义时时存在，而且很有市场。有人把贸易自由化进程称为"自行车理论"：贸易体制需要不断前进（即不断自由化与便利化），否则它会倒下，屈服于新的进口限制，它不会站在原地不动。③ 贸易自由化与便利化这辆自行车会不会倒下？

罗伯特·吉尔平（Robert Gilpin）等现实主义者依据"霸权稳定论"，认为多边贸易体制作为"国际公共物品"，必须要依靠霸权国来提供。"只有存在一个领导国，这个国家能够利用本国的资源和影响去建立和管理以自由贸易、货币稳定和资本流动为基础的国际经济时，才可能存在自由国际经济。领导国还必须鼓励其他国家遵守国际经济活动的机制和规则。"④随着美国霸权的衰落，该体制也将分崩离析，各国将重新走上贸易保护主义的老路。"从美国霸权衰落的时代向国际经济新秩序的过渡，已经并且继续会是步履艰难的。国家把国内优先考虑的事情置于国际准则之上的倾向，对于高度相互依存的国际经济的继续存在具有严重影响。"⑤

以罗伯特·基欧汉（Robert O. Keohane）为代表的自由主义则认为，国家像个人一样也是理性的、利己的，由于多边贸易体制具有降低交易成本、减少信息不对称等功能，因此该体制能够维持下去。"当前贸易机制不会产生利益和谐，但通过降低交易成本，限制行为者使其选择合法的战略，以及以相对对称的方式提供信息，确实促进了合作的实现。"⑥

以卡尔·马克思（Karl Marx）和伊曼纽尔·沃伦斯坦（Immanuel Wallerstein）为代表的马克思主义者则认为，资本主义的本质是唯利是图，为了摄取更多的原料产地、销售市场及垄断利润，资本主义国家之间相互进行竞争，乃至发生战争，关税、非关税壁垒等贸易政策是资本主义国家之间斗争的主要手段之一。"保护关税制度把一个国家的资本武装

---

① ［美］罗伯特·吉尔平著：《国际关系政治经济学》，杨宇光等译，上海：上海世纪出版集团，2006年10月版，第160页。

② ［美］罗伯特·吉尔平著：《全球政治经济学—解读国际经济秩序》，杨宇光、杨炯译，上海：上海人民出版社，2003年4月版，第217页。

③ ［美］I·M·戴斯勒著：《美国贸易政治》，王恩冕、于少蔚译，北京：中国市场出版社，2006年6月版，第18页。

④ ［美］罗伯特·吉尔平著：《全球政治经济学—解读国际经济秩序》，杨宇光、杨炯译，上海：上海世纪出版集团，2003年4月版，第105~106页。

⑤ ［美］罗伯特·吉尔平著：《国际关系政治经济学》，杨宇光等译，上海：上海世纪出版集团，2006年10月版，第374页。

⑥ ［美］罗伯特·基欧汉著：《霸权之后——世界政治经济中的合作与纷争》，苏长和、信强、何曜译，上海：上海世纪出版集团，2001年5月版，第253页。

和别国的资本作斗争，加强一个国家的资本反对外国资本的力量。”① “这种保护关税本身，只不过是最后的、全面的、决定世界市场霸权的工业战争的准备。”② 多边贸易体制是资产阶级和资本主义国家剥削第三世界国家的工具，导致世界经济体系分裂为中心国家与边缘地区，中心国家为发达资本主义国家，边缘地区则为发展中国家，该经济体系“是一个明显荒谬的体系，它进行资本积累，为的是积累更多的资本”。③ 未来各国政府将被一个社会主义的世界政府取代，因此世界贸易组织多边贸易体制也将毁灭。

自由贸易如同国际和平，是目前世界各国及其政治家在公开场合都必须高举的一面旗帜。如果某国宣称实行贸易保护主义，且不说道义上的谴责，其他国家对其采取的报复措施也将使其得不偿失。“在当今时代，贸易是经济生活中受管制最甚的领域之一。世界贸易组织中的发达国家成员为了替自己的产品（通常为高科技产品）出口扫除障碍，常常以自由贸易为由，积极谋求弱化关税和非关税限制。但另一方面，这些国家又无一例外地继续采用进出口贸易行政管理措施，这点值得注意，颇耐人寻味。”④

在全球化时代，一国的贸易政策显然会受国际因素的影响，同时也会受国内因素，特别是国内利益集团之间的较劲和博弈的影响。“自由贸易的拥护者可以声称他们寻求的是‘大众利益’，而大多占主流的保护主义者们则代表了‘个别利益’。”⑤ 美国经济学家格罗斯曼和赫尔普曼认为，贸易谈判就是合作博弈。为了避免贸易战带来的损失，两国的政府和利益集团都有动机达成妥协以促使集体福利的最大化。通过贸易谈判的政治经济分析看出，国内政治制度的结构特征和利益集团活动的强弱直接决定了贸易谈判的结果，例如那些政治势力强大、要素收入集中度高、进口需求（或者出口供给）弹性低的行业自然容易得到贸易保护。只有当该行业在两国的贸易谈判中势均力敌的时候，自由贸易政策才有可能被双方接受。⑥

因此，全球化时代的今天既不存在绝对的自由贸易也不会有完全的贸易保护。贸易自由化代表了国际贸易体系发展的既定方向，但是贸易保护主义并不会消失，而是伴随着贸易自由化的进程在不同阶段具有不同的表现形式。一国倾向于自由贸易还是保护贸易政策并不是绝对的，贸易保护主义并不排斥贸易自由化，同样，实行自由贸易，也并不意味着对本国市场丝毫不加保护。⑦

---

① 《马克思恩格斯全集》第4卷，北京：人民出版社，1958年版，第284页。

② 《马克思恩格斯全集》第4卷，北京：人民出版社，1958年版，第544页。

③ ［美］伊曼纽尔·沃伦斯坦著：《历史资本主义》，路爱国、丁浩金译，北京：社会科学文献出版社，1999年版，第20页。

④ ［阿塞拜疆］A. A. 阿里耶夫著：《海关业务与世界经济发展》，方宁、刘平译，北京：中国海关出版社，2006年12月版，第31页。

⑤ ［印度］贾格迪什·巴格瓦蒂著：《现代自由贸易》，雷薇译，北京：中信出版社，2003年5月版，第36页。

⑥ Grossman, G. M. and E. Helpman (1993), “Trade Wars and Trade Talks.” NBER Working Paper Series 4280.

⑦ 王健编著：《国际政治经济学简明教程》，上海：复旦大学出版社，2007年11月版，第234页。

第二节　国际组织与贸易便利化

一、贸易便利化的内涵

便利化（Facilitation）一词，据考来源于拉丁文 Facililis，意指简易、方便和便利。“贸易便利化”一词最初见于1923年的国际联盟会议。当时有学者认为，繁琐的通关程序和大量的通关文件会对货物的通关产生影响，但各国基于主权因素的考虑，对这些措施的合理性给予了一定的认可。①

数十年来，许多政府间和非政府组织，如世界贸易组织、联合国贸易和发展会议、联合国欧洲经济委员会（UNECE）、世界海关组织、亚太经合组织等，一直在向实现更简便、更协调的国际贸易程序这一目标努力，有关进一步减少和消除阻碍要素（货物、商务人员等）跨境流动的障碍、降低交易成本、建立高效的贸易便利体系等内容已成为以上组织关注的重要内容。

虽然“贸易便利化”一词在各种文献中已屡见不鲜，但贸易便利化不存在任何正式的定义。② 前述各框架对推动贸易便利化发展目标的认识基本一致，均旨在清除跨境交易过程中的机制性和技术性障碍，以降低交易成本和减少交易困难。但是，不同框架关注的贸易便利化议题内容有所不同，这表现在对贸易便利化至今没有一个普遍接受的统一定义（各组织框架对贸易便利化的定义见表8－1）。同时，由于各框架的成员范围、组织性质和实施机制的差别，各框架下的贸易便利化议题在实施方式、约束力、推进能力等方面存在较大区别。

表8－1　贸易便利化的定义

世界贸易组织的定义	贸易便利化主要指简化和协调国际贸易手续。这些手续是指国际贸易中货物流动所需要的收集、提供、传递和处理的活动、实践和手续（WTO多哈回合贸易便利化谈判工作重心集中在海关通关和跨境制度上）。
世界海关组织的定义	贸易便利化主要指海关程序的简化及标准化。同时将贸易便利化与贸易安全紧密联系在一起，力求两者的平衡。
联合国欧洲经济委员会的定义	贸易便利化是指通过对海关、运输（尤其是过境运输）、电子商务等领域的关注，消除海关通过规定、程序、费用、运输规则和章程、交易方式对国际贸易的阻碍，为国际贸易创造一个简化的、协调的、透明的、可预见的环境。

① Schwarz, Robert and Paul Kimberley, “Information Technology and National Trade Facilitation—Making the Most of Global Trade”, available at http://www.econ.worldbank.org/WBSITE/EXTERNAL/ECX/0, menuPK: 476823 ~ paPK: 64165236 ~ piPK: 141 ~ theSitePK: 469372, 00.html, 2009年7月10日访问。

② 龚柏华、王馥梅：《多哈回合谈判下的“贸易便利化议题”及我国对策》，http://www.sccwto.net:7001/wto/upload/7171/Trade%20Facility (gongbaihua%20and%20wangfumei).pdf, 2009年6月6日访问。

续表

联合国贸易和发展会议（UNCTAD）的定义	贸易便利化是指国际贸易程序的简化和协调，而这里的贸易程序系指“在收集、提交、通报和处理国际贸易中的商品流动所需的数据时所涉及的活动惯例和手续，其通常涉及海关程序、国际运输、贸易保险和支付，以及过境时必须履行的正式程序和手续”。
亚太经合组织的定义	贸易便利化通常是指通过简化程序、协调标准、使用新技术和其他的方法来降低或减少程序和管理上阻碍贸易的措施（2002 年的定义）。

（一）世界贸易组织对贸易便利化内涵的界定

1. 世界贸易组织有关贸易便利化的条款

迄今为止，世界贸易组织并没有专门规定贸易便利化的协议，有关简化贸易程序的相关条款只是零星地散见于世界贸易组织的现行协议中，详见表 8 – 2①。

表 8 – 2 与贸易便利化有关的世界贸易组织协议

协议	标题
1994 年关税与贸易总协定，第五条	过境自由
1994 年关税与贸易总协定，第七条	海关估价
1994 年关税与贸易总协定，第八条	规费和输出入手续
1994 年关税与贸易总协定，第九条	原产地标记
1994 年关税与贸易总协定，第十条	贸易条例的公布和实施
实施 1994 年关税与贸易总协定第七条的协议	海关估价
原产地规则协议	原产地规则
进口许可程序协议	进口许可
装运前检验协议	装运前检验程序
技术性贸易壁垒协议	技术标准规则
实施动植物卫生检验检疫措施	动植物卫生检疫措施
服务贸易总协定	服务中与贸易便利化有关的规则
与贸易有关的知识产权协定	与边境措施相关的特殊要求

世界贸易组织现行协议中所规定的贸易便利化条款存在着明显的不足之处，主要表现在：有关贸易便利化的条款散见于数个协议中，相互之间缺乏协调，难免出现重复规定，而且上述条款的规定过于抽象空泛，缺乏可操作性。随着国际货物流通速度的加快，商界对贸易便利化的要求不断提高，改进现有的贸易便利化规则以促进贸易发展的呼声日益高

① 资料来源：WTO，Trade Facilitation，A background note，by the Secretariat，G/C/W/80，Geneva.

涨。1996 年 12 月，在新加坡召开的世界贸易组织首届部长会议上，贸易便利化同贸易与投资、贸易与竞争政策、政府采购透明度一起作为“新加坡议题”被列为新一轮谈判的预备议题。1996 年《新加坡部长会议宣言》指示世界贸易组织货物贸易理事会（CTG）“就简化贸易程序问题开始探索性的分析工作，以便评估 WTO 规则在这一领域可以发挥作用的范围”。这意味着贸易便利化问题开始被提上世界贸易组织的工作议程。

2. 世界贸易组织贸易便利化谈判涉及的主要法律问题

在贸易便利化谈判进程中，涉及两大因素：技术协调和法律协调。前者要求各国基础设施和设备的标准化，如建立单一窗口，实现数据电子化、标准化等；后者则通过确立具有约束力的法律规则，来协调各国通关管理法律制度，使之更加透明。鉴于各国的历史传统和法律制度的差异，法律协调显得更为任重道远，其对贸易便利化产生的影响也将更为深远。

2004 年 8 月 1 日，世界贸易组织总理事会就多哈回合主要议题达成了一揽子框架协议——《多哈工作议程》，明确表示将以贸易便利化议题的谈判模式来启动贸易便利化谈判。按照该“模式文件”的规定，在世界贸易组织贸易便利化谈判过程中涉及的法律问题主要有：澄清和完善 1994 年关税与贸易总协定第五条、第八条、第十条，成员方贸易便利化需求和优先事项，以及技术援助和能力建设。

（1）对 1994 年关税与贸易总协定第五条、第八条、第十条的澄清和改进

①1994 年关税与贸易总协定第五条的主要内容

1994 年关税与贸易总协定第五条规定了过境运输时应该遵守的多边纪律。该条第 1 款对过境运输进行了界定，即过境运输指货物，包括行李、船舶和其他运输工具，经过一缔约方领土的一段路程仅为起点和终点均为不在运输所经过的该缔约方领土的全部路程的一部分。[①] 该条第七款排除了对航空器过境运输的适用。该条款对是否适用于管道运输，并未作出明确规定。第五条第二款和第六款对过境运输的待遇作了初步规定，即对于通过国际过境最方便的路线，来自或前往其他缔约方领土的过境运输，应具有经过每一缔约方领土的过境自由，不得因船籍、原产地、始发地、入港、出港或目的地，或与货物、船舶或其他运输工具所有权有关的任何情况而有所区分。每一缔约方给予经由其他任何缔约方领土过境产品的待遇，不得低于此类产品在不经该其他缔约方领土而自原产地运至目的地的情况下所应给予的待遇。第五条第三款、第四款、第五款对过境不得受到不必要的延迟或限制作了规定，同时对过境收费也作了限制。[②]

②1994 年关税与贸易总协定第八条的主要内容

1994 年关税与贸易总协定第八条是关于进出口规费和输出入手续方面的规定。该条第一款包含 3 项条文，规定了进出口规费的数量和目的：各缔约方所征收的所有规费和费用应限制在等于提供服务所需的近似成本以内，且不得成为对本国产品的一种间接保护或为

---

① 《世界贸易组织乌拉圭回合多边贸易谈判结果法律文本》，对外经济合作部国际经贸关系司译，北京：法律出版社，2000 年 10 月版，第 429 页。

② 同上。

财政目的而对进出口产品征收的一种税；有必要削减第一项所指规费和费用的数量和种类；有必要最大限度地减少进出口手续的影响范围和复杂程序，并减少和简化进出口的单证要求。[①] 上述规定对于如何削减和简化影响进出口的规费和手续，以及违反这些规定时利益相关方可以采用的救济手段，缺乏明确的规定，因而缺乏可操作性。第二款规定应另一缔约方或缔约方全体请求，一缔约方应按照本条的规定审议其法律和法规的运用情况，[②] 但对审议的期限、后果及救济措施并未作出明确规定。第三款主要对主管机关的处罚权进行了一定的限制，缔约方不得对轻微违反海关法规或程序要求的行为进行实质性处罚，特别是对于海关单证中任何易于改正和显然不是因欺骗意图或因重大过失而造成的遗漏和差错所给予的处罚不得超过警告所必需的限度。第四款用列举的方式规定了主管机关的规费项目。

③1994 年关税与贸易总协定第十条的主要内容

1994 年关税与贸易总协定第十条主要对贸易法规公布和实施时应当遵守的多边纪律进行了规定。第一款规定了应当公布的法律法规的范围，即涉及产品的海关归类或海关估价，关税税率、国内税税率和其他费用，有关进出口产品或其支付转账或影响其销售、分销、运输、保险、仓储检验、展览、加工、混合或其他用途的要求、限制或禁止的法律、法规、司法裁决和行政裁定应迅速公布，使各国政府和贸易商能够知晓。任何缔约方政府或政府机构与另一缔约方政府或政府机构之间实施的影响国际贸易政策的协定也应予以公布。当然，不得要求任何缔约方披露会妨碍执法或违背公共利益或损害特定公私企业合法商业利益的机密信息。[③] 但该款对利益相关方及其他成员方如何有效地获取这些法律法规缺乏明确规定，使得该款规定流于形式。第二款规定任何缔约方不得在产生以下结果的普遍适用的措施正式公布之前采取此类措施：根据既定和统一做法提高进口产品的关税税率和其他费用，对进口产品或进口产品的支付转账实施新的或更难于负担的要求、限制或禁止。[④] 但第二款对于利益相关方如何获取这些通知没有规定，而且对“之前”的规定过于抽象，关于期间长短的理解在实践中容易产生争议。第三款要求成员方以统一、公正和合理的方式管理上述法律、法规、判决、裁定和协定，设立和维持司法、仲裁或行政法庭或程序，目的在于迅速审查和纠正与海关事务有关的行政行为。[⑤] 但第 3 款对于审查和上诉的程序规定过于空泛，在实践中难免产生争议。

（2）发展中国家和最不发达国家的特殊和差别待遇（S&D）

特殊和差别待遇的规定是世界贸易组织协议不可分割的部分，它是发展中成员长期不

---

① 《世界贸易组织乌拉圭回合多边贸易谈判结果法律文本》，对外经济合作部国际经贸关系司译，北京：法律出版社，2000 年 10 月版，第 434 页。

② 同上。

③ 《世界贸易组织乌拉圭回合多边贸易谈判结果法律文本》，对外经济合作部国际经贸关系司译，北京：法律出版社，2000 年 10 月版，第 435 页。

④ 同上。

⑤ 同上。

懈的努力和联合抗争的结果。[①]《多哈回合框架协议》要求"磋商的结果应充分考虑对发展中国家和最不发达国家的特殊和差别待遇原则。成员方认识到这一原则应该延伸并超出为了执行承诺而给予的传统过渡期。特别是进入承诺的程度和时间应该和发展中和最不发达成员的执行能力联系起来。成员方进一步同意这些成员不必承担超出他们能力的基础设施项目投资"。

为了减少发展中成员的担心，发达国家试图列出与执行贸易便利化有关的世界贸易组织承诺的特殊和差别待遇，以减少发展中国家的负担。有些代表团甚至已经提出了将贸易便利化特殊义务框架下的发展中国家和最不发达国家的特殊和差别待遇原则进一步具体化的途径。

（3）成员方贸易便利化需求和优先事项

贸易便利化谈判"模式文件"在第四条规定，作为谈判的组成部分，成员们应寻求确定其在贸易便利化方面的需求和优先事项，特别是发展中和最不发达成员方的需求和优先事项。但这条规定过于抽象，缺乏可操作性。为了使贸易便利化谈判顺利开展，成员方尤其是发展中和最不发达成员方必须要明确其贸易便利化的需求和优先事项，以确保实施贸易便利化符合其自身利益。

（4）技术援助和能力建设支持

发展中成员方囿于其自身在资源和能力方面的限制，在推进贸易便利化的过程中遇到的障碍要比发达成员方多得多。如果没有得到发达成员方的技术援助和能力建设支持，发展中成员方将难以负荷。

3. 世界贸易组织贸易便利化谈判各方争议的焦点

在"新加坡议题"上，世界贸易组织先后出现了两个较有代表性的立场协调小组。由欧盟、美国、加拿大、日本、智利、哥斯达黎加、韩国、匈牙利、中国香港等组成的"科罗拉多协调组"为贸易便利化议题的主要推动方。他们认为，在经过了几年的探讨和分析后，相关的解释和分析工作已经完成，进行实际谈判的时机已经成熟，赞同在世界贸易组织框架下谈判新的有约束力的贸易便利化规则。而印度、马来西亚、菲律宾、赞比亚、印度尼西亚、孟加拉、中国等17个发展中成员在坎昆会议前成立了"核心协调小组"，[②] 代表了多数发展中成员的立场，他们认为实施贸易便利化存在着诸多困难。尽管他们广泛认可贸易便利化的积极影响，但担心新协议的产生会增加其执行负担，使他们陷入争端解决的旋涡。一些经济发展较落后的发展中和最不发达成员担心，由于其经济发展水平低，年进出口额小，贸易便利化不会为其带来多少经济利益。世界贸易组织各成员方在贸易便利化议题上的主要分歧表现在以下几个方面：

首先，有无谈判新的世界贸易组织贸易便利化规则的必要。很多发展中成员坚持认为

---

① 陆燕：《朝向更简便更协调——WTO"多哈发展议程"中的贸易便利化议题》，载《国际贸易》2004年第8期，第25页。

② 但中国对贸易便利议题的立场较为灵活，与"核心小组"立场的差异日益明显，遂于2004年7月退出了"核心小组"的活动。

现有的规则已经能够满足贸易便利化的需求，当前讨论的诸多原则如透明度和非歧视性原则等早已体现在现有的世界贸易组织协定中，况且众多的地区或国际组织均已开展了贸易便利化工作，因此没有必要再制定新的世界贸易组织贸易便利化规则。但随着形势的发展，为推动多哈回合谈判的整体进程，考虑到对推动国际贸易可能产生的积极影响，发展中成员对贸易便利化谈判必要性的问题已逐渐不再坚持。[①]

其次，是否制定约束性规则。未来贸易便利化规则的法律效力问题一直是世界贸易组织成员关注的焦点。以“核心协调小组”为代表的多数发展中国家认为非约束性的、自主实施的规则更符合各成员方的需求，约束性规则限制了成员的政策发展空间，同时由于成员的发展水平各异，承诺新的规则将超出其实施能力，使其负荷太重，而仅仅依靠技术援助和能力建设并不能帮他们走出困境；以“科罗拉多协调小组”为代表的贸易便利化议题的推动方却认为世界贸易组织的根本即为约束性规则，只有建立以约束性承诺为基础的更加透明、可靠和可预见的制度才能充分发挥贸易便利化规则的积极作用。考虑到贸易便利化的特点，推动方也表示在实际操作中，对于约束性规则的设计可以灵活处理，可以考虑制定宽泛的框架性原则，而非那些让所有成员都遵守的详细、统一而又绝对的标准，在实施方式上对于发展中成员也可以允许有一定的灵活性。[②]

再次，是否适用争端解决机制。这一问题与规则的约束性问题在本质上有着密切的联系。反对制定约束性规则的成员认为如果一个成员因贫困原因未能履行承诺而被诉诸争端解决机制并受到惩罚，实属不公，而仅靠传统的特殊和差别待遇中的过渡期并不能解决根本问题；支持制定约束性规则的成员却表示对于在世界贸易组织框架下的承诺别无其他选择，谈判的结果应该适用争端解决机制。考虑到贸易便利化议题的挑战性，有成员进一步建议可以创造性地制定一些规则运行机制，使其既能解决发展中成员关注的问题，同时又不影响争端解决程序的基本地位。这一问题在目前所达成的贸易便利化谈判模式中，并未作出安排，只能留待各成员方在今后的谈判中予以解决。

（二）世界海关组织对贸易便利化内涵的界定

1. 世界海关组织框架内贸易便利化议题的简介

世界海关组织是世界范围内唯一专门研究海关事务的国际政府间组织，主要使命是加强各成员海关工作效益和提高海关工作效率，促进各成员在海关执法领域的合作。世界海关组织通过制定国际公约推动各国海关合作，在促进协调和简化海关手续、方便国际贸易方面发挥着积极作用。自其前身海关合作理事会成立以来，世界海关组织先后制定了 14 个国际海关公约[③]。世界海关组织框架涉及贸易便利化议题较多的公约或文件是《京都公约》和《标准框架》。

---

① 薛荣久、樊瑛等著：《WTO 多哈回合与中国》，北京：对外经济贸易大学出版社，2004 年版，第 198 页。

② 孙振宇主编：《WTO 多哈回合谈判中期回顾》，北京：人民出版社，2005 年 5 月第 1 版，第 179 页。

③ 参见海关总署网站：www. customs. gov. cn/ywstaticpage/3292/7da65029. htm.

《京都公约》即《关于简化和协调海关业务制度的国际公约》，其修改议定书于1999年6月在世界海关组织理事会年会上通过，并于2006年2月3日生效。《京都公约》是国际上唯一全面规定海关各项业务制度和做法的法律文件，对规范、简化和统一包括中国在内的世界各国海关业务制度，促进与便利各国和地区贸易带来了积极影响。修正后的《京都公约》包括正文、1个总附约及10个专项附约，每个专项附约涉及一项海关业务，基本涵盖了各项海关业务。中国于2000年6月15日签署修改后的议定书，接受该议定书中的总附约、专项附约四《海关仓库和自由区》第一章“海关仓库”（对第九条提出保留）和专项附约七《暂准进口》第一章“暂准进口”（对第十六条和第二十一条提出保留）。

《标准框架》是世界海关组织为应对美国“9·11”事件以后恐怖主义活动对全球贸易安全日益严重的威胁而特别提出的，目的在于加强国际贸易安全与便利，于2005年6月在世界海关组织年会上作为世界海关组织成员必须实现的最低标准得以通过。《标准框架》包括4个核心元素（提前递交货物电子信息要求的协调、采用一致的风险管理手段、出口国海关应进口国的合理要求对出口的高风险集装箱和货物进行查验、成员海关要向满足该标准的企业提供相应的便利）、2个支柱（海关与海关之间的合作安排、海关与商界之间的伙伴关系）、17项标准。《标准框架》的标准大都来源于世界海关组织已制定的有关公约及其成员的一些比较成功的实践经验。此后，世界海关组织一直致力于研究《标准框架》实施的步骤和实施过程中出现的问题，并积极推动世界海关组织成员和其他相关国际组织执行《标准框架》的有关规定。截至2006年10月26日，已有139个世界海关组织成员签署了实施《标准框架》意向书，中国海关是首批签署实施意向书的成员。

2.《京都公约》贸易便利化规则的特点

第一，《京都公约》与世界贸易组织贸易便利化议题的目标是一致的，即消除通关障碍，推动经贸发展。《京都公约》的目标是简化和协调海关业务制度，其基本内容是被涵盖在贸易便利化范畴内的。世界海关组织自身即将《京都公约》视为促进贸易便利化的一个重要公约，并曾于1999年西雅图部长会议期间建议世界贸易组织采纳《京都公约》修订版的相关内容，认为世界贸易组织不应重复世界海关组织在海关程序和贸易便利化方面的工作。实际上，世界贸易组织亦认可《京都公约》在促进贸易便利化方面的重要作用，其贸易便利化谈判中的很多议题也都借鉴《京都公约》的标准。可以说，《京都公约》与世界贸易组织贸易便利化谈判议题的目标是一致的，均是消除通关障碍，推动经贸发展。

第二，《京都公约》涵盖了世界贸易组织贸易便利化谈判在海关业务的简化和协调方面的全部内容，但未涉及世界贸易组织贸易便利化谈判中的非海关业务内容。《京都公约》是在简化和协调各国海关手续方面较为系统和全面的一个国际文件，修订后的《京都公约》不仅包括与进口、出口、转运、加工等有关的海关制度，而且还包括那些不一定适用于货物，但对其他有关事务加以规范的内容，诸如海关监管、信息技术的应用、申诉、违反海关法行为，以及与商界的联系①，基本涵盖了各项海关业务。世界贸易组织贸易便利

---

① 《关于简化和协调海关制度的国际公约（京都公约）总附约和专项附约指南》，北京：中国海关出版社，2003年版。

化谈判在内容上限定在关税与贸易总协定第五条、第八条、第十条的澄清、改进和实施机制上。可以说世界贸易组织贸易便利化谈判涉及海关业务的内容在《京都公约》中均有体现，但除此之外还包括其他口岸制度，很多议案都涉及多个口岸通关部门，这些内容又是超越《京都公约》范畴的。因此《京都公约》与世界贸易组织贸易便利化议题在内容上有交集又不完全重合。

第三，从加入方式上看，《京都公约》为选择性加入，即加入《京都公约》除必须接受正文和总附约，成员方可根据其具体情况有选择地接受专项附约或其中章节。这种加入方式给予了成员方很大的自由度，成员可以根据自身情况选择性地加入该公约，并根据自身实际情况的变化逐步加入其他附约或其章节，使得《京都公约》能够顺利的生效并逐步扩大其影响力。而世界贸易组织协议的加入方式为一揽子协议模式，成员要么全部接受，要么全部拒绝，虽然这种模式在谈判阶段较为艰难，但一旦达成协议，成员的权利与义务就全部确定，更便于后续的实施。两种方式各有优势和不足。

第四，《京都公约》将条款分类实施。《京都公约》将条款分为标准条款、过渡性标准条款及建议条款，对不同条款提出了不同的过渡期。总附约的标准条款必须在 36 个月内实施，过渡性标准条款必须在 60 个月内实施；专项附约的建议条款，除非成员方提出保留，否则应在 36 月内实施。如实施期不能满足成员方的要求，成员方可向管理委员会申请延期（管理委员会为公约管理机构），但延期不得超过一年。确定的过渡期有利于成员方在接受该条款前对其实施能力进行有效的评估，而不用向世界贸易组织谈判那样针对每一条款进行过渡期谈判，便于公约生效后新成员的加入及成员方加入新的专项附约或其章节。

第五，《京都公约》的争端解决机制缺乏有效约束力。世界海关组织作为海关机构的政府间组织，其框架下的协定具有一定约束力。《京都公约》规定，争端各方应首先通过协商解决争端，如果协商不能解决，可将争端提交给管理委员会，管理委员会可据此对争端解决提出建议，但该建议是否具有约束性可由争端双方事先约定。从这一点来看，世界贸易组织协议的约束力要强于《京都公约》。

3.《标准框架》的贸易便利化规则特点

（1）《标准框架》侧重贸易安全，力求安全与便利的平衡

《标准框架》的产生背景是恐怖主义活动对全球贸易安全日益严重的威胁，其介绍中开宗名义的指出“全球贸易体制极易受到恐怖分子的利用，从而严重损害整个全球经济。世界海关组织有必要通过一个不阻碍反而便利贸易流动的方式来保护全球贸易安全的战略”。可以看出，《标准框架》的目标侧重于安全，但在保障安全的前提下也力求避免伤害便利化，在《标准框架》的具体内容上，也均体现了安全与便利两个方面。比如《标准框架》将风险分析提高到保障一体化供应链安全的高度的同时，又强调其自动化及标准的统一以促进贸易便利化。又比如，《标准框架》要求出口国海关应进口国海关要求对货物进行查验，保障进口国的安全，但又强调互认查验结果，避免重复查验。

（2）《标准框架》强调政治意愿及能力建设，并分阶段实施

《标准框架》的实施更加依赖于成员方的政治意愿及能力建设：一方面，利用能力建

设促进成员的政治意愿，规定“表明了实施《标准框架》的决心和必要的政治意愿的国家应该得到世界海关组织和一些国家及其他合作伙伴的援助”；另一方面，又将政治意愿规定为能力建设的先决条件，规定“为使能力建设取得成功，必须先有政治意愿和廉政”，并规定“在建立或完善必需的自动化系统过程中需要援助的海关，将必须具有实施《标准框架》标准的政治意愿”。同时，《标准框架》“认识到有效的能力建设是确保广泛采用和实施《标准框架》的重要因素”，将能力建设提到了一个较高的地位。世界海关组织为促进《标准框架》的实施，专门成立了能力建设司，为帮助成员海关逐步实施《标准框架》具体内容，开展了一系列的能力建设（后统称“哥伦布计划”），包括诊断行动和制订行动计划等。哥伦布计划进行了103个诊断行动，并提出了评估建议。中国海关在完成自我评估后正式向世界海关组织秘书处提出了能力建设需求，希望得到其相关的建议和支持。世界海关组织秘书处也迅速作出了回应，于2006年3月13日至24日派专家到中国为中国海关进行了为期两周的能力建设诊断行动。根据《诊断行动报告》的意见，海关总署召集相关司局及部分直属海关的专家于2007年4月23日至26日在珠海讨论制定了中国海关实施《标准框架》的行动计划。此次行动计划涵盖的领域划分为战略管理、外部合作与交流、立法、简化海关手续、信息技术、培训和海关治理等八个方面。

《标准框架》充分认识到有必要采取分阶段实施的方法，根据每个成员海关的能力和必要的法律授权分不同阶段实施。这使得《标准框架》的实施具有较高的灵活性，使各海关能够根据各自发展、条件和要求的具体水平，以不同的速度来实施《标准框架》文件。

（3）《标准框架》强调海关之间及海关与商界的合作

海关之间及海关与商界的合作是《标准框架》的两大支柱。由于《标准框架》要确保一体化供应链的安全，而不局限于某一成员的具体做法，因此更加强调合作。《标准框架》既要求较高的海关间信息交换水平，又对海关监管合作方面提出较高的要求，如互认查验结果、出口方应进口方要求而进行查验等。《标准框架》还规定，成员海关要向满足供应链安全的最低标准并参照最佳做法的商界提供相应的便利。为鼓励经认证的经营者（AEO）采取安全项目和措施维护供应链的安全，《标准框架》为AEO提供了多种便利措施，包括常规化的商界与海关磋商，更为广泛的磋商内容，赋予AEO的更大的权力。这些做法有助于调动AEO实施安全措施的积极性，也使得海关与商界的合作关系更为紧密。这些具体内容的安排体现出《标准框架》对于合作的重视。

（4）《标准框架》将风险管理贯穿始终

风险管理是《标准框架》的4个核心要素之一，“加入《标准框架》的国家都应针对安全威胁采用一致的风险管理手段”，贯穿于《标准框架》的诸多标准中。

《标准框架》将风险管理提升到了“一体化供应链”的层面，其目的是确保整个供应链的安全，而不仅仅局限于税收工作。因此，《标准框架》对海关间及海关与商界的合作均提出了较高的要求，也赋予了成员方更多的权利和义务。同时，在对风险管理的某些具体要求上，如高风险货物自动识别的风险管理体系等，《标准框架》的要求也要高于世界贸易组织贸易便利化议题。

（三）其他国际组织对贸易便利化内涵的界定

有的国际组织从侧重阐明贸易便利化所涉及的内容——海关手续的简化和协调来对贸易便利化进行阐释。联合国贸易和发展会议（2001 年）认为，贸易便利化是“国际贸易程序的简化和协调，而这里的贸易程序系指“在收集、提交、通报和处理国际贸易中的商品流动所需的数据时所涉及的活动惯例和手续，其通常涉及海关程序、国际运输、贸易保险和支付以及过境时必须履行的正式程序和手续”。[①]

联合国欧洲经济委员会则侧重从实施贸易便利化原则（主要包括非歧视性原则和透明度原则）的角度来阐明贸易便利化的涵义。联合国欧洲经济委员会（2002 年）将贸易便利化界定为：通过全面的和一体化的方法减少贸易交易过程的复杂性和成本，在国际可接受的规范、准则及最佳做法的基础上，保证所有贸易活动在有效、透明和可预见的方式下进行，为国际贸易创造一个简化、协调、透明、可预见的环境。

经济合作与发展组织（2001 年）对贸易便利化的表述是：国际货物从卖方流动到买方并向另一方支付所需要的程序及相关信息流动的简化和标准化。国内也有学者侧重从贸易便利化所涉及的内容的角度来提出自己的见解，将贸易便利化定义为简化和协调国际贸易中涉及的数据收集、提供、交流和处理的贸易程序。这类贸易程序涉及的范围很广，包括进出口程序（海关和许可证程序）、交通惯例及交付、保险等其他金融手段。[②]

（四）亚太经合组织等区域贸易体制对贸易便利化内涵的界定

经济区域化客观上是地区经济的一体化，并且更多的属于制度性一体化，即通过签订条约和建立超国家组织的主观协调。由于密切的地缘利益和经济联系，经济区域化事实上已经成为解决全球市场化与国家相对独立之间矛盾的有效手段。经济区域化是经济全球化多边贸易体制的互补性制度安排。多边贸易谈判体制的缺陷，是区域经济合作组织间贸易谈判体制应运而生的重要原因。由于目前世界各国、各地区社会制度各不相同，经济发展水平参差不齐，在让渡部分主权和利益分配等方面矛盾较大，多边贸易谈判中，谈判方相互之间的利益往往很难协调，也难以在更高的形式上建立全球性的经济管理和协调机构。而区域经济合作组织成员之间的利益虽然也各不相同，但比较接近，比较容易达成协议，所以在全球性市场统一的过程中，是以经济区域化为先导，促进全球性安排的发展。[③]

1994 年关税与贸易总协定第二十四条允许国家之间建立关税同盟或自由贸易区，或为建立关税同盟或自由贸易区的需要采取某种临时协定，其前提是保证区域性集团在区域内真正实现实质上所有贸易领域的自由化，同时对区域外非成员的关税不能比以前提高。这

---

① 联合国经社理事会亚太经社委员会驾驭全球化委员会：《驾驭全球化选定交叉问题贸易和运输便利化》，E/ESCAP/CMG/1，第 1 页。

② 薛荣久、樊瑛等著：《WTO 多哈回合与中国》，北京：对外经济贸易大学出版社，2004 年 7 月第 1 版，第 195 页。

③ 滕维藻、张岩贵：《全球化对世界经济安全的影响以及我国的回应措施》，载《南开经济研究》1999 第 5 期，第 36 页。

就表明，作为致力于全球贸易和投资自由化的关税与贸易总协定（或世界贸易组织）承认经济区域化是一条通向世界经济全球化的有效途径。从欧盟到东盟，从亚太经合组织到上海合作组织，区域合作机制纷纷兴起。

1. 亚太经合组织对贸易便利化内涵的界定

亚太经合组织至今没有对贸易便利化给出明确的定义，仅提出贸易便利化含义广泛，包括简化和合理化那些阻碍、延误货物跨国流动或者增加流动成本的海关等行政当局的工作程序，换言之，即消减进出口商在边境上的各种障碍，以便使货物的传递更有效、更节省。

1989 年亚太经合组织建立之时，确定了为亚太地区创造更好的贸易环境的宗旨，并将贸易便利化作为其核心价值目标之一。1994 年《APEC 经济领导人共同决心宣言》（又称《茂物宣言》）第一次从战略高度确定了贸易便利化对实现亚太地区经济持续增长和人民共同富裕这一长远目标的重要性，明确指出将其作为对自由化进程的补充和支持，决定扩大和增加贸易和投资便利化机会，消除对贸易和投资的行政的及其他方面的障碍。1995 年在《执行茂物宣言的大阪行动议程》（简称《大阪行动议程》）中，贸易投资便利化与贸易投资自由化、经济技术合作被共同确定为推进亚太经合组织进程的三大支柱。《大阪行动议程》明确列出了贸易便利化的 11 个具体领域，即标准和一致化、海关程序、知识产权、竞争政策、政府采购、放松管制、原产地规则、争端解决、商务人员流动、乌拉圭回合结构的执行、信息收集与分析等。

2. 亚太经合组织贸易便利化的原则

亚太经合组织贸易便利化提倡简化、协调和运用新技术和新措施管理程序，进行干预，范围涉及货物和服务。亚太经合组织贸易便利化原则不仅充分考虑到不同国家经济和科技发展水平的不同，考虑到法律体制的多样性，而且关注到能力建设和技术援助对于发展中国家实现贸易便利化的重要性。在《大阪行动议程》基本原则的基础上，2001 年 6 月 6 ~7 日亚太经合组织贸易部长会议（简称“上海会议”）确立了若干项“贸易便利化原则”作为亚太经合组织贸易便利化措施的指导性意见，该原则明确了其贸易便利化原则的基础，重申了其贸易便利化的核心价值。

（1）透明度、交流、咨询和合作原则

本原则要求政策、法律、规定、行政命令、颁发执照、证书、授权登记要求、技术规则、标准、指导性意见及其他与货物和服务贸易相关的程序和惯例，都需要使用有效、广泛的媒介形式及时持续地向有关方公开，同时不可收费或仅能收取合理费用。

透明度原则最早在《大阪行动议程》中给予了阐述，即“每一个 APEC 成员将确保各自的、将影响 APEC 成员间的货物、服务及资本流动的法律、规章和行政程序的透明度，以便在亚太地区建立并维持一个开放和可预测的贸易与投资环境”。此后的《马尼拉行动计划》又进一步明确地提出了实现一个更加透明的贸易制度。

政府当局应当尽力为贸易商提供便利和有效的交流机制，特别是那些商务和贸易团体建议的交流机制。

（2）简便、适用与高效原则

本原则要求与贸易有关的规则和程序除了满足合法性要求外，应尽量简便、适用、高效。简便的交易降低了贸易商的守法成本，确保了交易的持续稳定性，而对于准入门槛较高的中小企业来说，简便和实际的规则更能有效地降低它们的守法费用。

（3）非歧视性、一致性、可预见性、正当程序原则

本原则要求与贸易相关的规则和程序在相似情况下，不应因商品、服务和经济体的不同而有歧视。贸易规则和程序应一致、可预见和统一，减少贸易和贸易商的不确定性，同时，还应该使政策标准化，且提供清晰准确的程序指引。正当的程序能够保证贸易商有渠道充分申诉，这也能大大增加贸易交易过程的确定性。

（4）协调、标准化与承认原则

本原则要求成员经济体和市场之间诸如卫生安全标准等法律措施应尽可能在国际标准的基础上达成协调，鼓励经济体之间相互承认彼此的标准和评价体系。在省去重新检查和重新验证的繁琐工作后，守法费用大大降低，同时主管当局的负担实际也得到减轻。

（5）现代化和运用新技术原则

本原则鼓励运用新技术实现无纸化贸易，节省清关时间，降低运输、单证册等费用。简化的数据传输能够减少工作时间，降低中介费用，提高贸易效率。

3. 亚太经合组织贸易便利化的实施

亚太经合组织贸易投资委员会（CTI）全面负责贸易便利化工作，在各工作组的主持下，各成员与工商部门进行合作，以集体行动计划为主，在标准和一致化、海关程序、商务人员流动等 11 个领域开展工作。在领导人会议、部长级会议、高官会议等各种会议的推动下，经过框架确定、确定具体行动和措施、选择行动和措施、客观估计节约成本、中期审议、最终审议、最终报告等过程实现亚太经合组织贸易便利化的目标。

“第一阶段贸易便利化行动计划”（TFAP1）和“第二阶段贸易便利化行动计划”（TFAP2）分别于 2002 年和 2006 年公布，分别确定了 5 年和 4 年内实现亚太区域内贸易交易费用降低 5% 的目标。

4. 亚太经合组织贸易便利化前景展望

（1）TFAP2 总体目标和方案

TFAP1 实现了从 2002 年到 2006 年在亚太经合组织区域内实现贸易交易费用下降 5% 目标。2005 年在亚太经合组织韩国釜山会议上，领导人提出了 2007～2010 年亚太地区贸易交易成本再降低 5% 的目标，TFAP2 则是这一目标具体的落实方案，下一阶段贸易便利化进程将主要围绕 TFAP2 开展。TFAP2 是一个系列的行动和措施方案，包括海关程序、商务人士流动、标准和一致化、电子商务 4 个方面。TFAP2 是对 TFAP1 的更新、修正，删除了已经完成和不符合实际的行动和措施，并增加了一些新的行动和措施。

TFAP2 非常重视集体行动和探路者倡议，针对一系列集体行动和探路者倡议达成了一致，以促进有利于贸易便利化的技术的发展。

（2）4 个领域的工作目标

考虑到海关程序对贸易便利化的重要性，亚太经合组织除了继续在该领域采取一系列

相关的行动，包括海关的电脑化和现代化、风险管理技术、快速委托清关和税则分类预先核定制度等，还将继续积极推进协调一致、标准化和简化的海关措施，以及“单一窗口”模式的海关服务，以促进贸易便利化目标的实现。

在 TFAP1 过程中，17 个成员经济体参加了亚太经合组织的商务旅行卡计划。在既有成果基础上，TFAP2 继续寻求简化商务人员短期入境和临时居留的程序，进一步推广亚太经合组织商务旅行卡的使用。考虑到促进贸易安全的需要，亚太经合组织成员将继续在旅行证件的安全性方面加强技术合作，例如推广应用生物测定电子护照、旅客信息预报系统（API），以及针对护照丢失、被盗和无效护照的“区域移民警报系统”（RMAS）。

亚太经合组织一直努力在标准和一致化领域开展相关工作，以降低限制贸易的壁垒。目前，亚太经合组织即将继续在各成员具有商业兴趣的部门推进标准的一致化和相互认可，以及标准和一致化评定方面的能力建设。

亚太经合组织已经开展了一系列的行动推广电子商务在亚太地区的应用，以协助各成员应对电子商务带来的机遇和挑战。到 2010 年，亚太经合组织的目标是进一步减少商业流动要素的障碍，通过无缝流程和降低障碍完成电子商务在亚太地区全面运用的基础工作。

（3）亚太经合组织贸易便利化工作进展

贸易和投资委员会一直在致力于 TFAP2 执行效果的评审方法的研究。

5. 总体评价

亚太经合组织贸易便利化议题的内容比世界贸易组织更为宽泛，但二者共同关注的海关手续和规费部分具有一脉相承和接近的特点。亚太经合组织以阶段性和个性化的方式推进贸易便利化议题实施，比世界贸易组织一揽子协议的方式更为自由和宽松。同时，亚太经合组织以项目推动、与商界的对话、贸易便利化水平的评估等多种方式开展技术支持和能力建设，将成员方的具体承诺与技术支持和能力建设相关联的方式更为灵活。

但亚太经合组织不具有约束机制，因此造成各成员方在表态上的准确性及议题实施推进能力方面均不如世界贸易组织。

二、巴厘岛一揽子贸易便利化协定与海关

据联合国贸易与发展会议估计，一项海关事务平均涉及 20～30 个不同当事方、40 份文件、200 个数据元素（其中 30 个至少重复了 30 次），60%～70% 的数据至少有过一次密钥更新。据报告指出，随着全球范围内关税的降低，在许多情况下遵守海关手续的成本要高于关税支付的成本。在及时生产与交付的现代商业环境下，贸易商需要海关快速且可预见地放行货物。

亚太经合组织的一项研究显示，贸易便利化项目将为亚太经合组织的实际国内生产总值增加约 0.26% 的收益，几乎是关税减让之期望增益的两倍，该地区发展中国家的进口价格也将降低 1% 到 2%。

分析员指出，许多中小企业总的来说虽然在许多经济体中创造的国内生产总值高达 60%，但在国际贸易中却不够活跃，其大部分原因是“繁文缛节”而不是关税壁垒。对于

很少进行大量运输的企业，其面临的行政壁垒通常过高，因而不能凸显出国外市场的吸引力。

对于发展中国家的经济体来说，在海关和运输等领域的效率低下问题会阻碍其融入全球经济，也可能会严重削弱其出口竞争力或影响外商直接投资的注入。这是发展中国家的出口商对消除行政壁垒越来越感兴趣的原因之一。

世界贸易组织一直处理着与贸易便利化相关的问题。世界贸易组织条例包括各种各样的规定，旨在增强透明度及制定最低的程序性标准，其中包括关税与贸易总协定的第五条、第八条和第十条，这些条款涉及货物的自由过境、与进出口相关的费用和手续，以及对贸易规定的发布和管理。

然而，世界贸易组织的法律框架在某些方面缺乏具体规定，特别是在海关程序、文档编制及透明度方面。在过去的几年内，全球贸易货物总量的惊人增长、科技的进步，以及商业交易的电子计算机化已经令贸易规则之统一化、人性化和高效化迫在眉睫。

作为一个独立的主题，贸易便利化对于世界贸易组织是一个相对较新的问题。1996 年 12 月的新加坡部长级会议指示货物委员会（Goods Council）"进行有关贸易程序简化之探索性研究和分析性研究……以在该地区评估世界贸易组织规定的范围"时，才将该问题添加到组织的议程中。

2001 年 11 月在多哈召开了第四届部长级会议，部长们一致赞成在 2003 年 9 月于坎昆召开的第五届部长级会议上进行贸易便利化的谈判。该授权在 2004 年 8 月 1 日的总理事会（General Council）上再次提出，该会议确定由世界贸易组织的成员协商一致，基于世界贸易组织成员国一致认可的形式开始谈判。这些形式奠定了谈判小组（Negotiating Group）于 2004 年 11 月 15 日召开的第一次会议所采用的工作计划的基础。之后，世界贸易组织定期召开详细谈判，谈判的文本经过精简、详细阐明和改进，最后在巴厘岛（印度尼西亚）召开的第九届部长级会议上一致通过了最终文本。

为了进一步加速货物（包括在途货物）的运输、放行和结关，这些谈判必须阐明并完善 1994 年关税与贸易总协定第五条（过境自由）、第八条（与进出口相关的费用和手续）及第十条（贸易规定的出版和管理）的相关方面。谈判涉及对该地区能力建设的技术援助与支持，同时亦旨在对海关之间的及有关当局之间的关于贸易便利化和海关规定方面之有效合作作出规定。

在第一次会议上，谈判小组（Negotiating Group）同意根据实际需要邀请国际货币基金组织、经济合作与发展组织、联合国贸易与发展会议、世界海关组织和世界银行出席。

谈判小组在谈判的组织方面建立了两个明显的区域部分。第一部分（Section I）涉及协定的技术层面，并详细阐明了对高效及有效的协议作出改进的必要性。第二部分（Section II）规定了特殊和差别待遇的基础及执行协议所需的技术协助和能力建设的基础，其中一些事项中还包含了具体截止日期及时间表。

世界海关组织和世界银行也对谈判做出了书面贡献，并且确定可以将援助提供给发展中国家成员的地区。

经济合作与发展组织作为观察员也参与了谈判，为所有的成员提供了现存问题的技术报告，也为良好协议的达成做出了贡献，在降低成本方面最有力的措施有：文档编制的统一化、海关手续的简化（例如预办清关手续）及海关规章的可预测性（例如特定产品适用的关税税率之预先裁定，或明确的议事规则和可用的贸易相关信息）。

第三节 贸易便利化与中国海关改革绩效

一、经合组织与亚太经合组织

（一）经合组织

经济合作与发展组织，被称为是智囊团或者非学术性大学，它的研究领域非常广泛，影响力也非常深远。经济合作与发展组织最重要的作用是为各成员国政府提供一个探讨、发展和完善经济及社会政策的场所，它的成立旨在共同应对全球化带来的经济、社会和政府治理等方面的挑战，并把握全球化带来的机遇。

世界经济合作与发展组织一直致力于贸易便利化的研究，尤其是在全球经济不景气的大背景下，其连续开展了相关的研究，从 2009 年的“克服边境瓶颈——贸易便利化的成本与收益”到 2012 年的“贸易便利化指标——对贸易成本的影响”，对影响贸易交易成本的各项因素尤其是海关的作用，进行了深入的研究和详尽的分析。

（二）亚太经合组织

亚太经合组织是亚太地区重要的经济合作论坛，也是亚太地区最高级别的政府间经济合作机制。它在推动区域贸易投资自由化，加强成员间经济技术合作等方面发挥了不可替代的作用，并单独设有贸易促进工作小组。1991 年 11 月，中国以主权国家身份，正式加入亚太经合组织。亚太经合组织也对区域内的贸易便利化问题开展了一系列的研究工作。

下文将以上述两大机构的研究成果为蓝本，结合我国的通关作业无纸化改革实际，尝试对通关作业无纸化改革的经济效益评估进行初步的分析。

二、贸易便利化领域的研究

（一）贸易便利化影响因素

关于影响贸易便利化的关键因素，目前国际上公认的有以下 12 个核心方面①：

1. 信息的发布及可靠性（包括出版物、可通过互联网查询到的信息、咨询点、警示）；

---

① 贸易便利化谈判小组，世界贸易组织谈判草案 TN/TF/W/165/REV. 8，2011 年 4 月 21 日。该文本主要包括三大条款，13 条关于制度安排，14 条关于贸易便利化的国家委员会，15 条关于跨领域议题，而且第二部分是关于发展中国家成员和最不发达国家成员的特殊和差别待遇的规定。

2. 发布的信息和咨询（包括发布时间间隔和生效时间、对新的经修订规定的评论自由、咨询）；

3. 预先裁定；

4. 上诉程序；

5. 增加公正性、非歧视性和透明程度（包括针对进口预警的条件、运输的延迟和测试程序）；

6. 进出口收费规则；

7. 货物的放行和清关（包括运抵前申报、关税支付与货物放行的剥离、风险管理、事后稽查、货物平均放行时间、经认证的经营者、快件）；

8. 领事发票；

9. 跨境代理商合作；

10. 进出口手续（包括定期审查、简化手续、与国际标准统一、贸易信息的接收、使用单一窗口、装运前预检验、报关代理、暂时入境物品）；

11. 自由转运；

12. 海关合作。

通过整合，经济合作与发展组织将上述 12 个方面的内容整合为 12 项考核指标，同时根据经济合作与发展组织的测算，每项指标对降低贸易成本的定量贡献通过"方差分解"模型进行计算得出。以制造业（即非农业产品）为例，对于降低贸易成本，最为关键的是手续—程序，有望削减贸易成本的 5.4%，预先裁定（如预归类）达到 3.7%，手续—自动化、收费分别可达到 2.7%、1.7%，上述数据可以非常清楚地说明海关对贸易便利化的重要性和影响程度。

如果将 12 项指标都进行累加，那么总体而言，交易成本将可以降低 10%，在制造业，则可以达到 14%。虽然该研究的范围限于经合组织成员国，但是由于我国与这些国家的监管模式比较相似，因此上述研究成果对我国开展类似研究具有一定的参考价值和意义。

表 8－3　经济合作与发展组织贸易便利化影响因素一级指标及二级指标表

指标名称	指标解释	削减贸易成本的贡献率（%）
手续—程序	单一窗口 平均清关时间是否公布 货物清关时间 有否进行货到前的风险处置 货物的查验（比例高得分低） 事后稽查 货物的放行与关税的支付分离（分离的得分高） 新鲜易腐货物与常规货物的通关手续不同 AEO 企业的货物贸易量 ……共 19 项子项指标	5.4

续表

指标名称	指标解释	削减贸易成本的贡献率（%）
预先裁定	预归类的数量 原产地预先确定的数量 预先裁定文件的有效时间 平均签发时间 ……共 9 项子项指标	3.7
手续—自动化	进口电子申报的比例 出口电子申报的比例 海关能否提供通关全程电子化 是否使用风险管理技术 计算机系统能否接受以及交换电子数据 电子证书、电子签名是否适用 ……共 8 项子项指标	2.7
费用及收费	公开收费与费用 征收的税费总额 征收税费的每年递减 ……共 6 项子项指标	1.7
边境机构—内部合作	国家层面的边境管理机构合作（比如海关与检验检疫） 国家层面的边境管理机构定期会议 ……共 4 项子项指标	由于原始数据缺乏，经合组织未提供贡献率结果
边境机构—外部合作	国际层面的交换项目 与睦邻国家的协调 ……共 2 项子项标准	
领事发票事务	该国是否需要领事发票等事务（无发票要求得分高） ……共 1 项子项标准	
治理与公正性	海关的架构透明、职能明确 针对不当行为，建立制裁措施 关员行为准则完备 海关估价信息互联网可查 海关有内部审计 每年海关会发布年度报告，包括预算、征收关税、投诉及海关的通关效率 ……共 7 项子项标准	

续表

指标名称	指标解释	削减贸易成本的贡献率（%）
信息的有效性和可得性	有否建立国家级的海关门户网站 海关有否在线的反馈措施 有否公布关税税率 咨询海关有否途径 进出口的海关手续是否公开 ……共18项子项指标	由于原始数据缺乏，经合组织未提供贡献率结果
贸易群体的参与	政策目标的沟通 企业与政府间的相互咨询 立法草案是否实现咨询企业意见 ……共5项子项指标	
上诉程序	上诉程序是否公开透明 是否能够上诉 每年上诉的数量 由海关提出的上诉百分比 由企业提出的上诉百分比 ……7项子项指标	
手续—单证	复印件是否接受（OECD倾向接受复印件） 是否与国际标准一致（如便利国际海上运输公约、伊斯坦布尔公约、京都公约等） 进口所需递交文件的数量（评分越少越好） 出口所需递交文件的数量（评分越少越好） 根据海关要求，进口时递交的文件数量 ……共7项子项指标	

资料来源：作者根据 OECD TRADE POLICY WORKING PAPER NO. 118© OECD 2011 整理。

（二）贸易交易成本与海关的关联分析

针对贸易交易成本（Trade trasaction cost，简称TTC），有不少学者进行了深入的研究，比如根据经济合作与发展组织的2002年研究报告显示，在进出口环节直接的交易成本占货物贸易价值的2%～15%（见表8－4），瑞典贸易程序委员会（SWEPRO，2002）的研究显示了相同的变化区间，但是其他的研究报告（METI，1998年；Harambides和Lodon－Kent，2002年；Jetro，2002年）建议，直接交易成本可能更低，大约是货物贸易价值的1%。

表8-4 关于贸易交易成本的相关研究汇总

研究机构	国家/地区	进口出口	直接成本		间接成本		备注
			涉及范围	占比	涉及范围	成本	
US-NCITD	美国	平均进口和出口成本	单证 保险 运费 货运代理费	7.5%			数据来源于商业调查
UNCTAD	世界		金融成本 海关 信息 交通和通讯	7%~10%			使用US-NCITD以及EC以及其他来源数据，包含直接和间接成本
SWEPRO	瑞典	平均的进口和出口成本	单证费用	4%			基于海关和商界的信息
Emst& Whinney	欧盟内部	进口和出口的合并成本	海关合规成本	1.5%	公路拖车延迟及业务丢失	1%~3%	间接成本由OECD计算得到
EC	欧盟内部	进口和出口的合并成本	单证成本	3.5%~15%			方法不清楚

资料来源：作者根据经合组织文件和文献资料自行整理。

1. 由于检验检疫原因导致边境等待时间和成本增加

世界银行最近发表的报告显示，世界商业环境调查中，80个国家的典型的边境等待时间（Batra 2003），进口货物的放行时间从1天到24天不等，假设出口也是类似的时间，那么进出口放行时间的波动范围将在2天到48天。这些边境的等待时间事实上严重影响了国际贸易，并且增加了交易者的成本。Hummel 2001年调查发现，出口商愿意使用较快的空运来替代较慢的海运，每节省的一天的时间价值大约是货物价值的0.5%。考虑到资产折旧、贬值及丢失的商业机会，结合Hummel的成本假设和世界银行的调查，边境等待时间所产生的直接交易成本将占货物价值的1%~24%。但是，世界银行的调查显示，在80个国家中，只有6个国家平均进口时间是16天以上。非直接交易成本与直接成本相似，占货物价值的1%~15%。

边境的清关时间是贸易交易成本的首要影响因素。图8-1显示了Batra（2003）研究的等待时间和人均收入之间的关系。更高的人均收入通常体现为更短的边境等待时间。在人均收入小于9000美元的国家，边境等待时间变化非常大。

除了在廉政、透明和边境程序效率等方面的差异，贸易交易成本还取决于进口和出口货物的种类。尤其是易腐烂的货物，任何边境的延滞将导致成本的提高。而且农产品和食品，鱼类、木制品等特殊货物的边境手续，还要结合额外的单证和实际货物检验，以确保符合卫生检疫和动植物检疫的要求。由于货物的检验检疫的原因，边境手续费用和清关时间将大大增加。

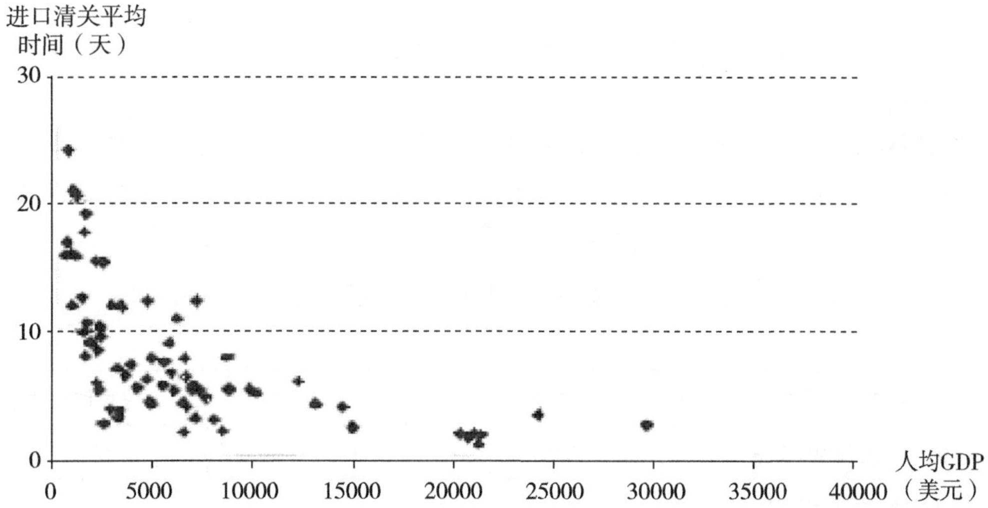

图 8－1　进口清关的平均时间与该国人均 GDP 关系图（美元）

资料来源：OVERCOMING BORDER BOTTLENECKS：THE COSTS AND BENEFITS OF TRADE FACILITATION － ISBN 978－92－64－05694－7© OECD 2009.

最近日本对外贸易组织（JETRO）测算了具有代表性的集装箱运输模式下进口日本的直接成本和时间。该直接成本和等待时间取决于边境手续和采取有纸还是无纸通关模式。尽管只有 20% 的集装箱需要接受强制的检验检疫，37% ～44% 的直接成本和 18% ～22% 的通关时间（从货物抵港到放行）是由于农产品和食品的“特殊”通关手续产生的，假设农产品的直接成本占该票货物成本的 1/3，那么农产品的贸易交易成本比较制造业的要高出 50% 。从该研究可以发现，检验检疫导致了通关效率的大大延滞。

表 8－5　从抵达港口到货物放行的直接的成本和通关时间（日本）

	直接成本（日元和百分比）		时间（小时和百分比）	
	有纸通关模式	无纸通关模式	有纸通关模式	无纸通关模式
所有货物必需的正常手续	16706 63%	10197 56%	19. 1 82%	12. 8 78%
农产品的额外需要检验检疫的手续	9864 37%	7884 44%	4. 2 18%	3. 7 22%
全部	26570 100%	18081 100%	23. 2 100%	16. 5 100%

资料来源：JETRO（2002）。

2. 贸易便利化成效的分析

（1）边境通关效率改善带来的效益

贸易交易的成本不可能完全消失，由海关和其他口岸监管机构根据国家的法律法规实施必要的查验是必不可少的。但是，提高边境效率能够降低贸易交易成本。根据测算（联合国贸易和发展会议，1994；亚太经合组织，1999），边境通关效率的提高可以降低货物交易成本，带来将近货物价值2%～3%的收入，在某些国家和地区，该效益还将更为显著（亚太经合组织 APEC，2002）。

贸易便利化最大的潜在收益是在发展中国家。在发展中经济体中，贸易便利化将降低全部交易成本的10.7%，新兴工业化经济体中，将降低7.8%，而工业化经济体只降低5.2%。这些结果表明，欠发达国家对海关手续的改进，将产生更大的经济效益。

表8－6　通过与海关相关的贸易便利措施预计降低的交易成本

（%）

亚太经合组织国家	最小预计值	最大预计值	中等预计值
工业化亚太经合组织经济体	2.9	7.4	5.2
新兴工业化亚太经合组织经济体	5.3	10.7	7.8
发展中亚太经合组织经济体	6.6	14.8	10.7

资料来源：亚太经合组织（2002）。

（2）通关作业无纸化带来的效益

贸易便利化措施对交易成本的影响因产品和贸易规模的不同而不同，澳大利亚外交和外贸部的一项研究显示，当海关的系统从有纸模式转变为无纸模式时，可以显著降低交易成本：海运的散杂货物可以降低大约1.5%的交易成本，而空运货物最多可以降低15%的交易成本。根据交易规模的不等，每笔交易的成本平均可以降低大约75至125美元。

表8－7　海关实现通关作业无纸化改革的经济效益

产品及运输方式	运量	货物的CIF货值	预计节省金额	
		美元	美元	%
煤炭—散货海运	10000吨	520000	7800	1.5
大米—散货海运	1500吨	810000	17820	2.2
机器零部件—海运	20英尺集装箱	175000	5425	3.1
糖—袋装海运	1500吨	273000	12012	4.4
芦笋—空运	45公斤	1370	206	15

资料来源：DFAT（2001）。

三、我国通关改革的效益测算

2011年，全国出口分类通关平均通关时间为1.5小时，比改革前减少0.42小时，

99.3%的货物实现24小时内放行。进口分类通关平均通关时间为17.9小时，比改革前减少15.2小时，64.2%的货物实现24小时内放行。

表8－8　分类通关改革对通关效率的改善

项目	出口分类通关平均通关时间（小时）	出口货物24小时放行率	进口分类通关平均通关时间（小时）	进口货物24小时放行率
改革前	1.92	–	31.1	–
2011年	1.5	99.3%	17.9	64.2%
2013年	0.77	–	14.8	–

资料来源：2012年7月鲁培军副署长在深入推进通关作业改革动员部署会议上的讲话稿，监管司2013年分类通关统计数据。

表8－9　2012年8月～2013年12月无纸化报关单平均通关时间

（时间单位：小时）

进出口	类别	平均通关时间	非税报关单平均通关时间	涉税报关单平均通关时间	平均审单作业时间
进口	无纸化报关单	1.84	0.35	8.98	3.64
	2012年8月～2013年1月全国	15.96	6.83	28.27	2.17
	2013年1月～12月全国	3.99	–	–	–
出口	无纸化报关单	0.18	0.18	3.64	0.68
	2012年8月～2013年1月全国	1.59	1.58	9.32	0.41
	2013年1月～12月全国	0.22	–	–	–

资料来源：通关作业无纸化改革试点半年来绩效评估报告和2013年全年通关作业无纸化通关时效统计数据。

为了解通关作业无纸化改革和分类通关的成效，假设2012年全部货运监管量都实施上述2项改革，2012年中国海关全年征收的关税收入（不含进口环节税）为人民币2782.74亿元，折合美元442亿美元，根据上述数据资料可以粗略推算如下（见表8－10）：海关的通关作业由传统的有纸模式转为现代化的无纸化模式，由最保守的海运散货运输的成效值1.5%推算，一年可以带来将近580亿美元的收益，是全年关税收入的1.3倍；以目前较为常见的集装箱运输的成效值3.1%推算，一年可以带来将近1198亿美元的收益，是全年关税收入的2.7倍。

如果只是单纯计算由于海关通关效率的提高，而导致边境等待时间的缩短，那么考虑到分类通关改革和通关作业无纸化改革的因素，合并计算进出口的节省金额，大约能够带来118亿美元左右收益。事实上，口岸边境效率的提升，并不能仅仅依靠中国海关一家的努力，检验检疫对通关时效的延滞应当成为今后研究的重点。

需要注意的是，通关作业模式的转变，不仅仅可以缩短边境等待时间，还将产生手续简便、文件减少等一系列的效果，这些也都将对国际贸易的便利化产生积极的影响。因此，通关作业无纸化方式的转变带来的成效远远超过了单纯通关时间缩短带来的益处，这也印证了我国目前开展通关作业无纸化改革的正确性与必要性。同时，此结果还会随着贸易量的增加，交易金额的扩大而进一步扩大。

表 8-10 海关通关改革成效测算（以 2012 年和 2013 年数据为基础测算）

具体改革内容	改革成效	计量标准	依据	2012 年实际值	2013 年实际值	备注
有纸转无纸（散货运输）	1.5% 货物价值	10000 吨	DFAT（2001）	344716 万吨 38667.60 亿美元	359960 万吨 41603.31 亿美元	假设所有监管的货运量都由海运散货运输完成
				预计节省金额 580 亿美元	预计节省金额 624 亿美元	
有纸转无纸（集装箱运输）	3.1% 货物价值	TEU	DFAT（2001）	17651 万 TEU 38667.60 亿美元	18878 万 TEU 41603.31 亿美元	假设所有监管的货运量都由海运集装箱运输完成
				预计节省金额 1199 亿美元	预计节省金额 1290 亿美元	
边境等待时间	节省一天的边境等待时间，将产生 0.5% 货物价值	时间（天）	Hummel（2001）	进口：18178.3 亿美元 进口预计节省：110.8 亿美元	进口：19502.89 亿美元 进口预计节省金额 118.9 亿美元	进口改革前 31.1 小时 进口改革后 1.84 小时 出口改革前 1.92 小时 出口改革后 0.18 小时
				出口：20489.4 亿美元 出口预计节省：7.4 亿美元 进出口合计预计节省金额 118.2 亿美元	出口：22100.42 亿美元 出口预计节省金额 8.0 亿美元 进出口合计预计节省金额 126.9 亿美元	

资料来源：海关总署网站、交通运输部及国研网数据，并由作者自行整理。

四、结论

以上基于经合组织和亚太经合组织的研究成果，对海关在贸易便利化中的作用进行了简单的梳理，并结合分类通关改革及目前的通关作业无纸化改革，对海关的通关改革在贸易便利化方面的成就进行了初步的研究，定量地分析了通关作业无纸化改革带来的经济效益和社会积极影响。

从上述研究可以发现：贸易便利化的 12 类影响因素都与海关有着密不可分的关系，海关在贸易便利化进程中承担着重要和主要的角色；检验检疫是导致边境等待时间和成本增加的主要原因，口岸管理机构的整合及职能的调整优化是今后研究的重点；通关作业模式的优化（无纸化）带来的经济效益和社会影响远远高于单纯的通关效率的提升带来的效益。

第九章　AEO与贸易便利化

本章概要

AEO是为防范恐怖主义、有组织的犯罪集团等通过国际供应链危害贸易安全所建立安全机制的措施之一。本章第一节系统全面地介绍AEO制度，第二节介绍中国海关在AEO制度方面的探索和实践。

学习目标

掌握AEO制度，了解中国海关在AEO制度方面的探索和实践。

2005 年 6 月，在世界海关组织第 105/106 届理事会年会上，通过了《标准框架》。中国海关积极响应世界海关组织的倡议，在会上签署了实施《标准框架》的意向书。在随后的 3 年多时间里，中国海关积极进行 AEO 制度的研究和实践，初步建立起中国海关的 AEO 制度。

第一节 AEO 制度

一、AEO 制度介绍

（一）AEO 制度简介

海关与商界的合作是《标准框架》的两大支柱之一，包括 6 项标准：企业应执行以海关设定的安全标准为参数的自我评估程序、供应链经营者本身应采取的安全措施、授权认证的取得、新技术的采用、与海关的合作与交流及获取贸易便利的条件等等。其中，取得“认证经营者”的地位并得到供应链中其他各方的承认对从事国际贸易的企业来说大概是最重要的，这将使其可以得到各方的信任并得到各项贸易便利措施所带来的好处，比如由于查验率降低而使得货物的通关速度加快，因为建立一套国际标准实现了一致性和可预见性，减少多样而复杂的报告要求从而节约时间和成本等。

为实施这些标准，《标准框架》还就每项标准制定了详细的实施细则（也称作技术性规定）。比如关于海关与商界的合作，标准的实施细则规定：关于伙伴关系，“共同制定的海关—商界伙伴关系文件应尽可能根据 AEO 商业模式，启动书面的可验证的安全步骤和程序，以保证 AEO 的商业伙伴，包括生产商、产品供应商和一般的商人宣布遵守保障全球贸易安全与便利标准框架中各标准条款的意向”；关于安全问题，“应通过必要的自动备份方式，诸如需要定期换发新证的个人分配密码账户，适当的信息系统安全培训和对于未授权进入或误用信息的保护来保护贸易敏感数据”；关于授权认证，“海关当局应和商界代表一起设计一套确认体系或者资质鉴定制度，使企业通过获取经认证经营者资格而得到激励”，“各海关应对 AEO 地位予以互相承认”。《标准框架》的标准和实施细则大都来源于世界海关组织已制定的有关公约及其成员的一些比较成功的实践经验。

以下是世界海关组织对各国推行 AEO 制度的指导原则中提到的对经营者提出的基本要求及海关给予经过认证的经营者的益处。

（二）对经营者提出的条件、要求

1. 可采信的对海关法规的遵守

在考虑授予企业 AEO 资格时，应当首先证明该企业无违反海关法规的纪录。授予 AEO 企业资格时，要求企业在海关 AEO 制度规定的一段时间内无违反国家海关法规的纪录，否则不予授予 AEO 企业资格。如该企业成立时间不足规定的时间，应当根据其他真实的相关的数据、记录进行判别，或其法人代表或投资人具有规定的时间段内的可采信的守法纪录。

2. 具有对商业纪录进行管理维护的相应能力

AEO企业应当及时、准确、真实地对其进出口活动进行纪录。对真实的商业数据的管理维护是国际贸易供应链安全的基本保障。该条件要求AEO企业：保证对数据系统的维护，使海关能够对进出口货物进行必要的审计；根据国家立法，允许海关在对企业监管所必要的数据系统中进行查询；AEO企业数据的内部进入和管理系统应符合批准海关的要求；以合适的方式保存与进出口货物相关的授权书、委托证明及许可证，并保证海关能够查询；根据国家立法，以合适的方式存档数据，以便需要日后向海关提供；运用足够的信息技术安全措施以保障数据系统不被非法侵入。

3. 经济可靠性

经济上的可靠性是衡量企业是否有能力实施和改进供应链安全措施的重要的指标。该条件要求AEO企业拥有可靠的经济能力，从而能够在与其经营性质相适应的各项商业活动中承担职责。

4. 磋商、合作与沟通

海关、其他有权机关和AEO企业应当在国际、国内、地方等各层面，在不影响执法的前提下，就诸如供应链安全和便利措施等涉及共同利益的问题定期进行磋商。在海关发展和风险管理战略的实施中应将磋商的结果考虑在内。该条件要求AEO企业：指派并向海关明示海关所在地联络人或公司联络人，通过公司联络人应当能够立即与海关所在地的联络人取得联系，以便对于海关守法和执法相关的事务进行处理（货物账册、货物追踪、员工信息等）；单独或通过行业协会，与海关进行开放的、连续的数据互换，具有执法敏感性、受法律限制及其他原因不能交换的数据除外；通过国内AEO制度所规定的特定机制，向负责的海关官员报告有疑问的货物证明文件，或非正常的货运信息；通过国内AEO制度所规定的特定机制，及时向海关或其他机构报告所发现的非法的、有嫌疑的或是不可靠的货物，这些货物应当采取适当的方法进行保全。

5. 教育、培训及提高意识

海关和AEO企业必须对工作人员就安全政策、安全问题的发现、针对安全漏洞的措施等方面建立培训机制。该条件要求AEO企业：根据其商业性质，尽可能培养工作人员或在必要的情况下培养贸易伙伴就供应链货物运输的风险意识；就如何识别有嫌疑的货物向所有AEO企业相关工作人员，包括安全保卫人员、制单及操作人员及收发货人员等提供有教育意义的资料、专家指导及培训，对开展的教育、指导和培训进行记录，形成相关的档案；使员工掌握AEO企业发现和报告可疑事件的程序；就如何保护货物安全、发现内部安全隐患及杜绝非法侵入对员工开展培训；在可行的情况下，根据海关要求使海关熟悉相关的内部信息、安全系统和程序，并协助海关进行针对企业货运、业务操作及办公地点调查方法的培训。

6. 信息的交换、取得及保密

作为保护信息安全总体战略的一部分，海关和AEO企业必须制定和加强相应的安全保护措施，以保证信息不被用于非法用途或避免非授权的修改。该条件要求海关和AEO

企业：保证涉及商业及安全敏感性信息的保密性，并确保所提供的信息只用于其被要求提供时所说明的目的；根据相关的数据保密法规，争取全面、及时地在所有相关单位实施货物放行数据的电子交换；不提倡纸质的或亲笔签名的以证实其真实性的数据；执行国际标准的电子数据格式、递交期限和数据内容；由于安全原因所必需的数据元必须要符合商业运行的要求和限制，并且所要求的与安全相关的数据元不能多于《标准框架》所规定的项目。海关与 AEO 企业应合作实现以风险评估为目的的电子货物信息的提前申报。

作为 AEO 企业，进口商应采取相应的制度确保货物通关信息的清楚、完整和准确，并避免信息的错位、缺失和错误信息的录入。同样，承运人要运用相应的制度确保舱单所记载内容能够准确地反映出托运人及其代理向承运人提供的信息，并及时向海关申报。同时，应将信息安全政策、制度如防火墙、密码等安全控制形成规章以保护企业电子系统不受非授权的侵入，建立防止信息丢失的制度和备份系统。

7. 货物安全

海关和 AEO 企业必须建立和支持保障货物安全及较高级别的准入控制的措施，并指定保护货物安全的日常制度。该条件要求 AEO 企业：切实履行世界海关组织与安全相关的各种指南，包含供应链各环节保障货物安全的具体措施，可参考世界海关组织的指南，为企业制定安全手册或其他可行的指南；确保有施加封志责任的 AEO 企业及其贸易伙伴通过制定书面的制度而保证适时施加封志并保持运输工具的安全；确保 AEO 企业及其贸易伙伴施加的封志达到或超过当时的 ISO 标准；将如何对已装货的集装箱施加封志和检查，以及如何发现和向海关及外国相关机构报告损坏的封志和集装箱形成书面制度；考虑安全因素，应有专人负责集装箱封志的发放并确保其合法使用；制定对货运工具，包括对其“准入控制”装置的可靠性进行检查的程序；建议根据不同的货运工具对前挡、左侧、右侧、地面、顶/上方、内/外门、外侧/底盘进行检查；通过国内 AEO 制度中规定的特殊机制，定期对其安全和控制制度进行测评，保证非被授权者不能轻易接近货物，以及保证被授权者不能轻易针对货物进行不正当的操作、移动或装卸；将货物或货运工具在安全的地点保存，并制定相应的制度以便在发现货物和运输工具存放地点被非法侵入时及时向负责的执法官员报告；在商业程序允许的情况下，核实运输货物和装运工具的承运人的身份，如没有这种权力，则快速采取措施以尽快取得相关授权；在可行的情况下，核对实货与其单据或电子信息，以便在向海关申报时单货相符；制定在货物储存场所理货和管理的制度；制定在货物移出储存场所时全面监控货物的管理制度；制定管理、保护、监控货物运输过程及货物移入和移出装运工具过程的制度。

8. 装运工具的安全

海关和 AEO 企业必须共同制定其他国内和国际规章未能予以规定的监管制度，以保证装运工具被有效维护和保护。该条件要求 AEO 企业：在其权力和职责范围内，保证所有装运工具的安全在其供应链中得到有效的保护；在其权力和职责范围内，保证无人值守的装运工具在供应链中的安全，并在其返回时检查其安全是否受到侵害；在其权力和职责范围内，确保对所有装运工具的操作人员就保证装运工具和货物在其监管下的安全进行培训；根据国内 AEO 制度的规定，要求操作人员及时向指定的企业安全部门和海关报告发现的和有嫌疑的违法事件，以便进一步调查，并且将报告记录在案，以便海关查考；总结出装运工具上易于藏匿运输非法物品的部位，并对这些部位进行常规检查，保证装运工具内外部舱室、夹层、空隙等的安全，检查后应做记录，并记录所检查的部位；向海关或其他机关报告一切有嫌疑的、不合常规的及确实侵害装运工具安全的行为和事件。

9. 经营场所安全

在征求 AEO 企业意见及考虑企业遵守其他国际标准的前提下，海关必须根据自身情况，要求企业实施安全保障协议以保护办公建筑的安全，对其内外部及周边的安全环境进行监控。该条件要求 AEO 企业根据企业经营模式和风险分析的要求，采取安全措施对其办公建筑的周边安全进行监控，防止对其设施、装运工具、装卸码头及货物存放区域的非法侵入，以保证其负责的供应链环节的安全。如果不能做到准入控制，应再采取相应的其他手段。办公环境安全保障应根据风险情况包括以下措施：建筑物必须有防止非法侵入的设施；必须通过定期的检测和维护保持设施的正常运行；所有的内外部的门、窗和围栏应有锁定装置或采取其他进入监控措施；锁定装置及钥匙必须由管理人员或安全负责人员统一发放；在设施的内外安装充足的照明系统，包括出入口、货物搬运和储存地点、围栏及停车场等区域；在车辆和人员进出口必须有人值守，进行监控或采取其他措施防止非法进入。AEO 企业应当保证需要进入其限制区域的车辆在专门地点停放，并能够记录车牌号码，以便海关查询；只有经安全识别或被授权的人员、车辆及货物才能够被允许进入设施；设置必要的外围及周边隔离设施；单据或货物的存储区域应设限进入，应当能够有足够措施阻止非被授权或识别的人员的进入；制定必要的安全制度，如失窃警报或准入控制系统；应当对限制进入区域进行明示，以便轻易辨认；根据需要，允许海关查询或使用其保证办公环境安全的监控系统。

10. 人员安全

海关和 AEO 企业应在法律允许的范围内，调查相关员工的背景情况，此外，还应采取措施，防止未经授权进入相关设施、交通工具、卸货码头和货物存放地点等有可能影响到供应链安全的场所的情形。该条件要求 AEO 企业：在国内法律允许的范围内，在雇佣员工时，采取可能的预防措施，证实他们以前没有与安全相关的海关或其他刑事犯罪记录；定期对安全敏感岗位员工的背景进行调查；拥有员工身份识别程序，要求所有员工携带公司发放的识别卡，确保对员工和单位的唯一认证；拥有识别、记录和处理未经授权或来历不明的来访者和销售商的程序，如在所有入口处安装照片识别仪和设立登记制度；及时将到期员工原有的身份识别卡、进入公司及信息系统的授权迅速收回并予以注销。

11. 贸易伙伴安全

海关应当建立一套 AEO 企业的标准和机制，使全球供应链安全可以通过企业自愿提高它们的安全措施从而得到加强，这些标准和机制可以在国家标准中予以补充规定。该条件要求 AEO 企业在必要情况下和在商业模式可能的范围内，在与贸易伙伴进行合同谈判时，鼓励贸易伙伴评估和提高供应链安全。该项内容也可在合同中予以明确。此外，AEO 企业应保留在加强贸易伙伴的安全方面所做的努力的证明文件，并应海关请求提供相关文件。开始签订合同前，AEO 企业应对贸易伙伴相关信息进行核实。

12. 风险管理和灾后重建

为了降低灾难和恐怖袭击的影响，风险管理和灾后重建程序应该包括针对特殊情况的预先计划和应急工作机制的建立。该条件要求 AEO 企业和海关在必要情况下，与相关部门共同研究制定应对恐怖袭击和灾后重建的紧急安全情况的计划，对其人员进行定期培训，对应急计划进行测试。

13. 测评、分析和提高

AEO 企业和海关应采取相应的跟踪、测评、分析措施，达到评估的连贯性；确保安全管理制度的完整性和充分性；发现安全管理系统有待提高的方面，从而提高供应链的安全性。该条件要求 AEO 企业根据国内 AEO 制度的规定，定期对其经营情况的安全风险开展评估并采取适当措施降低这些风险；建立和开展安全管理制度的自我评估；明文规定自我评估程序和责任方；将评估结果、反馈意见及可能提高的工作建议整合在一个计划里，为未来的安全制度的充分性提供参考。

14. 自动化和科技发展

AEO 企业和海关将从频繁地运用自动化和信息技术中受益，包括以提高技术为基础的通关优惠，AEO 制度参与者和实施《标准框架》的世界海关组织成员使用安全数据入口，简化交易的信息要求，利用提前信息进行安全风险评估（达到提前对仅用电子形式交换的信息进行风险评估的长期目标），以及海关和 AEO 企业收集绩效数据。该条件要求 AEO 企业和海关不断完善实施 AEO 制度的益处，增加通关激励机制方面共同合作以达到自愿使用更高级别技术的目的，这些益处应在国家 AEO 制度中确定下来。这就要求双方在应用新技术和采取措施有效处理和减轻安全事故的破坏程度方面保持开放对话，通过安全的电子模式建立机制以识别全球贸易供应链 AEO 企业和现有已经承诺实施《标准框架》的海关；要求双方考虑建立自动化平台，通过该平台在全球互认的基础上，AEO 企业能被清楚识别并赋予相应的地位，给予相应的益处，在通过风险管理达到安全的同时，在法律保障下支持简化与贸易有关的手续的行动和努力，最终通过必要的能力建设实现减少货物放行所需的数据要求、加速处理和放行低风险货物，以及先进技术的使用；要求双方通过寻求在全球实施 AEO 制度和其他贸易便利项目来进一步便利与贸易有关的交易，鼓励收集绩效指标和其他相关数据，以便长期跟踪《标准框架》实施情况和公布认为必要的调查结果；要求双方至少为了内部分析的目的收集关于被批准 AEO 资格的公司的数据和在持续时间内其 AEO 资格对其货运所产生的影响，并可适当向内部或外部公布不涉密的数据。

AEO 企业应当采取额外加强措施为集装箱设计高安全性封志和其他为防止非法侵入而设计的装置，前提是这些额外自愿的行动应会使提供方得到更多的实际的益处；向海关提供提前电子申报信息，使得海关在尽早环节进行统一标准的风险评估，使海关可基于对上述信息的审查，进一步加快货物放行速度。

（三）企业实施 AEO 制度的益处

《标准框架》是建立在 4 个核心要素的基础上的，和企业获益相关的是最后一项，是关于海关在商界达到供应链安全标准和最佳经验做法（《标准框架》，1.3）后为企业提供的便利措施。《标准框架》的3.3也提供了具体的可供参考的例子。《标准框架》的有效执行最终将会很好地平衡贸易安全和便利的问题，而为AEO企业提供有形的收益是达到平衡的一项举措。

由于国内法律的限制，海关应将其权限范围内的所能给予的利益予以明确。《标准框架》的支柱二下的标准三规定了这些利益必须切实可行并且明文规定。这些优惠政策必须高于或超过提供给非认证经营者的措施，且不能少于已有的措施。

《标准框架》的最终目标是一系列核心世界海关组织国际标准的实施，并使这些国际标准在国内法中得到确认。但是这些优惠政策应该在项目的不同阶段有所调整，针对《标准框架》成员的培训应该在提供优惠政策方面有所侧重，比如低风险货物的便利机制、全球供应链安全的提高等。

优惠政策应该是有意义、可跟踪测量和汇报的，但这并不要求建立一套所有海关必须提供的优惠政策，它们只是提供了某种参照，前提必须得到海关的认可。具体内容包括：

1. 快速通关，降低转运时间和仓储费用

（1）减少货物放行的数据项；

（2）加快货物的放行；

（3）货物安全查验的最小化；

（4）在查验环节优先使用非侵入式查验技术；

（5）适当减少守法良好的AEO企业的费用；

（6）根据实际需要，延长海关办公时间。

2. 为AEO企业提供有价值的信息渠道

（1）在AEO企业同意的情况下，将它的信息和联系方式提供给其他认证经营者；

（2）接受《标准框架》的国家列表；

（3）公认的安全标准和最佳经验做法列表。

3. 易受阻或危险等级提高时期的特别措施

（1）在安全级别特殊时期，海关给予优先待遇；

（2）边境或口岸关闭或重新开放后的优先通关措施；

（3）危险事件发生后优先向受侵害的国家出口。

4. 优先考虑参加任何新的货物通关改革项目

（1）采用以账户为基础的集中通关手续，而不是逐票通关；

（2）简化后续稽查手续；

（3）允许自我稽查或减少海关稽查；

（4）对到港后及结关后货物调查的快速处理程序；

（5）在估征违约金或行政处罚程序中可减轻处罚，瞒骗行为除外；

（6）增加货物进出口的无纸通关；

（7）海关优先答复裁定请求；

（8）允许异地报关；

（9）在海关开始行政处罚程序前，允许其采取补救措施，瞒骗除外；

（10）对未能在限期内缴纳税款的，不对其另外处以罚金或估征违约金，只收取利息。

第二节　中国海关的 AEO 实践

一、将 AEO 制度转变为国内立法并实施

第一，将 AEO 制度转化为国内立法。2008 年 4 月 1 日施行的《中华人民共和国海关企业分类管理办法》（以下简称《管理分类企业办法》）和相关配套公告（《企业经营状况报告》），将 AEO 制度关于守法、安全和海关与商界的合作伙伴关系等实体要求及贸易便利措施、认证程序纳入其中，具体将 AEO 制度转化为国内制度。《企业分类管理办法》将进出口收发货人和报关企业分成 AA、A、B、C、D 五个类别，其中 AA 类企业的标准和条件与世界海关组织对 AEO 相关要求一致，是中国海关的 AEO 企业。《企业分类管理办法》及配套法规的施行，标志着中国海关 AEO 制度已进入正式实施阶段。

第二，组织了海关内部和对企业的宣传、培训，广泛介绍 AEO 制度和《企业分类管理办法》，提高 AEO 制度的认知度。在海关内部，海关总署先后举办了 AEO 专题培训班、《企业分类管理办法》培训班和验证稽查培训班，对全国海关稽查系统的业务骨干进行了培训，效果明显。在海关外部，由各关召开企业座谈会，利用报纸、电视、电台、网络等载体广泛宣传和介绍《企业分类管理办法》和 AEO 制度，使 AEO 制度深入人心。

第三，开展对 AEO 企业的验证稽查实践。从 2007 年 11 月起，中国海关就开始了验证稽查的试点工作，在《企业分类管理办法》实施之后，更是在全国范围内开展了对申请 AA 类企业的验证稽查工作，按照世界海关组织《标准框架》的有关 AEO 制度原则具体验证申请企业的贸易安全情况。为了规范 AA 类企业的验证稽查工作，海关于 2008 年 4 月 30 日制定出台了《海关验证稽查暂行办法》，明确了对 AA 类企业验证稽查的原则、程序、方法和内容等；2008 年 12 月制定出台了《海关验证稽查作业标准》，进一步细化具体作业内容和标准等，目前该标准正在各海关验证稽查实践中参照使用。验证稽查工作的全方面推广，是具体实施 AEO 制度的最主要的表现。

第四，积极参加国际海关有关《标准框架》的学习研讨，交流经验，切磋做法。派员参加了亚太经合组织于 2008 年 3 月在广州、6 月份在泰国举行的 AEO 业务研讨班和会议，同时与日本、韩国、新加坡等国进行了互相了解学习对方 AEO 制度的双边交流活动。

第五，组织开发企业信息综合管理的计算机系统，以全面整合、汇总企业各方面信息，提高对企业认证的准确性和一致性，并将把分类结果转化为通关参数，在通关系统中加以应用。该系统于 2009 年下半年在全国海关投入使用。

二、开展 AEO 国际合作项目

（一）开展中欧安全智能贸易航线计划项下的企业选取和中欧 AEO 互认合作研讨

中欧安全智能贸易航线试点计划是全球范围内第一个全面实施世界海关组织《标准框

架》的国际合作项目，旨在通过建立安全便利的智能化国际贸易运输链，实现对物流的全程监控，在确保贸易链安全的基础上实现贸易便利。

第一，选取试点参与企业。在企业自愿参与的前提下，参照世界海关组织关于 AEO 的标准，双方共同选定了 10 对企业参与试点，其中 8 对企业实际参与了安智贸运作。

第二，开展中欧 AEO 互认合作研讨。根据 2007 年 11 月安全智能贸易航线试点计划指导小组的决定，2008 年在安全智能贸易航线试点计划项下召开了 3 次 AEO 专家组会议。

第三，根据中欧 AEO 验证稽查互访计划，中方已于 2009 年 3 月 23 日至 4 月 7 日完成赴欧考察，欧方赴中方考察工作目前正在进行中。

（二）实施了中美 C－TPAT 联合认证试点项目

2008 年 3 月 3 日，中国海关与美国海关签署了《中美联合验证试点声明》。根据该声明，中美两国海关在 2008 年进行了两次联合验证试点。双方共对 18 家试点企业进行了实地验证，其中 14 家企业通过了验证。双方将在总结两次试点经验的基础上，对验证标准和验证方式进行探讨，以便开展正式的合作。①

① http：//www. customs. gov. cn/publish/portal0/tab49706/info621632. htm 2014/4/30.

第十章　单一窗口

本章概要

“单一窗口”是提高国际贸易便利化程度的重要措施，通过“单一窗口”的建设，可提高政府部门的监管效能，减少申报单证的重复录入和数据信息的差错，降低贸易和运输企业的综合物流成本。本章第一节介绍电子政务，第二节介绍“单一窗口”，第三节介绍“单一窗口”的构建。

学习目标

掌握电子政务的概念、分类，以及“单一窗口”技术的基本概念；了解海关在“单一窗口”的实践；理解“单一窗口”技术的具体构建。

第一节 电子政务

一、电子政务分类

电子政务是在传统政务基础上发展起来的，是一种新的政府职能的具体表现形式，其业务内容与政府管理社会的职能有关。

（一）按电子政务性质进行分类

1. 服务类电子政务

服务类电子政务主要包括以下几个方面：

（1）通过网络、电视、电话等电子媒体单向或互动式地向社会和公民提供所需的免费信息和有偿信息。如国家机构及相关法规的介绍、城市概况、天气预报、动态新闻、统计数据、档案、信息分类查询等。

（2）通过网络、电视、电话等电子媒体向社会和公民提供教育、交通、通讯、娱乐、保健等方面的咨询及其他商务服务。如网络图书馆、网络学校、网上俱乐部、网上租赁、网上培训等。

（3）通过网络、电视、电话等电子媒体向社会和公民提供社会福利、保险、救济和慈善服务。

（4）通过网络、电视、电话等电子媒体向社会和公民提供各类市政性服务，实施指导和管理。如城市规划、房产信息、道路状况、水电状况等。

（5）通过网络、电视、电话等电子媒体向社会和公民提供各类专门的综合性研究服务。如法律咨询、金融咨询、经济形式分析等。

（6）各政府部门之间相互提供各类相关的信息、统计数据、档案资料等。

2. 管理类电子政务

管理类电子政务主要包括以下几个方面：

（1）维护网上安全和秩序，制定网上安全管理的规则，实现部分社会安全和秩序的传统职能管理的电子化。

（2）制定对内对外的社会电子管理活动，包括经济、贸易、财政、金融、民政、交通、通讯、环保、体育、卫生、科技、文化、教育等方面的事务管理的电子化策略。

（3）对国家土地、天空、海洋、江河、动物、植物、矿务等自然资源的保护和管理的电子化。

（4）通过网络、电视、电话等电子媒体参与国际社会公共管理事务与管理活动。

（5）政府与政府之间的网上相互合作和监督，政府内部的管理和监督。

3. 政治类电子政务

政治类电子政务主要包括以下几个方面：

（1）各级政府机构通过网络调查和电子论坛、征求专家建议等形式制定具体的法规。

（2）通过网络调查民意，确定某些政策，使网上各类虚拟组织和社会实体组织、各界人士参与政策的制定。

（3）社会各界人士通过网络监督政府及参评行政事务，建立电子政务监督和评价体系。

（4）政府内部的电子决策体系的建立和完善。

（二）按电子政务行为主体进行分类

在现代社会，与政府业务紧密相关的3个行为主体分别是政府、企事业单位、社会公民。政府的业务活动主要围绕着这三个行为主体展开，主要涉及政府对政府、政府对企事业单位、政府对社会公民、企事业单位对政府、社会公民对政府5个相互关联的领域。与传统政务一样，电子政务业务也是围着这三个行为主体展开的。因此，根据行为主体，电子政务可分为三大类：其一，政府与政府的电子政务；其二，政府与企事业组织的电子政务；其三，政府与社会公民的电子政务。

二、政府与政府的电子政务（G2G）

政府与政府的电子政务，可分为内部电子政务与外部电子政务两大类。内部电子政务涉及电子信息、电子办公、电子公文、电子财务、电子劳保福利、电子后勤等方面。政府与政府之间的外部电子政务主要指上下级政府、不同地方政府、不同政府部门之间的电子政务。内部电子政务与外部电子政务在内容上相互关联，业务名称和程序类似，但它们的具体内容有着很大的区别。

（一）政府内部电子政务

1. 内部电子信息

内部电子信息可分为静态信息和动态信息两大类。本单位相关的政策、工作制度、单位组织人员和机构及其职能介绍、通讯录、统计资料、档案等信息都属于静态的内部信息，静态信息也并不是绝对静止，而只是信息变更的周期相对长一些；内部通讯、广告和通知、大型活动安排情况、领导工作信息、各科室及直属机构工作信息、公共邮件信息、个人信息等都属于动态信息。

2. 内部电子公文处理

公文是机关办公主要途径和手段。电子公文的处理是从传统纸质公文处理的基础上发展起来的，它既有传统纸质公文处理的内涵，又有依靠电子系统实现自动化处理的虚拟特色。内部电子公文处理，是整个公文处理的核心部分。公文的处理基本上都在内部处理和完成。按照公文的处理流程，内部电子公文处理可分为收文处理、发文处理、电子公文整理和归档三大部分。电子公文收文处理包括电子签收、电子登记、电子分发、电子拟办、电子批办、电子承办、电子催办、电子查办、电子立卷、电子归档、电子销毁。电子公文发文处理，包括电子拟稿、电子审稿、电子善印、电子校对、电子盖章、电子登记、电子立卷、电子销毁等。电子公文整理和归档包括电子公文分类编号、明确归档范围和时间、密级鉴定、归档份数、业务部门的独立数据库、综合数据库、归档方法（保存到磁、光介质上，系统备份等）。

3. 内部电子会议管理

电子会议的形式很多。其一，主题式会议。领导或主管部门下发主题，全体或相关员工通过邮件或网上论坛（BBS）发表建议。其二，随意式会议。随意性会议不设立主题，只提供部分引导内容，员工无限制发表意见，与会者可以匿名。其三，可视式会议，是传统会议的模拟形式。一般情况下，电子会议后需进行总结和落实，并把反馈信息和最终结果传递给相关领导和工作人员，电子会议的工作量主要集中在会前的准备阶段和会后的汇报阶段。

4. 内部电子财务管理

内部电子财务管理主要包括电子预算、电子财务审批、临时支出申请和审批、电子财务通告、电子薪酬支付、电子福利支出和电子财务收入管理等。内部电子财务通过网络给领导和本部门员工提供明细和汇总的财务收入、支出、拨付款数据及相关的文字说明和图表，便于领导和部门即时掌握和监控财务状况，同时使员工能够通过网络进行财务事项的操作，如领工资、申请项目资金、报销出差费用等。

5. 内部电子人事管理

电子人事制度主要包括人事制度和人事动态介绍、电子薪酬审核、人事调整方案调查、竞争上岗电子化、电子福利申请和审核、网上培训、电子绩效评估等。电子人事制度通过内部网络体系传递各项人事信息和办理各项人事工作，如员工的工资和福利，竞争岗位动态，晋升、辞职、退休、休假等事项的办理；通过网络对国家机关工作人员提供各种综合性和专业性的网络教育课程，提供内部培训下载资料，使工作人员能随时随地注册参加各类培训班和考试；利用电子手段对政府内各部门的工作业绩进行科学的测量和有效的评估，可以进行全面的自评和他评，而且评估方式灵活多样，既有公开的全体评估和专业评估，又有个人匿名评估。

6. 内部电子决策

内部电子决策分网下决策和网上直接决策两大部分。网下决策的电子化，主要运用网上的数据库和各类报表及调查信息来制定决策，决策以网上信息为依据，网上和网下相结合。网上直接决策主要包括电子决策信息调查、决策数据、电子决策程序和模型、决策方案确立、电子决策人员、电子决策结果、电子决策结果安排和执行及电子决策反馈等。

（二）政府之间的电子政务

1. 电子信息共享和数据交换

政府各部门可以将相关的各项法律、法规、规章、政策、行政命令、政府机构和职能、档案资料、数据库发布到自己的网站，在每个政府网站上设立行政动态栏目，介绍本单位的近期工作和可公开的工作规划。工作上密切相关的上下级之间可建立大型的网络体系，行政命令等可用网上的专门通道进行传递。相对内部电子政务网上的电子信息，政府间的电子信息更具有开放性。政府间的电子信息除了特殊要求外，大部分可直接面向社会，因此，信息的安全性十分重要，政府部门在粘贴信息时，需注意其安全性和保密功能。政府部门可建立各自的数据库，政府间可以进行有偿或免费的数据信息交换。政府部门的数据库既要全面又要具有部门特色，避免重复建设。

2. 电子公文传输和管理

电子公文的大部分工作可在政府内部完成。电子公文的传送可在弹指间完成，并能即时获得反馈信息，因此，联合发文也可在网上操作。政府间的电子公文管理工作主要集中在公文的电子催办和电子查办。另外，由于网上的垃圾邮件比较多，且网站的容量有限，电子公文的拒收、整理和删除等工作量也比较大。对密级较高的公文可以采取传统模式或传统模式与电子模式并用的方式进行处理。

3. 电子办公

政府间的电子办公主要包括电子会议、电子数据统计、电子项目申请、上下级之间的电子业务、相关业务部门的行政工作电子化。电子会议的形式比较多，如电视电话、电子论坛、网络会议等。同时，通过网络填写申请单、报批等，完成部门间的项目准备工作或大部分工作，大大提高了行政办事效率。数据统计是众多部门上下级之间的例行事务，传统模式程序繁琐，统一性差，周期长，而电子数据统计的方式既有统一的模式，又能随时随地输送数据。

4. 电子财务管理

电子财务管理通过网络向各级国家权力机关、审计部门和相关机构提供分级、分部门的财政预算及其执行情况，通过网络实现各项经费的转换，通过电子银行监控部门的财政支出和收入，通过网络审核国家权力机关及相关主管部门的财务执行情况、各项预算和项目经费执行情况。

5. 电子档案

电子档案是指可以用来共享的专业性档案资料，如公安机关的刑事犯罪记录、审判机关的审判案例、人才档案等。政府间的档案资料只是内部档案的一部分。

6. 电子培训

政府间的电子培训主要包括本系统的业务培训、行政管理能力培训、专业性业务培训等。电子培训工作的重点是培训内容的开发。电子培训一般采取在线学习或下载教材进行网下学习方式，形式比较单一，互动效果差，无现场效果，培训效果一般，但跨部门或跨地区电子培训的成本比较低，而且十分便利，具有一定的优势。因此，电子培训的内容侧重基础性知识的规范化、标准化，适合“填鸭式”教育知识的开发。

7. 电子监督、评价

政府之间的监督和评价，主要包括国家权力机关对各级行政机构的监督、司法体系对各级行政机关的监督和评价、审计等专业机构对行政机构的监督和审核、上下级之间行政机构的监督和审核。电子监督和评价体系不仅对政府机构的中长期和年度规划及某些重大决策进行评定和监督，而且可以通过网络随时随地进行评价和监督。电子监督具有及时、量化程度高的优点，相比传统监督方式有着明显的优势。

三、政府与企事业单位之间的电子政务（G2B）

（一）审批类电子政务

审批类电子政务主要有：各类企业的注册、变更、注销，各行各业的专项电子审批，养老机构、公共图书馆、就业机构、协会等事业单位和社会团体的电子审批。

（二）税务类电子政务

税务类电子政务主要包括电子税务的登记、变更、销毁，电子纳税，电子处罚等。电子税务的登记、变更、注销与工商、技术监督、银行等部门的工作密切相关，而且业务的运转时间固定，变动周期比较长，可以与工商、技术监督、银行等部门网上联合办公，统一管理。另外，免税申请等一些审批类事项也可以一并加入网上联合办公体系。电子税务的重点工作是电子纳税。电子纳税流程大致如下：纳税户通过 Internet 接入某级行政机构财税网的电子申报网页，用合法用户名和口令登录电子申报服务器；选择填写相关申报表，填写完成后提交；电子申报服务器将纳税户提交的申报数据按不同的税务机关分组暂存；税务局端随机收取相关的分组数据并对数据进行处理；数据处理完成后，税务机关将纳税人的纳税账号和相应的扣款数据发送指定银行扣除税款，并根据银行确认的扣款信息，以电子邮件的方式自动向相关纳税户发出电子邮件，告知最后申报处理结果。

（三）金融保险类电子政务

金融保险类电子政务主要包括经常项目（一国与外国的经济交易中经常发生的交易项目，包括贸易收支、服务收支、单方面转移）、资本项目（指国与国之间发生的资本流出与流入）、出口核销管理、流动资金贷款、固定资产贷款、贴现、外汇贷款、国际贸易融资等。金融保险类的业务逐渐走向市场化、商业化，政府对企业的金融保险以间接管理为主，间接管理的业务可转为电子业务。

（四）司法类电子政务

司法类企业电子政务主要包括网上律师事务所的申请和管理、网上申请公证、网上知识产权的保护、法律咨询、司法鉴定、法规查询等电子服务。司法类电子政务体系可通过网络审批律师事务所及其分支机构的设立申报，网上管理外国律师事务所驻当地办事处，网上管理在国外（境外）设立的律师机构，网上办理执业律师的年检注册和律师事务所的年检注册；证明经济合同、协议、继承权、财产赠与赋予、债权文书、具有强制执行力公证；对涉案的会计核算资料进行鉴定和判断；在网上提供各类法律法规咨询服务。

（五）管理监督类电子政务

管理监督类电子政务包括工商管理、环境保护、安全保护、劳工管理等。具体而言，工商管理电子政务主要有：电子专用商品价格审批、市场日常检查情况公告、行政处罚的电子执行、电子举报和投诉箱、电子年检等。环境保护电子政务主要有单位生活垃圾处理的申请和登记，环境设施拆除、搬出、建造的申请和登记，对环境有污染企业的电子管理，排污费和处罚缴纳，环保电子举报箱等。劳工管理电子政务主要有企业录用人员登记、流动人口登记、企业劳保状况登记、劳动能力鉴定、外籍人员登记、就业登记、企业集体劳工合同审核、失业保险、企业员工养老保险、培训机构的资格审核、电子举报和投诉箱等。安全保护电子政务主要包括企业的生产安全登记、消防安全登记、特殊行业安全登记、行政处罚等。

（六）行业专业管理类电子政务

行业管理中的审批可以采取类似企业注册的软件系统，实现行业注册审批的电子化。行业的具体管理职能都已下放到协会或市场，每个行业可公开的统计信息、各类档案和资料都应该在网上公布，便于查询。行业管理中涉及国家秘密的部分需进行独立管理，无需进行电子化。

（七）综合服务类电子政务

随着技术的发展，除了政府对企业的职能管理和行业专业管理不断电子化外，还必须推行电子化的综合服务业务，例如全国性或分类法规政策查询、档案和资料的查询、企业专用数据库的创建和查询、政府机构职能综合介绍等。综合服务类电子政务主要包括：政府对人才的引进和培训进行网上协调，如政府经费补贴培训的审批、专业类培训机构的审批、中外教育合作培训、非学历教育培训项目审批、大型人才交流活动、人才的引进、创业专项资助等；咨询服务的拓展，成立各类专门的咨询服务小组，解决企业的日常问题；建立起与各个部门相应的专业网上交易市场或综合性交易市场，如中国商品交易市场、中国农产品交易市场等，以推动经济的发展，信息闭塞、资金技术有限的个体企业和农村企业更需要这些便利的网上市场；充分发挥政府的宏观调控和平衡职能，平衡各种利益群体的利益，为中小企业提供扶助性的帮助，如为中小企业提供统一的政府网站入口，设计其能承受的电子商务方案等等。

四、政府与社会公民的电子政务（G2C）

在传统的政府管理模式下，政府提供的服务选择空间很小，办事效率低下。社会公民虽然有很多需求，但由于缺乏有效的反映途径，众多意见和需求无法反馈到政府，政府了解社会的需求并调整政策相对滞后，更谈不上对社会公民的个性化服务。电子政务的推行，为社会公民获取政府提供的服务提供了更加便利的条件，同时，社会公民能够对政府提供的服务做出即时的评价，并把自己的建议和需求及时反馈到政府。

政府首先通过网络把本部门所负责的各类公共服务的内容、程序等向管辖范围内或管辖外的公民公布，使广大公民能够及时、全面地了解政府的公共服务；其次，政府通过网络，以“一站式”、“一网式”等形式提供24小时服务，减少公民办事的时间和空间上的限制；再次，社会公民在享受便利服务的同时，也可以对政府的服务进行及时的评价和监督，加大了社会对政府的监督力度。

电子政务涉及社会生活的方方面面，从一个人的出生到死亡，从吃、住、行到每个人从事的事业，从物质需求到精神需求，社会公民都可以在电子政务中获得相应的电子服务。

公民可获得的电子服务主要有：

（一）电子信息服务

电子信息服务包括静态电子信息服务和互动信息服务两大块。社会赋予政府管理和支配社会资源的权力，政府有责任和义务向社会单向提供电子信息。

第一，政府应该向公众公开政府部门的机构组成、政府职能、规章制度及相关文件等，通过网络途径，以最便利的方式向公众展示，以便社会公民能够及时了解政府机构的相关信息、办事程序及相关知识。第二，公民能够便利地查询用来规范社会运行和指导社会发展的各项法规和政策，同时，也能了解到政府规章制度和政策制定的过程，人大、政协可以通过网络让公众了解到人大立法和提出议案的过程，使各项法律法规、规章制度、办事章程能够迅速传达到社会公民手中，使公民更好地了解和贯彻法规、规章制度。第三，政府应该将近期发生的重大新闻事件及政府公告及时在互联网上向社会公布，让社会能够及时地了解政府动态。第四，服务于政府部门的各种资料、档案数据库应该逐步向社会公开，政府部门的许多资料对社会公众的用处很大，政府不仅要公开所拥有的资源，而且要对其进行整理和电子化，以便公民查询，充分挖掘资料的潜在效应。第五，政府应通过网络向社会公民提供各类公共设施和公用事业的信息，对现有当地的公民设施进行分类，对规划和建造中的设施进行及时报道，例如常用电话、天气预报、数字地图、图书馆等。

电视、报纸、通告、行政命令等都是政府向社会提供信息服务的传统方式，这些传统模式很难进行信息的双向式传递，而电子信息彻底改变了传统模式的缺陷。首先，互动式电子信息可以通过网络，评论和反馈、了解公民对政府工作的意见。其次，社会公民可以电子邮件形式向政府或领导人直接反映社会的各种问题。再次，政府可以进行大范围的调查和议论，让社会公民为政府献计献策。最后，全体公民的参政、议政，网上虚拟社会的形成，使社会公民足不出户就可以积极参与国家事务，并对国家法律、法规、政策进行审核，社会公民还可以通过网络了解选举人的背景资料，进行投票选举等。

（二）电子证件服务

电子身份认证有两种形式：一是电子识别，二是电子证件。电子识别是通过电子形式保证发送信息的真实性、可靠性的各种标志，其形式很多，例如用户名和密码形式、指纹形式、语音形式、专业签名形式、电子印章等。电子身份认证可以是一张专用的职能卡，也可以是集合个人的身份共同开发电子识别技术和电子证件技术，建立各种证件的资料库和数据库，使个人的出生证、户籍证、身份证、结婚证和离婚证、死亡证、毕业证、荣誉证等证件可直接在网上查验。另外，电子身份认证的可靠性直接影响电子政务的进程，所以应及早推出有关虚拟世界身份验证的法律文件，确保电子政务更加有序地推行。

（三）公民卫生保健和生活需求的电子服务

我国对医疗体系的改革势在必行，政府对医疗的间接管理的职能将会增加。公民可以通过网络了解国家对医疗体系管理的方针政策和各项具体的规定，例如医疗事故处理的规定，国家新审批的药品成分、功效、试验数据及其他数据；可以了解我国或世界医疗技术、医院级别、医生执业资格、医疗器械和保健产品状况；可以通过政府网站或链接网站办理各类就医登记和预约手续。通过电子保健服务系统，公民可了解本地区的健身设施，例如体育馆场所的功能、在社区设立的公共健身设施、规划发展中的健身场所和设施等；政府可向社会公布各健身场所和设施的检查结果，并对公民的健康进行广泛的宣传和教育。农村的信息系统比较闭塞和落后，电子粮油服务系统开通了农村粮食销售电子渠道，使农民能够较便利地查询各类农产品交易市场及其相关的法规和政策，查询和了解农产品的检测结果、特殊农产品的市场价格，这将会给农民带来直接的利益，对提高农民的生活有着重要的现实意义。公民通过网络可以了解房产政策、住房公积金、住房装修等各项法规、政策、规定，可以了解经济适用房状况、城市建设规划、建筑公司和物业管理公司的能力鉴定等与住房相关的信息，可以通过网络办理城镇居民购买经济适用住房的审核等手续。公民通过电子交通系统可以了解公交线路及其价格的调整、城市铁路的发展、道路维修状况、航班列车时刻表等即时状况；交通管理局可以给车主办理电子卡，使公民可以网上缴纳每年各种所需费用，网上缴纳各种罚款，足不出户办理各种手续和费用。建立电子水电支付系统，使居民不用每月到银行缴纳水电费，而直接通过网络完成。

（四）电子教育培训服务

政府资助学校建立校园网络教育网，资助学校建立多媒体教室，学生可以随时随地接受无线课程学习，教师可通过网络向全校学生同时授课；建立全国性的网络教育平台，把学校的电子课件和电子图书馆接入互联网，以供社会公民共享学校资源；提倡建立各类网络学校和网络培训，实现教育培训信息发布、网上报名、网上课堂、远程教育、网上考核、网上学员管理、教育成果发布、网上课程管理、网上阅读和网上借书等功能。政府在注重学校资源开发的同时，更应加强各类网上培训的开发：首先是加强计算机培训，提高公民整体现代化水平；其次，加强各类职业培训，如会计培训、律师培训、公务员培训、职业经理人培训等；最后，加强老年人网上培训，如建立各种网上老年大学等。

（五）电子就业服务

政府在互联网上开设人才市场或网上劳动市场，提供各类人才档案数据库、缺口职位数据库、求职数据库信息，以供相关社会公民查询；提供劳动合同等表格的下载；在人才市场、就业管理部门所在地或在公共场所建立网站入口，以便为无计算机的公民提供网上求职的机会；为公民提供网上就业形势分析和指导；提供就业中介组织介绍；进行网上面试、网上录用。

（六）电子社会保障服务

电子社会保障服务的业务范围涉及劳动和社会保障、卫生、药品监督管理、质量技术监督、民政、公安等相关部门，包括医疗保险、养老保险、失业保险、生育保险、工伤保险、卫生急救、社会福利、社会救济、优抚安置等业务。电子保险的内容主要包括保险政策的介绍、参保人员的审定和管理、社会保障IC卡、社会保险金的征缴、保险金的支付、保险资料交换等。

（七）权益保护服务

公民通过网络了解和查询应享有的权利和义务。政府部门在相关网站上开设专门的权益保护栏目，提供各类公民权益信息，如假冒伪劣商品的辨别和赔偿、肖像权的范围等，提高群众的消费权、公民权、财产权的保护意识和能力；制定相关的法律文件，为保护公民权益提供法律依据，规范虚拟世界的运行秩序；联合社会力量开发各类权益保护相关的技术，从技术角度降低网上侵权的可能性。社区、地区可以进行电子选举，产生代表或领导人，充分发挥公民的选举权。

（八）电子税务管理

随着经济体制改革的不断深入，税收成为公民生活的一部分。该不该纳税、如何纳税、如何退税等都成了公民的新课题。税务部门应通过门户网站，详尽介绍各种个人税收的办事指南，不断推出各种个人税务的网上办理。

（九）电子信访和电子投诉

政府机构在门户网站上设立电子信访信箱、网上论坛等栏目，以供公民向各级政府机构和领导反映问题。政府机构同时应设有一个电子信息处理中心，处理群众来访的信件和意见，及时转到相关部门，督促和监督问题的解决。

第二节 “单一窗口”概述

一、基本概述

口岸管理发展中，实现口岸一体化管理的常见实践模式是“单一窗口”式管理。“单一窗口”是指参与国际贸易和运输的各方，通过单一的平台提交标准化的信息和单证以满足相关法律法规及管理的要求。

传统模式下的多数国家，参与国际贸易的公司需定期准备并提交大量资料与文件给政府机关，以符合进口、出口及转运货物的管理规定。这些信息及文件经常需向不同的机关申报，而每一机关均有其单独的（人工或自动化）系统及文件格式，这些繁琐的要求及相关的运行成本，对于政府及贸易界均构成沉重负担，成为国际贸易发展的严重阻碍。

“单一窗口”的实施正是针对货物通关中存在的上述问题，为适应国际贸易便利化的需求，通过简化贸易界和政府部门之间的信息交换手续，降低通关成本，为所有参与跨境贸易的各方带来利益，从而推动贸易便利化，减少非贸易壁垒，提升口岸管理水平。

通过“单一窗口”，贸易相关信息与文件在一个地点提交一次，即可符合所有进口、出口及转运等相关管理规定。同时，世界海关组织等多个国际组织均将“单一窗口”建设作为口岸管理制度改革的重要方面，立足于提供“单一窗口”式管理，加强政府机构间合作，并以合作主导口岸管理模式，涉及进出口多个行政管理部门，且可以更为有效地促进贸易便利化。

二、海关与“单一窗口”

海关可在推动“单一窗口”建设中发挥重要作用。“据不完全统计，全世界海关共监管着全球99%的贸易量，同时均拥有其他政府部门没有的重要权力，即查验进出口及过境货物和物品的权力”。因此，普遍认为，海关在口岸管理工作方面具有四个优势：一是海关长期在边境和口岸工作，对口岸环境及其风险具有独一无二的了解；二是传统上，海关与他国海关及政府机构有相互合作的关系和优良传统；三是有能力全面地管理全球供应链；四是能通过信息情报体系的建立和风险分析，全面了解贸易的情况。为此，海关在“单一窗口”建设中的管理优势得到了普遍认同。

正是由于海关在口岸管理中的特殊地位和作用，目前国际上多数国家选择海关作为实施“单一窗口”的主导力量。2003 年，美国在全美 300 个口岸提出一张面孔对外，在口岸上由一个部门——美国海关边境保护局（US Customs and Border Protection，CBP）承担海关、移民、动植物检验检疫等各项口岸执法活动，实施一站式服务。目前，加拿大、澳大利亚、新加坡等国家在边境口岸执法上已实现了海关一口对外，推行“单一窗口”式的通关管理模式。

联合国贸易便利化和电子商务中心（UN/CEFACT）的第 33 号建议书综合各方论断对“单一窗口”作出了明确的解释：“单一窗口”是指参与国际贸易和运输的各方，通过单一的入口点提交标准化的信息和单证，以满足相关法律、法规及管理要求的平台，如所提交的信息为电子数据，则单个的数据元素应只提交一次，“单一窗口”要求参与贸易管理的政府部门通过一个平台协调各自的管理职责，并为办理相关手续提供便利。

综观实施“单一窗口”的各个国家的做法，“单一窗口”通常应具备四个基本要素：一是一次申报，即贸易经营企业只需一次性向贸易管理部门提交相关信息和单证；二是通过一个设施申报，该设施拥有统一的平台或一致的计算机界面，对企业提交的信息数据进行一次性处理；三是使用标准的数据元，贸易经营企业提交的信息应为标准化的数据；四是能够满足政府部门和企业的需求。

实际上，“单一窗口”的目的，是加速及简化贸易商与政府机关的信息流程，并为所有参与进出口的贸易商带来意义深远的利益。“单一窗口”通常是由一个主办机关集中管理，使有关政府部门和机关能够接收或取得相关的业务资料，此外，各参与方必须协调部门间的职能。通过“单一窗口”，还可满足缴纳关税、国内税及其他费用等需求。

三、理论支撑

党的十八届三中全会作出的《中共中央关于全面深化改革若干重大问题的决定》明确提出："扩大内陆沿边开放。支持内陆城市增开国际货运航班，发展多式联运，形成横贯东中西、连接南北方对外经济走廊。推动内陆沿海沿边通关协作，实现口岸管理部门信息互换、监管互认、执法互助。"这一要求是建立在公共管理的公共治理理论、无缝隙政府理论及整体性治理理论基础之上的。

（一）公共治理理论

公共治理理论为"单一窗口"建设提供了理论依据。我国著名学者俞可平教授认为：治理一词的基本含义是官方的或民间的公共管理组织在一个既定的范围内运用公共权威维持秩序，满足公众的需要。英国学者罗伯特·罗茨认为，作为善治的治理，它指的是强调效率、法治、责任的公共服务体系。20 世纪 90 年代兴起的公共治理理论中的治理与善治理论认为，治理主要通过合作、协商、建立伙伴关系、确立一致认同的目标等方式实施公共事务的管理。公共治理中的善治基本要素如合法性、透明性、责任性、法治、回应性为"单一窗口"建设提供了理论依据。

在公共治理理论基础下，"单一窗口"建设一是有利于口岸各管理部门摆脱传统管理方式的束缚，建立健全符合国际通行规则的管理制度，加强对对外开放各个环节的管理和监督，以适应贸易便利化发展的需要；二是有利于转变各部门管理的观念，打破传统政府统治的思维模式，不是从管理主体角度考虑如何管制进出口企业，而是站在贸易商的立场，考虑公共行政的主体特别是政府如何更好地为商界服务，更好地为经济、社会发展服务，实现由过去的重管制、轻服务，以政府为中心，到开始注重公共服务，以满足公众的需求为中心的转变；三是有利于帮助口岸各管理部门与商界建立起新型伙伴关系，积极开展电子商务等方面合作。在经济全球化大背景下，实现可预见的、低成本、高效率的通关环境是政府各口岸管理部门与商界的共同目标。世界海关组织《京都公约》指出，海关等口岸管理部门应建立并保持与贸易界的正式协商关系以增进合作。例如，海关与商界开展经认证的经营者合作项目，即海关根据企业守法贸易开展情况和有关标准，设立企业信用等级，并在企业自愿参加的情况下，与企业签订合作备忘录，依据其信用等级给予不同监管和服务标准。这种与商界的新型伙伴关系彻底改变了海关等口岸管理部门以管理者自居的思维模式，以相互信任为前提，实现了政府管理部门与商界之间的平等化。同时，通过"单一窗口"的运作，作为伙伴关系的商界可享有与海关等口岸部门之间更好的沟通、更透明的信息服务、更多的商业机会、更为降低的供应链成本、更为便捷和更强可预见性的通关环境。

（二）无缝隙政府理论

1. 无缝隙政府理论概述

无缝隙政府理论是由拉塞尔·M·林登在 20 世纪 90 年代美国公共部门革命的基础上

提出的，它是一种适应顾客需求和社会、信息时代要求的新的政府再造理论。林登对“无缝隙组织”的定义是：“我所谓的‘无缝隙组织’是指可以用流动的、灵活的、弹性的、完整的、透明的、连贯的等词语来描述形容的组织形态。对于那些与它相互影响作用、相互作用影响的人和人或事物来说，无缝隙组织提供了一种真正流畅顺畅的、真正的不费气力的经验。无缝隙组织的顾客与服务提供者直接接触，两者之间不存在繁文缛节、踢皮球相互推，或者是诸多遁词。顾客的等候的时间大大缩短。无缝隙组织是以一种整体的而不是各自为政的方式提供服务。并且，无缝隙组织的一切都是从‘整体的、全盘的’方面考虑，它是一个完整统一的整体，无论是对雇员还是对最终用户而言，它传递的信息都是持续一致的信息。”

无缝隙政府指的是政府整合所有的部门、人员和其他资源，以单一的界面，为公众提供优质高效的信息和服务，其目的是要突破传统的部门界限和功能分割的局面，所以也称“无界限政府”。正如欧文·休斯在《公共管理导论》中所说，“公共行政的僵死的、等级制的官僚制组织形式……如今正转变为公共管理的弹性的、以市场为基础的形式。这不仅仅是一种形式上的变革或管理风格的细微变化，而且是在政府的社会角色及政府与公民关系方面所进行的改革”。对此，西方学者常用“流程再造”、“政府重建”等词汇来形容当代的政府改革运动，同时表明改革运动体现了公共管理方式的根本性及方向性的调整。

2. 无缝隙政府理论为“单一窗口”建设提供了重要的理论支持

一方面，无缝隙政府理论使得现有政府转型为服务型政府。从某种程度上来看，口岸一体化管理下的“单一窗口”建设特质就在于它是服务型政府建设，即透过打造公共或单一平台创新政府的服务。“单一窗口”期望达成的理想的提供公共产品与服务的模式是：贸易商或企业不需要走进政府机关即可获取丰富的信息；企业只需在一个机关办事，任何问题皆可随问随答，所办事项立等可取；若商家申办事情涉及多个机关，则政府机关可在一处办理，全程服务；无需进入政府机关，即可经过电脑连线申办。“单一窗口”下提供的公共产品与服务将朝“跨部门”、“全天候”、“自助式”服务的方向发展。也就是说，“单一窗口”要求政府创新其服务的方式，使政府公共产品与服务的提供更为快捷、更为透明、更为畅通、更为公平，最大限度地满足贸易商的需要。

另一方面，无缝隙政府理论主张对现行传统政府进行无缝隙再造。实行“单一窗口”式的通关管理流程再造可以产生如下变革：一是将以往单向、直线型的哑铃式的通关模式，转变为流动、环形的通关模式；二是经过与服务对象的共同讨论与磋商来确定更加可行的、易为商界接受的具体工作规范与指标；三是口岸各部门与商界之间将建立一种伙伴关系，把工作及服务对象的需要与各部门管理价值目标结合起来；四是强调口岸各部门间内部跨机构的团队精神。而这样的流程再造，无疑十分符合对现行口岸一体化管理进行“单一窗口”建设的要求与需要。它打破了行政机构中纵向联系紧密、横向合作松散的状态。这些再造思想与障碍克服对于口岸一体化管理中实现“单一窗口”式的通关模式具有重要的参考作用和借鉴意义。

第三节　“单一窗口”构建

一、“单一窗口”的运行模式

目前，国际上“单一窗口”的运行模式主要有“单一机构”、“单一系统”和“公共平台”3种模式。

（一）“单一机构”模式

“单一机构”模式是由指定的一个机构在接受纸质或电子信息后，向其他相关的政府部门分发上述数据或信息，并负责协调其他政府部门的工作，确保信息或数据的准确和完整，提高监管效率。

例如，瑞典海关通过“虚拟海关办公室”（VCO）代表国家税务、贸易统计、农业及贸易进口许可证管理等部门行使管理职能，主要包括代国家税务机关征收进口增值税、代瑞典统计机关编制贸易统计、代瑞典农业局及国家贸易局发放进口许可证。企业可以通过该系统向政府监管部门提交电子数据，申请各类许可。瑞典海关已经选择可扩展记忆语言（XML）格式作为通讯手段，使该系统能与企业的业务网联通，使企业可获得政策、法规及通关流程的最新信息。除此之外，政府部门和企业可以通过“虚拟海关办公室”系统开展交互式的培训业务，同时，该系统能为不同企业提供个性化的服务，以满足企业的不同需求。“虚拟海关办公室”系统所提供的各种服务都显示在“虚拟海关办公室”主页上，能够提供的电子服务项目有150种，并支持10种不同语言。瑞典“虚拟海关办公室”系统涉及的部门主要有：海关（牵头机构）、农业委员会、国家贸易委员会、国家战略产品监管局、警察局、国家税务局和国家统计局等部门。调查表明，有80%的用户反映该系统节省时间，54%反映节省资金，60%～70%反映提高了办事效率。与此同时，海关的执法成本得以降低，人力资源得以节省，效能倍增。

（二）“单一系统”模式

“单一系统”模式是通过一个系统对国际贸易信息的采集、使用、分发和存储进行一体化处理，具体又分为3类：综合处理系统，通过该系统对信息进行一体化处理；共享界面系统，数据分发至各相关机构分别进行处理；上述两者合为一体的系统。

目前，采用单一的自动化信息采集、分发系统模式较为典型的国家是美国，它的“单一窗口”系统称为“国际贸易信息系统”，是美国海关和边境保护局的进出口管理系统“自动商务环境”的基础组成部分。2006年，美国国会通过安全港口法案，要求所有需要进出口信息的政府有关管理部门必须加入“国际贸易信息系统”，如不加入，需总统办公室特别批准。该系统由海关牵头管理，采用的数据元与世界海关组织所倡导的国际标准相一致。在这一模式中，企业只需一次性提交标准化的数据，系统会自动将数据分发至各相关监管机构进行处理。除此之外，美国还对机构进行了整合，将财政部的海关、交通部的海岸警卫队、农业部的动植物检疫、司法部的移民局，整合成立了海关及边境保护局统一执法，只需一个手续、一个窗口、一个步骤就满足所有部门的管理需要。此举有效实现了信息整合、程序整合、流程整合，使监管工作从机制上得到了保证。

（三）“公共平台”模式

“公共平台”模式是指贸易商可以通过一个公共平台向不同监管机构一次性提交贸易申报的电子数据，上述机构通过该平台将处理结果以电子方式传输给贸易商。

例如，新加坡的“单一窗口”系统称为“贸易网”，是一个公共平台，用户可以通过互联网进入该系统 ISO。“贸易网”的实施始于 1989 年，该系统信息传递以联合国贸易便利和电子商务中心制定的数据模式为基础，通过计算机联网的方式将涉及贸易界管理的多个部门和企业（其中包括新加坡 35 个政府机构）联系到一个单一的处理平台，为贸易商提供一站式的服务。在建设过程中，主管贸易便利化方面事务的新加坡“贸易发展委员会”负责调动贸易界各方及与不同政府机构如海关、口岸管理局等部门的协调和沟通工作。它将与国际贸易有关的 20 多份申请表格整合为一个单一的在线提交表格，该表格可以满足所有的贸易单证需求，并成为“贸易网”的核心，同时也给了“贸易网”工作队充分的授权及资源、财力保障。20 多年来，新加坡政府多次升级该系统，采用新的 XML 模式进行数据传递。另外，该系统具有税费征收功能，所有企业应交纳的税费均由计算机系统从其银行账户中自动扣除。

“贸易网”的使用，不仅为商界节省了时间，带来了高水平的服务，而且使政府机构改善了人力资源管理状况，工作效率大大提高。“贸易网”可以 24 小时不间断地以电子形式传输单证和批准许可，避免了纸质申报环境下单据必须以物理方式传送和收集的工作，一个原本需要 2 ~7 天才能获得批准的申请现在平均只需要 2 分钟。纸质单证量的减少和税费的自动扣缴都极大地降低了贸易商的交易成本。该系统的应用使海关部门的有效监管得以加强，使统计部门的数据更加完整准确。完整的贸易统计数据保障了相关政府部门进行准确的市场分析，制定贸易政策，实施贸易监管。总之，“贸易网”的应用提高了政府机构的行政管理和执法能力，增加了执法的透明度和预见性，同时又很好地实现了便利贸易和有效监管之间的平衡。

二、成功建设“单一窗口”的经验

要成功地建设和应用“单一窗口”，需要特定的先决条件或成功要素。总结国际上推进“单一窗口”建设比较成功的国家的经验，并参考联合国贸易便利化及电子商务中心（UN/CEFACT）国际贸易程序工作小组的研究，“单一窗口”建设主要有以下成功要素：

（一）政府重视，强力推动

政府高层对推动“单一窗口”有强烈的意愿，在实施过程中由政府主导并强力推动，是成功建设“单一窗口”最关键的要素之一。为取得政治上的支持，需要适度地将建设“单一窗口”的计划内容、执行方式及优点与可能存在的困难等信息进行清楚、如实的分析、总结和宣传。建设“单一窗口”的资源情况通常与政治意愿、承诺程度直接相关。确立必要的政治意愿是成功的基石，它是其他所有成功要素的基础。

例如，美国的“单一窗口”建设正式提出是在 1994 年 6 月，美国总统办公室发布了一份国情报告，标题为《通过信息技术重塑一个高效节约的政府》，使美国政府可以应对 21 世纪的挑战，其中第 6 项建议就是建设一个国际贸易信息系统。随后，美国副总统戈尔签署备忘录，批准建设国际贸易信息系统，美国的“单一窗口”建设才开始实施。

（二）建立跨部门的领导机构

与政治意愿相关的是政府的决策部门应指定一个强有力的建设“单一窗口”的主办机关，它可以调配资源，取得授权，负责领导执行计划并监管各个阶段的情况。此主办机关必须有适当的政治支持、法律授权、人力及资金运作资源，并与贸易界联系合作。从以上各国的情况看，建设过程都由跨部门的委员会来管理，委员会成员来自政府主要部门和企业，主席均为政府高级官员。海关由于位居口岸重要地位，以及其受理信息与文件的关键角色，最适合担任发展及实施“单一窗口”的主办机关。联合国贸易便利及电子商务中心制定 33 号建议书期间，考察了各个国家的“单一窗口”系统，海关主导建设和管理的国家有 7 个，占 58%。

（三）实现一个入口、一次申报

上述各国实行的“单一窗口”名称、形式各不相同，但是基本内容相差无几，即在进出口环节中，企业在一个窗口一次性提供信息给政府部门，以满足其对进出口监管的需要。根据联合国贸易便利化和电子商务中心 33 号建议书的解释，“单一窗口”通常应具备 4 个基本要素，但“一次申报”、“能满足所有政府部门的需求”这两个要素是“单一窗口”系统的核心。

（四）采用统一的数据标准

执行“单一窗口”通常必须协调相关贸易文件与信息使其标准化。各国为确保“单一窗口”的统一性，通过对单证和数据元的整合，建立统一的数据格式和标准，为确保与其他国际系统的兼容与适用，这些文件及信息标准大都以国际标准与建议书为基础。在各国建成的系统中，大多采用世界海关组织的海关数据元，使得这些国家的“单一窗口”系统运作顺利并可以和其他国家的系统实现对接，使信息在国际间共享。同时，涉及电子数据的交换，所有国际贸易数据的协调、简化及标准化是“单一窗口”自动化正常运作必不可少的。协调不同机关间、不同系统内的信息，是执行自动化“单一窗口”最大的挑战之一。

（五）制定法律，保障实施

“单一窗口”的实施一般涉及多个口岸部门的事权，并会带来口岸通关管理模式的调整，各国往往通过制定相配套的法律法规的形式，在法律上保障“单一窗口”的有效实施。如美国国会2006年通过的《港口安全法案》，要求所有需要进出口信息的政府有关管理部门必须加入国际贸易信息系统，如不加入，需总统办公室特别批准，这样才促进了“单一窗口”的发展。又如秘鲁政府在2007年颁布了《国际贸易便利化法》，以法律形式要求建设“单一窗口”和成立“单一窗口”委员会。

此外，建立一个符合国际规则和标准的法律环境是执行“单一窗口”必不可少的。例如，为方便递送（交换）电子数据及实行电子签名系统，有时必须修改法律。对于相关主管机关间信息共享和“单一窗口”运营后各部门的有关工作安排、职责划定，均须通过修改法律解决。同时，主办机关授权的法律问题也应一并考虑。

三、我国“单一窗口”建设的主要问题

从对以上我国口岸管理现状，以及我国“单一窗口”建设初步实践过程（建设电子口岸）等方面综合分析，在我国深入推进建设“单一窗口”还面临着诸多问题，主要是口岸管理体制不合理，未能实现真正意义上的一次申报、一个平台，数据标准不统一，法律法规不完善等。

（一）口岸管理体制不合理

在看到口岸建设快速发展的同时，必须清醒地认识到，随着对外开放的深化，对外贸易规模逐步扩大，现行口岸管理中存在的一些深层次矛盾和问题将会逐步显现出来，主要表现在：一是口岸查验单位事权分散，涉及单位多、层级多，存在大量职责交叉，各部门配合不顺畅，存在各自为政的倾向，协调和管理的难度大；二是口岸布局规划不够合理，口岸的规划审批、进出口监管等事权集中在中央，而口岸建设和运行管理则由地方政府承担，政府信息资源缺乏整合；三是口岸通关涉及多个部门和单位，口岸各管理机构和单位分别执法和作业，交叉环节多并产生了各种行政性收费和附带的服务性收费，大大增加了企业的通关成本，据不完全统计，目前口岸通关过程中各种收费项目多达60余项；四是各口岸查验管理机构的审核权和信息系统呈现集中化趋势，随着信息化技术的发展，对于口岸大量出现的业务异常问题（如数据更改等）必须要由各口岸管理部门总部的系统进行集中处理，不利于提高通关效率。

例如，进入21世纪以来，我国加快了政府转型和服务型政府的建设，以大力推进电子政务建设作为提高政府办事效率的一条途径。在此过程中，海关等口岸执法部门的信息化建设走在了其他部门的前面，但是由于各自为政，形成了许多信息孤岛，各部门各自拥有爆炸式增长的巨量信息资源，却没有互联互通，企业要完成每笔进出口业务，仍旧要在银行、外汇管理局、海关、商检局、港务局、货代公司、船代公司等各个单位来回完成40多道手续。

上述口岸通关环节的影响，直接或间接增加了我国产品的物流成本，降低了我国产品的国际竞争力。据测算，我国产品的物流成本占GDP成本的比例为21%，而欧洲国家平均仅为6%，日本为11%，亚洲发展中国家（如泰国）为19%。口岸发展存在的上述问题直接制约了口岸综合执法效能的提高。

（二）未形成整体性规划

“单一窗口”建设是涉及众多政府部门、企业、行业协会、中介组织等各相关利益方的综合性工程，在推动过程中应从顶层设计入手，进行整体性规划并及早制定各类相关标准，比如建设“单一窗口”最重要就是口岸电子信息标准的制定和发布。我国的“单一窗口”初步建设源于实践，到目前为止缺乏整体性规划，标准制定也严重滞后，这是下一步推进“单一窗口”建设必须逾越的障碍，具体表现有：国家层面的中国电子口岸平台与地方电子口岸平台的功能界限没有明确定义，共建部门外网与电子口岸平台的关系不明确，由此导致各部门对外网项目战略布局、管理方式和“一点接入”及安全备份通道的理解不一致，引发争资源、抢项目等问题。

（三）未实现一次申报

“单一窗口”要求实施一次申报，即贸易经营企业只需一次性向所有贸易管理部门提交相关信息和单证。但目前，我国进出口企业仍需分头向不同政府部门申报内容类似的通关相关数据，如向海关申报报关单信息，向质检部门申报报检信息，向外汇管理部门报送付汇、收汇信息，向税务部门报送退税、抵税信息，向商务、外经贸部门、人民银行、食品药品监督管理部门、环境保护部门等申报申领各类许可证件信息。除海关报关单申报外，企业向其他相关政府部门的申报均游离在“单一窗口”之外。

（四）单一设施未能成功运作

“单一窗口”要求通过一个设施申报，此设施应拥有统一的平台或一致的计算机界面，对企业提交的信息数据进行一次性处理。而我国由于各口岸查验管理机构事权独立，产生了通关管理信息系统的各自独立问题。目前，除海关外，我国其他各口岸相关管理部门均未将自身的业务申报系统整合到电子口岸平台上，界面各异，对业务分别处理。自理和代理申报企业为向不同的机构进行申报，必须要安装多个客户端，还要面对不同的录入申报平台，不仅使用和维护困难，还增加了负担。如企业向质检机构报检要经过“检验检疫电子业务服务平台”报送数据，检验检疫业务管理系统处理后，再将受理报检信息通过“检验检疫电子业务服务平台”反馈报检人。由此看来，我国的电子口岸尚未达到“单一窗口”倡导的企业通过一个平台办理进出口相关手续的要求。

（五）数据标准不统一

建立“单一窗口”的必要条件之一是有关各方采用标准的信息和数据格式，来满足相关各方的需求。在我国的改革发展进程中，各政府管理部门的业务申报系统是在不同时期自行开发的，没有统一标准，使用的数据元五花八门，对企业提交信息的标准要求各异。各有权部门都会按照自己的需要编制一套业务数据标准，各行政管理部门和不同类型的企业数据不能被对方所共享和使用，直接导致企业的信息化迟滞不前，并严重影响了电子通关的速度，达不到“使用标准的数据元，贸易经营企业提交的信息应为标准化的数据”的要求。据了解，目前各部门的申报系统中，仅有海关的进出境运输工具舱单管理系统和通关管理系统参照使用了《标准框架》推荐的标准化数据元。为此，在我国现行的口岸管理体制下，参与口岸管理和经营运作的各方尚未研究制定出一套普遍适用的信息和数据标准，成为影响口岸物流通关效率的突出问题。

（六）法律法规不完善

成功实施“单一窗口”制度，不仅需要中央政府进行宏观决策，将其确立为发展经济、实现与国际通行规则接轨的重要举措，更需要从法律层面对推行“单一窗口”制度进行确认，明确口岸综合管理的目标、原则、措施，以及口岸各相关部门在“单一窗口”建设工作中的权力、责任与义务。而目前，我国尚未将推进“单一窗口”相关建设、实施口岸一体化管理纳入立法，推动相关工作缺少法律支持，力度有限。此外，法律法规建设滞后是我国现阶段存在的一个现实问题，目前口岸工作中，除法律法规外，各部门的规范性文件大量存在，且仍在口岸管理过程中发挥着广泛作用，各政府部门法制建设不透明、各自执法、政出多门、缺乏有效衔接的问题较为严重，如海关、检验检疫、边防等口岸管理部门的法律、法规制度大都局限于自身的职能定位，其法律法规的内容及具体操作执行存在交叉、重叠、矛盾和脱节等问题，制约了口岸整体效能的有效发挥。

四、存在问题的原因分析

对我国“单一窗口”建设存在的问题进行进一步分析，笔者认为除前述表象性问题外，究其原因根本，主要可归结为以下几个方面的矛盾：

（一）“单一窗口”建设需统筹推进与各部门认识不统一的矛盾

“单一窗口”涉及中央、省市政府的各相关政府部门，其成功建设依赖于有关政府部门和利益方的统筹推进。但由于“单一窗口”是新生事物，比较明确的概念引入我国也是近几年的事情，虽然在我国口岸存在实施一体化管理、推进“单一窗口”建设的内生性动力，但对于其研究、论证、宣传尚处于初级阶段，相关政府部门对建设“单一窗口”的必要性、紧迫性尚未达成共识。认识不统一形成的钳制在我国对“单一窗口”的初步实践中已有明显体现。

例如，口岸各管理部门对企业的服务意识停留在各自范畴，缺乏利用“共享”、“协同服务”方式联手打造统一平台、提供公共服务的意识和举措。一些部门和地方政府对电子口岸建设的重要性认识不足，对各部门外网（政府部门对外办理执法业务的计算机管理系统）与电子口岸的关系认识不统一，对电子口岸建设过程中涉及的电子政务和电子商务、行政主导和市场运作、财政经费和市场收费等关系认识不一致，直接导致参与和推动的积极性不高，电子口岸部分应用项目推进困难，各地方电子口岸发展很不平衡。

又如从电子口岸的主要参与部门海关内部看，海关内部对海关牵头推动电子口岸的认识也不一致，有的部门认为地方电子口岸建设是地方政府的事，与海关无关，有的认为地方电子口岸发展以后，影响海关的传统利益，因此参与和推动地方电子口岸建设的积极性不高。

（二）口岸现行管理体制与一体化管理业务整合内在要求的矛盾

“单一窗口”建设从服务企业的角度出发，要求各部门在“单一窗口”平台上实现信息共享，从而减少企业通关环节，提高企业操作效率，降低企业通关成本。而现行口岸管理部门都是中央直属部门，实行条线管理，各部门出于维护本部门的管理职能，体现本部门管理职权的考虑，在对本部门业务系统放到“单一窗口”平台运行、向该平台开放数据和接口等问题上从严控制。

这一矛盾使得各部门在前期电子口岸建设上部署应用项目、开放数据接口、实行信息资源共享时心存疑虑。共建部门要确保自身业务系统的自主管理和完全可控，不愿意将本部门的大通关应用项目放到电子口岸平台上，由电子口岸运营实体进行开发、运维和客户服务；共建部门要体现自身的管理职权，不愿意将自身的业务申报系统整合到对方或第三方的业务申报系统，使得“一单多报”的项目难以实现，接口难以开放；共建部门要确保对本部门数据的管理职能和安全性，不愿意向电子口岸提供业务数据。

（三）各方利益多元冲突与利益保障机制缺失的矛盾

“单一窗口”在运作的过程中不可避免地涉及各方的既得和潜在的经济利益，如电子口岸的推动中，既有电子口岸共建部门之间的利益冲突，也有中国电子口岸和地方电子口岸之间的利益冲突，由此带来电子口岸共建部门、中国电子口岸、地方电子口岸之间缺乏协作，功能交叉，系统封闭，项目重叠。共建部门涉及收费的认证机构难以整合并提供统一认证；共建部门涉及收费的业务系统难以实现互联互通；中国电子口岸和地方电子口岸分别面向企业进行运营收费，功能交叉多，业务协作少，资源控制多，信息共享少。

五、推进“单一窗口”建设的关键措施

（一）做好“单一窗口”建设的顶层设计

“单一窗口”建设涉及通关管理流程再造，影响面广，且牵涉到众多方面的利益，组织协调难度远大于技术支持本身。因此应在广泛听取各方面意见的基础上，做好实施方案的顶层设计，包括设立明确的计划范围和目标，谨慎地分析所有相关政府部门、企业的需求及资源、现有基础条件、利益调节手段，保证方案具有较好的可实施性。此外，准确掌握项目相关利益方的需求非常重要，要制定顺畅的沟通策略，建立沟通机制，让所有项目相关利益方了解计划的目标、问题、进度及困难点，增进信任，避免造成误解，保证计划的执行。

（二）使用国际通用数据元

采用统一的数据标准是实施“单一窗口”制度的重要方面。世界海关组织在《标准框架》中倡导以世界海关组织数据元和全球货物统一代码（UCR）为基础，建立统一的标准和格式，从而在各国海关间快速、准确地交流国际贸易供应链中的物流信息，加快推进

数据和信息共享。从美国、新加坡和东盟等国家和地区建设“单一窗口”的经验看，都是借鉴和采用了国际组织推行的国际标准和统一数据元来构建自身的“单一窗口”。

为了能够尽快实现与国际接轨，建议海关总署利用我国推广和实施《标准框架》的有利时机，一方面，结合我国电子口岸现有的数据模式，进一步明确数据元的名称、定义和适用范围，逐步实施以世界海关组织数据元和全球货物统一代码（UCR）为基础的数据交换，实现整个通关数据模型的标准化和规范化；另一方面，是根据我国口岸业务实际对数据元等标准提出增订、修改建议，积极参与世界海关组织下一版本标准格式的制订，为实施我国的“单一窗口”打下坚实的基础。

（三）提供公共平台，进行一次申报

根据目前很多政府部门还没有加入到电子口岸，还在使用各自的网站办理业务的情况，笔者提出“单一窗口”建设在电子口岸的基础上分两步走的想法。第一步是将政府部门的执法系统窗口统一整合到电子口岸主页上，实现统一的公共平台。在“协商一致，确保安全，利益共享”的基础上，将共建部门执法信息系统面向进出口企业服务的大通关流程及相关物流商务服务程序整合到电子口岸平台，实现“一个‘门户’入网、一次认证登录和‘一站式’服务”的发展目标，使电子口岸成为我国实施“单一窗口”的公共平台。第二步在保障各共建部门依法履行职能前提下，实现一次申报。电子口岸共建部门要逐步向电子口岸平台开放本部门涉及进出口通关应用项目的数据交换接口，提供报文标准、基础业务代码、数据合法性检查规则或包含上述内容的标准程序，为电子口岸开发应用项目提供条件。地方电子口岸平台之间应相互开放数据交换接口，提供数据，实现互联互通，为优先解决企业反映强烈的“一单多报”项目提供可能。实施“单一窗口”措施最为核心的要素就是实现进出口单证在一个地点的一次提交，如果我国电子口岸实现统一的公共平台和一次申报的目标，那么我国“单一窗口”建设就从雏形走向了成熟。

（四）完善相关法律法规

“单一窗口”建设要求口岸工作相关法律法规具备更高的透明度、规范性和可预见性，并需要从法律层面对推进“单一窗口”进行确认。一是针对长期以来口岸各执法部门执法依据自成体系、各自推进、相互交叉的局面，建议在人大立法层面研究制定一部统筹口岸综合管理的法律，并以立法的形式确定“单一窗口”涉及的口岸综合管理的目标、原则、措施，明确口岸各部门的职责及在“单一窗口”建设工作中的权利与义务，为“单一窗口”建设提供法律保障。二是建议国务院法制部门牵头，由承担推进“单一窗口”建设的主责部门（海关）具体负责，尽快对口岸各部门现行的关于办理进出口手续的各类部门行政规章、制度规范、作业流程进行一次全面的梳理，消减相互冲突、矛盾或重复的规定，简化通关手续，提高通关效率。最终，只有以立法的形式确定口岸各部门的职责，使其正当权益得到保护、权力扩张得到限制，“单一窗口”制度才能得到有效推行。

（五）建立政府与商界的新型伙伴关系

“单一窗口”的作业模式既是政府各机关间的合作，同时也是政府与商界间的合作，

它为政府各部门之间的合作、政府与商界之间的合作搭建了一个平台。“单一窗口”的建设应遵循服务型政府和无缝隙政府理论理念，其建设及运作应站在使用者的角度，是政府与商界建立伙伴关系的好时机。因此，所有相关政府机关及贸易界代表应在本系统发展之初就参与进来，而且应从建设“单一窗口”的计划开始规划、现状分析、计划设计到执行的每一个步骤都参与。相关政府部门要广泛听取商界的意见，充分调动各界参与项目的积极性，“单一窗口”计划最终成功关键即在于这些参与者的投入、积极性及准备情况。

（六）利用国际合作机制推动“单一窗口”建设

当前国际贸易便利化发展的形势决定了实施“单一窗口”将是大势所趋。这对我国如何推动“单一窗口”建设提供了良好的机会和经验参考。中国海关是世界贸易组织、世界海关组织、亚太经合组织等的成员，作为积极参与国际海关事务的大国，应该以开放的姿态为“单一窗口”的建立作出应有的贡献。另外，我们周边的国家和区域组织的“单一窗口”如建成使用，将对我国的贸易便利化产生巨大压力，因此，我们可以考虑采取“借外推内”的方式，通过周边国家和地区组织“单一窗口”建设的大趋势推动国内“单一窗口”的建设。

第四篇　中国海关实践

第十一章　海关通关作业流程管理

本章概要

在了解世界发达国家和地区的贸易安全与便利经验及最佳实践之后，有必要对我国的海关管理现状进行研究。第一节介绍我国货物进出口流程，第二节介绍通关作业无纸化，第三节介绍区域通关，第四节介绍我国海关报关单的申报管理。

学习目标

掌握我国货物进出口的操作流程，掌握通关作业无纸化改革的基本内容，掌握我国区域通关的基本内容，了解我国海关对于报关单申报的管理。

第一节　货物进出口流程

一、集装箱班轮货运流程

本节以整箱货为例介绍集装箱班轮货运流程，拼箱货流程从班轮公司的角度而言与整箱货一致，但在货运代理公司内部操作时，拼箱货流程的操作与整箱货有着较大的区别，主要体现在装箱的操作和运费的计收上。

（一）订舱托运

货运代理人接受货主委托后，根据货主提供的有关贸易合同或信用证条款的规定，在货物出运之前一定的时间内，填制订舱单向船公司或其代理人申请订舱。船公司或其代理人在决定是否接受发货人的托运申请时，会考虑其航线、船舶、运输要求、港口条件、运输时间等方面能否满足运输的要求。船方一旦接受订舱，就会着手编制订舱清单，并制作预配清单，分送集装箱码头堆场、集装箱空箱堆场等有关部门，并将据此安排办理空箱及货运交接等工作。

（二）提取空箱

在订舱后，货运代理人应提出使用集装箱的申请，船方会给予安排并发放集装箱设备交接单。凭设备交接单，货运代理人就可安排提取所需的集装箱。

在整箱货运输时，通常是由货运代理人安排集装箱卡车运输公司（实践中通常称为车队）到集装箱空箱堆场领取空箱，也可以由货主自己安排提箱。无论由谁安排提箱，在领取空箱时，提箱人都应与集装箱堆场办理空箱交接手续，并填制设备交接单。拼箱货运输往往是由货运代理人直接提取空箱，货主将货物送至货运代理人的货运站进行装箱作业。

（三）货物装箱

整箱货的装箱工作大多是由货运代理人安排进行，可以在货主的工厂、仓库装箱或是由货主将货物交至货运代理人的集装箱货运站装箱，当然，也可以由货主自己安排货物的装箱工作。

装箱人应根据订舱清单的资料，核对场站收据和货物装箱的情况，填制集装箱货物装箱单。

（四）码头放关

由货运代理人或发货人自行负责装箱并加封志的整箱货，通过车队运至集装箱码头堆场，此时，托运人应在货物出运前办妥有关出口手续。

集装箱码头堆场在验收货箱后，在场站收据上签字，并将签署的场站收据交还给货运代理人或发货人。这一过程在实务中俗称“放关”，即码头核对集装箱的通关放行信息和集装箱装箱信息，如果核对没有问题，则码头将该集装箱配入船图，方可装船。集装箱装船后，货运代理人或发货人可以凭据经签署的场站收据要求承运人签发提单。

（五）换取提单

货运代理人或发货人凭经签署的场站收据，在支付了预付运费后（在预付运费的情况下），就可以向负责承运人或其代理人换取提单。发货人取得提单后，就可以去银行结汇。

至此，集装箱货物出口运输流程结束。

（六）进口换单

集装箱货物运至目的港后，进口地收货人或其代理人可以凭出口国托运人寄交的提单至目的港承运人代理人处换取提货单，办理相关提货手续。

（七）进口提箱

货运代理人获得提货单并办理了海关商检等进口放行手续后，可以凭以向港口装卸区办理提箱手续，并负责将货物运至货主指定地点，将货物交付给货主。

（八）交还空箱

在进口提箱后，货运代理人在将货物交付给收货人后，还需办理手续将空箱回运至承运人指定地点，将空箱交还给承运人。

二、港口集装箱运输主要单证及其流转流程

所谓单证就是在进出口业务中应用的单据和证书，凭借这种文件处理货物的交付、运输、保险、商检、结汇等，是信息的载体。一般来说，集装箱运输的单证涉及 3 个方面：第一部分，船公司代理与货主，主要包括外贸运输合同及说明，订舱及确认，到货通知、报关收费、中转及提单等信息；第二部分，港口及腹地集疏运，公路、铁路、内河运输等，主要包括拆装箱、空箱调运、场地申请，运输订单计划，以及实际的集装箱交接信息等；第三部分，本港开、来港及下一挂港，主要包括船期及直接影响装卸效率的船图舱单、装载指示等信息，以及海关等国家行政管理部门所需要的单证。

（一）集装箱码头使用的主要单证

目前我国港口集装箱码头使用的主要单证有以下几种：

1. 设备交接单（Equipment Interchange Receipt，简称 EIR）

设备交接单是集装箱进出港区场站时，用箱人、运箱人与管箱人及其代理人之间交接集装箱的凭证。设备交接单共 6 联，进场和出场各 3 联，分别为管箱人（船公司、船代）联，码头、堆场联，用箱人、运箱人联。设备交接单中各栏目必须如实填写、正确无误，码头工作人员审核的内容有：船名 Vessel、航次 Voyage No.、箱号 Container No.、箱型 Size / Type、提箱及收箱地点、集装箱的外表状况、运输集卡牌号等。设备交接单中的内

容不能擅自更改，集装箱进出码头堆场时，用箱人、运箱人与码头堆场要凭设备交接单办理交接，检查箱号及箱体外观状况并作出损坏记录，交接双方共同签字作为交接的凭证。

设备交接单的流转程序为：

（1）用箱人申请用箱；

（2）由管箱单位开具设备交接单，交用箱人、运箱人；

（3）由用箱人、运箱人到码头堆场提箱送收箱地，或到发箱地提箱送码头。堆场经办人员核单并查验箱体后，双方签字交接。管箱单位留底联和码头堆场联，将用箱人联、运箱人联退还用箱人、运箱人；

（4）码头堆场经办人员将管箱单位联退管箱单位。

2. 装箱单（Container Load Plan，简称 CLP）

装箱单是详细记载每个集装箱内所载货物名称、数量及箱内货物积载情况的单证，是向承运人提供的箱内所载货物的明细清单。装箱单上详细记载了每一个集装箱的船名，航次，起运港，卸货港，目的港，货物名称、数量、重量、提单号、发货人、收货人、件数、体积及装箱地点，装箱单由负责货物装箱的 CFS 仓库或工厂仓库缮制。装箱单向承运人提供了箱内所装货物的明细清单，同时也为船舶的配载提供了依据。装箱单上记载的集装箱重量是计算船舶吃水和稳性的基本数据，装箱单上所记载的货运资料必须和场站收据上所记载的内容一致。装箱单的记载是否正确与集装箱货物运输的安全关系密切，对于集装箱码头而言，装箱单主要用于出口业务中。

集装箱装箱单的主要作用有：

（1）在装货地点作为向海关申报货物出口的代用单据；

（2）作为发货人、集装箱货运站与集装箱码头堆场之间货物的交接单；

（3）作为向承运人通知集装箱内所装货物的明细表；

（4）在进口国途经国家作为办理保税运输手续的单据之一；

（5）单据上所记载的货物与集装箱的总重量是计算船舶吃水差、稳性的基本数据。

为了提高中转港的准确性，现各大船公司在装箱单上都盖有各自的确认章显示中转港的代码或全称。

3. 交货记录［Cargo Receipt（Delivery Order， D/O）］

交货记录是码头堆场或集装箱货运站在向收货人交付货物时，用以证明双方已完成货物的交接并记录交接状态的单证。交货记录是集装箱进口业务的主要单证之一，一共有 5 联：第 1 联称提货单，此联由港方留存；第 2 联称费用账单次联，由收货人留存；第 3 联也是费用账单，此联由港方留存；第 4、5 联均称交货记录，收货人提货时需在此两联上盖章，第 4 联由港区留存，第 5 联由港区转船代留存。

对承运人来说交货记录的签发即表明向码头下达同意交货的指令，对收货人来说得到交货记录即表明已具备向码头提货的条件。交货记录的签发是承运人责任终止，收货人责任开始的标志。

集装箱码头与收货人在进行货物交接前应仔细核查以下各方面：

（1）单单是否相符（提货单与舱单），单货是否相符；

（2）提货单上各项手续是否齐全，提货单上应盖有收货人章、海关放行章、检验检疫章、船代章；

（3）收货人是否已付清有关的费用，应盖有外理受理章、港区费用结算章（货代托收章或码头现收章）；

（4）提箱完毕后，双方人员应在交货记录的基础上上办理交接直至提完，交货记录由港区留底。

4. 场站收据（Dock receipt，简称 D/R）

场站收据又称码头收据，是集装箱码头的重要运输单据。码头在收到场站收据并签字后，在法律责任上表明码头对所收到的货物开始负有责任，码头与承运人、托运人之间如发生责任纠纷，场站收据是解决纠纷的原始凭证之一。

场站收据的标准格式一般是一式十联，分别为：

（1）第 1 联，货主留底；

（2）第 2 联，船代留底；

（3）第 3 联，运费通知（1）；

（4）第 4 联，运费通知（2）；

（5）第 5 联，装货单（Shipping Order）；

（6）第 6 联（浅红色），场站收据副本大副联；

（7）第 7 联（黄色），场站收据（dock receipt）正本；

（8）第 8 联，货代留底；

（9）第 9 联，配舱回单（1）；

（10）第 10 联，配舱回单（2）。

第 5、6、7 联送码头，送码头前，托运人必须到海关进行出口申报，海关经审核同意后，在第 5 联上加盖放行章。码头根据海关的放行章给予放行配船。

Shipper (发货人)

D/R NO. (编号)

Consignee (收货人)

场站收据

Notify Party (通知人)

第七联

DOCK RECEIPT

Received by the Carrier the Total number of containers or other packages or units stated below to be transported subject to the terms and conditions of the Carrier's regular form of Bill of Lading (for Combined Transport or Port to Port Shipment) which shall be deemed to be incorporated herein

Date (日期):

Pre—carriage by (前程运输) Place of Receipt (收货通知)

Ocean vessel (船名) Voy. No. (航次) Port of Loading (装货港)

场站章

Port of Discharge (卸货港) Place of Delivery (交货地点) Final Destination for the Merchant's Reference (目的地)

Particulars Furnished by Merchants (托运人提供)

Container No. (集装箱号)	Seal No. (封志号) Marks & Nos. (标记与号码)	No. of Containers or P'kgs (箱数与件数)	Kind of Packages; Description of Goods (包装种类与货名)	Gross Weight 毛重（公斤）	Measurement 尺码（立方米）

TOTAL NUMBER OF CONTAINERS OR PACKAGES (IN WORDS) 集装箱数或件数合计（大写）

Container No. (箱号)	Seal No. (封志号)	Pkgs. (件数)	Container No. (箱号)	Seal No. (封志号)	Pkgs. (件数)

Received (实收) By Terminal (场站员签字)

FREIGHT & CHARGES	Prepaid at (预付地点)	Payable at (到付地点)	Place of Issue (签发地点)
	Total Prepaid (预付总额)	No. of Original B(s)/L (正本提单份数)	BOOKING APPROVED BY (定舱确认)

Service Type on Receiving ☐-CY, ☐-CFS, ☐-DOOR,		Service Type on Delivery ☐-CY, ☐-CFS, ☐-DOOR		Reefer Temperature Required (冷藏温度)	°F	°C
TYPE OF GOODS (种类)	☐Ordinary, (普通) ☐Reefer, (冷藏)	☐Dangerous, (危险货物) ☐Auto. (裸装车辆)	危险货物	Class: Property:		
	☐Liquid, (液体) ☐Live animal, (活动物)	☐Bulk, (散货) ☐————		IMDG Code Page: UN No.		

图 11-1 场站收据示意图

由于海运集装箱业务的特点，场站收据的流转过程大致如下：

(1) 发货人、货代制单后留下第1联即货主留存联，将其余9联送交船代订舱签单；

(2) 船代留下第2、3、4联，在第5联装货单上盖章，确认订舱，将余下的几联退给货代，第8联货代留底，第9~10联由货代退给托运人作配舱回单；

(3) 货代在第5~7联填上箱号、数量，附相关证件到海关报关；

（4）海关审核认可后在第5联装货单上加盖海关放行章，将第5~7联还给货代；

（5）货代在港区配载配船前持第5~7联办理放行手续，配载签收后在第7联盖章交还货代，港区留存第5、6联；

（6）配载员在制作预配签单后连同第6联在装船前交外理，港区留第5联；

（7）外理校核预配清单无误后连同第6联交船上大副。

5. 集装箱装运危险货物装箱证明书

危险货物装箱证明书是危险品集装箱装箱时，由装货人填制的证明危险品货物正常装箱的凭证。危险品集装箱进入码头时，承运人集卡司机除提交正常的单证外，须随附危险货物装箱证明书，内容包括船名、航次、目的港、箱号、危险货物品名、联合国编号、危险货物类别、包装件数等。

6. 危险货物申报单

危险货物申报单是在船舶到港前由代理送至码头的，关于进出口危险货物的专用单证，分为船舶载运危险货物申报单和危险货物安全适运申报单。码头将对照船图中列明的危险品箱进行审核，确认实际进出口的危险品箱与申报单中载明的信息一致。

7. 温控箱商检证书

出口温控箱在进码头前，须由申请人（货主或货代）向码头受理台递交由中华人民共和国出入境检验检疫局签发的集装箱检验检疫结果单，该结果单记载了该集装箱的船名、航次、箱号、货物名称等信息。申请人同时填制温控箱巡查记录，作为温控箱进场申请。

8. 进口舱单

进口舱单是一份列明船舶实际载运货物的汇总清单，内容包括船名、航次、提单号、货物重量、货物体积、箱号、箱型、铅封号、危险品类别等。进口舱单一般由船公司或其代理人在船舶到港前送集装箱码头，作为进口货物的原始资料之一。现部分船公司或其代理人已通过EDI形式将舱单与船图一起送码头。

9. 船图

船图一般由总图、贝位图（BAY Plan）、特种箱清单等部分组成。贝位图是船图的核心部分，按船舶BAY位顺序记录了船舶所载集装箱的实际船箱位和主要箱信息。如果是特种箱，还标有相应的特种信息，如温控箱标有设定温度，危险品箱标有危险品等级等。目前在实际使用中船图已由书面转为EDI传送，在船舶进港前代理必须将船图和舱单一同以书面或EDI方式送至码头。

10. 海关退关箱出卡口证明

海关退关箱出卡口证明是海关开具的，允许出口集装箱从检查桥卡口提出的凭证证明，上载有船名、航次、箱号、提单号等信息，还盖有海关验讫章。码头核实后无误后放箱。

11. 装卸船顺序单

装卸船顺序单是码头根据进出口集装箱的资料，为进行装卸船作业而使用的单证。目前随着无线终端的完善，码头基本实现无纸化，装卸船的作业顺序将由计算机发送显示在手持终端上。

12. 移箱指令

移箱指令是码头内部集装箱转堆移动的作业指令和根据，是码头进行箱务管理的主要工作单证之一，目前也基本实现无纸化。

13. 计数单

计数单是装卸船作业完成后，内外理之间进行交接用以证明集装箱已实际卸下或装船的凭证。

14. 温控箱巡查记录

温控箱巡查记录是温控集装箱在出口进场前，由货主或货代填具的，用以向码头申请进场的单证，写明集装箱号、船名、航次、提单号、联系单位和设定温度等信息。在集装箱进入码头后，码头对堆场内的温控箱，根据不同季节的要求进行巡查管理，并将巡查温度记录在计算机中。

15. 行车指南

行车指南是码头给进港区作业的承运人集卡司机的单证，单证上主要显示集卡进提箱的箱号及堆场位置，作为集卡司机进行提离集装箱的指南。

16. 受理凭条

受理凭条是码头受理台在申请人（货主、货代或外集卡司机）完成集装箱的各项作业申请后所出具的联系单，申请人可以凭此受理凭条和相关单证到检查桥进行具体的进提箱操作。

17. 进出口货物海关申报单

凡进口的集装箱货物直接运往内地设有海关的地点，则由口岸货运代理向海关申请办理转运转点手续，口岸海关将有关申报单证转交承运人负责带交内陆地海关，由内陆地海关查验放行。出口的集装箱货物如果是在内地设有海关地点装箱的，则由当地发货人或货运代理向海关申报，由海关将有关申报单证转交承运人负责带给出境地海关凭以监督装船。

集装箱运输下，除为满足其运输特点需要制定一些单证外，有些单证仍使用普通货物运输方式的单证，在此不一一说明。

（二）集装箱码头进口单证流转流程

我国港口集装箱码头进口单证流转流程如图 11 -2 所示。

具体单证包括：

(1)：实际配载图、舱单、特种箱清单等；

(2)：同上，船代同时提供海关舱单；

(3)：卸船顺序单、进口船图，卸船后外理提供外理计数单；

(4)：到货通知书、提单换提货单；

(5)：堆存信息、查验监管信息等；

(6)：设备交接单、提货单；

(7)：进口货物海关申报单。

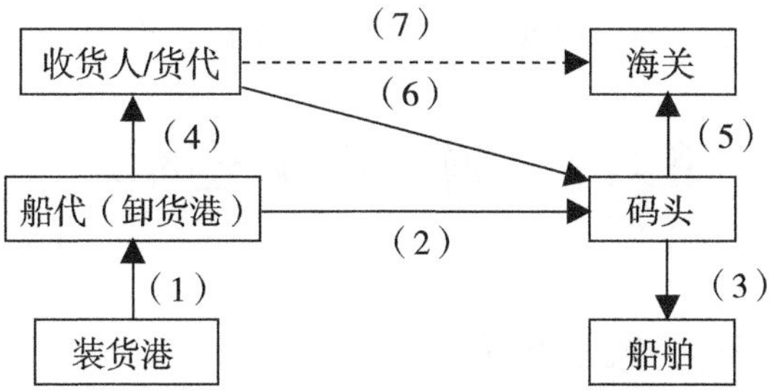

图 11－2 进口单证流转图

三、集装箱码头出口单证流转流程

我国港口集装箱码头出口单证流转流程如图 11－3 所示。

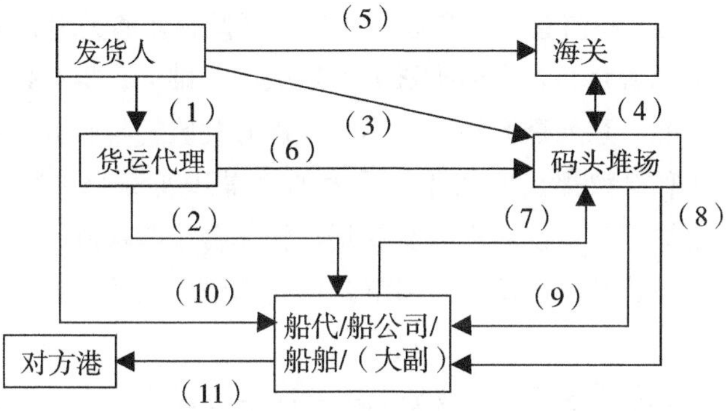

图 11－3 出口单证流转图

具体单证为：

（1）：货物委托书、委托报关书；

（2）：订舱单，是船公司或代理，在接受发货人或其代理人订舱时，根据其口头或书面申请货物托运，用以安排货物运输的单证；

（3）：设备交接单、装箱单；

（4）：堆存信息、查验监管信息；

（5）：装货单 D/R 第五联、商业发票、出口许可证；

（6）：装货单、大副收据、场站收据 D/R；

（7）：船代/船公司码头预配清单、预配船图、危险品清单、温控箱清单、危险品货物积载申报单等；

（8）：码头船舶配载图、装船顺序单；

（9）：码头外理计数单、实际积载图；

（10）：发货人、货代、船代场站收据换提单；

（11）：实际积载图、舱单、危险品清单、温控箱清单、残损箱清单等。

我国各港口有各港口的实际具体情况，在实际生产过程中，各港口都有适合本港特点的一套单证和流程。在这里只是对目前我国沿海港口集装箱码头使用的主要单证及其流转流程作一个大致描述，具体的港口操作可能会有所区别。

第二节　通关作业无纸化

一、通关作业无纸化改革概述

（一）通关无纸化的相关背景

通关无纸化，是指在确保口岸查验和监管单位对进出口货物实施有效监管的前提下，通过信息化手段，优化通关作业流程，推进通关作业主要环节纸质单证的电子化，以电子数据流转、交换、共享和互认，逐步替代纸质单证在不同部门、不同环节之间的制作、传递和储存过程，不断提高口岸监管水平和通关效率，降低企业通关综合成本。

2011 年年底，海关总署宣布在全面推进分类通关的基础上，推行以通关作业无纸化改革为代表的“保增长”的一系列重大举措，不断改进海关监管与服务，推动国际贸易便利化。2012 年海关总署工作会议提出要在业务量大的口岸开展海关“通关作业无纸化”试点。2012 年国家质检总局工作会议要求各直属局加快完善检验检疫“两个平台”（口岸信息化平台、检验检疫监管平台）建设，在部市合作备忘录中明确支持上海开展“无纸化”试点。

推进通关无纸化，是降低进出口企业通关综合成本的客观需要。通关无纸化作业，以电子单证数据传输取代传统的纸质单证流转，免去企业制作纸质单证、往返各查验单位现场递交纸质单证及储存大量纸质单证档案的时间、交通成本和仓储保管成本，能够大幅度提高通关效率，显著降低企业通关综合成本。推进通关无纸化，在直接降低通关综合成本的同时，还可促进中介代理服务业的转型升级。

推进通关无纸化，是口岸查验单位提高查验监管工作效率的根本途径。一方面，一线作业人员长期超负荷工作，但由于中央对口岸查验单位人员编制控制严格，很难通过增加人力资源的办法，来适应口岸不断提升的贸易便利化和安全监管等方面的要求。另一方面，从大的趋势看，今后我国的外贸格局将从目前的重出口轻出口，逐渐转变到进出口并重和国际收支基本均衡。随着进口业务的快速增长，涉证、涉税贸易比例将大幅上升，口岸打私、反恐等方面的压力更大，对口岸安全监管工作提出了更高的要求。在当前的形势下，要进一步提高口岸查验监管的严密性和工作效率，根本的途径在于推进通关作业流程的信息化和无纸化。

（二）通关作业无纸化改革的焦点

1. 取消企业递交随附单证，减少通关障碍

当前世界经济形势复杂严峻，不确定因素很多，中国海关正努力通过各种手段“改进监管和服务”。海关的通关作业无纸化改革，是以企业分类管理为核心，以风险分析为手段，运用信息化技术实现报关电子数据流转，减少纸质单证审核环节，能有效打破通关瓶颈，简化通关手续，有利于进一步优化通关作业流程，解放现场通关人力资源，使海关得以在事前、事中、事后各个环节合理配置资源，突出监管重点，形成监管合力，有效履行监管职能。我国海关积极借鉴吸收发达国家海关的成熟经验和先进做法，按照符合国际贸易和现代物流发展客观规律的要求，积极推进通关作业无纸化改革，不断提高通关效率，降低企业通关成本，促进贸易便利化，促进我国对外贸易健康快速发展。

在世界经济合作与发展组织 2011 版贸易政策工作文件 No. 118 文中，该组织专家指出，简化程序和预先裁定对降低成本起着最为关键的作用。简化程序有利于降低成本的 5.4%，预先裁定可达到 3.7%。其他的贸易措施，如自动化、收费便利，分别能降低成本的 2.7% 和 1.7%。这些措施都可以显著地降低成本。

概括而言，世界贸易组织就贸易便利化工作汇集了 12 个方面的措施，并对此进行了梳理，选择了与海关通关相关的内容。中国海关的通关作业制度改革，就应当围绕着这些方面开展。

表 11－1　世界贸易组织的贸易便利化与海关通关范畴

内容	相关部门	中国海关是否已实施
（a）信息的有效性	海关应及时发布相关法律法规以及行政规章性文件，并让企业及时获知	已实施（可在海关总署及各直属海关的网页上查询，并公布了统一的服务电话号码）
（b）贸易群体的参与	海关及时公布各种沟通渠道	已实施（各种现代通讯媒介，如微博、关长信箱等途径）
（c）预先裁定	海关的三预工作（预归类、预审价及原产地的预先确定）	已实施，并积极探索社会化以转移部分海关职能
（d）上诉程序	海关的法律事务部门	已实施，可以通过行政诉讼等法律程序解决纠纷
（e）收费	海关的关税部门	海关本身并不制定关税税率，海关只是关税的征收部门
（f）手续——单证	海关的通关部门	待优化
（g）手续——自动化	海关的通关部门	待优化
（h）手续——程序	海关的通关部门	待优化，之前的海关分类通关改革已经部分解决了海关通关程序的优化
（i）内部合作	海关与其他边境管理机构的合作	待优化，已经成立口岸办，协调处理相关事宜，如探索“单一窗口”、发展中国电子口岸等
（j）外部合作	海关的国际合作部门	允许邻国的海关人员越过边界办理，已经部分实施，如 CSI 项目

续表

内容	相关部门	中国海关是否已实施
(k) 领事事务	很少需求（只有少数发展中国家有此需求，如开具领事发票）	无须
(l) 管理与公正性	海关的通关部门，提高信息技术的监管比例，降低人的自由裁量权。	待优化

资料来源：作者根据经济合作与发展组织资料自行整理。

为了评估不同程度的贸易便利化对节约成本的相对重要性，经济合作与发展组织专门进行了调查和测算，调查结果显示，在潜在贸易成本节约方面，指标（h）占5.4%，指标（c）为3.7%，指标（g）为2.7%，指标（e）为1.7%。这些结果是相当显著的，尤其是当对整个贸易便利化的预算产生影响时，潜在贸易成本降低4.5%。

因此可以得出结论，在通关制度的改革中，指标（c）预先裁定、指标（e）收费、指标（g）手续——自动化、指标（h）手续——程序是需要得到首先关注的。

2. 通关作业随附单证的分类

随附单证的电子化是通关作业无纸化改革的重要环节。根据改革的进程安排，随附单证被分成了3部分，第一类为企业递交随附单证，第二类为监管证件，第三类为海关内部单证。其中，第二类的监管证件可以通过电子政务、电子口岸（单一窗口）、与其他部委合作深入逐步实现电子联网，第三类的海关内部单证随着海关综合管理业务平台的建设及海关金关二期工程的推进，也将逐步实现无纸化。可见，第二类监管证件与第三类海关内部单证的无纸化已经有了相应的规划，而且这两类单证的无纸化进程，对企业产生的影响面也较小。

根据《中华人民共和国海关进出口货物申报管理规定》（海关总署令103号），企业向海关申报时递交的报关单随附单证主要包括：合同、发票、装箱清单、载货清单（舱单）、提（运）单等进出口贸易活动中产生的基本单证；收发货人委托报关企业进行报关时所产生的代理报关授权委托协议；海关为确定商品归类、价格，要求企业提供的支付凭证、其他商业单证等相关资料。

对于大多数的报关企业（申报单位）及货主企业（经营单位）而言，能够最大程度感受到从通关作业无纸化改革受益的，是第一类的企业随附单证的无纸化。此类单证的无纸化程度及无纸化手段，将直接影响到企业在改革中的受益程度，也将对企业产生最直接的影响。

（三）取消相关随附单证的必要性

1. 顺应新的通关作业模式的需要

随着通关作业无纸化改革的逐步推进，对企业递交的随附单证需要进行相应的调整以适应通关作业无纸化改革的需求。

根据2003年11月1日起施行的《中华人民共和国海关进出口货物申报管理规定》第

二十七条规定，进、出口货物报关单应当随附的单证包括：

（1）合同；

（2）发票；

（3）装箱清单；

（4）载货清单（舱单）；

（5）提（运）单；

（6）代理报关授权委托协议；

（7）进出口许可证件；

（8）海关要求的加工贸易手册（纸质或电子数据的）及其他进出口有关单证。

上述的（1）至（6）项属于企业递交的随附单证，而第（6）项，由于报关协会加强及规范对报关企业的管理，在通关作业无纸化改革的第一期中，已经实现了格式化的录入，第（7）、（8）项，不涉及企业递交的随附单证而属于第二类和第三类的随附单证，因此目前涉及企业递交的随附单证，仅有（1）至（5）项。

海关对随附单据审查的目的，就是为了确认单单一致，但是根据海关法的规定，报关单的数据才是申报人向海关递交的数据，而企业递交的随附单证的效力在海关法中并没有明确规定，即如果出现了报关单与随附单证数据的差异，也应当以报关单的申报数据为准，而不是以其他的随附单证数据为准。

随附单证的产生最初并不是为海关申报而用的，而是因贸易活动、物流活动的需要而产生的，海关检查随附单证的目的就是为了校验数据的准确性。但是通常状态下，企业递交的随附单证都是由其本身制作的，做到随附单证与报关单一致完全掌握在企业自身手中，海关通过检查随附单证很难发现问题。

2. 精简企业递交随附单证带来的益处

（1）有利于通关作业无纸化改革的后期推进

目前的通关作业无纸化作业（一期）模式，需要对随附单证进行扫描，而且由于技术、带宽等限制，随附单证需要扫描成 PDF 或者 TIF 的固定格式文件，这对企业而言，可能需要将纸质的随附单证利用扫描仪器扫描成符合规定的文件，或者需要将其企业管理数据库中的数据从原先的格式转化成指定的格式。现有的扫描模式在第一阶段推广中，不会遇到大的障碍，但由于企业工作量的增加，将在二期及三期的大规模推广中受到挑战。

（2）降低企业成本，提高企业通关效率

取消企业递交随附单证，可以帮助企业节省原先用于扫描所需的纸张打印、扫描设备的购买、单证扫描人员的配备的成本，免除了单证的制作和保管，节省了管理成本（人力、纸张）；在企业节省大量用于纸质单证制作扫描的人力物力同时，也有利改善通关效率，降低企业通关成本，促进贸易便利化。

（3）海关将节省大量的监管资源

运用信息化技术实现报关电子数据流转，取消企业递交随附单证，将海关关员从报关单与随附单证一致性检验的劳动中解放出来，彻底解放现场通关人力资源，能有效打破通关瓶颈，简化通关手续，有利于进一步优化通关作业流程，突出监管重点，形成监管合力，有效履行监管职能。

3. 我国参加的国际公约等要求精简随附单证

根据《京都公约》第十一条的规定（标准条款），海关当局如索取货物单证时，应以供识别货物和运输工具的必需资料为限。有些国际协定对索取的资料规定了最高限量

根据《京都公约》第二十四条的规定（建议条款），如海关当局拟修改其现行单证的格式，或拟订到达报告的新格式时，有关当局应以有关国际文件规定的格式作为修改的依据，并应在可行时将两种或多种格式合成一种单一格式，以便提供到达报告所需的所有资料。

（四）取消相关随附单证的可行性

1. 法律法规的可行性

我国《海关法》第二十四条第一款规定，进口货物的收货人、出口货物的发货人应当向海关如实申报，交验进出口许可证件和有关单证。国家限制进出口的货物，没有进出口许可证件的，不予放行，具体处理办法由国务院规定。

这一条款是对报关单证的规定，根据我国《海关法》的释义，进行进出口货物的海关申报，主要是向海关交验规定的报关文件。为了促进和保护国内生产，根据对外贸易的需要，我国对许多进出口货物实行许可管理，凡进口或出口许可管理范围内的商品的，都必须持有进口或出口货物许可证。因此，进出口货物许可证是海关监管货物合法进出的法定依据。

上述条款说明，我国《海关法》规定交验的进出口许可证件和有关单证，并不包括企业递交的随附单证。

我国《海关法》第二十五条规定，办理进出口货物的海关申报手续，应当采用纸质报关单和电子数据报关单的形式。第二十六条规定海关接受申报后，报关单证及其内容不得修改或者撤销，确有正当理由的，经海关同意，方可修改或者撤销。

这是我国《海关法》中提及对货物申报的单证要求的仅有的两个条款。

《海关法》明确规定的是申报人采用纸质报关单和电子数据报关单的形式进行申报，并强调了申报人对报关单资料的准确申报，而没有提到递交随附单证的要求和证据效力，这对精简企业递交的随附单证，提供了上位法的支持。

2. 各单证信息获取的可行性

第一，建议取消合同（Sales Contract）作为随附单证。

（1）主要内容

一般的国际货物销售合同，除了买卖双方的信息，还包括以下条款：

①标的物条款（也称商品条款）；

②价格条款；

③装运和保险条款；

④支付条款，是指合同中有关买方支付货款的各个条款。

（2）与报关单的关联

合同的要素主要体现在报关单表头、表体栏目。

(3) 主要作用

海关主要是借助合同审查其价格条款及装运保险条款，为征收关税的审价之用。由于报关单中已经有了能够体现商品价格的“成交方式”和“运费”、“保费”、“杂费”等信息，而且合同与报关单的信息源都是经营单位，因此没有必要保留合同作为随附单证。

第二，建议取消发票（Commercial Invoice）作为随附单证。

(1) 主要内容

商业发票（Commercial Invoice）在对外贸易中简称发票，是出口公司对国外买方开立的载有货物名称、规格、数量、单价、总金额等方面内容的清单，供国外买方凭以收货、支付货款和报关完税使用，是对所装运货物的总说明。

(2) 与报关单的关联

发票的要素基本上体现在报关单相关的栏目，主要体现在报关单表体内容。

(3) 主要作用

有观点认为发票是通关环节价格审定及案件查处的关键单证，事实上单纯依靠商业发票来防止价格欺瞒，作用有限。

由于货物名称、数量、单位、单价、总价等信息在报关单上都有体现，因此没有必要保留发票作为随附单证。

第三，建议取消装箱清单（Packing List）作为随附单证。

(1) 主要内容

装箱单是发票的补充单据，它列明了信用证（或合同）中买卖双方约定的有关包装事宜的细节，通常可以将其有关内容加列在商业发票上。装箱清单的主要内容有货物名称、规格型号、数量、件数、重量。

(2) 与报关单的关联

装箱单的要素均在报关单中已有涉及，主要体现在报关单表头内容。

(3) 主要作用

简言之，装箱清单是关于货物包装的描述，此信息在报关单中的“包装种类”已经有体现，装箱清单的信息对于海关的审单和监管工作，意义并不非常突出，而且关于货物包装的描述，还可以通过货物的物流信息数据，比如舱单数据获得。

第四，建议取消载货清单（舱单）（Manifest）作为随附单证。

(1) 主要内容

舱单指进出境船舶、航空器、铁路列车负责人或其代理人向海关递交的真实、准确反映运输工具所载货物情况的纸质载货清单。舱单主要反映了货物的物流信息，比如船名，航次，货物名称、件数、重量、体积等。

(2) 与报关单的关联

舱单的主要要素主要体现在报关单表头栏目中。

(3) 主要作用

舱单作为监控货物实际物流信息的重要单证之一，也是海关在通关环节所需要的一份重要单证。根据我国2009年1月1日起施行的《中华人民共和国海关进出境运输工具舱单管理办法》等有关规定，进出境运输工具负责人、无船承运业务经营人、货运代理企业、船舶代理企业、邮政企业及快件经营人等是舱单电子数据传输义务人，即经营单位和申报单位不是舱单数据的法定申报人。而且事实上，经营单位或者申报单位都无法获取到舱单数据，他们能够掌握的，仅仅是其所拥有货物的提运单项下的货物信息，而无法掌握整个运输工具所载所有货物的资料，因此建议取消申报时递交舱单数据的规定。

第五，建议取消提（运）单（Bill of Lading）作为随附单证。

（1）主要内容

提（运）单是用以证明货物、物品运输合同和货物、物品已经由承运人接收或者装载，以及承运人保证据以交付货物、物品的单证，要素包括运输工具编号、航次、提单号、件数、重量、进出境口岸及日期等。

（2）与报关单的关联

提（运）单的要素主要体现在报关单表头栏目。

（3）主要作用

由于提运单的数据都已经反映在舱单数据中，而且报关单中已经包含了“进（出）口口岸”、“进（出）口日期”、“运输方式”、“运输工具”、“提运单号”、“收（发）货单位”、“起运国”、“装货港”、“境内目的地”、“运费”、“毛重”、“集装箱号”，同时，原来利用提运单进行的审单工作可以通过新舱单系统数据验核进行替代，因此，建议取消提运单作为随附单据。

3. 口岸其他部门的电子化进程也为随附单证的精简创造了条件

目前海关的监管场所、理货公司、承运人（船舶代理）都能以电子手段发送电子装箱单、运抵报告、到货确认、理货报告及新舱单系统所需要的各类数据，上述数据的电子传输，客观上也为随附单证的精简创造了条件。

（五）取消随附单证的必要性

1. 推进新舱单系统，实现舱单与报关单提前申报

由于新舱单系统的运用，海关的通关系统中已经有了货物的物流信息，货主（申报企业）可以将货物的报关资料提前申报。

利用舱单数据与报关单数据的提前申报，进行数据对碰和验核，在货物进入海关监管区域前，完成货物的单证放行工作，由物流数据触发货物的实际放行信息，实现了海关通关过程的自动化，也加强了货物的实际监管。

2. 规范申报管理，真正落实“由企及物”的管理理念

加强风险分析，进一步加强申报管理规范，报关单上填报的经营单位及收发货人信息务求准确。目前新舱单系统中，收发货人的信息并不是强制输入数据，今后随着改革的推进，应将此类数据设为强制数据。通过分析经营单位、收发货人，并将报关单上的主体信息与新舱单系统中的收发货人信息进行比对，提高报关单数据和舱单数据的可靠性和可用性；通过将工商注册的企业数据与海关的企业管理数据进行联网等方式，切实落实“由企及物”的管理理念。

3. 加强承运人监管，实现海关国际合作

加强承运人监管，利用物流信息加强海关监管。做好舱单品名的比对工作，完善对承运人的监督和惩罚措施。

《香港进出口条例》（《香港法例》第60章15条）关于提供一切货物详情的责任中，明确规定：船只的船长或者代理人，飞机的机长或者代理人，铁路车辆的载运货物的香港代理人，除铁路列车以外的其他车辆的掌管人，都应该向海关提交舱单。其中，并没有提及其他的货物随附单证。同时，该条例对没有列入舱单货物的出口或者进口，列明了明显的惩罚措施：如果经简易程序定罪，处罚款500000港币并监禁2年，如果经公诉程序定罪，罚款2000000港币并监禁7年。

我国海关对舱单管理还处于探索阶段，但是通关改革的真正实现，离不开物流监控的支持，因此，舱单数据的准确性，需要通过加强对承运人的监管来实现。目前海运中，存在着船舶开行后再行更改提单的情况，更改的内容包括货物的数量、件数、体积等，即事先发送给海关的舱单数据由于提单的更改而发生了变化，但是部分承运人为逃避海关的监管，并不向海关提交变更申请，导致海关对承运人的监管出现困难。

加强海关的国际合作是解决承运人监管问题的一项有力措施，通过两个海关间的数据互换，可以实现物流数据和通关数据的对碰，加强监管，防止物流数据在两国海关的监管真空地带如运输途中被篡改。

二、以上海为例的无纸化现状

（一）水运口岸通关流程和信息化状况

1. 集装箱进出口通关流程及信息化

（1）集装箱出口

口岸集装箱出口流程可概况为以下几个环节：属地报检—订舱—提箱、做箱、进港—口岸报关—装船、结关。出口货物的检验检疫工作由属地机构负责。出口货物报关由口岸海关完成，外港等出口货物实施“有货报关”模式，洋山出口货物实施“提前报关”模式。

货代通过电子申报系统进行电子申报，检验检疫机构通过集中审单系统审核电子数据，货代持报检单、委托书、合同、发票、装箱单、厂检结果等纸质单证现场交单，检验检疫CIQ2000系统进行计收费、签发通关单的工作。货代通过电子口岸向船公司电子订舱，取得配舱回单后，打印设备交接单提箱装货。申报人通过海关预录入系统申报，收到回执后持相关纸质单证现场交单，海关通过H2000系统进行分类通关，布控查验后将电子放行信息发送码头，货物通关后理货装船。

集装箱出口各环节电子化水平较高。各大船公司已基本实现电子订舱，货物装箱信息、进港信息、理货信息可及时发送给电子口岸，码头营运系统（MILE－TOPs）贯穿整个码头生产作业过程。上海海关自2011年启动出口集装箱货物放行电子化试点，港务部门只需凭海关发送的电子放行信息即可办理货物出运手续。

（2）集装箱进口

集装箱进口流程可概括为以下几个环节：船舶申报—换单—口岸报检—口岸报关—提货。

船舶到港前，船代向各监管单位进行船舶申报，并将舱单等信息发送电子口岸。集装箱卸船理货后，货代向船代换单，向口岸检验检疫机构和海关申报。对于法检货物，申报人通过入境全申报系统、电子申报系统进行电子申报，收到回执后持相关纸质单证现场交单，检验检疫机构通过集中审单系统审核电子数据，并通过 CIQ2000 系统计收费和签发通关单，根据货物类别发出相应查验指令，进入港区内或港区外施检，并发送放行指令（其中，对于港区外施检的货物，申报人先持通关单报关，海关放行后至港外查验点施检）。申报人通过海关预录入系统申报，收到回执后持相关纸质单证现场交单，海关通过 H2000 系统进行分类通关，布控查验后在提货单盖章放行，并将放行信息发送码头，码头凭提货单和监管单位放行信息对货物放行。

同集装箱出口业务类似，货物到港信息、理货信息、装箱信息可及时发送至电子口岸，码头营运系统（MILE－TOPs）贯穿整个码头生产作业过程，上海出入境检验检疫局于 2012 年 4 月 1 日起实施进口集装箱（重箱）提货单无纸化电子放行。

（3）进口分拨

进口分拨是多票货物海外拼箱后进口，在海关监管下拖至指定进口分拨仓库对货物拆箱，然后分票清关的业务。

装载进口分拨货物的集装箱由上海港入境后，分拨货代向检验检疫局申报，向分拨仓库所在地海关申报整箱提货手续，通过海关监管车辆将集装箱拖至进口分拨仓库拆箱、分单，拼箱货代理向分拨仓库所在地海关报关。

2. 散杂货进出口通关流程及信息化

（1）散杂货出口

区别于集装箱班轮运输，散杂货运输船期不固定，货物种类复杂，通常货主与船公司签订运输合同后，再办理订舱手续，目前以纸面订舱模式为主。查验单位对于散杂货出口的通关监管要求与集装箱货物类似，但在通关流程上仍然是纸面装货单盖章和电子放行信息双轨制并行。

（2）散杂货进口

受贸易方式制约，散杂货进口换单需要船公司给船代指令后再操作，在通关流程上仍是纸质提货单盖章和电子放行信息双轨制运行。汽车进口流程与散杂货类似。

3. 进出口转关流程及信息化

（1）出口转关

出口转关手续由申报人出具纸质中转通知书向海关申报，海关比对中转通知书和关封及其电子数据进行核销。受中转通知书纸质申报方式的制约，海关目前对出口转关货物核销采用人工逐笔比对转关通知书和转关关封的方式。

出口转关货物的检验检疫工作由属地检验检疫机构完成，口岸检验检疫机构一般情况下不对出口转关货物进行监管。

（2）进口转关

申报人向海关办理转关手续后，持海关转关资料至检验检疫窗口纸面申报，除对部分来自疫区的货物进行箱表消毒外，口岸检验检疫机构基本按照非法检模式，直接发送转单号至属地检验检疫机构，由属地机构进行检验检疫。

进口转关核销所需的舱单信息，由船公司经电子口岸发送海关。在申报时，需通过科思达系统打印纸质转关申报单，海关在提货单、中转通知书上加盖放行章，制作关封，并在汽车载货登记簿（俗称“白卡”）上签章。

4. 国际航行船舶进出口岸通关作业流程及信息化

国际航行船舶在进出境时，要按照我国法律法规分别向海事、海关、检验检疫、边检等部门进行申报，办理船舶进出口岸有关手续并接受相应的监管。

（1）海事监管

第一，船舶动态申报。进出上海口岸国际航行船舶通过“EDI 口岸申报系统”向上海海事局办理进出口岸动态申报。第二，船载污染危害性货物申报。申报人通过“EDI 口岸申报系统”进行污染危害性货物的货申报和船申报。第三，船舶进出口岸查验。申报人通过“EDI 口岸申报系统”提交船舶进出口岸查验信息，然后持有关纸质单证到业务现场办理手续，并缴纳相应费用。第四，船舶离港。船代持船舶出口岸联系单，分别办理完海关、检验检疫、边检监管手续后，交海事部门签发离港证。

（2）海关监管

船代在船舶靠港前 24 小时，向海关“电子船舶网上申报系统”发送船舶到港信息，在船舶靠港后 24 小时内到海关办理进出口岸监管手续，在船舶驶离口岸前 4 小时内办理船舶出口岸手续。船舶在港停留时间不足 4 小时的，进出手续可同时办理。办理手续需要现场递交纸质单证。

（3）检验检疫监管

申报人在船舶靠港前 24 小时向检验检疫部门发送检疫电报（以电子邮件形式为主），在船舶靠港后，前往检验检疫业务现场进行申报。检验检疫机构对申报船舶批复并指定检疫地点和检疫方式。申报人在船舶驶离口岸前 4 小时办理出港手续。入境、出境申报都要提交相应纸质单证。

（4）边防检查监管

申报人在船舶靠港 24 小时前，登录边检“海港网上报检报备系统”，将总申报单等相关单证信息以附件方式在“海港网上报检报备系统”办理预检申请。边检对有正式船舶预报动态的入境（港）网上预检申请进行审批。申报人持上一港边封及纸面单证现场报检。船舶 24 小时内驶离港口的，同时进行船舶出口岸申报手续。

5. 航空口岸通关流程和信息化状况

（1）普货进出口通关流程及信息化

①进口通关

空运进口普货通关流程大致可分为舱单预报、理货分拨、报检、报关、查验、放行提货等几个环节。

在舱单预报和理货分拨环节，承运人或其代理、货站、代理仓库等主体通过海关舱单管理系统、海关空港堆场信息管理系统、检验检疫进境物流监控系统发送舱单信息和入库信息。在报关和报检环节，货主或其代理人在电子报关系统和电子报检系统中录入电子申报数据并准备全套纸质报检报关单证，分别送交海关和检验检疫。在查验环节，检验检疫机构在集中查验点的查验可事先通过查验预约系统进行预约，海关查验需凭纸质单证安排查验计划。在放行提货环节，检验检疫机构于 2012 年 4 月 1 日起实施提货单无纸放行，海关放行采取纸质和电子双轨制。

空运进口货物通关信息化基础较好，进口货物落地后即进入货站和代理仓库进行统一管理，货物的存储区域和管理主体相对集中，便于口岸查验单位监管。进口航班均发送由国际航空运输协会（IATA）统一规定格式的电子舱单报文，作为申报时参考的基础数据。目前在空运进口领域，FFM 舱单报、FWB 主运单报、FHL 分运单报、海关运抵报告和理货数据、检验检疫全申报信息和放行信息等均已实现无纸化。

②出口通关

空运出口普货通关流程大致可分为订舱、送货、报检、报关、查验、放行、装机出运等几个环节。

订舱环节属于市场行为。在送货环节，代理仓库需通过海关空港出口物流信息管理系统发送入库信息。在报检环节，手续基本与水运口岸一致，但换单业务基本在机场检验检疫局办理。在报关环节，海关采用“提前报关，货到放行”模式，报关时需递交空港验放联系单。在查验放行环节，货主或其代理人需将货物送至海关卡口，由海关扫描载货清单，确认货物的放行或查验信息。放行情况下，货主或其代理凭准予交接通知书至海关办理放行，出口放行采取双轨制；查验情况下，货主或其代理凭纸质单证办理查验。装机出运后，承运人登录海关舱单管理系统发送 FFM 舱单报。

由于出口货物仓储地点比较分散，运营主体多元，信息化基础条件薄弱，目前海关主要通过空港验放联系单、载货清单、准予交接通知书等一系列纸质单证来掌握实货流转状态。

（2）普货进出口转关流程及信息

转关流程中，报关在属地海关完成。出口转关时，口岸海关主要办理陆空联运的拆封、核销、放行；进口转关时，主要办理转关交单、制作关封，以及空陆联运载货车辆的加封。

在转关交单环节，转关申报人将运单、空转陆联系单等纸质单证递交口岸海关。在核销环节，属地海关与口岸海关之间将报关单、转关单等纸质文件制成关封，加上运单和空转陆联系单进行流转，办理核销。放行环节，出口转关货物由口岸海关放行，流程与普货出口基本一致。进口转关货物放行由属地海关办理。在加封环节，转关申报人凭空转陆联系单办理加封，关封号信息需录入 H2000 系统。

空空联运中转模式涉及的单证数量较少，效率较高。而空陆联运中转模式由于涉及国内地面运输环节，因此纸质单证数量和流转环节相对较多。

（3）快件进出口通关流程及信息化

出入境快件对通关效率要求高，海关和检验检疫局均针对出入境快件制定了专门的管理办法，对于快件均实施分类管理。

快件通关流程中的全部手续需由经过备案登记的快件运营企业办理，流程可概括为申报和放行两个环节。在申报环节，快件运营企业通过海关快件通关管理系统和检验检疫全申报系统（快件专用通道）发送电子申报数据，除有同步交单要求的，一般都可事后交单。在放行环节，海关通过快件通关管理系统发送放行回执，同时通过物流分拣机检流水线对货物进行扫描，确认无误的即可实货放行。在机场办理检验检疫手续的进口快件已实现无纸化放行，保税快件则需由特殊监管区域检验检疫机构在运单上加盖放行章。

6. 海关特殊监管区域通关流程和信息化状况

特殊监管区内保税货物按照特殊监管区类型分为出口加工区货物、保税物流货物、保税区货物及保税港区货物等，以上货物的进出境监管由特殊监管区海关和检验检疫机构负责。保税货物进出口岸（进出境）的监管流程可大致分为申报、作业、放行等几个环节。申报环节流程与一般货物基本一致，区别在于保税货物的报检报关手续均在属地海关和检验检疫机构办理。作业环节中，保税货物出口通关单目前仍以纸质形式流转。放行环节，海关放行采取双轨制，检验检疫普货提货单实行无纸放行。保税货物中快件比例较高（部分企业快件货物比例已占 50% 左右），但快件还没有实现提货单无纸放行。

保税货物进出境检验检疫监管：货物进境时申报人向特殊监管区检验检疫机构办理入境全申报，检验检疫机构出具纸质通关单，将提货单放行信息发送口岸监管场所，监管场所凭电子放行信息放行。

货物出境时申报人向特殊监管区检验检疫机构办理属地报检，检验检疫机构出具通关单，申报人凭纸质通关单办理报关。

保税货物进出境海关监管：区内企业在进出口货物前，应向主管海关申请建立电子账册。电子账册包括“加工贸易电子账册（H 账册）”和“企业设备电子账册”。企业通过电子账册办理报关手续。

保税货物进出境时，收发货人或其代理人填写“进出境货物备案清单”向海关报关，无需填报关单，备案和报关合二为一。

对于跨关区进出境的出口加工区货物，除邮递物品、个人随身携带物品、跨越关区进口车辆和出区在异地口岸拼箱出口的货物外，可以按照转关运输中的直转转关方式办理转关。

对于同一直属海关关区内的出口加工区进出境货物，可以按照直通式模式报关。进境时加工区海关在提货单盖章并将放行信息发送口岸监管场所，监管场所凭纸质提货单和放行信息对货物放行。

7. 通关资金流电子化现状

（1）通关税费支付流程及电子化现状

海关税费的征管流程主要包括：纳税人申报准备、纳税人申报，海关审核、海关填发税款缴纳书、纳税人办理签收手续，纳税人前往银行交款，纳税人将税款缴纳书第一联交海关，海关据以放行。海关税费支付的主要方式包括：柜台支付、担保支付、网上支付、电子支付等。

银行柜台支付是传统的支付方式，主要程序包括申报、海关审核、海关填发税款专用缴纳书、纳税人向指定银行缴款、银行收款、海关凭签有银行收讫章税单办理验票核注放行手续。担保支付方式是在一些特殊情况下，当事人在办结海关手续前向海关申请提供担保，提前放行货物，税款后结算。

电子支付系统是海关总署整合税费网上支付系统和上海海关 EDI 电子支付系统后形成的一个新型进出口环节税费缴纳的电子化支付系统，由海关业务系统、中国电子口岸系统、商业银行业务系统和第三方支付系统等四部分组成，2010 年在上海、南京、杭州、宁波 4 关区试点，2011 年 3 月开始在全国推广，并将逐步取代网上支付系统。

电子支付主要流程包括：进出口报关单通过电子审结后，向中国电子口岸和支付平台发送税（费）信息；企业通过支付平台向商业银行发送税（费）预扣指令；现场海关收到支付平台转发的银行税（费）预扣成功回执后办理税单打印手续，海关业务系统通过支付平台自动向商业银行转发税（费）实扣通知；银行接收支付平台转发的实扣通知并作实扣操作；现场海关收到实扣成功回执后自动核注税（费）；税（费）单打印后现场海关即可办理放行手续。

与网上支付相比，电子支付的优点有：优化了税单流转方式，税费预扣后，税单第 1 联即可直接打印交给企业作缴税（费）凭证，不用再经银行签章流转；电子支付引入了第三方服务的理念，简化了企业签约流程；支付范围扩大到滞纳金、滞报金、保证金等，基本实现了对海关税费业务的全覆盖；增加“代理支付”功能，让企业有更多的选择；完善了“担保支付”，企业可以自由选择一般支付和担保支付。

（2）检验检疫规费支付

入境检验检疫规费支付主要流程包括：报检和入境全申报（对于法检商品，货主或其代理先进行电子报检；货主或其代理收到全申报的回执后，凭回执信息前往检务部门申报）、检务部门审单和计收费（对于法检货物，打印通关单，同时发电子通关单信息到海关）、检验检疫单位在提货单上签放行章［本环节现已部分取消：外高桥、洋山、空港（不含快件）］、发电子放行或查验指令（查验 B 或查验 C）到监管场所。

出境环节的规费，主要包括上海本地货物的检验检疫费用，以及外地货物在上海口岸产生的换单费用。

收费方式包括现金、支票、本票、刷卡等，目前没有电子收费方式。

（3）查验辅助作业收费

查验辅助作业一般由监管场所经营人或者监管场所外查验点经营人提供吊箱、短驳、落箱、开箱、掏箱等第三方服务。

①与海关查验相关的辅助作业收费

查验作业流程主要包括：海关发出查验指令（签发查验通知书，电子信息同时发至港区）；货主或其代理持查验通知书前往码头查验受理处联系查验计划；码头查验受理处凭查验通知书安排查验作业计划，进行计收费，并将查验作业计划用 EDI 方式发送海关；码头提供查验作业服务；现场查验后，出具查验结果证明；现场海关根据查验结果证明，在提货单（或场站收据，现已取消）上签放行章，同时发送电子放行信息给码头；码头验看签有海关放行章的提货单和海关发送的电子放行信息，准予货主或其代理提货（或装船）。

②与检验检疫查验相关的辅助作业服务收费

检验检疫查验相关的作业服务收费一般发生在入境环节，主要包括两类：一是口岸放行前的卫生检疫处理作业服务，二是口岸放行后的检验检疫作业服务。大致流程如下：向口岸检验检疫机构进行全申报，货主或其代理在规定期限和地点前往查验点联系检验检疫，查验点经营人进行计收费，开展查验作业服务，查验作业完成后根据实际发生费用再进行调整。

查验作业服务收费方式，主要是现金或支票，目前没有电子化收费方式。查验通知书和查验结果信息仍需要以纸质形式流转。

（4）港口建设费和船舶吨税

上海港口建设费征收主管部门是上海海事局，目前采取的办法是：港务集团运营的公共码头，港口建设费委托港务集团代收；其他公共码头及货主码头，由上海海事局设立的征收站点直接收费。上海海事局同时要求载运进出口货物的国际航行船舶提供纸质和电子舱单信息，以便与港口建设费缴纳信息相比对。港口建设费目前没有电子化收费方式。

船舶吨税按照船舶净吨位和吨税执照期限征收，目前由上海海关业务三处或洋山海关、金山海关征收。应税船舶在进入港口办理入境手续时，应当向海关申报纳税，领取吨税执照（或交验吨税执照）。海关制发缴款凭证。应税船舶负责人自海关填发吨税缴款凭证之日起 15 日内向指定银行缴清税款。应税船舶负责人缴纳吨税（或者提供担保）后，海关按照其申领的执照期限填发吨税执照。应税船舶在离港办理出境手续时，要再次交验吨税执照。船舶吨税目前没有电子化收费方式，申报时需提交纸质单证。

（5）收付汇和退免税流程及信息化现状

①收付汇流程

出口收汇流程主要包括：出口单位备案登记，企业申领核销单，对核销单进行口岸备案，出口企业自行或委托报检、报关，海关通关，企业将核销单网上交单，企业前往银行进行结汇和申报；企业进行出口外汇核销报告（先进行网上报审，分为逐笔核销、批次核销、自动核销三种不同报告方式），外汇局进行出口收汇核销。出口收汇目前的流程是双轨制，即电子信息流转的同时，仍然要提交各类纸质单证。

进口付汇管理包括：企业前往外汇局进行进口企业名录登记，外汇局对企业进行为期 3 个月的辅导管理，外汇局对企业进行分类管理，发布名录和相关信息，非名录企业和 C 类企业进行付汇事前登记，企业前往银行提交付汇申请，银行进行付汇操作和付汇申报，B 类和辅导期内等企业进行付汇事后报告。办理提前登记和事后报告手续时需要提交相应纸质单证。

②退免税流程

退免税主要流程包括：企业办理出口货物退（免）认定，申领核销单，自行或委托进行报检、报关，检验检疫和海关进行通关放行，外汇局进行外汇核销和核报，企业报送数据，进行账务处理（开具外销发票），进行增值税纳税申报，进行出口记录和退免税网上申报，进行出口退（免）税纸质申报，自行办理单证备案，税务机关进行退税审核、审批等手续。退免税主要环节实行双轨制，在电子信息流转的同时，需提交各类纸质单证。

第三节 区域通关

一、全面深化区域通关改革的背景

全面深化区域通关业务改革主要包括 3 个方面内容：一是拓展“属地申报，口岸验放”模式功能，对 AA 类企业的货物实行“属地申报、属地放行”；二是严格落实“应转尽转”要求，推进转关作业无纸化，实现转关监管全程电子化；三是完善跨境快速通关模式，扩大适用范围。

（一）拓展“属地申报，口岸验放”模式功能，对 AA 类企业的货物实行“属地申报、属地放行”

第一，对经营单位为 AA 类且申报单位为 B 类（含 B 类）以上企业进出口货物，除布控查验货物外，实行“属地申报、属地放行”。这一措施预计将惠及 2536 家 AA 类企业（统计数据截至 2013 年 9 月）。

对于法律法规限定必须在口岸申报的进出口货物及口岸海关未启用出口电子运抵报告和进口电子到港信息的货物，不实行“属地申报、属地放行”。

按照优化监管查验机制改革方案的要求，对 AA 类企业发生违法违规情事并被缉私、政法部门立案的，自立案之日起，暂停其“属地申报、属地放行”资格。

对货物实行“属地申报、属地放行”的企业，纳入企业稽查、核查范围，由稽查部门实施日常监管和事后稽查。

第二，将“属地申报，口岸验放”适用范围扩大至 B 类生产型企业的进出口货物，进一步减轻口岸海关通关压力。这一措施将使“属地申报，口岸验放”适用企业数量由原有 15 万余家，扩大到 31 万余家（统计数据截至 2013 年 9 月）。

（二）严格落实“应转尽转”要求，推进转关作业无纸化，实现转关监管全程电子化

坚持“应转尽转”的原则要求，进一步规范对转关货物的实际监管，直属海关之间及直属海关关区内不同隶属海关（办事处）之间货物的运输按照转关方式办理，转关货物必须进入海关监管场所验放。

第一，进一步简化转关手续，逐步取消海关纸质关封及转关纸质单证的签章操作，实现转关申报、放行、核销所有作业环节的无纸化。

第二，为适应转关作业无纸化，强化转关途中监管，境内公路转关应借助安全智能锁、卡口前端设备、卫星定位装置等物联网设备及卡口信息化管理系统，实施转出地海关监管场所卡口自动核对、电子施封、人工验核、途中运输监控、转入地海关监管场所卡口

自动核销和电子解封，实现转关全程电子化监管。

转入地海关承担转关货物主要监管责任，转出地海关承担辅助监管责任。

（三）完善跨境快速通关模式，扩大适用范围

在总结广东省内有关海关对来往香港货运车辆试点跨境快速通关监管经验的基础上，进一步明确跨境快速通关模式的概念和功能定位，完善口岸通关与转关监管有机联动的物流快速分流监管机制，在严密监管的前提下，为公路进出境货物提供跨境便捷通道。

第一，发挥公路舱单的基础性作用，规范提前报关方式下的跨境快速通关作业模式，建立公路舱单与提前申报报关单的自动比对机制，完善全程电子化监管，实现口岸通关风险的自动甄别、货物的快速分流与内陆海关监管场所自动核放的有效对接。

第二，在统一载货清单的基础上，进一步完善公路舱单系统，实现与毗邻国家（地区）海关间的公路舱单信息交换，推动监管结果互认，务实推进内澳、中俄、中蒙、中哈、中越等联合监管机制。

转入地海关承担跨境快速通关货物的主要监管责任，转出地海关承担辅助监管责任。

二、“属地申报、属地验放”

（一）概念

“属地申报，口岸验放”是指符合海关规定条件的守法水平较高的企业，在其货物进出口时，可以自主选择向属地海关申报，并在口岸海关办理货物验放手续的一种通关模式。

“属地申报、属地放行”是“属地申报，口岸验放”通关模式的一种方式，是指符合海关规定条件的高资信企业，在其货物进出口时，可以自主选择向属地海关申报，并在属地海关办理货物放行手续。

（二）具体内容

1. 基本概述

（1）不适用的情况

下列进出口货物不适用“属地申报、属地放行”方式：海关布控查验的，法律法规规定须在属地海关或口岸海关申报并办理验放手续的，口岸海关未实现出口运抵报告和进口理货报告电子数据传输的。

（2）属地海关和口岸海关的职责分工

属地海关职责包括：负责与适用企业签署关企合作备忘录；负责确定适用“属地申报，口岸验放”通关模式的企业名单，维护管理企业参数数据库及随机查验比率，承担企业的完全管理责任；负责按照《海关通关作业审单操作规范》和《海关通关无纸化作业操作规程（试行）》实施报关单电子数据审核；负责办理报关单证审核、税费征收、海关统计、查验布控、报关单证明联签发等，承担单单相符及单机相符的责任；负责办理报关

单修改或撤销及海关估价、退补税等；负责处置在接单环节中发现的走私违规嫌疑情事；负责办理按进口转关运输方式监管至属地实施查验货物的验放手续；负责传输相关单证，并确保数据的及时、准确；负责相关报关单证的理单归档管理；负责办理“属地申报、属地放行”方式报关单电子数据的放行手续；负责核注舱单电子数据，核销“属地申报、属地放行”方式舱单电子数据，配合口岸海关实施舱单管理；负责对所在地企业实施稽查。

口岸海关职责包括：承担口岸物流监控和舱单管理责任；负责办理口岸验放货物的放行手续；负责办理进口货物转关查验手续；负责根据随机布控查验要求实施查验（保留即决式布控权力）；负责处置在口岸查验环节中查获的走私违规嫌疑情事；负责根据属地海关授权，修改相关报关单电子数据；负责验核、理单归档需在口岸出具的通关单等报关单证；负责传输相关单证，确保数据的及时、准确；负责核销口岸验放货物的舱单电子数据；负责办理“属地申报、属地放行”方式未与海关联网监管场所的纸质放行单证签章手续。

2. 进口通关作业

口岸海关接受舱单数据后，通过电子口岸公共查询平台进行网上公布。口岸海关应对舱单数据从安全、环保、准入等方面进行重点风险分析和布控。

属地海关按现行规程进行审单作业，并核注口岸海关进口舱单电子数据；按现行规程完成接单审核、征收税费和选择查验作业后，通过 H2010 系统的“选择查验/放行管理”模块“现场放行作业”功能对报关单电子数据进行操作。

采用“属地申报、属地放行”方式的，由属地海关通过 H2010 系统自动向口岸海关发送放行指令，核销进口舱单电子数据。口岸监管场所经营人凭口岸海关电子放行信息为企业办理提货手续；未与海关联网口岸监管场所，监管场所经营人凭口岸海关签章的纸质单证为企业办理提货手续。

对无须查验且税费正常核注的货物，由口岸海关根据收货人或其代理人提供的进口货物报关单（含担保验放报关单）复印件，通过 H2010 系统的“选择查验/放行管理”模块“卡口放行作业”功能对报关单电子数据进行操作，核销进口舱单电子数据，办理放行手续。

对于需查验的货物，由口岸海关实施查验并录入查验结果。属地海关应根据口岸海关的要求，将相关单证扫描（传真）传输至口岸海关。属地海关要求或企业申请在属地海关实施查验的货物，由口岸海关按进口转关运输（转关方式为“转关查验”）将货物转往属地海关，属地海关实施转关运输途中监控、货物查验并录入查验结果。

对于在属地海关实施查验后放行的货物，由属地海关通过 H2010 系统的“选择查验/放行管理”模块“卡口放行作业”功能对报关单电子数据进行操作，核销进口舱单电子数据，办理放行手续。

货物放行后，进口货物报关单复印件、口岸出入境检验检疫部门出具的入境货物通关单正本及在口岸海关实施查验的查验记录单，由口岸海关进行理单归档；进口货物报关单正本及其随附单证、属地出入境检验检疫部门出具的入境货物通关单正本及在属地海关实施查验的查验记录单，由属地海关进行理单归档。

3. 出口通关作业

口岸海关接受舱单数据后，通过电子口岸公共查询平台进行网上公布。口岸海关应对舱单数据从安全、环保等方面进行重点风险分析和布控。

属地海关按现行规程进行审单、接单审核、征收税费、选择查验作业。属地海关审单环节的出口预配舱单或出口运抵报告的控制条件，由口岸海关进行设定并告知属地海关对外公布。

采用“属地申报、属地放行”方式的，属地海关通过 H2010 系统自动向口岸海关发送放行指令，核销出口舱单电子数据。口岸监管场所经营人凭口岸海关电子放行信息为企业办理装运手续，未与海关联网的口岸监管场所，监管场所经营人凭口岸海关签章的纸质单证为企业办理装运手续。对于无须查验的货物，在货物运抵口岸海关监管场所后，由口岸海关根据收货人或其代理人提供的出口货物报关单（含担保验放报关单）复印件，通过 H2010 系统的“选择查验/放行管理”模块“卡口放行作业”功能对报关单电子数据进行操作，核销出口舱单电子数据，办理放行手续。

对于需查验的货物，由口岸海关实施查验并录入查验结果。属地海关应根据口岸海关的要求，将相关单证扫描（传真）传输至口岸海关。查验后放行的货物，由口岸海关办理放行手续。货物放行后，出口货物报关单复印件、口岸出入境检验检疫部门出具的出境货物通关单正本及查验记录单由口岸海关进行理单归档，出口货物报关单正本及其随附单证、属地出入境检验检疫部门出具的出境货物通关单正本由属地海关进行理单归档。

出口货物运抵口岸海关监管场所后需要退关的，口岸海关依据发货人或其代理人申请，出具货物未实际出境证明（注明报关单、提运单等信息）。属地海关根据货物未实际出境证明审核发货人或其代理人提交的退关申请，审核无误后，办理出口货物退关手续，出具出口退关证明（注明报关单、手册等删改情况）。口岸海关凭出口退关证明，准予出口货物退关。

出口货物因船期或航班等原因落装、改配的，口岸海关依据发货人或其代理人申请，按现行规定办理舱单变更手续；舱单变更手续办结后，属地海关依据发货人或其代理人申请，按现行规定办理报关单修改手续。

4. 通关单

属地海关及口岸海关可商出入境检验检疫部门，明确适宜的通关单的签发地。两地海关根据签发地，明确通关单正本留存问题。口岸出入境检验检疫部门出具通关单的货物，属地海关凭收货人或其代理人提供的通关单复印件办理接单手续，口岸海关放行货物时收取正本；属地出入境检验检疫部门出具通关单的货物，属地海关凭收货人或其代理人提供的通关单正本办理接单手续。

出入境检验检疫部门不出具纸质“通关单”的，海关凭通关单电子数据办理货物验放手续。口岸海关可将不配合海关进行舱单管理的属地企业告知属地海关，由属地海关视情将其从适用企业参数数据库中删除。口岸海关在查验过程中发现的走私违规情事，需属地海关协助调查的，属地海关应积极予以配合。对大宗散货、取样送检及报关单的撤销、修改、删单重报等管理的实施细则，由相关直属海关依据海关总署的有关业务规范共同协商制定。

第四节　海关报关单申报管理

一、海关编号

（一）定义

海关编号是指海关接受申报时给予报关单的编号，一份报关单对应一个海关编号。

（二）报关单电子数据录入方式及编号规则

1. 报关单电子数据录入方式

（1）公共信息平台录入

报关单位应用电子口岸平台或者其他经过海关认可的公共信息平台（如 EDI 申报系统）录入报关数据。

（2）H2010 系统录入

报关单位在海关指定场所，应用 H2010 系统终端录入报关数据。

2. 报关单海关编号规则及应用管理

报关单海关编号为 18 位，其中第 1 ~ 4 位为接受申报海关的编号（海关规定的“关区代码表”中相应海关代码），第 5 ~ 8 位为海关接受申报的公历年份，第 9 位为进出口标志（“1”为进口，“0”为出口；集中申报清单“I”为进口，“E”为出口），后 9 位为顺序编号。直属海关按照上述编号规则管理本关的海关编号，确保在同一公历年度内，本关区的每一份报关单的编号都是唯一的；报关单海关编号采用印刷、打印或条形码标签粘贴等方式，明显地标记在报关单每一联的右上角。

二、进、出口口岸

（一）定义

进、出口口岸是指货物实际进出境口岸海关的名称及代码。

（二）报关单填报规定

进、出口口岸栏目根据货物实际进出境的口岸海关，填报海关规定的“关区代码表”中相应口岸海关的名称及代码，其他无实际进出境的货物，填报接受申报的海关名称及代码。

进口转关运输货物应填报货物进境地海关名称及代码，出口转关运输货物应填报货物出境地海关名称及代码。按转关运输方式监管的跨关区深加工结转货物，出口报关单填报转出地海关名称及代码，进口报关单填报转入地海关名称及代码。

在不同海关特殊监管区域或保税监管场所之间调拨、转让的货物，填报对方特殊监管区域或保税监管场所所在的海关名称及代码。

(三) 关区代码表

直属海关代码由海关总署统计司统一编制，隶属海关或海关监管场所的代码由各直属关根据业务需要自行确定，报海关总署监管司核定。“关区代码表”由三部分组成，即关区代码、关区名称和关区简称。

1. 关区代码

关区代码由四位数字组成，前两位采用海关统计司编制的直属海关关别代码，后两位为隶属海关或海关监管场所的代码。

2. 关区名称

关区名称指直属海关、隶属海关或海关监管场所的中文名称。

3. 关区简称

关区简称指关区的中文简称，一般为 4 个汉字。

(四) 管理规定

1. 限定汽车整车进口口岸

实行指定进口口岸管理的汽车范围包括：列入商品编号 8701 ~ 8706 和 8716 的汽车及 8429 的轮式自行机械整车，实行指定进口口岸管理，但《中华人民共和国进出口税则》(以下简称《进出口税则》) 货品名称为手扶拖拉机 (87011000)，履带式牵引车、拖拉机 (87013000)，轮式拖拉机 (87019011)，其他拖拉机 (87019019)，其他牵引车 (87019090)，雪地行走专用车及高尔夫球车 (87031000)，非公路用电动轮货运自卸车 (87041030) 的整车除外。

进口汽车零部件、关键件不实行指定进口口岸管理，汽车生产企业进口全散件 (CKD) 或半散件 (SKD)，可在企业所在地主管海关办理报关手续，汽车生产企业进口的构成整车特征的汽车零部件应当在企业所在地海关办理进口报关手续。

指定整车进口口岸包括：大连港、天津新港、上海港、黄埔港 4 个沿海港和满洲里、深圳 (皇岗) 2 个陆地口岸。

阿拉山口口岸在国家批准的计划内，可进口新疆维吾尔自治区自用的、原产地为独联体国家的汽车整车。

进口整车不予转关，以展览为目的等暂时进出口的除外。

2. 限定进口船舶和港机维修备件器材的口岸

限定进口船舶和港机维修备件器材的口岸包括：广州、黄埔、湛江、上海、青岛、天津、秦皇岛、大连、武汉、北京、连云港、哈尔滨、营口、烟台、宁波、汕头、海口、南通和张家港。

3. 实行许可证件管理的货物的进出口口岸

实行许可证件管理的货物，进出口口岸应为许可证件核准的口岸。

出口轻（重）烧镁指定报关口岸包括：大连（大窑湾、营口、鲅鱼圈、丹东、东港）、青岛（青岛港）、天津（东港、新港）、长春（图们）、满洲里。

进口药品和进口麻醉药品、精神药品、蛋白同化制剂、肽类激素指定口岸包括：北京市、天津市、上海市、大连市、青岛市、成都市、武汉市、重庆市、厦门市、南京市、杭州市、宁波市、福州市、广州市、深圳市、珠海市、海口市、西安市、南宁市等19个城市所在地直属海关所辖的口岸均可进口药品。

国家食品药品监督管理局规定的生物制品及首次在中国境内销售的药品和国务院规定的其他药品指定到岸地包括：北京市、上海市和广州市3个口岸城市。

出口麻黄素类产品报关口岸包括：北京、天津、上海、深圳。

出口卷烟一律在出口口岸海关直接办理出口手续，不再办理出口转关手续。

4. 边境小额贸易进出口口岸

边境小额贸易进出口口岸限定于国家正式对外开放的陆路边境口岸及经国务院批准的江山、企沙、石头埠、果子山等4个边地贸过货口岸。

5. 出口红松子（仁）、松茸

出口红松子（仁）、松茸应严格按“允许出口证明书”规定的出口口岸办理验放手续。

三、备案号

（一）定义

备案号是指进出口货物收发货人在海关办理加工贸易合同备案或征、减、免税备案审批等手续时，海关核发的《中华人民共和国海关加工贸易手册》、电子账册及其分册（以下统称《加工贸易手册》）、“进出口货物征免税证明”（以下简称“征免税证明”）或其他备案审批文件的编号。一份报关单只允许填报一个备案号。

（二）备案号编号规则

备案号为12位字符，结构如下：

第1位为备案或审批文件的标记，具体如下：

A，外商投资企业为生产内销产品进口料件；

B，来料加工进出口货物；

C，进料加工进出口货物；

D，加工贸易不作价进口设备；

E，加工贸易电子账册；

G，加工贸易深加工结转异地报关手册；

F，加工贸易异地报关手册；

H，出口加工区电子账册；

J，保税仓库记账式电子账册；

K，保税仓库备案式电子账册；

Y，原产地证书；

Z，“征免税证明”；

Q，汽车零部件电子账册。

第2～5位为核发《加工贸易手册》、“征免税证明”等海关关区代码。

第6位为年份最后一位，出口加工区设备电子账册第6位为“D”。

第7位区分不同类型分别定义：保税仓库电子账册（K、J）第7位为保税仓库类型代码；《加工贸易手册》第7位为企业经济类别代码；深加工结转分册第7位为“H”，用于出口加工区深加工结转分册；“征免税证明”第7位为归档标志。

第8～12位数为顺序码。

（三）报关单填报规定

加工贸易项下货物，除少量低值辅料按规定不使用《加工贸易手册》及以后续补税监管方式办理内销征税的外，填报《加工贸易手册》编号。

使用异地直接报关分册和异地深加工结转出口分册在异地口岸报关的，“备案号”栏目应填报分册号；本地直接报关分册和本地深加工结转分册限制在本地报关，“备案号”栏目应填报总册号。

加工贸易成品凭“征免税证明”转为减免税进口货物的，进口报关单填报“征免税证明”编号，出口报关单填报《加工贸易手册》编号。

对加工贸易设备之间的结转，转入和转出企业分别填制进、出口报关单，在报关单“备案号”栏目填报“加工贸易手册”编号。

涉及征、减、免税备案审批的报关单，“备案号”栏目填报“征免税证明”编号。其中，对进口减免税货物在后续管理环节中的进出口申报按以下规定填报：

减免税货物退运出口，填报“减免税进口货物同意退运证明”的编号。监管方式栏目填报“退运货物”（4561）。

“减免税进口货物同意退运证明”编号规则为：RT＋4位现场海关代码＋2位年份代码＋4位顺序号。“RT”为“减免税进口货物同意退运证明代码”。

减免税货物补税进口，填报《减免税货物补税通知书》的编号。监管方式栏目填报“后续补税”（9700）。

《减免税货物补税通知书》编号规则为：RB＋4位现场海关代码＋2位年份代码＋4位顺序号。“RB”为“减免税货物补税通知书代码”。

减免税货物结转进口（转入），填报“征免税证明”的编号。监管方式栏目按现行规范填报，关联备案号栏目填报本次减免税货物结转所申请的《减免税进口货物结转联系函》的编号。

相应的结转出口（转出）报关单备案号栏目填报《减免税进口货物结转联系函》的编号。监管方式栏目填报“减免设备结转”（0500），关联备案号栏目填报与该出口（转出）报关单相对应的进口（转入）报关单备案号栏目所填写的“征免税证明”编号；关联报关单栏目填报对应的进口（转入）报关单号。

《减免税进口货物结转联系函》编号规则为：RZ +4 位现场海关代码 +2 位年份代码 +4 位顺序号。“RZ”为“减免税进口货物结转联系函代码”。

涉及优惠贸易协定项下实行原产地证书联网管理（香港 CEPA、澳门 CEPA，下同）的报关单，填报原产地证书代码“Y”和原产地证书编号。

减免税货物退运出口，填报《减免税进口货物同意退运证明》的编号；减免税货物补税进口，填报《减免税货物补税通知书》的编号；减免税货物结转进口（转入），填报“征免税证明”的编号；相应的结转出口（转出），填报《减免税进口货物结转联系函》的编号。

（四）控制条件

1. 以下监管方式备案号不得为空

代码名称：0500 减免设备结转、0513 补偿贸易、0615 进料对口、0642 成品油、0644 进料料件内销、0654 进料深加工、0657 进料余料结转、0664 进料料件复出、0700 进料料件退换、0715 进料非对口、0744 进料成品减免、0815 低值辅料、0844 进料边角料内销、0845 来料边角料内销、0864 进料边角料复出、0865 来料边角料复出、2025 合资合作设备、2225 外资设备物品、4400 来料成品退换、4600 进料成品退换、5015 区内加工货物、5100 成品进出区、5200 区内边角料调出、1200 保税间货物。

2. 以下征免性质备案号不得为空

代码名称：118 整车征税、119 零部件征税、201 无偿援助、307 保税区、401 科教用品、406 重大项目、412 基础设施、413 残疾人、417 远洋渔业、419 整车特征、422 集成电路、499ITA 产品、501 加工设备、502 来料加工、503 进料加工、506 边境小额、601 中外合资、602 中外合作、603 外资企业、606 海上石油、608 陆地石油、609 贷款项目、611 贷款中标、789 鼓励项目、801 救灾捐款、802 扶贫慈善、898 国批减免、998 内部暂定、999 例外减免。

四、进、出口日期

（一）定义

进口日期指运载进口货物的运输工具申报进境的日期。

出口日期指运载出口货物的运输工具办结出境手续的日期，本栏目供海关签发打印报关单证明联用，在申报时免予填报。

无实际进出境的报关单填报海关接受申报的日期。

本栏目为 8 位数字，顺序为年（4 位）、月（2 位）、日（2 位）。

（二）报关单填报规定

进口货物进口日期以运载进口货物的运输工具申报进境日期为准，进口货物申报时无法确知运输工具的实际进境日期的，申报时可免予填报。海关与运输企业实行舱单数据联网管理的，进口日期由海关自动生成。

出口日期以运载出口货物的运输工具实际离境日期为准，海关与运输企业实行舱单数据联网管理的，出口日期由海关自动生成。

经海关批准，实行集中申报的进出口货物，以每次货物进出口时海关接受该货物申报之日为准。

无实际进出境的报关单进出口日期填报办理申报手续的日期，以海关接受申报的日期为准。

五、申报日期

(一) 定义

申报日期指海关接受进出口货物收发货人、受委托的报关企业申报数据的日期。以电子数据报关单方式申报的，申报日期为海关计算机系统接受申报数据时记录的日期。以纸质报关单方式申报的，申报日期为海关接受纸质报关单并对报关单进行登记处理的日期。

申报日期为8位数字，顺序为年（4位）、月（2位）、日（2位）。本栏目在申报时免予填报。

(二) 管理规定

1. 申报期限

进口货物的收货人或受其委托的报关企业应当自运输工具申报进境之日起14日内向海关申报；进口转关运输货物的收货人、受委托的报关企业应当自运输工具申报进境之日起14日内，向进境地海关办理转关运输手续，转关货物自运抵指运地之日起14日内向指运地海关申报。

出口货物的发货人或受其委托的报关企业应当在货物运抵海关监管区后，装货的24小时以前向海关申报。

经海关批准集中报关的进口货物，进口货物的收货人或受其委托的报关企业应当自装载货物的运输工具申报进境之日起1个月内向指定海关办理集中申报手续。

进口货物启运后、抵港前，出口货物运入海关监管场所前3日内，进出口货物的收、发货人或受其委托的报关企业取得提（运）单或载货清单（舱单）数据后，在进出口货物的品名、规格、数量等已确定无误的情况下，可以提前报关。

2. 不接受申报

电子数据报关单未通过电子审单，即不接受申报，海关业务信息化管理系统不记录申报日期，报关单位应当按照不接受申报的信息修改报关数据重新申报。

3. 接受申报后予以退单

H2010系统接受申报的报关单电子数据，审单作业环节人工退单的，原记录的申报日期不变。

（三）控制条件

H2010 系统根据申报日期是否比进口日期晚 14 天以上，判断进口货物是否滞报并计算滞报金。

六、经营单位

（一）定义

经营单位是指在海关注册登记的对外签订并执行进出口贸易合同的中国境内法人、其他组织或个人。

（二）报关单填报规定

“经营单位”栏目填报经营单位名称及编码。特殊情况下确定经营单位原则如下：进出口货物合同的签订者和执行者非同一企业的，填报执行合同的企业；外商投资企业委托进出口企业进口投资设备、物品的，填报外商投资企业，并在标记唛码及备注栏注明“委托某进出口企业进口”；有代理报关资格的报关企业代理其他进出口企业办理进出口报关手续时，填报委托的进出口企业的名称及海关注册编码。

（三）控制条件

经营单位名称及代码不得为空，合法的经营单位代码应当在“1100000000”到“6999999ZZZ”之间。

监管方式为“合资、合作设备”（2025）或“外资设备”（2225）的货物，经营单位必须是外商投资企业，编码第 6 位必须为“2”、“3”、“4”。

列入海关贸易统计和单项统计的进出口货物，即监管方式代码第 3 ~ 4 位的值在“10 ~ 65”之间，经营单位不应为报关企业，企业代码第 6 位不应为“8”。

外商投资企业（经营单位编码第 6 位为“2”、“3”或“4”）监管方式不应为“援助物资”（3511）、“捐赠物资”（3612）、“边境小额贸易”（4019）、“易货贸易”（0130）、“免税品”（1831）或“免税外汇商品”（1741）。

保税仓库货物（监管方式代码“1233”）经营单位不应为保税区的企业，经营单位编码第 5 位不应为“4”。

保税区仓储转口货物（监管方式代码“1234”）经营单位必须是保税区企业或保税物流园区企业，经营单位编码第 5 位为“4”或“7”。

七、运输方式

（一）定义

运输方式包括实际运输方式和海关规定的特殊运输方式，前者指货物实际进出境的运输方式，按进出境所使用的运输工具分类，后者指货物无实际进出境的运输方式，按货物在境内的流向分类。

（二）运输方式代码表

1. 列入海关统计的运输方式代码

代码	名称
2	水路运输
3	铁路运输
4	公路运输
5	航空运输
6	邮件运输
9	其他运输［包括电缆、电网、管道（包括输油、输水管道）、输送带、人力、驮畜等］

2. 用于单项统计的运输方式代码

代码	名称	说明
0	非保税区	境内非保税区运入保税区货物和保税区退区货物
1	监管仓库	境内存入出口监管仓库和出口监管仓库退仓货物
7	保税区	保税区运往境内非保税区货物
8	保税仓库	保税仓库转内销货物
H	边境特殊海关作业区	境内运入深港西部通道港方口岸区的货物
W	物流中心	从境内保税物流中心外运入中心或从中心运往境内中心外的货物
X	物流园区	从境内保税物流园区外运入园区或从园区运往境内园区外的货物
Y	保税港区	从境内保税港区外运入港区（不含直通）或从港区运往境内港区外（不含直通）的货物
Z	出口加工区	从境内出口加工区、珠澳跨境工业区珠海园区外运入加工区、珠海园区或从加工区、珠海园区运往境内区外的货物

（三）报关单填报规定

“运输方式”栏目应根据货物实际进出境的运输方式或货物在境内流向的类别，按照海关规定的“运输方式代码表”选择填报相应的运输方式。

特殊情况填报要求如下：非邮件方式进出境的快递货物，按实际运输方式填报；进出境旅客随身携带的货物，按旅客所乘运输工具填报；进口转关运输货物，按载运货物抵达进境地的运输工具填报；出口转关运输货物，按载运货物驶离出境地的运输工具填报；不复运出（入）境而留在境内（外）销售的进出境展览品、留赠转卖物品等，填报“其他运输”（代码9）。

无实际进出境货物在境内流转时填报要求如下：

1. 境内非保税区运入保税区货物和保税区退区货物，填报“非保税区”（代码0）；

2. 保税区运往境内非保税区货物，填报“保税区”（代码7）；

3. 境内存入出口监管仓库和出口监管仓库退仓货物，填报“监管仓库”（代码1）；

4. 保税仓库转内销货物，填报“保税仓库”（代码8）；

5. 从境内保税物流中心外运入中心或从中心运往境内中心外的货物，填报“物流中心”（代码W）；

6. 从境内保税物流园区外运入园区或从园区运往境内园区外的货物，填报“物流园区”（代码X）；

7. 从境内保税港区外运入港区（不含直通）或从港区运往境内港区外（不含直通）的货物，区外企业填报“保税港区”（代码Y），区内企业填报“其他运输”（代码9），综合保税区比照保税港区填报；

8. 从境内出口加工区、珠澳跨境工业区珠海园区（以下简称珠海园区）外运入加工区、珠海园区或从加工区、珠海园区运往境内区外的货物，区外企业填报“出口加工区”（代码Z），区内企业填报“其他运输”（代码9）；

9. 境内运入深港西部通道港方口岸区的货物，填报“边境特殊海关作业区”（代码H）；

10. 其他境内流转货物，包括特殊监管区域内货物之间的流转、调拨货物，特殊监管区域、保税监管场所之间相互流转货物，特殊监管区域外的加工贸易余料结转、深加工结转、内销等货物，填报“其他运输”（代码9）。

（四）控制条件

1. 运输方式栏目不得为空。

2. 运输方式“保税区”（7）和“保税仓库”（8）仅用于保税区和保税仓库转内销货物进口报关单，不可用于出口报关单。

3. 运输方式代码为“0、1、7、8、9、Z、W、X、Y”，进口报关单启运国、出口报关单运抵国应为“142”（中国）。

4. 进出口天然水和电力（商品编号分别为22019010和27160000），运输方式必须为“9”（其他）。

八、运输工具名称、航次

（一）定义

运输工具名称指载运货物进出境的运输工具的名称或运输工具编号。

航次号指载运货物进出境的运输工具的航次编号。

（二）报关单填报规定

本栏目填报载运货物进出境的运输工具名称或编号，填报内容应与运输部门向海关申报的舱单（载货清单）所列相应内容一致。

直接在进出境地或采用“属地申报，口岸验放”通关模式办理报关手续的报关单填报要求如下：水路运输填报船舶编号（来往港澳小型船舶为监管簿编号）或者船舶英文名称；公路运输填报该跨境运输车辆的国内行驶车牌号，深圳提前报关模式的报关单填报国内行驶车牌号+“/”+“提前报关”；铁路运输填报车厢编号或交接单号；航空运输填报航班号；邮件运输填报邮政包裹单号；其他运输填报具体运输方式名称，例如管道、驮畜等。

转关运输货物的报关单填报要求如下：

进口：水路运输直转、提前报关填报“@”+16位转关申报单预录入号（或13位载货清单号），中转填报进境英文船名；铁路运输直转、提前报关填报“@”+16位转关申报单预录入号，中转填报车厢编号；航空运输直转、提前报关填报“@”+16位转关申报单预录入号（或13位载货清单号），中转填报“@”；公路及其他运输填报“@”+16位转关申报单预录入号（或13位载货清单号）。以上各种运输方式使用广东地区载货清单转关的提前报关货物填报“@”+13位载货清单号。

出口：水路运输非中转填报“@”+16位转关申报单预录入号（或13位载货清单号），如多张报关单需要通过一张转关单转关的，运输工具名称字段填报“@”。中转货物，境内水路运输填报驳船船名，境内铁路运输填报车名（主管海关4位关别代码+“TRAIN”），境内公路运输填报车名（主管海关4位关别代码+“TRUCK”）。铁路运输填报“@”+16位转关申报单预录入号（或13位载货清单号），如多张报关单需要通过一张转关单转关的，填报“@”。航空运输填报“@”+16位转关申报单预录入号（或13位载货清单号），如多张报关单需要通过一张转关单转关的，填报“@”。其他运输方式填报“@”+16位转关申报单预录入号（或13位载货清单号）。

采用“集中申报”通关方式办理报关手续的，报关单本栏目填报“集中申报”。

同一特殊区域或不同特殊区域之间、特殊区域与保税监管场所之间流转的货物，在出口备案清单本栏目填报转入方关区代码（前两位）及进口报关单（备案清单）号，即转入××（关区代码）××××××××××（报关单/备案清单号）。

其他无实际进出境的报关单，本栏目免予填报。

（三）管理规定

填报的运输工具名称或编号、航次必须与舱单电子数据一致。

提前报关进口转关货物，提前申报的运输工具名称、航次、提（运）单号与进境舱单数据不一致的，进境地海关可予修改后核销舱单。出口转关货物运抵出境地后，运输工具名称、航次、提（运）单号尚未确定或发生变化，允许在出境地补录实际出境的运输工具名称、航次、提（运）单号。

出口新造集装箱运抵海关指定监管场所即可报关，运输工具名称、航次允许为空，在备注栏注明指定监管场所名称。

适用“担保验放”措施的AA类企业，允许申报的进口报关单运输工具名称、航次栏目为空，海关放行环节补录运输工具名称、航次并核销舱单。

九、提（运）单号

（一）定义

提（运）单号是指进出口货物提单或运单的编号。一份报关单只允许填报一个提单或运单号，一票货物对应多个提单或运单时，应分单填报。

（二）报关单填报规定

1. 直接在进出境地或采用“属地申报，口岸验放”通关模式办理报关手续的报关单：水路运输，填报进出口提单号，如有分提单的，填报进出口提单号＋“＊”＋分提单号；公路运输，免予填报。铁路运输，填报运单号；航空运输，填报总运单号＋“_”＋分运单号，无分运单的填报总运单号；邮件运输，填报邮运包裹单号。

2. 转关运输货物的报关单

（1）进口：水路运输，直转、中转填报提单号，提前报关免予填报；铁路运输，直转、中转填报铁路运单号，提前报关免予填报；航空运输，直转、中转货物填报总运单号＋“_”＋分运单号，提前报关免予填报；其他运输方式，免予填报。以上运输方式进境货物，在广东省内用公路运输转关的，填报车牌号。

（2）出口：水路运输，中转货物填报提单号，非中转货物免予填报；广东省内汽车运输提前报关的转关货物，填报承运车辆的车牌号；其他运输方式，免予填报。

3. 采用“集中申报”通关方式办理报关手续的，报关单填报归并的集中申报清单的进出口起止日期［按年（4位）月（2位）日（2位）年（4位）月（2位）日（2位）］。

4. 无实际进出境的，本栏目免予填报。

（三）管理规定

填报的提（运）单号必须与舱单数据一致。

适用“担保验放”措施的AA类企业，海关未接收进口舱单电子数据的情况下，允许企业进口报关单申报时提（运）单号栏目为空，海关放行环节补录提（运）单号并核销舱单。

提（运）单号与报关单的对应关系有两种，直属海关根据本关舱单核销管理方式自行选择：提（运）单号与报关单号一对一对应，一份提（运）单对应一份报关单，一票货物对应多个提（运）单时，应分单填报；提（运）单号与报关单号一对多对应，一份提（运）单对应数份报关单。

正本提（运）单是进口货物收货人提货的物权凭证，也是报关时必备的随附单证，海关应凭正本提（运）单办理通关手续，放行时应在正本提（运）单上加盖放行章。收货人凭正本提（运）单到船代或货代公司换领的正本提货单等提货凭证，视同正本提（运）单。

十、收/发货单位

（一）定义

收货单位是指已知的进口货物在境内的最终消费、使用单位的名称，包括自行从境外进口货物的单位和委托进出口企业进口货物的单位。

发货单位是指出口货物在境内的生产或销售单位的名称，包括自行出口货物的单位和委托进出口企业出口货物的单位。

（二）报关单填报规定

进口货物填报收货单位名称，出口货物填报发货单位名称。

有海关注册编码或加工企业编码的收/发货单位，本栏目应填报其中文名称及编码；没有编码的应填报其中文名称。使用加工贸易手册管理的货物，报关单的收/发货单位应与加工贸易手册的“经营企业”或“加工企业”一致。

减免税货物报关单收/发货单位应与“征免税证明”的“申请单位”一致。

十一、关联报关单和关联备案

（一）定义

进出口或结转涉及特定监管方式的货物，要求填报与本报关单有关联关系的报关单号或备案审批文件编号。

（二）报关单填报规定

1. 要求填报关联报关单的监管方式

（1）原进（出）境货物因故出（进）境。以下监管方式出（进）口报关单关联报关单栏目应当填报原进（出）口报关单号：

加工设备退运（0466）、修理物品（1300）、出料加工暂（1427）、暂时进出口（2600）、展览品（2700）、无代价抵偿（3100）、直接退运（4500）、退运货物（4561）、区内设备退运（5361）、内贸货物跨境运输（9600）。

（2）保税货物

境内结转应当先申报进口，后申报出口。以下监管方式出口报关单关联报关单栏目应当填报进口报关单号：

来料深加工（0255）、来料余料结转（0258）、加工设备结转（0456）、减免设备结转

(0500)、进料深加工（0654）、进料余料结转（0657）、保税间货物（1500）、设备进出区(5300)、租赁征税（9800）、来料料件退换（0300）、进料料件复出（0664）。

2. 要求填报关联报关单的填报方式

进口报关单在关联备案号栏填写转出方手册号，关联报关单号为空；出口报关单关联备案号填写转入方手册号，关联报关单号填写转入报关单号。

3. 要求填报关联备案的监管方式

来料深加工（0255）、来料余料结转（0258）、进料深加工（0654）、进料余料结转(0657）转入和转出报关单均应填报相关的加工贸易手册编号。

4. 其他填报关联报关单或关联备案的特殊情况

一份报关单同时涉及加工贸易手册和“征免税证明”，报关单备案号栏目填报加工贸易手册编号，“征免税证明”编号填报在关联备案栏目。

加工贸易结转货物及凭“征免税证明”转内销货物，其对应的备案号应填报在“关联备案”栏。

减免税货物结转出口（转出），应先办理进口报关，并将进口（转入）报关单号填入出口（转出）报关单的“关联报关单”栏。

减免税货物结转进口（转入），报关单“关联备案”栏应填写本次减免税货物结转所申请的《减免税进口货物结转联系函》的编号。

减免税货物结转出口（转出），报关单“关联备案”栏应填写与其相对应的进口（转入）报关单“备案号”栏中“征免税证明”的编号。

办理进口货物直接退运手续的，除另有规定外，应当先填写出口报关单，再填写进口报关单，并将出口报关单号填入进口报关单的“关联报关单”栏。

十二、一般贸易监管方式

（一）定义

一般贸易是指我国境内有进出口经营权的企业单边进口或单边出口的贸易。

本监管方式代码为“0110”，简称“一般贸易”。

（二）适用范围

本监管方式包括：以正常交易方式成交的进出口货物；贷款援助的进出口货物；外商投资企业为加工内销产品而进口的料件，属非保税加工的；外商投资企业用国产原材料加工成品出口或采购产品出口；供应外国籍船舶、飞机等运输工具的国产燃料、物料及零配件；保税仓库进口供应给中国籍国际航行运输工具使用的燃料、物料等保税货物；境内企业在境外投资以实物投资带出设备、物资；来料养殖、来料种植进出口货物；外商投资企业全部使用国内料件加工的出口成品；国有公益性收藏单位通过合法途径从境外购买的藏品；利用中国政府的援外优惠贷款和援外合资合作基金方式出口的货物。

本监管方式不适用：进出口货样广告品，监管方式为“货样广告品A”（3010）；没有对外贸易经营业务的单位获准临时进出口货物，监管方式为“其他贸易”（9739）；境外劳务合作项目，对方以实物产品抵偿我国劳务人员工资所进口的货物（如钢材、木材、化肥、海产品等），对外承包工程期间在国外获取及在境外购买的设备、物资等，监管方式为“承包工程进口”（3410）。

（三）管理规定

1. 审证管理规定

一般贸易进出口实行许可证件管理的货物，凭授权机关签发的许可证件验放；实行检验检疫管理的，凭检验检疫机构出具的入境货物通关单或出境货物通关单验放。

2. 征税管理规定

（1）一般贸易进出口货物应照章征税，一般贸易进出口减免税货物应办理减免税审批手续，凭“征免税证明”验放货物。

（2）经国务院批准，由民航总局核定的国内航空公司进口用于国际和港澳航线营运的飞机及其发动机维修用航空器材，按比例免征进口关税和进口环节增值税。

（3）国有公益性收藏单位进口的藏品，征免性质代码为“公益收藏”（698）。

（四）控制条件

1. 根据进出口货物适用征减免税待遇选择填报相应的征免性质代码。

本监管方式不适用的征免性质：无偿援助（201）、加工设备（501）、来料加工（502）、进料加工（503）、边境小额（506）、中外合资（601）、中外合作（602）、外商独资（603）。

2. 经营单位不应为报关企业，经营单位编码第 6 位不应为“8”。

3. 本监管方式适用于进出境时，列入海关统计，统计代码“10”（一般贸易）；适用于境内进出海关特殊监管区域或保税监管场所时，根据对应的单项统计运输方式，列入单项统计。

4. 国家实行外汇管理的出口货物，应交验出口收汇核销单，核销单编号填报在批准文号栏目。

5. 进口货物签发付汇证明联，出口货物签发退税证明联和出口收汇核销证明联。

十三、征免性质

征免性质是海关对进出口货物征、减、免税进行分类统计分析的重要基础。本节明确各类征免性质的内容和范围，通过征免性质详述海关对进出口货物征、减、免税的管理规定，并明确在报关单填制过程中的要求和 H2010 系统中的逻辑控制。征免性质是指海关对进出口货物实施征、减、免税管理的性质类别。

征免性质分为照章征税、法定减免税、特定减免税和例外减免税四部分。其中特定减免税又分为按地区实施的税收政策、按用途实施的税收政策、按贸易性质实施的税收政策、按企业性质和资金来源实施的税收政策等五类。本节主要介绍一般征税进出口货物。

报关单及海关其他作业单证的“征免性质”栏应按照海关核发的“征免税证明”中批注的征免性质填报或根据实际情况按“征免性质代码表”选择填报相应的征免性质简称或代码。一份报关单或海关其他作业单证只允许填报一种征免性质，涉及多个征免性质的，应分单填报。

（一）定义

一般征税进出口货物指海关根据《海关法》、《中华人民共和国进出口关税条例》（国务院令第392号，以下简称《关税条例》）、《进出口税则》及其他法律、行政法规、规章的规定征收进出口关税、进口环节税的进出口货物。

本征免性质代码“101”，简称“一般征税”。

（二）适用范围

本征免性质限于海关依据法律、行政法规、规章规定的法定税率征收进出口关税、进口环节税的进出口货物，包括按照公开暂定、关税配额、反倾销、反补贴、保障措施等税率、税额征税或补税的进出口货物。

执行ITA（信息技术贸易协定）税率的货物（征免性质代码“499”）不适用本征免性质。

（三）管理规定

1. 一般征税规定

（1）任何地区的任何企业或单位进出口货物，除根据《海关法》、《关税条例》，以及国家其他有关减免税规定准予减免税、保税外，均应依法照章纳税。

（2）根据国务院停止汽车及20种商品减免税的规定，除国际组织（不包括民间组织）和外国政府无偿赠送，我国缔结或参加的国际条约，我国政府与其他国家政府签订的双边协议规定，以及海关特殊监管区域另有规定可以减免税的以外，任何地区的任何企业或单位，无论以何种贸易方式进口，均应照章纳税。

（3）从境外进口（包括从海关特殊监管区域出区进入到境内）的特定产品，自国务院关税税则委员会作出的对外贸易救济措施征税决定实施之日起，所有此类产品停止执行进口减免税政策，一律照章征收进口关税和进口环节税。

对执行进口减免税政策的有关产品在实施临时对外贸易救济措施期间，应先按照海关总署规定征收进口关税、进口环节税税款保证金和相应的对外贸易救济措施保证金，待有关对外贸易救济措施政策明确后再按照规定办理相关手续。

2. 特殊征税规定

（1）无代价抵偿货物有下列情况之一的，应予征税：

申报进出口的无代价抵偿货物，与退运出境或退运进境的原货物不完全相同或者与合同规定不完全相符的，海关经审核认为理由正当，且其商品编号未发生改变的，按照审定进出口货物完税价格的有关规定和原进出口货物适用的计征汇率、税率，审核确定其完税价格，计算应征税款。

应征税款高于原进出口货物已征税款的，补征税款的差额部分。应征税款低于原进出口货物已征税款，且原进出口货物的发货人、承运人或者保险公司同时补偿货款的，退还补偿货款部分的相应税款，未补偿货款的，税款的差额部分不予退还。

申报进出口的免费补偿或者更换的货物，其商品编号与原货物的商品编号不一致的，按照一般进出口货物的有关规定征收税款。

申报进出口无代价抵偿货物，被更换的原进口货物不退运出境且不放弃交由海关处理的，或被更换的原出口货物不退运进境的，按照有关规定对原进出口货物重新估价征税。

（2）租赁进口货物

海关根据支付租金形式和是否留购、续租征收税款。一次性支付租金的，在申报租赁货物进口时征收税款。分期支付租金的，在申报租赁货物进口时，按照第一期支付的租金征收税款，在其后分期支付租金时，纳税义务人应当不迟于每次支付租金后的第 15 日向海关申报办理纳税手续，海关分期征收税款。

其中，对于航空公司以国内飞行小时计算租金的新型租赁方式，海关无法在航空公司首次申报租赁进口航材时审定第一期租金的，应当依法征收税款保证金，保证金数额按海关与航空公司协商估算第一期的国内飞行小时计算，待航空公司实际对外支付租金后办理保证金结案手续。

另外，支付租金日应当按照租赁合同的约定予以确认，如双方就支付租金日达成书面变更协议，且能提供对外支付凭证的，按实际租金支付日予以确认。

留购的租赁进口货物，按照审定进口货物完税价格的有关规定和海关接受申报办理留购的相关手续之日该货物适用的计征汇率、税率，审核确定其完税价格，计征应缴纳的税款。

续租租赁进口货物的，按上述规定办理征税手续。

（3）暂时进出境货物

有下列情况之一的，应予征税：

暂时进出境货物在规定期限届满后不再复运出境或复运进境的，按照有关规定征收税款。

《关税条例》第四十二条第一款所列范围以外的其他暂时进出境货物，按照审定进出口货物完税价格的有关规定和海关接受该货物申报进出境之日适用的计征汇率、税率，审核确定其完税价格，按月征收税款，或者在规定期限内货物复运出境或者复运进境时征收税款。

计征税款的期限为 60 个月。不足 1 个月但超过 15 天的，按 1 个月计征；不超过 15 天的，免予计征。计征税款的期限自货物放行之日起计算。

暂时进出境货物在规定期限届满后不再复运出境或者复运进境的，纳税义务人应当在规定期限届满前向海关申报办理进出口及纳税手续，海关征收剩余税款。

以上规定期限包括经海关批准的暂时进出境货物延长复运出境或者复运进境的期限。

（4）进出境修理货物和出境加工货物

有下列情况之一的，应予征税：

进境修理货物未在海关允许期限（包括延长期，下同）内复运出境的，按照一般进出口货物的征税管理规定实施管理，将该货物进境时纳税义务人提供的税款担保转为税款。

出境修理货物复运进境的，按照审定进口货物完税价格的有关规定和海关接受该货物申报复运进境之日适用的计征汇率、税率，审核确定其完税价格，计征税款。

出境修理货物超过海关允许期限复运进境的，按照一般进口货物征收税款。

出境加工货物复运进境的，按照审定进口货物完税价格的有关规定和海关接受该货物申报复运进境之日适用的计征汇率、税率，审核确定其完税价格，计征税款。

出境加工货物未在海关允许期限内复运进境的，按照一般进出口货物的征税管理规定实施管理，将该货物出境时纳税义务人提供的税款担保转为税款。

出境加工货物复运进境的，按照一般进口货物征收税款。

（5）散装货物进出口溢短装

散装进出口货物是指原油、矿砂、木材、粮食、化肥等各种未经商业包装且以重量、体积或面积等计价的进出口货物。

溢装数量或短装数量是指每批（次）货物的实际进出口数量超过或低于合同或发票标明的数量的部分，如合同与发票标明数量不一致，应以发票标明的实际对外付款的数量为准。

散装进出口货物发生溢短装，溢装幅度在3%以内或短装的，依照实际进出口数量修改报关单的毛重、净重栏，修改法定数（重）量，并根据审定的货物单价，按照合同、发票标明的数量计算货物总价，修改海关总价栏，计征税款。溢装幅度超过3%的，依照实际进出口数量修改报关单的毛重、净重栏，修改法定数（重）量，并根据审定的货物单价修改海关单价栏，计征税款。

实行关税配额管理的散装货物实际进口数量超过配额数量5%，且发生溢装的，应将适用配额内税率和适用配额外税率的部分分单填报，计征税款。

（6）货样、广告品

进出口有商业价值的货样和广告品一律照章征税。

3. 加工贸易征税规定

（1）加工贸易所需的消耗性物料

外商投资企业加工贸易项下进口数量合理的触媒剂、催化剂、磨料、燃料，可予保税备案。

非外商投资企业加工贸易项下进口的消耗性物料，对随加工贸易保税料件一同进口，直接用于加工成品出口，并在加工过程中全部或部分消耗掉，或者物化在成品中，数量合理的石墨电极、石油焦、煤及染化料、洗涤剂、催化剂、触媒剂，可予保税备案，海关按核定的耗用量进行监管核销。对单独进口（即加工贸易项下只进口消耗性物料，不进口其他保税料件），用于加工成品出口的染化料、洗涤剂、催化剂、触媒剂，可予保税备案，海关按核定的耗用量进行监管核销。

保税区内加工贸易进口的消耗性物料，不论是否属于列名范围，均可予以保税。若上述物料或其制成品销往境内区外，应予补税。

以加工贸易方式生产出口磷复肥所需进口的硫黄、硫酸可予保税备案。

除以上列明的商品和情况外，其他一律征税进口。

（2）加工贸易保税进口料件或成品内销

保税进口料件或成品因故转为内销时，海关凭商务部门签发的《加工贸易保税进口料件内销批准证》、经营企业申请内销的书面材料、《加工贸易货物内销征税联系单》等材料对进口料件补征税款和缓税利息。

保税区内加工企业全部用境外运入料件加工的成品销往非保税区时，按照进口成品征税。用含有境外运入料件加工的成品销往非保税区时，按照成品所含境外运入料件征税，所含境外运入料件的品名、数量、价值申报不清的，按照进口成品征税。

出口加工区运往区外的货物，按照成品征税。

保税进口料件在加工过程中产生的边角料内销时，按照企业申请内销边角料的报验状态归类，并按照所适用的税率和审定的边角料价格计征税款，免征缓税利息。属于实行关税配额管理商品的，按照关税配额税率计征税款。属于加征反倾销税、反补贴税、保障措施关税或报复性关税（以下简称特别关税）的，免征特别关税。

保税进口料件在加工过程中产生的剩余料件内销时，按照料件进口时的状态归类，并按照所适用的税率和进口时的价值计征税款和缓税利息。属于实行关税配额管理的，企业如能提交进口关税配额证明，按照关税配额税率计征税款，不能提交的，按照配额外税率计征税款。属于加征特别关税的，加征特别关税。

使用剩余料件生产的制成品内销时，按其对应的进口料件计征税款和缓税利息。

保税进口料件在加工过程中产生的残次品内销时，比照剩余料件内销的征税办法办理。

保税进口料件在加工过程中产生的副产品内销时，按照企业申请内销副产品的报验状态归类，并按照所适用的税率和审定的价格计征税款和缓税利息。属于实行关税配额管理的，企业如能提交进口关税配额证明，按照关税配额税率计征税款，不能提交的，按照配额外税率计征税款。属于加征特别关税的，加征特别关税。

受灾保税货物内销时，因不可抗力因素造成的，经海关核实，对灭失或者虽未灭失，但完全失去使用价值且无法再利用的货物免征税款，征免性质为“法定减免”（299）。对虽失去原使用价值，但可以再利用的，按照审定的受灾保税货物价格和原进口料件适用的税率计征税款和缓税利息。属于实行关税配额管理商品的，按照关税配额税率计征税款。失去原使用价值的，属于加征特别关税的，免征特别关税。

除不可抗力因素外，因其他经海关审核认可的正当理由导致保税货物在运输、仓储、加工期间发生灭失、短少、损毁等情事的，凭商务主管部门的签注意见、有关主管部门出具的证明文件和保险公司出具的保险赔款通知书或者检验检疫部门出具的有关检验检疫证明文件，按原进口料件计征税款和缓税利息。属于实行关税配额管理的，企业如能提交进口关税配额证明，按照关税配额税率计征税款，不能提交的，按照配额外税率计征税款。属于加征特别关税的，加征特别关税。

保税区加工贸易内销货物不征收缓税利息。

（四）控制条件

本征免性质对应征减免税方式为“照章”（1）、“特案”（4）、“保金”（6）或“保函”（7）。

十四、征税比例/结汇方式

（一）定义

结汇方式是指出口货物的发货人或其代理人收结外汇的方式。

征税比例政策目前已取消。

（二）报关单填制要求

出口报关单填报结汇方式，按海关规定的“结汇方式代码表”选择填报相应的结汇方式名称或代码。进口报关单本栏目免予填报。

（三）控制条件

出口报关单结汇方式栏目不得为空。

十五、许可证号

（一）定义及代码

1. 定义

许可证号是指商务部配额许可证事务局、驻各地特派员办事处，以及各省、自治区、直辖市、计划单列市及商务部授权的其他省会城市商务厅（局）、外经贸委（厅、局）签发的进出口许可证编号。

2. 进出口许可证代码

（1）进口许可证监管证件代码：1。

（2）出口许可证监管证件代码：4、x、y。

其中，出口许可证（加工贸易、边境小额贸易除外）监管证件代码：4；加工贸易出口许可证监管证件代码：x；边境小额贸易出口许可证监管证件代码：y。

（3）两用物项和技术进口许可证监管证件代码：2。

（4）两用物项和技术出口许可证监管证件代码：3、G。

其中，两用物项和技术出口许可证监管证件代码：3；易制毒化学品定向出口许可证监管证件代码：G。

（二）许可证编号规则

1.进/出口许可证编号长度为10位字符

年份（2位）+发证机构代码（2位）+顺序号（6位）。例如，纸质许可证号“06-AA-123456”，许可证电子数据编号“06AA123456”。

发证机构代码如下：

（1）商务部及驻各地特派员办事处代码

AA 商务部配额许可证事务局	AB 大连特派员办事处
AC 天津特派员办事处	AD 上海特派员办事处
AE 广州特派员办事处	AF 深圳特派员办事处
AG 成都特派员办事处	AH 福州特派员办事处
AI 西安特派员办事处	AJ 郑州特派员办事处
AK 南京特派员办事处	AL 武汉特派员办事处
AM 青岛特派员办事处	AN 海南特派员办事处
AO 南宁特派员办事处	AP 杭州特派员办事处
AQ 昆明特派员办事处	

（2）商务部授权各省、自治区、直辖市等发证机构代码

01 北京	02 天津	03 河北	04 山西
05 内蒙古	06 辽宁	07 吉林	08 黑龙江
09 上海	10 江苏	11 浙江	12 安徽
13 福建	14 江西	15 山东	16 河南
17 湖北	18 湖南	19 广东	20 广西
21 四川	22 贵州	23 云南	24 西藏
25 陕西	26 甘肃	27 青海	28 宁夏
29 新疆	31 重庆	32 武汉	33 大连
34 沈阳	35 广州	36 哈尔滨	37 西安
38 海南	39 青岛	40 宁波	41 深圳
44 厦门	45 成都	46 南京	47 长春
48 新疆生产建设兵团			

2.两用物项和技术进/出口许可证编号为10位字符

年份（2位）+发证机构代码（2位）+顺序号（1位字母+5位数序号）。

（三）报关单填报要求

实行上述许可证管理的进出口货物，许可证编号填报在进出口货物报关单“许可证号”栏，一份报关单只允许填报一个许可证号。

（四）管理规定

本部分所述许可证实行电子数据联网核查制度，许可证书面证书内容与许可证电子数

据同时作为海关监管依据，许可证书面证书内容与许可证电子数据应当一致。

十六、启运/运抵国（地区）

（一）定义

启运国（地区）填报是指进口货物起始发出直接运抵我国或者在运输中转国（地区）未发生任何商业性交易的情况下运抵我国的国家（地区）。

运抵国（地区）是指出口货物离开我国关境直接运抵或者在运输中转国（地区）未发生任何商业性交易的情况下最后运抵的国家（地区）。

（二）报关单填报要求

1. 启运国（地区）和运抵国（地区）按“国别（地区）代码表”选择填报。

不经过第三国（地区）转运的直接运输进出口货物，以进口货物的装货港所在国（地区）为启运国（地区），以出口货物的指运港所在国（地区）为运抵国（地区）。经过第三国（地区）转运的进出口货物，如在中转国（地区）发生商业性交易，则以中转国（地区）作为启运/运抵国（地区）。按海关规定的“国别（地区）代码表”选择填报启运国（地区）或运抵国（地区）中文名称及代码。

2. 没有实际进出境的货物，启运国（地区）和运抵国（地区）均为“中国”（142）。

（三）控制条件

1. 启运/运抵国（地区）不得填报以下国家（地区）代码：

“亚洲”（100）、“亚洲其他”（199）、“非洲”（200）、“非洲其他”（299）、“欧洲”（300）、“欧洲其他”（399）、“拉丁美洲”（400）、“拉丁美洲其他”（499）、“北美洲”（500）、“北美洲其他”（599）、“大洋洲”（600）、“大洋洲其他”（699）、“国别（地区）不详”（701）、“联合国及机构和国际组织”（702）。

2. 监管方式后两位为42～46，54～58，启运/运抵国必须为“中国”（142）。

3. 监管方式为“边境小额贸易”（4019），启运/运抵国必须为“阿富汗”（101）、“不丹”（104）、“缅甸”（106）、“朝鲜”（109）、“印度”（111）、“老挝”（119）、“蒙古”（124）、“尼泊尔”（125）、“巴基斯坦”（127）、“越南”（141）、“哈萨克斯坦”（145）、“吉尔吉斯斯坦”（146）、“塔吉克斯坦”（147）、“俄罗斯联邦”（344）。

4. 监管方式后两位为10～39，且运输方式代码为“2”～“6”、“9”，启运/运抵国不应为“中国”（142）。

5. 监管方式为“易货贸易”（0130），进出口货物启运/运抵国应为“朝鲜”（109）、“老挝”（119）、“蒙古”（124）、“越南”（141）、“阿尔巴尼亚”（313）、“保加利亚”（316）、“匈牙利”（321）、“波兰”（327）、“罗马尼亚”（328）、“原苏联、南斯拉夫、捷克国家”（334～355）。

6. 运输方式为“0”、“1”、“7”、“8”、“W”、“X”、“Y”、“Z”，启运/运抵国应为

“中国”（142）。

十七、装货港/指运港

（一）定义

装货港指进口货物在运抵我国关境前最后一个境外装运港。

指运港指出口货物运往境外的最终目的港。

（二）报关单填报要求

根据实际情况按海关规定的“港口航线代码表”选择填报相应的港口中文名称及代码。装货港/指运港在“港口航线代码表”中无港口中文名称及代码的，可选择填报相应的国家（地区）中文名称或代码。

不经过第三国（地区）转运的直接运输货物，进口报关单装货港所属国家（地区）应与启运国（地区）一致，出口报关单指运港所属国家（地区）应与运抵国（地区）一致。

在运输中转地换装运输工具但未发生商业性交易的进口货物，运输单证上的装货港可与启运地不一致。

出口货物最终目的港不可预知的，指运港按尽可能预知的目的港填报。

没有实际进出境的货物填报“中国境内”（142）。

十八、境内目的地/境内货源地

（一）定义

境内目的地指已知的进口货物在国内的消费、使用地或最终运抵地。

境内货源地指出口货物在国内的产地或原始发货地。

（二）国内地区代码表

“国内地区代码表”由5位数字组成：

第1～4位为行政区划代码。第1、2位表示省、自治区、直辖市，例如，北京市11、广东省44。第3、4位表示省辖市（地区、省直辖行政单位），包括省会城市、计划单列城市、沿海开放城市，例如，北京市东城区1101、广州市4401、深圳4403。

第5位为省辖市（地区、省直辖行政单位）经济区划代码。“1”代表经济特区，如深圳市44031、厦门市35021。“2”代表经济技术开发区，包括上海浦东新区、海南洋浦经济开发区。“3”代表高新技术产业开发区。“4”代表保税区。“5”代表出口加工区。“6”代表保税港区。“7”代表保税物流园区。“9”代表其他地区。

（三）报关单填报要求

根据进口货物的收货单位、出口货物生产厂家或发货单位所属国内地区，按“国内地区代码表”选择填报相应的国内地区名称或代码。

境内目的地按进口货物在境内的消费地、使用地或最终运抵地确定，其中最终运抵地为最终使用单位所在的地区，包括直接接受有外贸进出口经营权的企业调拨物资的境内消费、使用单位所在地，委托有外贸进出口经营权的企业进口货物的单位所在地，自行从境外进口货物的单位所在地。最终使用单位难以确定的，应以填报货物进口时预知的最终收货单位所在地为准。

境内货源地按出口货物在国内的产地或原始发货地确定，出口货物产地难以确定的，填报最早发运该出口货物的单位所在地。

十九、批准文号

出口货物报关单“批准文号”栏用于填报实行出口收汇核销管理的出口收汇核销单编号。

进口货物报关单“批准文号”栏用于填报实行进口付汇核销管理的进口付汇核销单编号，本栏目目前暂空。

二十、成交方式

（一）定义

成交方式是指在国际贸易中进出口商品的价格构成和买卖双方各自应承担的责任、费用和风险，以及货物所有权转移的界限。成交方式又称作贸易条件或价格条件。成交方式包括两方面的内容：一方面表示交货条件，另一方面表示成交价格的构成因素。目前海关采用3种常用成交方式，即FOB、CIF、CFR。

FOB为成交方式Free On Board的缩写，简称“装运港船上交货”，指卖方在指定装运港于货物越过船舷时完成交付，即买方应当自交付点起，承担一切费用和货物灭失或损坏的一切风险。

CIF为成交方式Cost Insurance and Freight的缩写，简称“成本加保险费、运费”，指在装运港，当货物越过船舷时卖方即完成交货，并且卖方必须支付将货物运至指定的目的港所需的运费和费用，办理买方货物在运输途中灭失或损坏风险的保险，交货后货物灭失或损坏的风险及由于各种事件造成的任何额外费用即由卖方转移到买方。

CFR为成交方式Cost and Freight的缩写，简称“成本加运费”，指在装运港，当货物越过船舷时卖方即完成交货。卖方必须支付将货物运至指定的目的港所需的运费和费用，交货后货物灭失或损坏的风险，以及由于各种事件造成的任何额外费用即由卖方转移到买方。

（二）报关单填报要求

根据实际成交价格条款，按H2010系统“成交方式代码表”选择填报相应的成交方式代码。无实际进出境的货物，进口报关单填报“CIF”，出口报关单填报“FOB”。

（三）管理规定

1. 进口货物成交方式与完税价格

进口货物的完税价格由海关以符合《关税条例》所列条件的成交价格，以及该货物运抵中华人民共和国境内输入地点起卸前的运输及其相关费用、保险费为基础审查确定。

2. 出口货物成交方式与完税价格

出口货物的完税价格由海关以该货物的成交价格及该货物运至中华人民共和国境内输出地点装载前的运输及其相关费用、保险费为基础审查确定。

二十一、运费

（一）定义

运费是指除货价以外，进口货物运抵我国境内输入地点起卸前的运输费用，出口货物运至我国境内输出地点装载后的运输费用。

（二）填报要求

进口货物以 FOB 成交的，填报货物从境外发货或成交口岸运抵我国口岸以前实际支付各段的运输费用。

出口货物以 CIF、CFR 成交的，填报应予扣除货物从内地启运到离境口岸实际支付的运输费用及离境口岸到境外运抵国（地区）口岸实际支付的运输费用。

具体填报方式：成交价格中不包含运费的进口货物或成交价格中含有运费的出口货物，应填报该份报关单所含全部货物的国际运输费用；可按运费单价、总价或运费率 3 种方式之一填报，同时注明运费标记（运费标记“1”表示运费率，“2”表示每吨货物的运费单价，“3”表示运费总价），并按海关规定的“货币代码表”选择填报相应的币种代码；运保费合并计算的，运保费填报在本栏目；运费标记填写在运费标记处，运费价格填写在运费价格处，运费币制填写在运费币制处。

进口货物成交价格包含前述运输费用或者出口货物成交价格不包含前述运输费用的，本栏目免于填报。

（三）管理规定

进口货物以 FOB 成交方式成交的，计算完税价格应加上该项货物从境外发货或交货口岸运到我国口岸以前实际支付各段的运费。

出口货物以 CIF、CFR 成交方式成交的，计算完税价格应扣除该项货物从内地启运到离境口岸支付的国内段的运费，离境口岸至境外口岸之间的运费也应当扣除。

运费的计算：进口货物的运费按照实际支付的费用计算；进口货物的运费无法确定的，海关按照该货物的实际运输成本或者该货物进口同期运输行业公布的运费率（额）计算运费；运输工具作为进口货物，利用自身动力进境的，审查确定完税价格时，运费不再另行计入；邮运进口的货物以邮费作为运输及其相关费用、保险费；以境外边境口岸价格条件成交的铁路或者公路运输进口货物，按照境外边境口岸价格的1%计算运输及其相关费用、保险费。

二十二、保险费

（一）定义

保险费是指被保险人允予承保某种损失、风险而支付给保险人的对价或报酬。

进出口报关单所列的保费是指进出口货物在国际运输过程中，由被保险人付给保险人的保险费用。其中进口货物保费是指货物运抵我国境内输入地点起卸前的保险费用，出口货物保费是指货物运至我国境内输出地点装载后的保险费用。

（二）报关单填报要求

进口货物以FOB、CFR成交的，填报货物从境外发货或交货岸运抵我国境内口岸之前应计入完税价格中实际支付的保险费。

出口货物以CIF、CFR成交的，填报货物从境内发货地启运到离境口岸或境外口岸不计入完税价格应予扣除的实际支付的境内的保险费。

具体填报方式：可选择保费总价或保费率两种方式之一，注明保费标记，标记“1”表示保费率，“3”表示保费总价；填报保费总价，须按“货币代码表”选择填报相应的币种代码，例如，按保费总价申报，总价5000美元填报“USD/5000/3”，按保费率申报，保险费率为5%，填报“5/1”；运费和保费合并计算的，运、保费填报在运费栏目，保险费栏目免予填报。

进口货物成交价格包含前述保险费用或者出口货物成交价格不包含前述保险费用的，本栏目免于填报。

（三）管理规定

1. 陆运、空运和海运进口货物的保险费，按照实际支付的费用计算。进口货物保险费无法确定或者未实际发生，按货价加运费的3‰计算保险费，计算公式：

保险费=（货价+运费）×3‰。

2. 邮运进口的货物，以邮费作为运输及其相关费用、保险费。

3. 以境外边境口岸价格条件成交的铁路或者公路运输进口货物，按照境外边境口岸价格的1%计算运输及其相关费用、保险费。

二十三、杂费

（一）定义

杂费是指成交价格以外的，按照《关税条例》相关规定应计入完税价格或应从完税价格中扣除的费用，如手续费、佣金、折扣等费用。

（二）报关单填报要求

填报成交价格以外的，按照《关税条例》相关规定应计入完税价格或应从完税价格中扣除的费用，如手续费、佣金、折扣等费用。

按杂费总价或杂费率两种方式之一填报，注明杂费标记，标记“1”表示杂费率，“3”表示杂费总价。

填报杂费总价，须按“货币代码表”选择填报相应的币种代码。

应计入完税价格的杂费填报为正值或正率，应从完税价格中扣除的杂费填报为负值或负率。例如，进口货物总价5%的折扣，填报“-5/1”，进口货物支付5000美元培训费，填报“USD/5000/3”。

（三）管理规定

1. 在确定进口货物的完税价格时，下列费用应当计入：

（1）由买方负担的未包括在该货物实付、应付价格中的包装材料费用和包装劳务费用，除购货佣金以外的佣金和经纪费，与该货物视为一体的容器费用、包装材料费用和包装劳务费用；

（2）与进口货物的生产和向中华人民共和国境内销售有关的，由买方以免费或者以低于成本的方式提供，并可以按适当比例分摊的货物或者服务的价值由买方在成交价格以外另行支付给国外的除购货佣金以外的佣金和经纪费；

（3）与该货物有关，并作为卖方向中华人民共和国销售该货物的由买方直接或间接支付的特许权使用费；

（4）卖方直接或者间接从买方对该货物进口后销售、处置或者使用所得中获得的收益。

2. 在确定进口货物的完税价格时，下列费用如果单独列明，不得计入：

（1）厂房、机械或者设备等货物进口后发生的建设、安装、装配、维修或者技术援助费用，但是保修费用除外；

（2）进口货物运抵中华人民共和国境内输入地点起卸后发生的运输及其相关费用、保险费；

（3）为在境内复制进口货物而支付的费用；

（4）进口关税、进口环节海关代征税及其他国内税；

（5）为在境内复制进口货物而支付的费用境内外技术培训及境外考察费用；

（6）境内外技术培训及境外考察费用进货物卖方付给买方的正常回扣。

3. 下列税收、费用不计入出口货物的完税价格：

（1）出口关税；

（2）在货物价款中单独列明的，货物运至中华人民共和国境内输出地点装载后的运输费及其相关费用、保险费；

（3）在货物价款中单独列明并由卖方承担的佣金。

二十四、合同（协议）号

（一）定义

合同（协议）号是指在进出口贸易中，买卖双方或数方当事人根据国际贸易惯例或国家有关法律、法规，自愿按照一定条件买卖某种商品签订的合同（包括协议或订单）的编号。

（二）报关单填报要求

填报进（出）口货物合同（包括协议或订单）的全部字头和号码，“合同协议号”栏字段长度为32个字节。

（三）管理规定

申报进出口的货物必须是在合同中明确包含的货物。合同内容必须符合有关法律、法规的规定。

二十五、件数

（一）定义

件数是指有外包装的进出口货物的实际件数。

（二）报关单填报要求

填报有外包装的进出口货物的实际件数。
特殊情况填报要求：
1. 舱单件数为集装箱的，填报集装箱个数；
2. 舱单件数为托盘的，填报托盘数。

（三）控制条件

报关单件数栏目不得为空，件数应大于或等于1，不得填报“0”，裸装货物填报“1”。

二十六、包装种类

（一）定义

包装种类指进出口货物的实际外包装种类。

（二）报关单填报要求

根据进出口货物的实际外包装种类，按H2010系统“包装种类代码表”选择填报相应的包装种类，包括木箱、纸箱、桶装、散装、托盘及其他各种类型的包装。

国家禁止进口旧钢瓶容器，企业以加工贸易或暂时进口方式进口液状、气状燃料、物料用旧钢瓶容器，报关单“包装种类”栏目填报“旧钢瓶”（屏幕显示为“旧钢”）。

包装种类栏目可填报3个汉字，超出字数的在纸质报关单上手工填报。

二十七、毛重

（一）定义

毛重是指货物及其包装材料的重量之和。

（二）报关单填报要求

填报进出口货物实际毛重。计量单位为千克，不足1千克的填报为“1”。依据合同、发票、提（运）单等有关单证确定进出口货物毛重。

（三）管理规定

1. 散装进出口货物（指原油、矿砂、木材、粮食、化肥等各种未经商业包装且以重量、体积或面积等计价的进出口货物）发生溢短装，海关依照实际进出数量修改报关单的毛重栏。

溢装幅度在3%以内或短装的，海关依照实际进出数量修改报关单的毛重、净重栏，修改法定数（重）量，并根据审定的货物单价，按照合同、发票标明的数量计算货物总价，修改海关总价栏，由系统自动计算海关单价和计征税款。

对从量计征税款的散装进出口货物，如溢装数量在合同、发票标明数量3%以内或短装的，且纳税义务人已按合同或发票标明的数量填报的，无须根据《海关总署关于散装货物进出口溢短装征税问题的通知》（署税发〔2005〕268号）的规定修改报关单的毛重、净重栏和法定数（重）量，直接按原申报数量和海关审定的单价计征税款。

溢装幅度超过3%的，海关依照实际进出数量修改报关单的毛重、净重栏，修改法定数（重）量，并根据审定的货物单价修改海关单价栏，由系统自动计算海关总价和计征税款。

2. 实行关税配额管理的散装货物实际进口数量超过配额数量5%，且发生溢装的，现场海关应要求企业将适用配额内税率和适用配额外税率的部分分单填报，海关依照实际进出数量修改并计征税款。

（四）控制条件

报关单毛重栏目不得为空，毛重应大于或等于1，不得为“0”。

二十八、净重

（一）定义

净重是指货物的毛重减去外包装材料后的重量，即商品本身的实际重量。

（二）报关单填报要求

1. 填报进出口货物实际净重。
2. 计量单位为千克，不足1千克的填报为“1”。
3. 进出口货物净重依据合同、发票等有关单证确定。
4. 以毛重作为净重计价的，可填报毛重。
5. 按照国际惯例以公量重计价的货物，如未脱脂羊毛、羊毛条等，填报公量重。
6. 合同、发票等有关单证不能确定净重的货物，可以估重填报。

（三）管理规定

散装进出口货物发生溢短装，海关依照实际进出数量修改报关单净重栏。

1. 溢装幅度在3%以内或短装的，海关依照实际进出数量修改报关单的毛重、净重栏，修改法定数（重）量，并根据审定的货物单价，按照合同、发票标明的数量计算货物总价，修改海关总价栏，由系统自动计算海关单价和计征税款。

对从量计征税款的散装进出口货物，如溢装数量在合同、发票标明数量3%以内或短装的，且纳税义务人已按合同或发票标明的数量填报的，无须根据《海关总署关于散装货物进出口溢短装征税问题的通知》（署税发〔2005〕268号）的规定修改报关单的毛重、净重栏和法定数（重）量，直接按原申报数量和海关审定的单价计征税款。

2. 溢装幅度超过3%的，海关依照实际进出数量修改报关单的毛重、净重栏，修改法定数（重）量，并根据审定的货物单价修改海关单价栏，由系统自动计算海关总价和计征税款。

3. 实行关税配额管理的散装货物实际进口数量超过配额数量5%，且发生溢装的，现场海关应要求企业将适用配额内税率和适用配额外税率的部分分单填报，海关依照实际进出数量修改并计征税款。

（四）控制条件

报关单净重栏目不得为空，净重应大于或等于1，不得为“0”。

二十九、集装箱号

（一）定义

进出口报关单所列的集装箱号是指装载进出口货物（包括拼箱货物）的集装箱的箱体

信息，包括集装箱箱体上标示的全球唯一编号、集装箱的规格和自重。

（二）报关单填报要求

1. 一个集装箱填报一条记录，分别填报集装箱号、规格和自重。

（1）集装箱号：在集装箱箱体上标示的全球唯一编号；

（2）集装箱的规格：8×8×20（标箱）、8×8×40、8×8.8×40、8×8.6×20、8×8×45；

（3）自重：指集装箱自身实际重量。

2. 非集装箱货物填报为“0”。

三十、随附单据及其他监管证件

（一）定义

随附单据栏目用于填报除合同、发票、装箱单、许可证号栏目填报的进（出）口许可证外的其他监管证件代码、编号及其他代码。

（二）适用范围

1. 随附单据栏目填报的监管证件代码

7，自动进口许可证；

A，入境货物通关单；

B，出境货物通关单；

D，毛坯钻石用出/入境货物通关单；

E，濒危物种允许出口证明书；

F，濒危物种允许进口证明书；

I，精神药物进出口准许证；

J，黄金及其制品进出口准许证或批件；

L，药品进/出口准许证（蛋白同化制剂、肽类激素）；

M，密码产品和含有密码技术设备进口许可证；

O，自动进口许可证（机电产品）；

P，固体废物进口许可证；

Q，进口药品通关单；

R，进口兽药通关单；

S，农药进出口登记管理放行通知单；

T，银行调运外币/人民币现钞进出境许可证；

U，合法捕捞产品通关证明；

W，麻醉药品进出口准许证；

X，有毒化学品进出口环境管理放行通知单；

Z，音像制品进口批准单或节目提取单；

e，关税配额外优惠税率进口棉花配额证；

t，关税配额证明；

q，国别关税配额证明；

v，自动进口许可证（加工贸易）。

2. 随附单据栏目填报其他代码

c，内销征税联系单；

K，深加工结转申请表；

r，预归类标志；

Y，原产地证明；

s，适用信息技术贸易协定税率的商品用途认定证明。

3. 其他监管证件的填报

许可证号栏目填报以下由商务部及其授权发证机关签发的进（出）口货物许可证的编号：

1，进口许可证；

2，两用物项和技术进口许可证；

3，两用物项和技术出口许可证；

4，出口许可证；

G，两用物项和技术出口许可证（定向）；

x，出口许可证（加工贸易）；

y，出口许可证（边境小额贸易）。

4. 备注栏目填报的目前系统暂无提示的监管证件

军品出口许可证，医疗用毒性药品进出口批件，放射性药品进出口批件，民用爆炸物品进/出口审批单，人类遗传资源材料出口、出境证明，人体血液进出口批件，钟乳石出口批件，技术进出口许可证，美术品进出口批件。

（三）海关业务信息化管理系统“电子审单”审核监管证件基本过程

H2010系统通过“商品综合分类表”、“监管证件名称代码表”、“监管方式证件表”、“国别证件商品表”、“领证商品备注表”等业务参数表设置的综合业务参数，比对许可证联网核查底账电子数据，检控报关单相关栏目监管证件填报情况，提示“电子审单”状态，辅助人工审单作业环节进一步确定进出口货物报关数据的合法性、规范性。

H2010系统电子审单审证基本过程：

1. 按“商品编号”确定进出口货物是否涉及监管证件管理。

报关单“商品编号”与“商品综合分类表”中对应的商品编号项下监管证件代码进行比对，确定该项进出口货物适用的监管证件。“商品综合分类表”相应商品编号项下未设置监管证件代码的，审证作业终止，即该项货物无需验核任何监管证件；“商品综合分类表”相应商品编号项下设置监管证件代码的，进入下一环节电子审单。

2. 按“监管方式”确定进出口货物是否涉及监管证件管理。

报关单“贸易方式”代码与“监管方式证件表”中相对应的监管方式代码进行比对，确定报关单填报的“贸易方式”适用的监管证件代码，“监管方式证件表”未设置监管证件代码的，审证作业终止；“监管方式证件表”设置监管证件代码的，进入下一环节电子审单。

3. 按进出口货物起运或运抵国家（地区）确定进出口货物是否涉及监管证件管理。

报关单填报进出口货物起运或运抵国家（地区）与“国别证件商品表”相对应的需实行管制的国家（地区）比对，确定进出口货物是否来自或运往设置监管证件的国家（地区）。

4. 通过电子审单环节识别进出口货物申报的监管证件是否有效，提交审证结果，以及“领证商品备注表”与进出口报关数据相关商品编号有关的附加说明，辅助审单作业环节人工判别。

“监管证件名称代码表”暂未设置监管证件代码的，系统无法作审证提示，业务现场应依据相关管理规定人工控制。

出口货物提前申报后，遇有国家贸易管制政策调整情形的，可以比照《中华人民共和国海关进出口货物申报管理规定》第十八条有关验核许可证件有效期的规定，按照海关接受申报之日所适用的贸易管制政策进行审核。

三十一、用途/生产厂家

（一）定义

用途是指进口货物的实际用途。生产厂家是指出口货物境内生产企业。

（二）报关单填报要求

进口人应根据进口货物的实际用途按“用途代码表”选择填报相应的用途代码。生产厂家栏目仅供必要时手工填写。

出口货物本栏目填报其境内生产企业。

（三）用途代码分类表

1. 外贸自营内销 (01)

是指有外贸进出口经营权的企业，在其经营范围内以正常方式成交的进口货物。

2. 特区内销 (02)

是指特区内有外贸进出口经营权的企业在其经营范围内进口在特区内销售的货物。

3. 其他内销 (03)

是指进料加工、来料加工剩余料件、剩余料件生产的成品、半成品、残次品、副产品转为境内销售，进口减免税、保税货物经海关核准转内销等。

4. 企业自用 （04）

是指进口供本单位（企业）自用的货物，如外商投资企业进口投资设备、物品等。

5. 加工返销 （05）

是指来料加工、进料加工、补偿贸易进口料件，加工成成品后返销到境外。

6. 借用 （06）

是指从境外租借进口，在规定的使用期满后退运出境外的进口货物，如租赁贸易进口货物。

7. 保证金 （07）

是指由担保人向海关缴纳现金的一种担保形式。

8. 免费提供 （08）

是指境外企业、组织或政府免费提供的进口货物，如不作价设备、无偿援助、捐赠、礼品等进口货物。

9. 作价提供 （09）

是指我方与境外企业签订合同（协议），规定由境外企业作价提供进口的货物，我方按合同或协议规定的时间内付款，或从我方出口货物款、出口加工成品的加工费中扣除，如加工贸易设备等。

10. 货样、广告品 （10）

是指进出口专供订货参考的货物样品，以及用以宣传有关商品内容的广告宣传品。

11. 其他 （11）

是指“用途代码表”中未具体列名的其他用途。

三十二、标记唛码/备注

（一）定义

备注是指除按报关单固定栏目申报进出口货物有关情况外，需要补充或特别说明的事项。

纸质报关单“标记唛码及备注”栏用于填报标记唛码、备注说明和集装箱号等与进出口货物有关的文字或数字。

（二）报关单填报要求

1. 备注栏用于填报标记唛码中除图形以外的文字、数字。

2. 填报受外商投资企业委托代理进口投资设备、物品的进出口企业名称。

3. 与本报关单有关联关系的，同时在业务管理规范方面又要求填报的备案号，填报在电子数据报关单中“关联备案”栏；加工贸易结转货物及凭“征免税证明”转内销货物，其对应的备案号应填报在“关联备案”栏。

减免税货物结转进口（转入），报关单“关联备案”栏应填写本次减免税货物结转所申请的《减免税进口货物结转联系函》的编号。

减免税货物结转出口（转出），报关单“关联备案”栏应填写与其相对应的进口（转入）报关单“备案号”栏中“征免税证明”的编号。

4. 与本报关单有关联关系的，同时在业务管理规范方面又要求填报的报关单号，填报在电子数据报关单中“关联报关单”栏；加工贸易结转类的报关单，应先办理进口报关，并将进口报关单号填入出口报关单的“关联报关单”栏。

办理进口货物直接退运手续的，除另有规定外，应当先填写出口报关单，再填写进口报关单，并将出口报关单号填入进口报关单的“关联报关单”栏。

减免税货物结转出口（转出），应先办理进口报关，并将进口（转入）报关单号填入出口（转出）报关单的“关联报关单”栏。

5. 办理进口货物直接退运手续的，本栏目填报《准予直接退运决定书》或者《责令直接退运通知书》编号。

6. 企业放弃半成品、残次品、副产品的，本栏目填报“半成品”、“残次品”、“副产品”相关字样。

加工贸易放弃货物通过销毁处理的，企业应在报关单备注栏注明“销毁”字样；经海关批准由企业自行处理的，本栏目填报“自行处理”字样，如放弃半成品并销毁处理，应注明“半成品/销毁”。

7. 申报时其他必须说明的事项填报在本栏目。

三十三、项号

（一）定义

项号是指报关单中按商品排列的顺序编号及该项商品在《加工贸易手册》、“征免税证明”等备案单证中的顺序编号。

（二）报关单填报要求

本栏目分两行填报：第一行填报报关单中商品顺序编号；第二行专用于加工贸易、减免税等已备案、审批的货物，填报和打印该项货物在《加工贸易手册》或“征免税证明”的备案审批单证中的顺序编号。

加工贸易项下进出口货物的报关单，第一行填报报关单中的商品顺序编号，第二行填报该项商品在《加工贸易手册》中的商品项号，用于核销对应项号下的料件或成品数量。其中，第二行特殊情况填报要求如下：

1. 深加工结转货物，分别按照《加工贸易手册》中的进口料件项号和出口成品项号填报。

2. 料件结转货物（包括料件、制成品和半成品折料），出口报关单按照转出《加工贸易手册》中进口料件的项号填报，进口报关单按照转进《加工贸易手册》中进口料件的项号填报。

3. 料件复出货物（包括料件、边角料、来料加工半成品折料），出口报关单按照《加工贸易手册》进口料件的项号填报。如边角料对应一个以上料件项号时，填报主要料件项号。料件退换货物（包括料件、不包括半成品），进出口报关单按照《加工贸易手册》进口料件的项号填报。

4. 成品退换货物，退运进境报关单和复运出境报关单按照《加工贸易手册》原出口成品的项号填报。

5. 加工贸易料件转内销货物（以及按料件办理进口手续的转内销制成品、半成品、残次品）应填制进口报关单，填报《加工贸易手册》进口料件的项号。加工贸易边角料、副产品内销，填报《加工贸易手册》中对应的进口料件项号。如边角料或副产品对应一个以上料件项号，填报主要料件项号。

6. 加工贸易成品凭“征免税证明”转为减免税货物进口的，应先办理进口报关手续。进口报关单填报“征免税证明”中的项号，出口报关单填报《加工贸易手册》原出口成品项号，进、出口报关单货物数量应一致。

7. 加工贸易料件放弃或成品放弃，本栏目应填报《加工贸易手册》中的进口料件或出口成品项号。半成品放弃的应按单耗折回料件，以料件放弃申报，本栏目填报《加工贸易手册》中对应的进口料件项号。

8. 加工贸易副产品退运出口、结转出口或放弃，本栏目填报《加工贸易手册》中新增的变更副产品的出口项号。

9. 经海关批准实行加工贸易联网监管的企业，按海关联网监管要求，企业需申报报关清单的，应在向海关申报进出口（包括形式进出口）报关单前，向海关申报“清单”。一份报关清单对应一份报关单，报关单商品由报关清单归并而得。加工贸易电子账册报关单中项号、品名、规格等栏目的填制规范比照《加工贸易手册》。

优惠贸易协定项下实行原产地证书联网管理的报关单分两行填报：第一行填报报关单中的商品顺序编号，第二行填报该项商品对应的原产地证书上的商品项号。

三十四、商品编号

（一）定义

商品编号是指在《协调制度》的基础上，按商品归类编码规则确定的进出口货物的海关监管商品代码。

（二）报关单填报要求

商品编号的结构：商品编号由10位数字组成，前8位为《进出口税则》中的税则号列和《中华人民共和国海关统计商品目录》（以下简称《统计商品目录》确定的商品编码，后2位数为符合海关监管要求的海关附加编号。

填报要求：进出口货物应填报10位海关商品编码。

（三）管理规定

进出口货物商品编码应按税目条文和有关类注或章注确定，如税目、类注或章注无其他规定，按归类总规则确定商品编号。

报关单商品编号应与《加工贸易手册》中备案的商品编号一致。报关单商品编号与《加工贸易手册》中备案的商品编号不一致，原则上应先办理《加工贸易手册》备案数据变更手续。

报关单商品编号应与“征免税证明”备案数据一致。如申报内容确与备案数据不一致，企业应办理“征免税证明”备案数据变更手续。

加工贸易保税货物跨关区深加工结转的结转双方的商品编号的前四位必须一致。

三十五、商品名称及规格型号

（一）定义

商品名称是指国际贸易缔约双方同意买卖的商品的名称。报关单中的货物名称是指进出口货物规范的中文名称。

规格型号是指反映商品性能、品质和规格的一系列指标，如品牌、等级、成分、含量、纯度、尺寸等。

（二）报关单填报要求

“商品名称”及“规格型号”分两行填报：第一行填报进出口货物规范的中文商品名称，第二行填报规格型号，必要时可加注原文。具体填报要求如下：

1. 商品名称及规格型号应据实填报，并与进出口货物收发货人或受委托的报关企业所提交的合同、发票等相关单证相符。

2. 商品名称应当规范，规格型号应当足够详细，以能满足海关归类、审价及许可证件管理要求为准，可参照《中华人民共和国海关进出口商品规范申报目录》中对商品名称、规格型号的要求进行填报。

3. 加工贸易等已备案的货物，填报的内容必须与备案登记中同项号下货物的商品名称一致。

4. 对需要签发“货物进口证明书”的车辆，商品名称栏应填报“车辆品牌 + 排气量（注明 cc） + 车型（如越野车、小轿车等）”。进口汽车底盘可不填报排气量。车辆品牌应按照“进口机动车辆制造厂名称和车辆品牌中英文对照表”中“签注名称”一栏的要求填报。规格型号栏可填报“汽油型”等。

5. 由同一运输工具同时运抵同一口岸并且属于同一收货人、使用同一提单的多种进口货物，按照商品归类规则应当归入同一商品编号的，应当将有关商品一并归入该商品编号。商品名称填报一并归类后的商品名称，规格型号填报一并归类后商品的规格型号。

6. 加工贸易边角料和副产品内销，边角料复出，本栏目填报其报验状态的名称和规格型号。属边角料、副产品、残次品、受灾保税货物且按规定需加以说明的，应在本栏目中填注规定的字样。

7. 进口货物收货人以一般贸易方式申报进口属于《需要详细列名申报的汽车零部件

清单》（海关总署2006年第64号公告）范围内的汽车生产件的，应按以下要求填报：

（1）商品名称填报进口汽车零部件的详细中文商品名称和品牌，中文商品名称与品牌之间用“/”相隔，必要时加注英文商业名称；进口的成套散件或者毛坯件应在品牌后加注“成套散件”、“毛坯”等字样，并与品牌之间用“/”相隔；

（2）规格型号填报汽车零部件的完整编号。在零部件编号前应当加注“S”字样，并与零部件编号之间用“/”相隔，零部件编号之后应当依次加注该零部件适用的汽车品牌和车型。

汽车零部件属于可以适用于多种汽车车型的通用零部件的，零部件编号后应当加注“TY”字样，并用“/”与零部件编号相隔。

与进口汽车零部件规格型号相关的其他需要申报的要素，或者海关规定的其他需要申报的要素，如“功率”、“排气量”等，应当在车型或“TY”之后填报，并用“/”与之相隔。汽车零部件报验状态是成套散件的，应当在“标记唛码及备注”栏内填报该成套散件装配后的最终完整品的零部件编号。

8. 进口货物收货人以一般贸易方式申报进口属于《需要详细列名申报的汽车零部件清单》（海关总署2006年第64号公告）范围内的汽车维修件的，填报规格型号时，应当在零部件编号前加注“W”，并与零部件编号之间用“/”相隔；进口维修件的品牌与该零部件适用的整车厂牌不一致的，应当在零部件编号前加注“WF”，并与零部件编号之间用“/”相隔。其余申报要求同上条执行。

三十六、数量及计量单位

（一）定义

数量及计量单位是指进出口商品的实际数量及计量单位。

（二）报关单填报要求

1. 本栏目分3行填报

（1）《统计商品目录》列明的第一计量单位及数量填报在第一行；

（2）《统计商品目录》列明的第二计量单位及数量填报在第二行，无第二计量单位的，第二行为空；

（3）成交计量单位与《统计商品目录》所列计量单位不一致时，在本栏目第三行填报成交计量单位及数量。成交计量单位与《统计商品目录》计量单位一致时，本栏目第三行为空；

（4）《统计商品目录》未列明计量单位的，按成交数量和计量单位申报。

2. 法定计量单位为“千克”的数量填报要求

（1）装入可重复使用的包装容器的货物，按货物的净重填报，如罐装同位素、罐装氧气及类似品等，应扣除其包装容器的重量；

（2）使用不可分割包装材料和包装容器的货物，按货物的净重填报（即包括内层直接包装的净重重量)，如采用供零售包装的罐头、化妆品及类似品等；

（3）按照商业惯例以公量重计价的商品，应按公量重填报，如未脱脂羊毛、羊毛条等；

（4）以毛重作为净重计价的货物，可按毛重填报，如散装粮食、饲料等价格较低的农副产品；

（5）采用零售包装的酒类、饮料，按照液体部分的重量填报。

3. 特殊填报要求

（1）成套设备、减免税货物如需分批进口，货物实际进口时，应按照实际报验状态确定数量；

（2）根据《协调制度》归类规则，零部件按整机或成品归类的，且其第一或第二法定计量单位是重量之外的其他计量单位的，如个、台、套等，其对应的法定数量填报“0.1”，即法定第一数量填报“0.1”。

（3）具有完整品或制成品基本特征的不完整品、未制成品，根据《协调制度》归类规则应按完整品归类的，申报数量按照构成完整品的实际数量申报；

（4）加工贸易备案的货物，成交计量单位必须与《加工贸易手册》备案计量单位一致。加工贸易边角料和副产品内销、边角料复出，填报其报验状态的计量单位；

（5）优惠贸易协定项下进出口商品的成交计量单位必须与原产地证书上对应商品的计量单位一致；

（6）法定计量单位为立方米的气体货物，应折算成标准状况（即摄氏零度及1个标准大气压）下的体积进行填报；

（7）散装进出口货物（指原油、矿砂、木材、粮食、化肥等各种未经商业包装且以重量、体积或面积等计价的进出口货物）发生溢短装，海关依照实际进出数量修改法定数（重）量。

①溢装幅度在3%以内或短装的，海关依照实际进出数量修改报关单的毛重、净重栏，修改法定数（重）量，并根据审定的货物单价，按照合同、发票标明的数量计算货物总价，修改海关总价栏，由系统自动计算海关单价和计征税款。

对从量计征税款的散装进出口货物，如溢装数量在合同、发票标明数量3%以内或短装的，且纳税义务人已按合同或发票标明的数量填报的，无须根据《海关总署关于散装货物进出口溢短装征税问题的通知》（署税发〔2005〕268号）的规定修改报关单的毛重、净重栏和法定数（重）量，直接按原申报数量和海关审定的单价计征税款。

②溢装幅度超过3%的，海关依照实际进出数量修改报关单的毛重、净重栏，修改法定数（重）量，并根据审定的货物单价修改海关单价栏，由系统自动计算海关总价和计征税款。

③实行关税配额管理的散装货物实际进口数量超过配额数量5%，且发生溢装的，现场海关应要求企业将适用配额内税率和适用配额外税率的部分分单填报，海关依照实际进出数量修改并计征税款。

（三）控制条件

1. 商品数量栏目长度为13位整数及5位小数。超出上述范围的，经海关统计部门批准，允许合理修正实际计量单位，例如将克改为千克或吨。数量栏目不得为空或填报“0”。

2. 报关单各项商品计量单位均为“千克”的，报关单表体合计重量不得大于报关单表头的毛重；报关单表体计量单位不同的，表体累计重量（千克）不得大于报关单表头毛重。

3. 以下形式进出口报关单之间对应数量、计量单位必须一致：

（1）部分原油加工贸易经营企业炼制的成品油转国内市场销售的，先由国内企业按照一般贸易方式办理形式进口报关和纳税手续，再由原油加工贸易经营企业办理形式出口报关。形式进口报关单与形式出口报关单之间对应数量、计量单位必须一致。

（2）加工贸易结转货物进出口报关单对应的数量、计量单位应当一致。

4. 优惠贸易协定项下进口货物的申报计量单位必须与原产地证书上对应商品的计量单位一致，申报数量不得超出原产地证书批准数量。

三十七、原产国（地区）/最终目的国（地区）

（一）定义

原产国（地区）是指进口货物的生产、开采或加工制造国家（地区）。

最终目的国（地区）是指已知的出口货物的最终实际消费、使用或进一步加工制造国家（地区）。

（二）确定原产国（地区）的原则

原产国（地区）按我国原产地规则确定。我国原产地规则分为非优惠原产地规则和优惠原产地规则。

非优惠原产地规则是指一国根据实施其海关税则和其他贸易措施的需要，由本国立法自主制定的原产地规则，也称为“自主原产地规则”。其实施必须遵守最惠国待遇原则，即必须普遍地、无差别地适用于所有原产地为最惠国的进口货物。适用范围包括最惠国待遇、反倾销和反补贴、保障措施、原产地标记管理、国别数量限制、关税配额等非优惠性贸易措施，以及进行政府采购、贸易统计等活动。

优惠原产地规则是指一国为了实施国别优惠政策而制定的原产地政策，优惠范围以原产地为受惠国的进口产品为限，它是出于某些优惠措施规定的需要，根据受惠国的情况和限定的优惠范围，制定的一些特殊原产地认定标准，而这些标准是给惠国和受惠国之间通过多边或双边协定形式制定的，所以又称为“协定原产地规则”。我国的优惠原产地规则包括《亚太贸易协定》（原指《曼谷协定》）原产地规则、《中国—东盟自由贸易区》原产地规则、《内地与香港、澳门更紧密经贸关系安排（CEPA）》原产地规则、《对非洲最不发达国家特别关税待遇》原产地规则、《台湾水果零关税措施》原产地规则、《中巴自由贸易区》原产地规则。

（三）确定最终目的国（地区）的原则

不经过第三国转运的直接运输货物，以运抵国为最终目的国。

经过第三国转运的出口货物，以最后运往国为最终目的国。

出口货物不能确定最终目的国时，以尽可能预知的最后运往国为最终目的国。

（四）征税有关规定

1. 原产于共同适用最惠国待遇条款的世界贸易组织成员的进口货物，原产于与中华人民共和国签订含有相互给予最惠国待遇条款的双边贸易协定的国家或者地区的进口货物，以及原产于中华人民共和国境内的进口货物，适用最惠国税率。

原产于与中华人民共和国签订含有关税优惠条款的区域性贸易协定的国家或者地区的进口货物，适用协定税率。

原产于与中华人民共和国签订含有特殊关税优惠条款的贸易协定的国家或者地区的进口货物，适用特惠税率。

原产于以上所列以外的国家或者地区的进口货物，以及原产地不明的进口货物，适用普通税率。

2. 中性包装进口货物的征税规定

（1）中性包装进口货物，收货人或其代理人申报时如能交验原产地证明，可按提供的原产地证明确定适用税率。

（2）裸装进口货物，申报时收货人或其代理人不能提供原产地证明的，比照中性包装进口货物适用普通税率。

（五）报关单填报要求

进口报关单“原产国（地区）”栏目按“国别（地区）代码表”选择填报相应的国家（地区）名称或代码，出口报关单“最终目的国（地区）”栏目按“国别（地区）代码表”选择填报相应的国家（地区）名称或代码。

进口货物的收货人应当依照《中华人民共和国进出口货物原产地条例》规定的原产地确定标准，如实申报进口货物的原产国（地区），同一批货物的原产地不同的，应当分别申报原产国（地区）。

进口货物原产国（地区）无法确定的，填报“国别不详”（701）。

联合国及其所属机构和其他国际组织赠送的物资，填报货物的生产国（地区）。

中性包装进口货物，原产国（地区）确实不详的，应填报“国别（地区）不详”（701）。

加工贸易报关单特殊情况填报要求如下：

1. 加工贸易料件结转，出口报关单填报“中国”（142），进口报关单填报料件生产国

（地区）。

2. 加工贸易深加工结转货物，进出口报关单均填报“中国”（142）。

3. 料件复运出境货物，填报实际最终目的国（地区），加工出口成品因故退运境内的，填报“中国”（142），复运出境时填报实际最终目的国（地区）。

4. 加工贸易转内销，原产国（地区）按以下填报：

（1）加工贸易剩余料件内销，填报料件的生产国（地区）；

（2）加工贸易成品（包括成品、半成品、残次品、副产品）转内销，填报“中国”（142）。

（六）控制条件

进口货物原产国不应为“亚洲”（100）、“非洲”（200）、“欧洲”（300）、“拉丁美洲”（400）、“北美洲”（500）、“大洋洲”（600）、“联合国及所属机构和其他国际组织”（702）。

进口货物监管方式代码后两位为42，43，54，55，原产国应为“中国”（142）。

出口货物监管方式代码后两位为42～46，54～58，原产国应为“中国”（142）。

出口货物监管方式代码后两位为10～39、61、64～66，运输方式为2～6、9，最终目的国不应为“亚洲”（100）、“中国”（142）、“非洲”（200）、“欧洲”（300）、“拉丁美洲”（400）、“北美洲”（500）、“大洋洲”（600）、“国别地区不详”（701）、“联合国及所属机构和其他国际组织”（702）。

三十八、单价

（一）定义

单价是指商品的一个计量单位以某一种货币表示的价格。

（二）报关单填报要求

填报同一项号下进出口货物实际成交的商品单位价格。海关估价时，修改海关业务信息化管理系统“海关单价”。无实际成交价格的，本栏目填报货值。加工贸易企业放弃进口料件、半成品、残次品、副产品的，按照或折成原进口料件价格申报；放弃成品的，按照合同备案价格申报。

三十九、总价

（一）定义

总价是指进出口货物实际成交的以某一货币表示的总金额。

（二）报关单填报要求

填报同一项号下进出口货物实际成交的商品总价。海关估价时，应在H2010系统

“海关总价”栏修改。无实际成交价格的，本栏目填报货值。加工贸易企业放弃进口料件、半成品、残次品、副产品的，按照或折成原进口料件价格申报；放弃成品的，按照合同备案价格申报。

四十、币制

（一）定义

币制是指进出口货物实际成交价格的币种。

（二）报关单填报要求

按实际成交价格填报“货币代码表”相应的货币名称或代码。实际成交货币在“货币代码表”未列名的，需将实际成交货币按申报日外汇折算率折算成“货币代码表”列名的货币。

四十一、征减免税方式

（一）定义

征减免税方式是指进出口货物征税、减税、免税或特案处理的方式。

（二）报关单填报要求

按海关核发的“征免税证明”或有关规定，逐项商品填报“征减免税方式代码表”中相应的征减免税方式。

加工贸易报关单应根据《加工贸易手册》中备案的征免规定填报。《加工贸易手册》备案的征免规定为“保金”或“保函”的，不能按备案的征免规定填报，应填报“全免”。

（三）征减免税方式的分类

1. 征减免税方式分为照章征税、折半征税、全免、特案减免、随征免性质、保金、保函7种。

2. 征减免税方式代码表说明：

代码“1”照章：进出口货物依照法定税率计征各类税、费。

代码“2”折半：依照海关签发的“征免税证明”或海关总署的通知，对进出口货物依照法定税率折半征收税款。

代码“3”全免：依照海关签发的“征免税证明”或其他有关规定，对进出口货物免征关税和增值税，消费税是否免征依批文规定办理。

代码“4”特案：依照海关签发的“征免税证明”或其他有关规定所规定的税率或完税价计征关税、增值税和消费税。

代码“5”征免：用于特定监管方式进出口的货物按特殊计税公式或税率计征关税、增值税和消费税。

代码“6”保金：经海关准予担保放行的货物收取保证金。

代码“7”保函：经海关准予担保放行的货物凭保证函办理。

第十二章　海关查验

本章概要

海关查验管理是世界海关组织制定的《标准框架》的核心要素之一。《标准框架》提出，应进口国的合理要求，出口国基于可比的风险布控手段，应对出口的高风险集装箱和货物进行查验，并首先推荐使用非侵入式查验设备。本章第一节介绍海关查验管理的基本情况，第二节介绍海关查验管理的创新。

学习目标

掌握海关查验管理的概念，以及海关货物查验、运输工具查验的方法和作业流程；了解人工查验和非侵入式查验作业模式；理解海关分类查验的管理创新。

第一节　海关查验管理概述

一、查验管理

（一）概述

1. 定义

查验是指海关为确定进出口货物收发货人向海关申报的内容是否与进出口货物的真实情况相符，或者为确定商品的归类、价格、原产地等，依法对进出口货物进行实际核查的执法行为。

海关查验的目的是核对实际进出口货物、物品和运输工具是否与申报相符，发现审单环节所不能发现的问题，验证审单环节提出的疑点，为海关监管提供依据。

通过海关查验，掌握进出口货物、物品和运输工具的实际情况，打击走私，维护正常的经济秩序。

我国《海关法》明确规定，海关查验的对象是检查进出境运输工具，查验进出境货物、行李物品、邮递物品和其他物品。

2. 查验的时间

进口货物查验的时间一般在海关接受进口申报后，提取货物之前；出口货物查验的时间一般为海关接受出口申报起至货物出境止。查验的具体时间，由海关通知货物的收发货人或其代理人。

3. 查验的地点

海关对进出境货物的查验，一般在进出口口岸码头、车站、机场、邮局等海关监管区内或海关确定的其他监管场所进行。对进出口大宗散货、危险品、鲜活品、接驳运输货物，经申请，海关可在装卸环节或作业现场予以查验放行。在特殊情况下，经申请，海关同意后可派员在规定的时间到监管场所以外的地点查验货物。

（二）查验的要求

审查报关单据，包括提单、报关单、装箱单、合同发票、货物说明资料；确定查验重点、方法；选定常用的查验工具。

完成查验工作，不仅需要熟练的查验技巧和娴熟的海关业务知识，还要具备查验意识、风险意识、学习意识、商品知识和外语知识。

（三）进出口货物的查验方法

1. 货物查验基本流程

查验应当由 2 名以上海关查验人员共同实施。查验人员实施查验时，应当着海关制式服装。

查验应当在海关监管区内实施。因货物易受温度、静电、粉尘等自然因素影响，不宜在海关监管区内实施查验，或者因其他特殊原因，需要在海关监管区外查验的，经进出口货物收发货人或者其代理人书面申请，海关可以派员到海关监管区外实施查验。

海关实施查验可以抽查，也可以彻底查验。按照操作方式，查验可以分为人工查验和机检查验，人工查验包括外形查验、开箱查验等方式。

抽查，是指按照一定比例有选择地对一票货物中的部分货物验核实际状况的查验方式。彻底查验，是指逐件开拆包装、验核货物实际状况的查验方式。外形查验，是指对外部特征直观、易于判断基本属性的货物的包装、唛头和外观等状况进行验核的查验方式。开箱查验，是指将货物从集装箱、货柜车箱等箱体中取出并拆除外包装后，对货物实际状况进行验核的查验方式。机检查验，是指以利用技术检查设备为主，对货物实际状况进行验核的查验方式。

海关在对进出口货物实施查验前，应当通知进出口货物收发货人或者其代理人到场。查验货物时，进出口货物收发货人或者其代理人负责按照海关要求搬移货物，开拆和重封货物的包装，并如实回答查验人员的询问，以及提供必要的资料。

因进出口货物所具有的特殊属性，容易因开启、搬运不当等原因导致货物损毁，需要查验人员在查验过程中予以特别注意的，进出口货物收发货人或者其代理人应当在海关实施查验前声明。

实施查验时需要提取货样、化验，以进一步确定或者鉴别进出口货物的品名、规格等属性的，海关依照《中华人民共和国海关对进出口货物实施化验鉴定的规定》等有关规定办理。

进口货物的收货人经海关同意，可以在申报前查看货物或者提取货样。需要依法检疫的货物，应当在检疫合格后提取货样。对于危险品或者鲜活、易腐、易烂、易失效、易变质等不宜长期保存的货物，以及因其他特殊情况需要紧急验放的货物，经进出口货物收发货人或者其代理人申请，海关可以优先安排查验。

海关在查验进出口货物时造成被查验货物损坏的，由海关按照《海关法》、《中华人民共和国海关行政赔偿办法》的规定承担赔偿责任。

海关在监管区内实施查验不收取费用。对集装箱、货柜车或者其他货物加施海关封志的，按照规定收取封志工本费。因查验而产生的进出口货物搬移、开拆或者重封包装等费用，由进出口货物收发货人承担。在海关监管区外查验货物，进出口货物收发货人或者其代理人应当按照规定向海关交纳规费。

海关查验实行回避制度。查验关员执行查验任务时，有下列情形之一的，应当回避：涉及本人利害关系的；涉及与本人有夫妻关系、直系血亲关系、三代以内旁系血亲关系及近姻亲关系的利害关系的；其他可能影响公正执行公务的。查验关员有应当回避情形的，本人应当申请回避，利害关系人有权申请查验关员回避。其他人员可以向海关提供查验关员需要回避的情况。

海关根据查验关员本人或者利害关系人的申请，经审查后作出是否回避的决定，也可以不经申请直接作出回避决定。

查验率指查验记录单的份数占总申报报关单份数的百分比（如深加工结转等货物不实际运抵海关监管场所而无法按本规程实施查验的报关单除外）。查获指海关在实施查验过程中发现实际进出口货物与申报内容不符，须做出正常放行以外处置的情形。查获率指查获的报关单份数占总查验报关单份数的百分比。

大型集装箱检查设备是指 H915、H986 设备，包括固定式、组合移动式、车载式、货运列车通道式大型 X 光及钴 60 检查系统。

海关认为必要时，可以查验过境、转运和通运货物。

2. 集装箱货物的查验

查验货物的程序：查验前核对箱号、封志；开箱验货；按照布控指令确定查验方式。

集装箱货物查验的两种方法：

（1）外形查验法。仅对货物的数量、标唛、外形特征进行查验。适用于不开拆包装即可查验的货物。

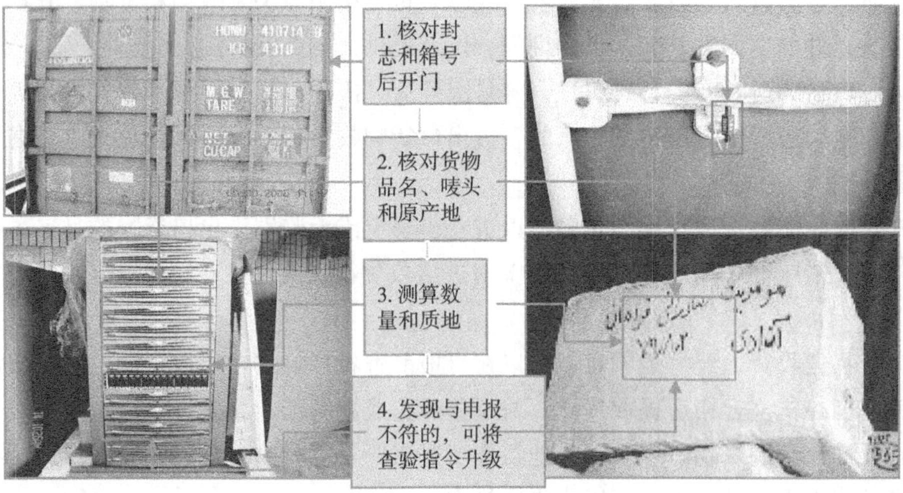

（2）掏箱查验法。对部分或全部掏出集装箱中的货物进行核对，以确定箱中的货物与申报是否相符。适于部分掏箱的两种情况：货物排列松散，受外力冲击而破坏原有排列无藏私屏障物；货物包装大，而箱内有空隙，可看到箱底。

3. 常见货物查验技巧

（1）风险分析法

从通关货物中找出风险较大的货物进行重点监管：分析企业资信、敏感货物、走私源头及进出数量。

（2）集装箱和其他运输工具容重量测定法

集装箱货物结构封闭、隐蔽性强、检查难度大，可将申报货物数量与集装箱和其他载货工具容重量对比，利用查验工具、电子地磅和集装箱检查设备，进行分析判断。

（3）单位商品包装、数量逻辑审核法

将一些商品的常规包装及货物包装的体积、重量等运用于海关审单、查验等工作环节进行逻辑审核，分析判断货物实际数量与申报是否相符。

（4）逆向查验法

是与稽查手段相结合的一种方法，多用于加贸管理中，通过成品出口环节，在查验可疑出口货物的同时，跟踪核查企业原进口料件的使用。

（5）情报提示法

通过情报，把握并分析走私趋势及规律，以指导查验工作。

（6）数据分析法

综合分析业务数据，分析同类货物在不同企业进出口申报数量是否相同，或同类货物在同一企业前后申报数量是否相同等。

（7）电子地磅称重法

对进出口货物或运输工具称重，核对数量是否正确。

4. 散杂货物的查验

散杂货物货物量大、价值高，海关查验容易受到场地限制，具体货物数量较难以核查，货物一般采取现场直接验放的方式，货物成垛堆放时，一般采用外形查验。

散杂货物容易出现瞒报数量、商品归类错误或逃证商品的监管风险，主要集中在敏感商品。

散杂货物的查验方法，按查验场地分为场地查验和船边查验。查验工作方式为目测法与现场查验相结合。

查验散杂货要注意当报关单货物品种、规格型号繁多时，要核对发票、装箱单是否相符；注意货物品名是否模糊申报、笼统申报；查验时要注意品名为机电配件、备件的货物；查验品名为整机的货物时，要弄清组成套机的件数；对标记唛码要进行分析；查验箱内货物时，还要观察集装箱周围情况。

5. 拼箱货物的查验

拼箱货物，指因数量少、体积小等，为节省运费，与运抵同一地点的货物同装在一个或几个箱内的货物。

拼箱货物的查验：查验时，必须见货物查验，已装箱的货物须先掏出后再查；先核对唛头，结合报关数据，按指令确定所查货物的重点；查完后加施关封，对出口货物无法监装施封的，应找理货员索取该票货物的清单，根据货物的性质、体积进行核查。

（四）运输工具的查验方法

1. 国际航行船舶的监管

（1）国际航行船舶的基本概念

国际航行船舶是指进出中华人民共和国口岸的外国籍船舶和航行国际航线的中华人民共和国国籍的船舶。

（2）船舶的检查方式

船舶检查方式是指海关依法对船舶实施检查方法和形式。海关对船舶检查方式分例行检查、重点抽查、重点抄查 3 种。不同方式的运用应根据不同的实际情况来决定。

根据《海关法》及有关行政法规的规定，海关有权对进出境船舶实施检查，海关检查进出境运输工具时，运输工具负责人应当到场，并根据海关的要求开启舱室、房间、车门，有走私嫌疑的，应开拆可能藏匿走私货物、物品的部位，搬移货物、物料。

①例行检查

主要适用于无确切情报，来往重点国家港口的船舶及监管现场发现可疑的船舶。通过对进出境船舶的例行检查，对船体进行巡视，发现问题后，再进行重点检查。

②重点抽查

就是对特定船舶的某一部位进行抽查，主要适用于有确切可靠情报，指明大概藏私部位的情况或假定船上某一部位、船员为怀疑对象的情况。

③重点抄查

就是对船舶进行全面仔细的检查，主要适用于以下情况：有确切可靠情报有走私违法嫌疑，但不知部位；抄查文物、毒品等走私物品；有其他经济、政治破坏嫌疑，有必要进行检查的。

（3）船舶检查程序

上船检查时，由带队负责人向船长宣布海关检查决定，并控制船舶的要害部位，如驾驶室、电脑房等；集合全体船员，宣布海关有关规定和有关政策；由船长或指派人员陪同海关进行检查，船方应根据海关的要求，负责开启舱室、房间和可能藏匿走私货物的部位，搬移货物、物料；检查完毕后，无论是否发现有走私或违规情事，均须编制检查记录，由海关执行人员和船长分别签字。

（4）船舶停港期间的监管

船舶停港期间的监管是指国际航行船舶停港期间，海关对船舶装卸货物、物品及上下人员等情况的监督管理。国际航行船舶停港期间的监管主要包括：海关对船舶停港期间的管理，海关对货物、物品装卸作业的管理，海关对放弃船用物料的监管，海关对停港期间船舶上下人员及其携带物品的监管，海关对港口供应船舶物料的管理，海关对船舶进厂修理期间的管理。

2. 来往港澳小型船舶的监管

（1）来往港澳小型船舶的概念及海关中途监管站的界定

①来往港澳小型船舶的概念

来往港澳小型船舶（以下简称小型船舶）是指经交通部或其授权部门批准，专门来往于内地和香港、澳门之间，在境内注册从事货物运输的机动或非机动船舶。

小型船舶载重吨位一般在1千吨以下，主要分布在广东、广西、福建和海南四省区。小型船舶体积小、吃水浅、轻便灵活，便于内河航行，对珠江三角洲地区与港澳的经贸活动起着重要的作用。

②海关中途监管站的界定

小型船舶海关中途监管站，是指海关设在珠江口大铲岛、珠海湾仔、珠江口外桂山岛、香港以东三门岛负责监管小型船舶及所载货物、物品，并办理进出境小型船舶海关关封和舱单确认手续的机构。

来往于香港与珠江水域的小型船舶在大铲岛中途监管站办理进出境小型船舶海关关封

和舱单确认手续；来往于香港、澳门与磨刀门水道的小型船舶在湾仔中途监管站办理进出境小型船舶海关关封和舱单确认手续；来往于香港、澳门与珠江口、磨刀门水道以西广东、广西、海南沿海各港口的小型船舶在桂山岛中途监管站办理进出境小型船舶海关关封和舱单确认手续；来往于香港、澳门与珠江口以东广东、福建及以北沿海各港口的小型船舶在三门岛中途监管站办理进出境小型船舶海关关封和舱单确认手续。

③海关对来往港澳小型船舶的监管模式

目前，对来往港澳小型船舶主要有两种监管模式。一种是快速通关监管模式，即安装了 GPS 全球卫星定位系统的船载收发信装置的小型船舶，直接在船上接受通航指令，可不必停泊海关中途监管站办理手续，快速通航于来往港澳的各条航线。另一种是传统的监管模式，即进出口小型船舶每个航次必须停靠海关中途监管站办理有关手续后，方可继续驶往境内或驶离境外。

（2）海关对小型船舶监管的有关要求

小型船舶公用、船员自用物品进出境，应当如实填写“来往港澳小型船舶进/出境公用物品申报单”及“来往港澳小型船舶船员进/出境自用物品申报单”向海关申报，海关按照规定办理验放手续。

小型船舶在香港、澳门装配机器零件或者添装船用燃料、物料和公用物品，应当填写“来往港澳小型船舶境外添装燃料物料申报单”，向海关申报并交验有关单据或者发票，办理进口手续。

小型船舶不得同船混装进出口货物与非进出口货物。进境小型船舶自进境后至办结海关手续前，出境小型船舶自启运港办理海关手续后至出境前，未经海关批准，不得中途停泊，装卸货物、物品，上下人员。小型船舶在规定的时间或者地点以外停泊，装卸货物、物品，上下人员的，应当经海关批准。小型船舶由于不可抗力的原因，被迫在未设立海关的地点停泊，抛掷，起卸货物、物品，上下人员，船舶负责人应当立即报告附近海关。

小型船舶因遇到风浪，致使无法在海关中途监管站停泊办理进出境手续的，经海关中途监管站许可，可以直接驶往目的港。

中途监管站可以对进境小型船舶所载货物、舱室施加封志，必要时可以派员随船监管至目的港，船舶负责人或者其代理人应当提供便利。

（3）小型船舶的检查

进出境小型船舶到达或驶离设立海关的地点时，船舶负责人应当向海关如实申报，交验单证，并接受海关监管和检查。对进出境船舶的检查由进境地或出境地海关负责，中途监管站海关或海上缉私部门可以根据需要对进出境船舶实施检查。

有下列情况之一的，必须登船检查：有走私或违规嫌疑的；有情报线索或举报的；海关在审核船舶申报单（包括船用物品、船员物品、燃油申报单）时发现问题或存在疑点的；其他海关监管工作需要的。

海关对船舶检查方式分例行检查、重点抽查、重点抄查 3 种。

对船舶实行例行检查，一般可采取打开舱室、核对柜号等方法，如发现有走私违规嫌疑情事的，必须采取重点抽查或重点抄查的方法，要求船舶负责人开拆可能藏匿走私货物、物品的部位，搬移货物、物料。船舶检查应重点检查以下部位：船舱，船员休息室、储物室，甲板，油箱，其他可能藏匿走私货物的部位。对船用的物料、物品、食料和船员自用物品及自用烟、酒的检查，应当根据其申报清单进行。在公共场所检查发现的无人承认的违禁和走私物品，应进行登记，并及时移交海关缉私部门处理。在对船用燃料和油箱进行检查时，应重点检查油箱的大小、装油吨数、油箱的改装情况，并注意检查有无加挂水底拖箱等情事。

检查船舶时，可以根据需要要求船舶负责人集中船员和暂时加封船员房间或其他部位。检查完毕，应当要求船舶负责人在海关检查记录上签注确认。

3. 进出境车辆的监管

（1）进出境车辆的概念

进出境车辆是指用以载运人员、货物、物品进出我国关境的各种汽车。

进出境汽车是我国与陆地比邻国家和香港地区、澳门地区之间客、货运输的重要工具。汽车运输灵活、方便、快捷。近年来，进出境汽车迅速增加，这对我国发展对外贸易，方便客、货运输，促进经济、文化交流起了很大作用。

由于汽车运输有零星、分散、行驶灵活、入境后可随地停车、沿途人员接触方便等特点，易被不法分子利用进行违法活动，加之其所承运的货物未办理报关验放手续，更没有经海关实际放行，所以海关要确保有关货物仍在海关监管之下，必须强化对承运海关监管货物的汽车的监管。

（2）对进出境车辆的检查

车辆检查是指海关依法对进出境的车辆实施查验的行为。根据《中华人民共和国海关法》及有关行政法规，海关有权对进出境汽车实施检查。海关对车辆的检查是一种强制性的行政执法行为。

有下列情况之一的，必须进行检查：有走私或违规嫌疑的；有情报线索或举报的；海关在审核车辆申报单时发现问题或存在疑点的；其他海关监管工作需要的。

海关对车辆的检查方式可分为 3 种：外形查验、抽查和彻底查验。

外形查验的方式通常指通过对车辆外观进行一般性检查来确认有无走私违法违规迹象。如仅核对车辆的类型、颜色或检查驾驶室、车厢有无携带未申报货物或物品。

抽查是指对车辆某一特定部位进行较为详细的检查。一般应根据车型的不同来确定检查的重点，例如，小轿车的重点检查部位主要有车头、发动机的空隙、车尾备用胎空格、空调空格、坐垫及靠背与尾箱间的空隙，面包车的车底结构简单，易被加高，形成容积较大的暗格，检查时要留心该类车的底盘高度有无异常情形等。

彻底查验即对车辆进行全方位检查，包括车辆可能藏匿走私货物、物品的任何部位进行彻底、仔细地检查。在对车体进行检查时，一般遵循从前往后、从上往下的原则，即从车辆的驾驶室、油箱、车辆厢体、工具箱、车架的顺序来进行检查。具体为：第一步检查驾驶室，观察座位及底部、靠背与后壁空隙有无藏匿，车顶导流罩也有可能作为藏私的掩饰物；第二步检查车厢，主要观察四壁及底板有无暗格夹层，对有货物的车厢，除注意有无暗格夹层外，还应结合对所载货物的查验来进行；第三步检查油箱和工具箱，对声称长途运输而装有两个油箱的货车应注意附加油箱的输油管道是否存在和正常，以防有假油箱藏匿；第四步检查车架，通过对底盘高度的对比，防止暗格藏匿的情形。

（3）车辆检查的基本作业程序

检查前，海关带班关员和武警官兵应按照查验指令，备齐查验所需的查验记录、查验工具等用品，并要求车辆负责人到场。

检查时，海关和武警官兵应认真核对驾驶人员、车辆类型、牌名、发动机号码、车身号码、车辆牌照号码是否与公安车管部门核发的证件所列内容相符，同时还必须按照车辆的检查要求对车辆进行验核。发现有走私违规嫌疑等问题的，武警官兵应及时报告海关带班关员，海关带班关员要及时将情况报告给值班科长，科长当场作出处理决定。对确认为涉嫌走私违规的，应及时移交海关缉私部门处理。

检查后，海关带班员将检查结果详细填写在查验记录上，武警官兵和海关带班员共同在查验记录上签名，第一签字人为海关关员，第二签字人为两名武警官兵，并交值班科长审核签名。

在检查进出境车辆时，应重点核查其车厢的厢内长度、载重（容量）等装载结构是否合理，是否有暗格、夹层，是否经过改装。对港澳直通车进行检查时，应核查备案的司机有无到场，海关准运证件是否完备。对于进出境的密封车，车厢连接的螺丝均须焊死，车头伸出部分的底板必须是钢板，车厢两车门之间须以钢板相卡，施封后，车门不能开启，车厢除后门外，最多只能加开一扇侧门。车头（驾驶室座位底部及后排位置）、箱体和车架的大梁等部位要符合海关规定，不得有藏匿物品的暗仓暗窦。对运输车辆车门柄等容易拆卸的地方，应用焊接或铆接的方式固定，不得用螺栓固定，注意检查其他可能藏匿走私货物的部位。

检查后应做好检查记录，运输工具负责人应当在海关编制的检查记录上签字。对运输车辆的主管海关在异地的，如经检查发现该运输工具有走私嫌疑或违规行为，同时抄送一份检查记录送主管海关备案。

（4）车辆检查的手段

人工检查。第一，外观检查。即通过关员已掌握的车辆外形特征，找出车辆异常迹象，从而有针对性地进行检查。如海关关员在进境小车道发现某境外司机黄某驾驶的丰田小轿车形迹可疑，遂对该车实施外观检查，在关员用手指叩击该车音响架时，听到暗格特有的回响声，拆开音响架外层塑料壳，一个挖空音响架内部件而成的特制暗格和藏匿其中的数码相机就显露出来。第二，总结数据分析推算。任何事物都是有规律可遵循的，进出境车辆种类虽多，但总可以总结出一些规范的数据，这些常数可以有效地指导海关车辆检查工作。近年来海关各单位根据自身实际总结出了一系列方法。

设备检查。借助先进的机械设备检查车辆，既有利于准确查验，又可为企业节省资金，减少贸易成本。目前海关查验工作可以利用的设备主要有电子地磅和 X 光集装箱检查系统等。一般来说，借助电子地磅可以准确检查车辆及其所载货物的重量，借助 X 光集装箱检查系统可以检查诸如集装箱长车及其所载的严密包装物内的货物，是检查车辆是否有夹层、暗格的“火眼金睛”。设备检查的特点是技术含量高、准确度高、查验效率高，有效地弥补了人工检查的不足，也能够对走私不法分子起到一定的威慑作用。

4. 进出境列车的监管

（1）进出境列车的概念

进出境列车是指进出我国关境的机车、客车、货车、邮政车、行李车、发电车、守车和轨道车等。

在国际贸易中，利用铁路列车运输进出口货物，是一种重要的运输方式。铁路运输一般不受气候条件的影响，保证全年正常运输，速度较快、运量较大，连续运输能力强，风险较小。我国幅员辽阔，边境线长，与我国陆路相连的国家和地区有多条铁路相连，我国进出口贸易有相当一部分货物是靠铁路运输的。

（2）我国进出境列车的国境车站

国境车站是进出境对外贸易货物运输的口岸，它是各相邻国家和地区铁路运输的连接点，是一国或一个地区铁路向另一国铁路或地区办理货物的交接、换装和各项相关业务作业的地方。

我国进出境列车的国境车站主要有满洲里站、绥芬河站、珲春站、二连站、丹东站、图们站、集安站、阿拉山口站、凭祥站和河口站等10个国境车站。

（3）进出境列车的种类与组成

①客运列车

专门从事运载国际旅客的列车。由机车、客车、行李车、邮政车和餐车组成。

②货运列车

专门从事运载进出境货物、物品的列车。货车的种类有棚车、敞车、平板车、保温车、油槽车、特种车等。除此之外，还有工作车进出境，如检衡车、机械车、扫雪车等。

（4）进出境列车的监管规范

进出境列车必须在进出境车站停留，接受海关的监管和检查。进境列车自到达进境车站起到海关检查完毕止，出境列车自海关开始检查起到海关放行出境止，未经海关许可不得移动、解体（客车改轮除外），或擅自驶离进出境车站。

进出境列车装卸进出境货物、物品，上下进出境旅客，应当接受海关监管。货物、物品装卸交接完毕，车站应当向海关递交反映实际情况的交接单据及商务记录。

（5）进出境列车及载运货物、物品的申报

进出境列车驶离进出境车站的时间、车次、停发车地点，车站应事先通知海关。进出境货物列车，车站应向海关递交列车编组顺序表和货物交接单。进出境列车载运的货物、物品，由进出境车站向海关递交下列单据：货物运单或行李、包裹运行报单及随附文件，货物交接单或行李、包裹交接单，海关需要的其他有关文件。

进口货物（含包裹）的收货人、出口货物（含包裹）的发货人或者其代理人办理货物进出口手续时，应当填写进出口货物报关单，向海关申报，并按规定交验下列单据：货物运单（或行李、包裹运行报单）及添附文件，进出口货物许可证件，海关需要的其他文件。

（6）进出境列车的检查

海关检查进出境列车时，应由值班员或列车长陪同检查，并负责开启车门及有关部位，根据海关要求搬移货物、物品。

海关检查进出境列车的主要任务是检查有无与申报单据不符的车辆和所载的货物，检查有无藏匿或夹藏走私物品，检查有无藏匿或夹藏国家禁止进出境的物品，检查有无夹藏或携带内部资料或反动宣传刊物，检查有无其他违规情事。

（7）进出境列车停站期间的监管

海关对进出境列车停站期间的监管，包括列车停站后联检期间，以及装卸货物、物品，上下旅客，列车驶离车站的这一段时间。进出境列车停站期间武警参与监管的职责是对进出境列车进行检查，对运载货物进行监装、监卸及查验。

（8）进出境列车的放行

对进出境列车检查完毕，通知车站值班员或列车长，列车可调离、解体；对出境列车检查完毕，海关将签有“放行章”的列车组成单交给车站值班员或列车长，作为车站发车凭证。海关对准予放行的进出境货物、物品，在货物运单或行李、包裹运行报单上加盖放行章，铁路始可交付或运往境外。

（五）进出境航空器的监管

进出境航空器是指用以载运人员、货物、物品进出境的国际民航飞机（国家元首和政府首脑乘坐的专机不包括在内）。

它的主要特点是航班停留时间短，货物、包件价值高，多为旅客随机托运或携带的贵重物品。航空运输快速、高效、安全，已经成为现代运输业中一种重要的运输方式。

1. 进出境航空器的监管要求

进出境航空器和其他进出国境运输工具一样，应接受海关检查。但由于两国通航是经过缔约国政府批准的，各国的飞机都代表本国的权益，海关检查应审慎从事。同时由于飞机结构精密、机体较小、停港时间短暂，在正常情况下，可只对客舱、货舱做一般的巡视或不予检查。

2. 进出境航空器的监管规范

进出境航空器，除经特准的以外，只准在设有海关的国际航空站降停或者起飞。进出境航空器上下旅客，装卸货物、邮件、行李和其他物品，需经海关许可，并且在海关监管下进行。

（1）进出境航空器的申报

国际航空站应于航空器降停或者起飞前 2 小时通知海关有关飞机的情况，包括飞机的经营人和航班号，飞机始发站（终点站）、经停站、终点站（始发站），飞机降落（起飞）时间和停靠桥位或机坪号等。

进出境航空器降停后或起飞前，机长或其代理人应向海关递交下列文件：飞机总申报单，包括入境（出境）和过境旅客人数、特殊情况等，以及行李舱单一份；进口（出口）和过境的货物、邮件和其他物品舱单一份，以及有关货物的运单副本一份；机组（空乘）人员及其自用物品、货币、金银清单一份。

（2）进出境航空器的检查和放行

进出境航空器降停后或者起飞前，应当接受海关检查。

海关检查飞机的时候，机长或其指定的人员应当在场陪同。海关认为必须开拆机上有关部位和查阅航行记录簿等的时候，机长或其指定人员应当照办和交验。海关检查飞机完毕，机长应当在海关编制的检查记录上签字确认。航空器经海关检查完毕，并在出口舱单上签印放行后，方准起飞。

（3）进出境航空器停站期间的监管

进出境航空器停站期间，海关监管的任务是监管旅客和机组（空乘）人员上下飞机，检查其携带物品；监管货物、邮件、行李的装卸，进行查验和放行；监管机用燃料、油料、零备件、正常设备、供应品及金银、货币等。

二、人工查验

（一）定义

人工查验是指除机检查验方式外，其他对货物实际状况进行验核的查验方式。

（二）工作职责

1. 按照查验操作规程，根据查验指令的要求，对进出口货物进行实际核查。
2. 按照查验操作规程，协助海关其他部门或作业岗位实施其职责要求。
3. 按规定格式和要求填写海关货物查验记录单，并将查验结果录入计算机系统。
4. 查验后续处理。

（三）操作规范

1. 查验派单

现场海关应当由指定人员操作查验自动派单系统，随机指派实施查验的关员。因现场人员调配等原因无法执行自动派单结果时，可以由当班科长对自动派单结果进行人工干预。人工干预自动派单结果应当在计算机系统录入具体原因备查。风险分析/放行岗位下达的查验指令不明确或难以执行的，经主管科长批准，查验现场关员可以与风险分析/放行岗位协商后，由风险分析/放行岗位修改查验指令，或由负责实施查验的部门根据授权自行修改。当天未能实施查验的已派报关单，应当取消派单，下一个工作日重新派单。对于无相应报关单的径行查验货物、转关运输货物、转运货物、过境货物等实施查验时，应当使用选择查验系统非报关单查验功能进行自动派单查验，并录入查验结果。打印海关货物查验记录单，供实施查验关员现场记录查验情况及查验结果。

2. 实施查验

（1）查验准备

通过审核报关单及随附单证或其电子数据，询问进出口货物收发货人或其代理人等方式，全面了解所查验货物的基本情况，初步确定现场查验应当采用的方法和步骤。备齐查验所需的相关单证、查验工具、取样容器、海关封志、安全防护用品等，并做好其他必要的准备工作。

（2）查验实施

查验货物时，进出口货物收发货人或者其代理人应当到场，负责按照海关要求搬移货物，开拆和重封货物的包装，并如实回答查验人员的询问，以及提供必要的资料。对有施封装置的进出口货物实施开箱查验前，查验关员应当检查集装箱或货柜是否被非法开启过，并核对封志是否完整。对被非法开启过或封志不完整的，应当在海关货物查验记录单上如实记录，并报当班科长批准后方可以继续作业。单证资料齐全，货物已运至指定地点，能够开始实施查验操作并当场确定查验结果的，应当在查验开始后半个工作日内完成查验操作。遇特殊情况（如发现货物异常，需进一步确认等情况），报当班科长批准可以适当延长查验时间。因货物易受温度、静电、粉尘等自然因素影响，不宜在海关监管区内实施查验，或者因其他特殊原因，需要在海关监管区外查验的，经进出口货物收发货人或者其代理人书面申请，主管查验工作的处级以上领导（含处级）或其授权人员批准，海关可以派员到海关监管区外实施查验。在海关监管区外查验货物，应当按规定向进出口货物收发货人或其代理人收取规费。

查验过程中，查验关员不得擅自离开正在作业的货物。确须离开的，须经当班科长批准，并采取加封等必要的安全措施，或在查验现场办理交接手续，由接替的关员继续实施作业，直至作业完毕。进出口货物收发货人或其代理人（以下简称当事人）申报的进出口货物有下列情况之一者，经海关现场查验仍不能确认的，应予取样化验鉴定：

①申报品名不清，技术资料不全而影响海关进行正确税则归类的；

②单证不全或单货不符的；

③涉嫌伪报、瞒报的；

④查验指令要求取样的；

⑤按有关规定需要化验鉴定的其他货物。

根据取样标准和要求提取样品，当场加封。填写样品标签，由进出口货物收发货人或者其代理人共同签字确认后加贴于样品盛装器具上。海关现场取样，应一式两份，当场封存。同时填写“进出口货物化验鉴定申请单”一式两份，经执行关员和当事人签字后，一份申请单和样品由海关送抵化验中心，另一份申请单和样品留存海关备查。

（3）记录填写

货物查验完毕后，参与查验的关员应当按规定的格式和要求填写海关货物查验记录单，并将查验结果录入计算机系统。海关货物查验记录单应当由在场的进出口货物收发货人或者其代理人签名确认。进出口货物收发货人或者其代理人拒不签名的，查验人员应当在海关货物查验记录单中注明情况，并由货物所在监管场所的经营人签名证明。海关径行查验时，存放货物的海关监管场所经营人、运输工具负责人应当到场协助，并在查验记录上签名确认。海关货物查验记录单作为报关单的随附单证由海关保存。

3. 查验后续处理

（1）现场查验关员完成查验，并经当班科长复核后，对报关单做如下处理：

对查验记录内容清楚准确，查验程序和内容符合查验规程和查验指令要求的，根据直属海关授权，直接办理放行手续；经查验发现货物与申报不符的，按规定程序移交缉私、法规、审单等相关部门处理，移送案件应当填写查验案件线索移送单并办理相关移交手续，在接到移交处理反馈单后，现场查验关员，应当及时在系统中录入处理结果；对须送检货物，应当按取样要求采集货样，填写“进出口货物化验鉴定申请单”并办理相关送检手续；现场当班科长发现查验记录填写不规范的，应当要求实施查验关员修改或重新填写查验记录，对查验程序不符合查验规程规定或查验内容不符合查验指令要求的，可以要求重新查验；如查验指令包含复核要求的，查验结束后将查验结果反馈给风险分析/放行岗位；配备了大型集装箱/车辆检查设备的现场，对于人工查验无法满足查验指令要求或人工查验发现异常需机检确认的，应当在填写人工查验记录后，转机检查验；人工查验部门应及时向机检部门反馈由集装箱机检环节转人工查验货物的人工查验结果。

（2）查验中止。下列情况时，现场查验关员应当中止查验作业，并采取必要保护措施，待请示当班科长同意后，方可以重新开始作业。有关中止情况应当在海关货物查验记录单上如实记录。

①货物的收发货人或者其代理人拒绝履行其应尽义务；

②查验过程中发现货物不适合海关继续查验的，如存在放射源、污染源等；

③在查验过程中遇外力阻止，查验关员无法正常行使职权的；

④须中止查验的其他情况。

（3）查验复验。复验按照规定的查验程序办理，查验记录上应当注明“复验”字样。已经参加过查验的人员不得参加对同一票货物的复验。

（四）人工查验方式

海关人工查验分以下 3 种方式进行：

彻底查验即对货物逐渐开箱（包）查验，将货物的品名、规格、数量、重量、原产地、货物状况等逐一与货物申报单详细核对。

抽查即按一定比例对货物有选择地开箱（包）查验。

外形查验即对货物的包装、唛头等进行验核。外形查验主要是用于大型机械设备、大宗原材料等不宜搬运、移动，但堆放整齐，比较直观的货物，以及包装简单，通过外形查验就可以完成查验指令要求的货物。

三、非侵入式机器查验工具

（一）货检 X 光检查设备

1. 概述

利用货检 X 光检查设备进行查验是海关依法采取的一种非侵入式查验方式，其查验结论与人工开箱查验具有同等法律效力。

海关总署监管司负责全国海关货检 X 光检查设备查验的职能管理工作。直属海关监管部门负责本关区货检 X 光检查设备的职能管理和年运行费的统筹使用和查验工作；直属海关技术部门负责设备的日常维护、软件升级、运行保障等技术工作；直属海关其他部门对涉及的相关工作给予积极配合。隶属海关机构负责货检 X 光检查设备的日常使用和管理工作。

布控和查验指令有明确机检（指货检 X 光检查设备，下同）查验要求的货物，必须使用货检 X 光检查设备实施查验。下列货物应优先使用货检 X 光检查设备实施查验：

（1）包装统一，申报品种单一的货物；

（2）不适宜现场开拆的查验货物，如电子产品等高价值货物；

（3）有夹藏怀疑的货物；

（4）其他适宜机检的货物。

2. 货检 X 光检查设备作业

货检 X 光检查设备由隶属海关查验部门在实施查验时使用。货检 X 光检查设备按作业环节可设置系统操作、图像分析、系统管理等工作岗位，其中系统操作岗、图像分析岗位均可由查验岗位人员兼任，系统管理岗位人员由各隶属海关负责指定。

（1）系统操作岗位

系统操作员在实施机检作业前，应做好以下机检准备工作：

①打开设备电源，启动设备操作系统，检查传送带、远程控制端等硬件是否运转正常，做好过机查验前的准备工作，确认设备运行正常后方可开始进行机检操作。

②检查确认扫描通道及辐射主要影响区域内无人员；引导待查货物摆放在传送带规定位置；检查货物基本情况，禁止超高、超长、超宽、超重货物进入设备检查通道，确认货物摆放正常后方可进行实际扫描操作。

③系统操作岗在确认待查货物放置在设备滚动台后，应开启“前进”按钮，滚动台带动货物进入扫描通道，设备 X 射线启动，对货物进行扫描。如需进一步扫描检查，系统操作岗应开启“倒车”按钮，设备滚动台将反向运转，设备将对货物进行再次扫描。

（2）图像分析岗位

图像分析员应结合纸质报关单证或电子数据等信息，依据查验指令要求，充分运用相关业务知识及系统功能，按设备操作要求对扫描图像进行综合分析。

图像分析结论必须由两名图像分析员作出，结论不一致时，报告值班科长（或其授权组长）研究确认。

对没有发现异常情况的，图像分析员可转入查验下一环节；经图像分析后认为无法满足查验指令要求的，图像分析员应转人工查验继续查验；对经图像分析后发现异常情况的，图像分析员应转人工做进一步查验。图像分析结论必须由图像分析人员在《查验记录单》上注明。人工查验岗位人员应及时向图像分析岗位人员反馈查验结果。

（3）系统管理岗位

系统管理员负责系统运行管理、数据安全管理、授权管理、日常技术检查、维护，以及与技术部门的联系配合等工作，定期对图像和数据库数据进行备份存档，并根据海关业务变化情况等提出系统软硬件的改进建议。

系统管理员应与厂方设备维护人员做好协调配合工作，认真做好设备的运行、检修、维护、保养记录，在设备发生故障时，及时与厂方维护人员联系，请其及时排除故障。

货检X光检查设备工作人员须遵守辐射防护安全操作规定，各隶属海关应建立本部门人员辐射防护情况档案。

3. 图像管理

货检X光检查设备使用部门应定期对扫描图像资料进行整理、备份、存盘，查获案例的扫描图像应长期保存。所有货检X光检查设备扫描图像，未经直属海关关领导或经授权的处级领导批准不得向海关以外单位提供。凡经批准提供图像资料的，系统管理员须做好相应记录。

4. 绩效管理

海关总署负责全国海关货检X光检查设备使用管理评估工作，指导各直属海关开展货检X光检查设备绩效评估管理。

货检X光检查设备使用管理评估，主要指标包括开机时间、实际运行时间、故障次数、机检票数、过机货物总件数、查获票数、查获案件数、查获总案件值等。直属海关应定期进行货检X光检查设备绩效评估并上报海关总署，海关总署定期进行评估，发布各直属海关货检X光检查设备使用绩效评估结果。

（二）背散式查验车

1. 概述

利用背散射式查验车（以下简称检查车）进行查验是海关依法采取的一种非侵入式查验方式，其查验结论与人工开箱查验具有同等法律效力。

海关总署监管司负责所有直属海关检查车总体使用情况的指导、监督和管理工作。直属海关监管通关处负责本关区检查车使用情况和使用绩效的职能管理工作；海关其他部门对该设备在使用过程中所涉及的相关工作（如日常运行费用、人员等）给予积极支持。设备提供方负责定期对检查车进行常规维护、软件升级和维修保养等技术保障工作。隶属海关根据实际情况配备专职人员，负责检查车的日常运行操作和管理。无关人员不得驾驶或操作检查车。

检查车对集装箱实行机检时，按作业分工可设置车辆驾驶、系统操作、图像分析、系统管理等工作岗位。

2. 机检作业

实施集装箱机检前，各岗位操作人员应做如下检查：检查确认检查车发动机、车载设备、操作台已启动并正常工作；扫描辐射主要影响区域内无人员；行驶模式下检查车通行道路上无障碍物，且通行宽度能满足检查车扫描的需要。系统操作人员应根据查验指令要求，核对待检货物的报关单号、集装箱号、封志号、申报内容及其他相关信息。

车辆驾驶人员启动检查车，使用行驶模式，保持适当行驶速度，对待检集装箱或承运工具进行扫描检查，系统操作人员通过操作台全程监控扫描过程，发生紧急情况时，应立即停止扫描。

图像分析人员应结合纸质报关单证或电子数据等信息，依据查验指令要求，充分运用相关业务知识及系统功能，遵照规范对扫描图像进行综合分析。图像分析结论必须由两名图像分析人员作出，结论不一致时，报告值班科长（或其授权组长）研究后作出判断。

经分析，没有发现异常情况的，图像分析员作出未见异常的结论；发现异常情况的，图像分析员应在扫描图像上做出嫌疑标记并对嫌疑情况作具体说明，同时作出转人工查验的结论；经图像分析后认为无法满足查验指令要求的，图像分析员应作出“无法判断，转人工查验”的结论。

图像分析员应填制海关查验作业记录单一式二份，并经主管科长（或其授权组长）审核确认，其中一份留存集装箱机检部门，其余与相关单证共同流转归档。

扫描检查完毕后，车辆驾驶人员应驾驶检查车驶离原先扫描区域，并为下一次检查做好准备。

系统操作人员应及时安排陪同查验人员至指定场地等待查验结论。对转至人工查验的货物，应及时向检查车所在部门反馈人工查验的最终结果。

各隶属海关的图像分析人员应定期向本关区的通关部门收集检查车移送案件的查处情况，做好业务数据统计和上报工作，同时建立本部门人员辐射防护情况档案。

3. 图像管理

图像分析人员应定期对扫描图像资料进行整理、备份、存盘。货物扫描图像的电子档案保存期限应与对应的报关单证保存期限一致。查获案例的图像应长期保存，所有扫描图像，未经直属海关领导或经授权的处级领导批准不得向外单位提供。凡经批准提供图像资料的，图像分析人员须做好相应记录。

4. 绩效管理

海关总署和直属海关应分别建立本层级检查车使用效能的统计制度，并据此进行绩效评估管理。绩效评估内容包括查验批数、查验箱量、查获案件数、查获率、查获案值和使用总用时。直属海关监管通关处应将检查车的当月使用绩效于次月 10 日前向监管司上报。现场检查车使用部门和直属海关监管部门应每月逐级向上级监管部门报送检查车的效能统计表。

（三）门户式车辆辐射探测设备

1. 概述

门户式车辆辐射探测设备用于探测车辆及所载货物中是否藏有非法贩运的放射性物质。辐射探测，不影响海关对货物进行的其他监管行为。

海关总署监管司负责门户式车辆辐射探测设备的配备、协调，指导全国海关开展辐射探测工作。直属海关通关监管部门负责协调、管理本关区门户式车辆辐射检测设备的安装、使用和维护；直属海关技术部门负责协助监管部门监督设备提供方对设备进行常规维护、软件升级等技术保障工作。隶属海关负责门户式车辆辐射检测设备的使用和日常管理工作。缉私部门负责处理现场移交的放射性物质非法进出境案件。

隶属海关可根据需要配备专职或兼职人员负责门户式车辆辐射检测设备的日常管理使用。

2. 现场探测作业

门户式车辆辐射探测设备按作业环节可设置系统管理、现场警报站系统操作和监控、中央报警站系统操作和监控、车辆引导、手持设备作业等岗位。

（1）系统管理岗位职责

负责系统整体维护，保障各工作站之间的数据交换畅通；设定和调整门户式车辆辐射探测设备报警阈值；实施辐射检测前，确认辐射探测设备工作正常、报警阈值设置正常，以及各子系统和工作站之间数据传输正常；按操作步骤启动检测设备，确认设备运行正常。

（2）现场警报站岗位职责

实施辐射探测前，确认箱号识别系统工作正常，确保通道畅通，交通管制系统（横落杆、信号灯等）工作正常，各分系统之间的数据传输正常。

第一次门户式探测无报警，且已有报关信息的可直接放行或转入海关一般作业程序。

第一次门户式探测报警时，在排除可直接判断的误差因素后，提示车辆驾驶人员，并通知车辆引导员引导车辆进行第二次门户探测或使用手持设备进行检查。

装有第二次门户探测设备的，引导至第二次门户探测设备；未装有第二次门户探测设备的，引导车辆重新通过第一道门户式探测；无法进行第二次探测的，引导至特定区域使用手持式设备进行二次检查。

货物产生报警信息但无报关信息的，可暂扣货物，待海关获得相关信息后再作进一步处置，海关保留径行查验的权力。

（3）手持设备检查岗位职责

对经第二次门户探测报警的车辆或货物，使用手持设备进行探测，确定其方位和具体放射元素。

将手持设备探测结果上传中央警报站，供其工作人员比对分析。

（4）中央警报站人员职责

经门户式车辆辐射探测设备报警的车辆或货物，中央警报站工作人员结合手持设备探测的数据，并调阅有关报关单、舱单等信息，进行比对、综合分析，并作出处置结论。

第二次检查须在指定的场地进行，并有相应的隔离防护措施。在条件允许的情况下，在二次检查过程中应优先考虑使用大型集装箱检查设备等非侵入式查验方式。经手持设备探测确定有放射性嫌疑的货物，由海关暂扣货物，设置隔离，并移交相关部门进行专业探测，探测结果由海关专门联系人统一接收。经手持设备探测确认无嫌疑的，可转下一步正常海关作业流程。经鉴定确为非法放射性货物的，移交缉私部门处理。缉私部门根据国家有关法律法规对货物及其所有人进行相关处置，并将情况反馈海关。

3. 应急处置

如发生异常情况或突发事件，现场操作人员应及时采取应急措施，保证现场人员及系统作业安全。设定的阈值对现场物流及通关速度产生较大影响，确需进行调整的，须报科或科级以上领导批准。特殊情况下，经科级以上领导批准，可暂时关闭设备。

设备发出中子警报时，现场作业人员应及时将报警车辆引导至指定区域，并通知专业部门，由其负责隔离，并采取相应保障措施，同时上报上级部门。探测过程中，出现被检物放射性剂量严重超标、泄露等紧急情况时，应立刻通知专业部门，由其负责隔离，并采取相应保障措施，根据有关规定及时做出安全处理并上报上级部门。

4. 数据管理

系统操作人员负责填写工作日志，统计每日探测量，如实反映当日工作情况。门户式车辆辐射探测设备操作部门应定期对有关的数据进行整理、备份、存储。并做好数据资料的保密和保管工作。做好业务数据统计和上报工作，并建立本部门人员辐射防护情况档案。

所有门户式车辆探测设备所涉及的数据，未经海关总署监管司批准不得向其他部门及海关以外单位提供。凡经批准提供数据的，系统管理员须做好相应记录。

门户式车辆探测设备所配备的计算机、打印机等设备，不得用于辐射探测以外的用途。未经允许，不得使用U盘、移动硬盘等复制相关数据。

第二节　海关查验管理创新

为贯彻落实国务院促进贸易便利化推动进出口稳定发展的决策部署，全面落实“由企及物”的管理理念，顺应分类通关和通关作业无纸化改革的发展要求，在强化风险分析评估和企业守法管理的基础上，海关在查验工作中实施分类查验和查验分流作业，将监管查验工作“前推、后移”，进一步明确各部门在监管查验业务链条中的职责分工，既加强海关实际监管、把好国门，又提高通关效率、做好服务，切实做到“管得住”、“通得快”。

一、实施分类查验和查验分流作业

按照企业等级，实施分类查验，对经营单位为AA类且申报单位为B类（含B类）以上企业的进出口货物，除有情报须布控查验外，原则上不实施布控查验，仅保留一定的无干预随机布控查验、即决式布控查验和现场审单、接单，无干预随机布控查验和即决式布控查验比例保持在AA类企业进出口货物报关单总量的0.5%左右。

AA类企业有违法违规情事并被缉私、政法部门立案的，自立案之日起，对涉案企业进出口货物实施连续10票布控查验，并同步暂停其享受免担保通关便利措施的待遇。在此期间，如又被查获违法违规情事并立案的，对涉案企业再增加连续10票布控查验，并依此类推。如未再次查获被立案的违法违规情事的，结束对其连续布控查验，恢复其免担保通关便利措施。案件结案后，根据企业分类管理的现行规定决定是否作出降级处理，并按照相关规定办理。对经风险分析确定风险程度较高的AA类企业，其进出口货物应列入查验重点监控范围。

对进出海关特殊监管区域的货物（以下简称特殊区域货物）实施查验分流作业，除法律法规另有规定及有情报须布控查验外，对特殊区域货物（包括无干预随机布控查验和即决式布控查验的货物），均由特殊区域海关按照现行查验作业规范和要求在区域内实施查验，并承担对入区所有货物真实性的监管责任。

二、加强企业管理和稽查作业

企管部门要严格实行企业分类等级评定，强化对企业进出口经营行为守法状况的监控，开展企业类别动态调整，并实时向风险管理、审单作业、通关监管、保税监管和后续监管等部门提供企业走私、违规案件的立案、结案情况及相关信息，做好企业差别化管理。

稽查部门要按照“优化事前监管、简化事中监管、强化事后监管”的工作要求，进一步加强企业稽查管理，并切实承担起对AA类企业的主要监管责任。对风险指向明确的AA类企业进行专项稽查，原则上每年对1/3的AA类企业进行常规稽查，确保每3年完成一次对AA类企业常规稽查的全覆盖。综合运用稽查、核查、巡查和贸易调查等各种方式，确保每年对所有AA类企业的日常监管覆盖至少1次。

三、强化风险分析评估

优化完善风险管理运行机制，合理设置通道参数和风险参数，将特殊区域与境外之间进出的货物，原则上纳入低风险类别，统筹开展风险分析布控工作，不断提高查验布控的准确性和有效性，强化风险分析对口岸现场查验、特殊区域查验和事后稽查作业的支撑作用，切实提升风险管理的实战应用水平。

进一步加强海关诚信系统建设，在“金关二期”工程中同步配套做好相关的系统保障工作，结合企业分类结果，在通道决策、风险分类、专业审单、现场接单、税收征管、查验放行、现场抽核及批量复审等通关作业全过程实施差别化作业。

四、切实加强查验工作

严格落实“巩固查验率、查获率成果”的要求，进一步抓好查验工作，继续将设定的查验率、查获率指标作为口岸和非口岸查验工作的考核指标，防止查验工作出现大起大落。同时，进一步加强进出境运输车辆和来往港澳小型船舶监管力度，在风险分析的基础上，采用验核单证、监装监卸、例行抽查、重点抽查、重点抄查等方式实施检查。

五、提高整体通关作业效能

加强各通关作业环节的协调配合，重点明确审单、接单和放行等环节在夜班和加班时段对现场查验作业的支持措施，实现各通关作业环节的一体联动。在监管查验业务管理链条中增加设立分段界定和统计各通关环节的作业时效，促进共同提高整体通关作业效能。

加大归类、估价、原产地确定等关税技术专业认定对现场监管查验作业的支持力度，进一步提高现场验估作业效能。现场作业部门向直属海关关税职能部门提交价格咨询的，自收到价格咨询单之日起，关税职能部门应在3个工作日内给予回复，需海关总署价格信息机构认定的价格咨询，海关总署价格信息机构应在5个工作日内给予回复。不涉及关税技术专业认定及取样送检化验的报关单，必须在1个工作日内审结。

建立海关进出口重点商品归类信息数据库，完成参数数据更新，实现对重点进出口商品的归类自动比对。修改《海关化验管理办法》，对须送海关化验的商品，AA 类或 A 类企业，经海关同意后可自行安排送检。企业需要在海关审查确定进出口货物的完税价格、归类及原产地核查期间先行提货的，可在依法向海关提供担保后提取货物。

规范现场查验作业，进一步明确外形查验、抽查和彻底查验的作业和时效要求。对经海关预审价、预归类和原产地预确定的商品，查验时原则上不再核查其价格、归类和原产地要素。

六、完善缉私情报支持查验机制

缉私部门要及时反馈现场监管查验部门移交案件和线索的处理结果情况，强化办案情报、国内外执法合作情报、市场调研报告等情报和信息对现场监管查验的支持作用，及时向风险管理及现场监管查验部门提供相关情报信息。同时，缉私部门的布控率和布控有效率要同步纳入考核范围。

七、建立分类查验统计方法

实施查验分类统计，分类设置口岸现场查验和特殊区域查验两类统计指标（两类统计指标均不包括 AA 类企业进出口货物），对 AA 类企业进出口货物的查验作单独统计，将备案清单从可实施查验报关单中剔除，对不同部门的布控查验指令的查验率和查获率分别进行统计，按照企业分类等级分别统计查验情况，研究设立事后稽查作业的统计指标。

八、加强评估和绩效考核

对查验分类统计的情况进行汇总评估，提高对监管查验工作考核的科学性和全面性。研究建立以“实质性查获率”为主要内容的指标考核体系，促进实质性查获水平的提高。

合理区分监管查验作业链条中不同部门的责任，加强对企业分类、通道判别、风险参数设置、审单作业、口岸现场查验、特殊区域查验、后续稽查和缉私情报支持等工作科学性和有效性的评估，科学考核不同部门工作绩效，促进各部门、各作业环节共同提高工作效能。

第十三章　海关审单

本章概要

海关审单作业是海关通关环节的关键一环，直接影响口岸贸易便利化和口岸通关效率。本章第一节介绍海关审单作业的基本情况，第二节详细介绍海关审单的作业分类及作业流程。

学习目标

掌握海关审单作业的概念，了解海关审单作业的基本流程，熟悉审单过程中的关键点和问题处置方法。

第一节 海关审单概述

海关审单是指海关审单人员依据国家有关法律、行政法规、海关规章和海关总署规范性文件，以风险分析和信息技术为手段，依托相关职能部门提供的参数及业务系统的支持，对申报人申报的报关单及其随附单证的合法性、规范性、有效性进行实时或后续审核，完成证件验核及税费征收等相关作业的行为。

海关审单作业分为电子审单、专业审单、现场接单审核和批量复审四个作业环节。电子审单由通关管理系统自动完成；专业审单由直属海关审单部门或直属海关授权现场接单部门通过人工审核完成；现场接单审核由业务现场接单部门完成；批量复审由直属海关审单部门牵头，与现场接单部门共同完成。

全国海关应保持电子审单、专业审单、现场接单审核、批量复审职责及流程的统一，严格执行海关总署规范性文件中规定的参数及管理事项。各直属海关应在现场接单部门设置验估岗位，并自行决定专业审单部门和现场接单部门其他内设岗位的设置及职责权限。

第二节 海关审单作业

一、海关审单作业分类

海关审单作业实行统一领导，分级管理。海关总署关税司负责牵头指导全国海关审单作业，其主要工作是：研究制定审单工作制度和规范性文件；组织审单业务改革研究论证，推进审单业务改革；负责审单信息化系统研发的相关业务主管工作；负责审单工作的质量监控与绩效评估；负责协调解决审单综合性问题；组织开展审单业务交流和培训；组织开展其他审单工作。

各直属海关负责组织实施本关区审单作业，其主要工作是：负责组织开展专业审单工作；根据审单工作需要，向接单现场提出工作要求；负责研究制定本关区审单作业的规范性文件；负责组织实施本关区报关单批量复审工作；负责组织实施本关区进出口商品规范申报及补充申报工作；负责组织开展本关区审单作业辅助信息化系统的应用、评估和参数管理等工作；研究提出报关单通道决策、风险参数、风险布控等参数设置建议；负责建立本关区审单风险防控和监控评估机制，并组织实施；负责组织开展本关区审单业务交流与培训；负责组织开展本关区其他审单工作。

现场接单部门负责本业务现场接单审核及其他审单工作，其主要工作是：负责开展接单审核、验估和税费征收工作；负责对本业务现场的报关单开展批量复审工作；负责开展现场抽核工作；向相关职能部门提出报关单通道决策、风险参数、风险布控等参数设置建议；负责本业务现场相关信息化系统的应用维护工作；负责落实风险防控措施，及时上报发现的风险信息；负责开展其他审单工作。

其他相关职能部门的工作是：制定相关业务的管理规定和执行参数及标准，提供给审单部门作为作业依据；对审单部门提交的疑难问题做出专业认定或答复；对报关单提出风险处置的要求；对审单部门提供的风险线索进行处置；及时向审单部门反馈由其移交的涉嫌走私违规和侵犯知识产权案件的处理情况。

二、海关审单作业环节

（一）电子审单

电子审单是指在相关职能部门共同支持和参与下，运用通关管理系统的自动审单程序，按照预先设定的风险参数、报关单的状态判断、逻辑检查、风险布控、通道决策及其他控制条件，对电子数据报关单进行规范性、逻辑性审核。

电子数据报关单不能通过规范性、逻辑性审核的，海关不接受申报并退回电子数据报关单，通关管理系统自动对外发布“不接受申报”通知，允许申报人修改后重新申报；电子数据报关单通过审核的，海关接受申报，电子审单程序自动记录接受申报时间，完成审单辅助决策审核和电子审单通道判别，同时系统根据风险参数、风险布控及其他控制条件进行风险甄别，确定相应的风险分析结果、最终通道判定、高低风险标记和风险提示内容。

海关接受申报的电子数据报关单，经电子审单完成审核后，分别按预先设定的通道判别参数转往下一作业环节，并自动对外发送相关通知。

（二）专业审单

专业审单是对通关管理系统转至专业审单环节的电子数据报关单进行人工审核、计征税费和处置。

专业审单的审核内容包括审核电子数据报关单填报内容是否符合海关规范申报要求，电子数据报关单进出口货物的价格、归类及原产地信息是否正确，电子数据报关单确定进出口货物是否适用贸易管制措施，电子数据报关单是否符合海关统计要求，其他有明确规定或要求并需要专业审单审核的内容，以及完成税费计征。

专业审单应遵循以下原则：

1. 对于有明确指令要求和提示信息的内容，审单人员应及时调阅相关报关单随附单证、电子联网备案信息及通关管理系统提供的其他参考信息，按照相关规定进行审核、处置；

2. 对于没有明确指令要求、提示信息、参数和可参照标准的内容，审单人员可根据实际审单需要调阅随附单证、电子联网备案信息及通关管理系统提供的其他参考信息，在法律、行政法规、海关规章及海关总署规范性文件规定的范围内根据自身掌握的信息进行审核、处置；

3. 除上述第 1 点的情况外，对于经海关相关职能部门备案或事先审核的项目，或由信息化系统自动检控的项目，实时审单环节不再进行实质性审核；

4. 除上述第 1 点的情况外，对于按规定不需发送或不需实时发送随附单证电子数据的无纸化报关单，审单人员仅对报关单电子数据进行审核，可不再调阅随附单证电子数据。

根据专业审单审核结果及岗位职责权限，可进行如下操作：

1. 将电子数据报关单退单。对不符合报关单填报的规范或不能满足海关审单要求的电子数据报关单，按照相关规定进行退单操作，并注明退单原因及有关更正要求，符合记分管理规定的，进行记分操作。

2. 将电子数据报关单转岗：

（1）内转。按照岗位职责将电子数据报关单转至专业审单环节其他岗位，注明转岗理由，由其他岗位继续审核。

（2）外转。按照岗位职责将电子数据报关单转至现场验估岗位，注明转岗理由。选择报关单是否需要转回专业审单，不需要转回的由验估岗位直接审结，需要转回的按以下方式处理：对验估岗位反馈的验估结果无异议的，专业审单人员参照验估结果继续完成审单作业；对验估岗位反馈的验估结果有异议的，可通过网络视频、直接派员或联合相关部门到业务现场等方式进行复核。

3. 将电子数据报关单挂起。注明挂起理由，告知联系方式，根据实际情况可要求申报人递交纸质报关单据，补传随附单证电子数据，按规定进行补充申报，交验有关资料、样品，或按规定进行完税价格审定、归类确定等。经审核仍无法确定的，按规定程序和操作要求向相关职能部门申请专业认定或释疑。

4. 对电子数据报关单实施布控。可选择向现场接单审核或查验、放行环节下达即决式布控指令，注明布控理由和具体验核及反馈要求。

5. 执行并反馈下达在本作业环节的布控指令。

6. 选择处置要求，审结电子数据报关单。

直属海关审单部门应按规定或根据授权受理、办理申报人或现场接单部门提交的退补税、报关单修改撤销、通关事务担保等海关事务，也可授权现场接单部门受理、办理上述海关事务。

对不符合检控条件或通关参数要求，需人工干预强行通过的非正常电子数据报关单，经直属海关审单部门或授权的现场接单部门核准后进行处理，如海关通关管理系统不接受申报，必须通过特殊程序申报的电子数据报关单，以及其他需人工干预强行通过的电子数据报关单。

（三）现场接单审核

现场接单审核是对转至现场接单审核环节的电子数据报关单及随附单证电子数据、纸质报关单及随附单证实施接单、审核、征收税费和处置。

现场接单审核的工作内容：

1. 审核报关单填报内容是否符合海关规范申报要求；

2. 审核报关单及其随附单证涉及的价格、归类及原产地信息是否正确；

3. 审核报关单及其随附单证，确定进出口货物是否适用贸易管制措施；

4. 审核报关单填报内容是否符合海关统计要求；

5. 验核电子数据报关单与纸质报关单及其随附单证是否相符、齐全、有效，以及纸质报关单上报关单位及报关员签字、盖章等是否齐全；

6. 验核递交报关单证的时间是否在规定期限内；

7. 对纸质单证进行人工核注；

8. 实施有纸通关的接单作业；

9. 系统提示需要完成的其他作业内容；

10. 完成税费计征。

在无纸化通关模式下，对由电子审单直接转至现场接单审核环节的电子数据报关单及其随附单证电子数据，参照专业审单遵循的审核原则，完成上述除第5~8项外的审核内容；对经专业审单审结的电子数据报关单，现场接单审核只需按照专业审单下达的审核要求进行审核。

在有纸通关模式下，对由电子审单直接转至现场接单审核环节的报关单，现场接单审核应参照专业审单遵循的审核原则，完成现场接单审核的审核内容；对经专业审单审结的报关单，现场接单审核只需完成上述第5~9项的审核内容。

根据审核结果，可进行如下操作：

1. 在有纸通关模式下，接受申报人递交的纸质报关单及其随附单证。对超出规定期限递交纸质单证的，未发现有走私违规嫌疑或布控查验要求的，按有关规定实施报关单撤销、记分等管理措施。

2. 对不符合报关单填报的规范或不满足海关审单要求的报关单，未发现有走私违规嫌疑或布控查验要求的，按照有关规定要求申报人修改或撤销重报并实施记分管理措施。

3. 要求申报人进一步说明情况，补充申报，交验有关资料、样品，或按规定进行完税价格审定、归类确定、原产地确定等工作。经审核仍无法确定的，可按规定程序和操作要求向相关职能部门申请专业认定或释疑，相关申请及结果应当与直属海关审单部门共享。

4. 完成验估后，对于需要转回专业审单处理的，现场验估岗位向专业审单反馈验估结果并转回电子数据报关单；对于不需要转回处理的，现场验估岗位向专业审单反馈验估结果并审结电子数据报关单。

5. 执行并反馈下达在本作业环节的布控指令。

6. 结合本环节的审核结果下达布控指令、提出验估要求。

7. 对专业审单结果有疑问的，通知专业审单进行复审。

8. 按要求完成各类税费缴款单据的打印、核注等其他操作。

现场接单部门应按规定或根据授权受理、办理申报人提交的退补税、报关单修改撤销、通关事务担保等海关事务。

现场接单部门应按规定对“低风险快速放行”的报关单进行人工抽核。抽核过程中发现的问题，按照抽核有关规定进行处置。

验估岗位应根据专业审单、现场接单审核和查验提出的验估要求，按规定程序进行验估。验估岗位也可根据相关职能部门的提示和要求，结合现场实际情况，自主开展验估并及时反馈情况。验估的岗位职责及操作规范另行制定。

现场接单部门应定期核查超过规定期限未到现场办理交单手续的电子数据报关单，做好风险分析。认为有疑问的，应将同一申报人的所有超期未交单的电子数据报关单一并交相关职能部门处理，其他的电子数据报关单应通知企业按有关规定办理报关单撤销手续。

（四）报关单批量复审

报关单批量复审是以报关单电子数据为基础，运用风险分析、综合比对等方法，通过对已放行报关单电子数据进行综合复审，发现和纠正审单作业中存在的问题和差错，为保证报关单质量而实施的控制措施。

审单部门应通过报关单批量复审系统进行复审，按照批量复审系统操作手册的要求，处置存在的问题和差错，并对作业过程作相应记录。

批量复审应根据海关总署有关规定对规范申报、归类、价格、原产地和其他相关内容进行复审。必要时可调阅随附单证电子数据、纸质报关单及其随附单证或要求申报人补充申报及提供所需其他资料。

对于因按规定不需发送或不需实时发送而导致在批量复审时不能即时调阅随附单证电子数据的无纸化报关单，批量复审人员认为有疑问的，可直接移交稽查、缉私等部门处理，不再调阅有关单证。

对于批量复审中发现的问题，应根据不同情况分别处置：

1. 存在差错的报关单，审单部门按相关规定进行报关单修改撤销操作。

2. 发现有走私违规嫌疑的，审单部门应按有关规定将案件线索移交相关职能部门处理，同时将有关情况抄送风险管理部门。

3. 未发现明显差错但存有疑问的报关单，审单部门可联系相关部门进行复核或处置。

4. 对于需要专业认定的疑难问题，审单部门应按照有关程序提交相关职能部门，并根据职能部门反馈结果进行处理。

5. 对于发现的风险信息，审单部门应将其转化为风险参数或布控指令，通报相关职能部门进行评估加载。对于全国性或行业性的风险可上报关税司，根据相关规定统一安排加载。

6. 发现涉及其他关区业务的，由直属海关审单部门负责协调、通报有关情况。

三、海关审单监控评估

直属海关审单部门应加强对审单工作的质量控制，按照关区特点自行确定监控模式和手段，建立评估机制，发布质量评估报告，有效防控审单业务领域的风险。

经海关总署授权的直属海关审单部门可以通过跨关区方式对其他直属海关审单内容及工作质量进行监控评估。

审单监控工作重点包括：

第一，报关单填制规范、商品规范申报的执行情况及风险动态；

第二，重点、敏感商品（包括贸易管制商品等）执法统一性及风险的监控；

第三，政策及规定的调整、实施对审单作业风险的影响；

第四，批量复审等工作中发现的具有行业性、普遍性等重大风险的监控分析；

第五，审单业务中其他涉及税收征管、贸易管制、监管方式、征免性质、运输方式等各要素的综合性监控；

四、海关审单作业联系配合

审单部门之间，审单部门与相关职能部门、查验部门、现场加贸部门之间的业务联系配合遵循“职责清晰、操作规范、配合密切、运转高效”的原则。

审单部门在审单作业中遇到疑难问题，发现走私违法嫌疑或需由相关职能部门处理的其他问题时，应按有关规定及时提交相关职能部门进行认定、释疑或处置。

对于相关职能部门向审单部门下发的联系单或指令，审单部门应按照规定程序完成相关作业并反馈结果。

风险管理部门在研究调整涉及面广或可能对专业审单工作量产生较大影响的通道判别参数前，应征求直属海关审单部门的意见。

对于涉及多部门的综合性问题，直属海关审单部门应做好协调工作，仍不能解决的，直属海关审单部门应及时上报海关总署。

直属海关审单部门发现已审结的报关单存在疑问或差错，需现场接单部门配合的，应及时通知其进行复核，现场接单部门应按照要求进行核实、处置并及时反馈。现场接单部门对专业审单结果有疑问的，应通知直属海关审单部门重新核定。

审单部门向查验环节下达的布控指令应明确，对有反馈要求的布控指令，现场查验部门应及时向布控部门反馈查验结果。

审单部门应及时做好本关区审单业务分析和评估工作，对各项政策及管理措施实施过程中出现的不协调、不兼容等问题，应及时向相关部门提出工作建议。

五、海关审单作业纪律

直属海关应加强对各关区审单作业的监督管理，完善执法监督机制，加强审单队伍建设。审单部门应建立健全内部管理和监督制约制度，如客观条件不符合管理需要的，应向相关部门提出，在满足客观条件前或相关部门更改方案前，不得制定替代性管理规定。

直属海关应通过各类信息化系统加强审单作业时效性、规范性、统一性监督，发现违反审单作业纪律情事要及时纠正，发现廉政问题的线索应按照规定移交纪检监察部门处理。

审单关员应按“规定、程序、时效”的原则开展工作，维护执法严肃性，对审单操作中发生的问题，认为无法按照国家有关法律、行政法规、海关规章和海关总署规范性文件的规定处理的，应向上一级请示汇报，不得擅自处理。

实时审单作业各环节应加强联系配合，保证通关效率。正常情况下，对满足审单要求的报关单应在一个工作日内完成审核作业，如遇特殊情况，应及时向上一级领导报告并注明原因。

第十四章　贸易安全与便利背景下的海关国际合作

本章概要

中国作为世界贸易中最大的出口国和重要的进口国，在贸易安全与便利进程中的地位日益重要，加强国际合作是中国海关在贸易安全与便利发展背景下的必然选择。本章第一节从海关总署层面介绍中国海关国际合作的概况，第二节从直属海关层面介绍中国海关开展国际合作的基本情况。

学习目标

了解中国海关参与国际合作的基本情况，尤其是与欧洲海关和美国海关开展海关国际合作的实践；掌握中国海关开展国际合作的模式及原则。

第一节 海关国际合作概况

一、中国海关国际合作概况及最佳实践

（一）中国海关国际合作概况

为进一步促进贸易安全与便利化，中国海关所采取的具体措施如下：

1. 积极开展多边及区域合作

（1）积极研究并参与世界海关组织事务。中国海关自1983年7月18日正式成为世界海关组织成员以来，取得了多项重要成果，包括成功当选世界海关组织亚太地区副主席，参与《京都公约》等多边规则和公约的制定和修订，以及《协调制度》的审定工作，承办世界海关组织亚太地区培训中心，举办“海关学术研究与发展伙伴关系”（PICARD）大会等各类高级会议和论坛，多位官员成为世界海关组织认证专家或当选世界海关组织司长和委员会主席。同时，连续承办两届世界海关组织亚太地区情报联络中心（亚太RILO），成为中国海关承办的第一个国际组织机构。亚太RILO在北京的8年时间里，协调和组织成员开展多次成功的执法行动，这些行动帮助成员海关在打击走私各执法领域取得了重大的实质性成效，受到各界的广泛关注和赞誉。

（2）全面参与亚太经合组织海关合作事务。参与亚太经合组织海关手续分委会议事规则、集体行动计划、贸易便利化原则、反恐合作框架等重要文件的制定和实施，深入研究亚太经合组织海关合作领域的热点和重点问题，与亚太经合组织成员开展积极磋商，提出建设性意见。

（3）积极务实地参与亚欧会议海关合作。中国海关于1996年主办了首届亚欧海关署长会议，其后积极参加历次亚欧会议各个层级的海关合作，取得了显著成绩，其中包括主办并推动通过了《推进亚欧贸易安全与便利》倡议。

此外，中国海关还积极参与到上海合作组织、东盟、大湄公河次区域、中亚区域经济合作等地区性国际组织的合作之中，同时积极参与世界贸易组织贸易便利化谈判，全程参加贸易便利化谈判的历次会议并提交了“风险管理”、“海关稽查”等提案。

2. 积极开展双边合作

（1）中美间开展供应链安全合作和知识产权合作。中美海关间签署了C－TPAT联合验证试点申明，并进行了多次联合验证试点。下一步双方将对联合验证工作进行全面评估，研究建立互利互惠的中美C－TPAT合作模式，并探讨实现AEO互认合作的可行性。另外，中美集装箱安全倡议合作于2005年启动实施，中美大港计划于2011年在上海洋山深水港正式启动，以保障国际贸易供应链安全。2007年第二轮中美战略经济对话期间，中美海关签署了《关于加强知识产权边境执法合作的备忘录》，成为此次战略对话的重要成果之一。此后双方在规定框架下建立了联络渠道，交换了知识产权案件统计数据及个案信息，并均通过对方提供的信息查获到知识产权侵权货物。

（2）中欧间开展安全智能贸易航线试点计划和 AEO 合作。中欧于 2006 年正式启动中欧安全智能贸易航线试点计划，合作的主要内容包括：深入推进海关间数据交换合作的开展，促进双方提前申报管理规定的施行；在共同风险规则、最低监管标准和互认监管结果方面积累宝贵经验等。中欧间全面开展 AEO 互认合作，建立专家组会议制度，完成 AEO 制度比较确认。双方通过实地观摩考察，对给予 AEO 企业对等的优惠措施达成了重要共识。

（3）中日、中韩间开展 AEO 合作。中日、中韩间已就 AEO 制度互认合作问题达成共识，三方已建立常态化合作机制，共同制定了合作计划，达成推进互认合作的共识，并规划了未来合作的方向。

3. 开展国内政府部门间的合作

（1）“大通关”——通关效率的显著提高。多年来，海关在自身不断深化通关作业制度改革的同时，主动加强与其他管理部门之间的合作，包括与检验检疫部门进行“通关单联网核查”，与国税部门开展“出口退税系统联网运行”，与银行试点“网上支付”等，都是通过运用现代化、高科技的手段，整合企业在各部门间的单证流、货物流、资金流和信息流，营造出优质、高效的口岸整体通关环境。

目前正在实施的关检合作“三个一”（即“一次申报、一次检验、一次放行”）试点项目，是海关和质检部门进一步深化合作、促进贸易便利的又一重要举措，将进一步提高关检执法联动、资源共享水平，使口岸大通关模式从“串联”变成“并联”，简化企业通关程序，实现执法部门和进出口企业的多赢。

（2）“电子口岸”——“单一窗口”的有效尝试。中国电子口岸是海关总署、商务部、国家税务总局、国家质检总局和国家外汇局等 12 个部委，利用现代信息技术，在互联网上建立的公共数据中心。自建成以来，电子口岸在增强口岸综合管理效能，不断完善和严密监管的同时，也大幅度降低了企业的贸易成本，提高了贸易效率。可以说，中国电子口岸的建设已基本涵盖了“单一窗口”的主要内容，是口岸“单一窗口”下一步实现的坚实基础。

（3）“单一窗口”——口岸部门间合作的长期愿景。单一窗口是指通过单一的平台提交标准化的信息和单证，以满足相关法律法规及管理的要求。目前，中国电子口岸已基本实现了办理相关业务所需单证的一次性提交和处理，未来的发展目标应是建成一个具有一个入口接入、一次认证登陆和“一站式”服务等功能，集口岸执法管理及物流商务服务为一体的统一平台。

二、中国与欧洲共同体的海关事务合作

根据《中国政府与欧洲共同体关于海关事务的合作与行政互助协定》，中国和欧洲共同体承诺开展海关合作。主要在下列领域寻求合作：

第一，在双方海关当局间建立和保持沟通渠道，以确保和促进信息快速交换；

第二，促进双方海关当局间的有效协调；

第三，其他与本协定有关的可能随时需要双方采取联合行动的行政事务。

缔约双方承诺参照国际组织在贸易便利化方面所做的工作，在履行海关职责方面采取相应的措施。

（一）在海关手续方面的合作

中国和欧洲共同体明确在便利货物合法流动方面的承诺，并为履行这一承诺根据《中国政府与欧洲共同体关于海关事务的合作与行政互助协定》的规定交流有关完善海关技术和手续，以及有关计算机系统的信息和专业技能。

（二）技术合作

中国和欧洲共同体海关当局在互利的基础上在下列海关事务方面相互提供技术协助：人员和专家的交流，以增进彼此对对方海关法规、手续和技术的了解；培训，尤其旨在培养双方海关关员专门技能的培训；交换与海关法规及海关手续有关的专业和科技资料；验放货物和旅客行李的技术及改进后的方法；其他需双方海关当局不时采取联合行动的一般性行政事务。

（三）行政互助

中国和欧洲共同体海关当局通过互相提供适当信息的方式相互协助，以保证有效地实施海关法规，以及防止、调查和打击违反海关法规的活动。《中国政府与欧洲共同体关于海关事务的合作与行政互助协定》所指海关事务的协助适用于有权实施该协定的中国和欧洲共同体的任何行政当局。但该协助不得影响有关刑事互助的规定，亦不得涉及通过应司法当局的请求行使权利所获得的信息。《中国政府与欧洲共同体关于海关事务的合作与行政互助协定》所规定的协助不包括对关税、税费或罚款的追征，以及对人员的逮捕、拘留和对财产的收缴、扣留。

经请求当局请求，被请求当局向其提供确保海关法规正确实施的一切有关信息，包括已被注意到或计划实施的违反海关法规或可能违反海关法规的活动的信息。特别是应请求，海关当局相互提供有可能导致在另一方境内的违反海关法规行为的活动的信息，比如被请求当局已知或怀疑为错误或虚假的海关申报单、原产地证书、发票或其他文件。

经请求当局请求，被请求当局向其通报关于下列事项的信息：作为附件随货物申报单递交给请求方海关当局的官方文件是否真实；从缔约一方境内出口的货物是否合法地进口到缔约另一方境内，并在适当情况下，具体列明该批货物所适用的海关手续；进口到缔约一方境内的货物是否系从缔约另一方境内合法地出口，并在适当情况下，具体列明该批货物所适用的海关手续。

经请求当局请求，被请求当局在其法律、法规或其他有法律约束力的文件的框架内，采取必要的措施以保证对下列事项进行特别监视：有足够理由确信参与或曾参与违反海关法行为的人；储存因其已经或可能存放的方式使人们有理由相信将用于实施违反海关法行为的货物的场所；因其被运输或可能被运输的方式使人们有理由相信将用于实施违反海关法行为的货物；因其被使用或可能被使用的方式使人们有理由相信将用于实施违反海关法行为的运输工具。

（四）主动协助

中国和欧洲共同体如果认为对正确实施海关法规有必要时，特别是在有可能对另一方的经济、卫生、公共安全和类似重大利益造成实质性损害的情况下，应根据其法律、法规或其他有法律约束力的文件，主动就下列事项向对方提供协助：已知或看似违反海关法规且缔约另一方可能感兴趣的活动；从事违反海关法规行为的新的手段和方法；已知的违反海关法规行为的标的货物；有足够理由确信参与或曾参与违反海关法规行为的人；有足够理由确信将用于、用于或可能用于违反海关法规行为的运输工具。

三、中国与美国的海关事务合作

根据《中国政府和美国政府关于海关互助的协定》，中国与美国的海关事务合作包括一方主动或应请求向另一方提供可能有助于其确保海关法的实施及正确计征关税和其他税的情报。具体包括人员和专家的交流，设立经过外交任命的海关专员，以有益于相互间对各自采用的海关手续和技术的了解；提出、制定或改进人员培训的具体方案；新设备或新手续的研究或测试；其他需双方海关当局采取联合行动的一般性行政事务。

（一）情报交换

一方海关当局主动或应请求向另一方海关当局迅速提供其在正常执法活动中发现并有理由确信，在另一方境内将发生严重违反海关法行为的情报。

一方海关当局主动或应请求向另一方海关当局提供关于下列事宜的情报：可能有助于调查和惩处某一违反海关法行为的情报，特别是关于新的作案手段或方法的情报；一方海关当局查获的涉及另一方案件的有关私货来源、非法贩运路线及新的从事走私活动方法的情报；因成功地采用新的执法设备和技术而获得的观察资料或调查结果；验放货物和旅客行李的技术及改进后的方法。

（二）核查

经一方海关当局请求，另一方海关当局向请求方海关当局通报关于下列事项的情况：作为附件随货物申报单递交给请求方海关当局的官方文件是否真实；从请求方境内出口的货物是否合法运入被请求方境内；运到请求方境内的货物是否系从被请求方境内合法出口。

（三）关税计证

一方海关当局，如确信在其境内发生了违法行为，可请求另一方海关当局予以协助，以保证进出口关税和其他税的正确计征。被请求方海关当局根据其国内法的规定，尽快向请求方海关当局提供其所掌握的与货物的价格、归类、原产地及处置有关的档案、文件和其他资料。

（四）特别监视

经一方海关当局请求，另一方海关当局在其国内法律允许的范围内，并在其权限和能力所及的情况下就下列各种情事进行一定时期的特别监视，并向请求方海关当局提出监视报告：参与或涉嫌参与违反请求方海关法活动的特定人员；与或涉嫌与违反请求方海关法活动有关的特定货物；用于或涉嫌用于违反请求方海关法活动的特定运输工具。

（五）调查

应一方海关当局的请求，另一方海关当局在其国内法律允许的范围内，就《中国政府和美国政府关于海关互助的协定》所涉事项进行必要的调查、核实或检查，包括询问专家、证人及违反海关法行为的嫌疑人。如根据国内法的规定，被请求方海关当局无权从事上述调查、核实或检查，则该海关当局可在其权限和能力的范围内提供所请求的协助。

（六）没收财产的处置

依据对财产、收益和工具拥有控制权一方的国内法律处置因提供《中国政府和美国政府关于海关互助的协定》所规定的协助而没收的财产、收益和工具，在双方国内法律允许的范围内，任何一方可按双方商定的条件，将没收的财产、工具或因出售上述财产和工具所获得的收益转交给另一方。

第二节　通关监管领域的海关国际合作实践

随着我国综合国力的不断增强和国际影响力的进一步提升，各大国和国家集团都十分重视与我国的关系，积极寻求加强与我国各领域的合作。同时，我国国内加强国际合作的诉求也日趋强烈。海关作为国家对外经贸合作最重要的部门之一，面临世界经济和贸易快速发展、变化、整合的新形势，正积极稳妥地推进着国际海关合作向互利共赢、深度拓展的方向推进。有效实施海关国际合作，是中国融入世界经济主流的必然选择，是维护国际贸易安全与便利的必要前提，也是保障我国政治、经济等各方面利益的重要举措。通关监管作为海关的业务基础，承担了更多的国际合作任务，其参与国际合作的指导思想、谈判方式、合作领域、实施效果等因素都直接影响到海关的监管实效，中国政府的国际形象，以及国家利益的实现程度。

一、相关背景阐述

（一）海关通关监管领域参与国际合作的重要意义

1. 履行海关非传统职能的必然要求

随着国内外经济形势的不断发展，海关在税收管理、贸易管制等传统监管任务不断加重的同时，维护贸易安全与便利、保护知识产权、履行原产地管理职责、协助解决国际贸易争端、实施贸易救济和贸易保障、参与反恐和防止核扩散、负责口岸规划管理等非传统职能任务不断加重，其中的许多职责与通关监管职能密切相关。非传统职能与传统职能相比，更突出海关在维护国家非传统领域的安全问题的重要性。积极参加国际合作，有利于拓展信息交流的平台，采众家之长、集各国之力，更有效地应对各种非传统安全威胁，确保国家政治、经济、社会、文化的安全。

2. 深化国际海关合作的核心领域

纵观世界各国海关，虽然各自职能不尽相同，发挥的作用各有差异，但监管始终是海关最基本的任务，是海关工作的基石、门户和窗口，在促进贸易便利化、保障全球贸易链安全、反恐维稳等方面发挥着至关重要的作用。海关国际合作的实质就在于提高通关监管能力，为促进对外经济贸易快速健康发展提供良好的通关环境。从维护国家主权和利益的角度，严密监督管理；从提高贸易便利化的角度，方便合法进出。通关监管合作从而成为海关国际合作的核心内容与突破口，是海关工作需重点研究和特别加强的工作领域。

3. 提高海关通关监管工作水平的有利契机

通关监管走向国际化，既是海关工作落实世界海关组织关于维护贸易安全与便利、国际社会反恐维稳等要求，加快构建全球海关网络的外部推力，也是谋求通关监管工作自身发展的内生动力。国际合作为通关监管这一海关传统领域注入了新的活力与发展契机，推动其不断加强自身能力建设与外事工作技巧的同时，在资源共享中互利共赢，在彼此借鉴中取长补短，在更加开放的竞争与合作中保障国家利益的实现，从而成为新世纪海关通关监管寻找新一轮互动式、统筹式发展的必由之路。

（二）海关通关监管领域参与国际合作的主要形式

1. 根据发起国不同可分 3 种模式

（1）主动式合作。主要指由本国主动发起，倡议或者要求其他国家对其监管的某项或某几项内容予以配合。

（2）被动式合作。主要指本国根据其他国家提出的要求，履行双方合作协议中本国应承担的责任。

（3）互动式合作。主要指合作双方基于平等互利的原则，达成共识，互相合作，为对方的通关监管要求予以配合。互动式由于其对等性的原则，成为目前通关监管领域国际合作中应用最为广泛的一种合作方式。

主动式合作和被动式合作是相对应的，较为典型的实例是由美国发起，别国响应配合的一系列反恐合作，如集装箱安全倡议、特大型港口计划（简称“大港计划”）。对于美国来说就是主动式合作，对于别国来说就是被动式合作。互动式合作较为典型的是中欧发起的安全智能贸易航线试点计划。

2. 按合作目的不同可分为 4 个方面

（1）保障国际供应链的安全便利。一手抓通关顺畅，一手抓监管严密，合力实现贸易安全与便利的海关管理双重目标。

（2）反恐。“9. 11”事件以后，国际社会普遍认识到恐怖主义深刻影响着边境安全，海关反恐合作也上升到了前所未有的高度。

（3）打击洗钱、毒品等跨国犯罪活动。打击跨国犯罪集团有组织地逃税避税、走私毒品、洗钱等活动，提升海关对全球贸易的有效管理。

（4）环境保护。主要是针对固体废物跨国转移，保护不发达国家的环境利益。

3. 根据合作内容不同可分为5项内容

（1）设立标准。合作国对通关监管领域有关合作内容进行讨论、谈判，在不违背国际相关公约的情况下，本着平等互利的原则制订统一的规范、操作方式等。

（2）数据共享。合作国对通关监管领域有关合作内容的原始数据、申报数据、风险数据等通过信息化的手段进行互换和共享。

（3）监管互认。合作国间互相承认他国的物流监控、查验等货物实际监管过程，采信其监管结果，消除国际贸易供应链中不必要的重复监管措施。

（4）协助监管。合作国在通关监管领域有关合作中对他国的境外监管予以配合。

（5）能力建设。合作国交互派员进行业务培训、工作交流、跟班学习等，共同提高开展通关监管合作的专业素养与能力。

（三）海关通关监管领域参与国际合作遵循的基本原则

1. 维护国家主权利益原则

如何在广泛的合作和激烈的竞争中最大限度地实现国家利益是各国在经贸合作中最为关注的问题，坚决维护和实现国家利益也是海关参与国际合作的基础和归宿。为最大限度地实现国家利益，各国海关一方面根据各国国情制定不同的监管标准，另一方面在普遍利益的基础上积极开展监管合作。我国海关的通关监管领域也不断寻求实现国家利益的途径，不失时机地参与各种框架下的监管国际合作，从各方面保证国家利益的实现。

2. “三适”原则

当前，国际局势持续发生着深刻而复杂的变化，世界多极化、经济全球化和区域经济一体化的趋势继续在曲折中发展。面对复杂变幻的形势，我国海关通关监管国际合作要纳入国家总体外交工作当中，与中国在国际舞台的地位相适合，与中国海关在国际海关的地位与影响力相适应，并以此为出发点和落脚点，适度参与国际合作，不断提升合作的范围与层次，切实做到为外交服务、为经贸发展服务、为海关改革与现代化建设服务，不断推动海关全面、协调、可持续发展。

3. 在世界海关组织要求下开展合作原则

2005年世界海关组织通过了《标准框架》，这是目前国际社会关于贸易安全与便利的最具引领性和权威性的框架协议，包括了与通关监管密切相关的4个核心元素、两个支柱、17项标准和相关技术性条款。在2008年6月的世界海关组织年会上，又正式讨论通过了《21世纪海关》，这一旨在重塑海关角色的指导性政策文件以“加强贸易便利和边境安全，促进提高发展水平”为主题，明确提出了包括建立“全球海关网络”在内的10项未来海关建设原则，对通关监管的国际合作发展方向做出了指引。中国海关作为世界海关组织的重要成员，国际合作必须在其指导与要求下开展，努力推动标准框架的全面实施，着力构筑海关发展的共同愿景。

4. 平等互利、求同存异原则

由于历史、地理和经济发展水平的差异，各国的国家利益各有不同，反映在海关通关监管国际合作领域，这种差异决定了我国与其他国家对监管工作的总体要求和具体标准并不一致。然而普遍的国家利益的存在，成为各国合作的契机。我国通关监管国际合作在维护本国利益的同时，必须尊重他国合理的国家利益，积极寻求彼此利益的交汇点，相互理解信任，密切合作，平等沟通，实现双赢或多赢的局面，在国际舞台上承担起一个大国应有的责任和义务。

（四）海关通关监管领域参与国际合作的重要特点

1. 执法的统一性

通关监管领域国际合作的前提和基础是在通关监管过程中可以有统一的标准作为执法依据，这一依据本身符合各合作国海关的监管制度和其基本利益。

2. 协作的多样性

通关监管领域国际合作协作种类繁多，不仅包含了各国海关间的合作，也包含了本国海关与其他非海关国家机构的合作、本国海关与其他国家进出口贸易商界的合作。后两类合作主要包括认可其他国家非海关权威机构对商品属性的认定及贸易便利化标准的制定执行。

3. 参与的务实性

通关监管处于海关工作的第一线，日常工作往往会涉及具体的现场操作，参与国际合作的实质性较强，通常会突破行政互助协作或者礼节性交往，处理必须积极而审慎。

二、当前海关通关监管参与国际合作的现状分析

（一）取得的成绩

1. 多边海关合作

为在监管通关国际规则的制订环节上更多地体现本国利益，中国海关近年来积极参与国际合作体系和全球治理，重点项目主要包括研究并分阶段逐步加入世界海关组织倡导的《海关行政互助公约》、《京都公约》、《协调制度》等国际海关公约及专项附约；成为世界海关组织政策委员会（决策层）委员，成功竞选担任亚太地区主席；第一批加入世界海关组织《标准框架》，对通关模式、风险分析、技术应用等内容进行深入研究和相应改革；为确定我国海关在贸易便利化方面的需求和优先领域，积极参与世界海关组织新一轮谈判中涉及海关事务规则的制订和审议工作等。

特别值得一提的是，我国与欧盟海关共同实施了安全智能贸易航线试点计划，于2007年底在中国深圳港、荷兰鹿特丹港和英国费利克斯托港之间进行试点，在第一阶段试点取得全面成功的基础上，已确定上海港将加入第二阶段试点。安全智能贸易航线试点计划是全球范围内第一个全面实施世界海关组织标准框架的国际合作项目，突出了《标准框架》

确立的两大支柱。通过在数据交换、互认监管结果、共同风险规则、选取试点企业及运用电子封志/智能集装箱等优先领域的合作，共同建立安全便利的智能化国际贸易运输链。

2. 双边海关合作

为促进在双边框架下实现国家利益，我国海关有选择地与主要贸易大国建立并发展长期、稳定的战略合作伙伴关系，其中以中美之间的反恐合作最为成熟与成功。

（1）中美集装箱安全倡议。集装箱安全倡议是“9·11”事件后美国全球反恐战略部署的重要组成部分，美国在中国派驻工作人员对输美货物进行提前风险分析并提示中方，由中方人员决定并实施查验，目的在于使美国安全防线外延，防止恐怖分子利用海运集装箱藏匿大规模杀伤武器袭击美国。集装箱安全倡议于2005年4月和6月分别在上海和深圳启动实施，监管通关处为具体联络和协调部门，5年多来已形成了良好的配合机制，总体运作较为顺畅。从上海海关的情况来看，迄今为止所有CSI查验货物没有因查验而延误装船时间，均未发现大规模杀伤性武器。

（2）中美特大型港口计划（简称“大港计划”）。该计划是继集装箱安全倡议后，又一个由美国在全球倡导的国际反恐合作项目。与CSI旨在阻止大规模杀伤性武器非法贩运的合作范围不同，美国希望通过提供并协助在中国的指定港口安装辐射探测设备，设备由中方人员值守和维护，共同阻止核和其他放射性材料的全球非法贩运。2004年，美方正式提出希望中方能够参加大港计划，随后，中美双方开展了多轮谈判和技术会谈。2007年国务院决定上海港为大港计划试点港口。经过3年双方的反复技术商谈和对现场设计方案的推敲，目前中美大港计划正进入实质性的现场筹备阶段。

（3）中美反恐培训。近年来，随着中国成为世界焦点，奥运会、世博会等国际性活动相继在中国举行，安保工作成为海关通关监管工作的又一重点。借助美国在安保工作方面的先进经验，美方向中国海关提供相关设备仪器，中美双方多次合作组织开展了面向中国监管通关一线关员的反恐培训。2010年，美国能源部等部门已在上海为上海世博会、广州亚运会开展了2期4批近200人次的辐射探测培训，推动中美反恐合作走向新的高潮。

除了与美国的双边合作，基于战略考虑或地缘优势，上海海关自2005年起与荷兰鹿特丹海关、韩国釜山海关等建立了战略伙伴关系，开展了一系列包括通关监管在内的相关合作项目，每年都会定期召开关长级别会议及风险分析专家研讨会，相互派员进行高层互访和跟班学习，在便捷通关、风险分析、知识产权保护和废物监管方面均有数据共享等合作项目。

3. 周边国家合作

为推动确立中国及中国海关在区域合作中的主导地位，促进本地区的安全稳定和经贸发展，中国海关与周边区域海关开展了一系列监管领域的合作。如中国与加入上海合作组织的国家、东盟国家和中亚区域国家开展了重点为简化和协调海关单证和手续、发展边境口岸监管点和设施的合作，与俄罗斯、哈萨克斯坦和蒙古等国开展了数据和信息共享等合作。

此外，为进一步推动内地经济与港澳经济的共同发展，促进三地繁荣稳定，粤港澳海关在互认查验、数据交换、联合打私及案件协查方面建立了相应的合作机制，进一步简化海关手续，提高了通关效率。

（二）面临的困难和存在的不足

1. 工作机制有待理顺

通关监管国际合作事务涉及外交政策、对外表态口径、谈判策略及技巧、外语运用，以及大量的条约、协定的起草修订、谈判和诸多的海关具体业务等，对直属海关通关监管职能部门来说，项目的实际运作既取决于海关总署的政策支持、权限明确与工作把关，又离不开相关部门及隶属海关的直接配合。但从目前实际来看，在“摸着石头过河”的过程中，通常临时应对的多、系统规范的少，短期行为多、长远规划的少，直属海关与海关总署的权限界定，直属海关与合作方的联系会晤机制，通关监管部门与其他部门在开展国际合作中的职责分工及联系配合机制均有待于进一步明确，在一定程度上制约了工作合力的形成。

2. 法律支持力度不够

目前，在通关监管领域实施的国际合作项目多注重保护边境贸易安全等非传统职能，我国现行《海关法》作为海关执法的根本依据，在总则第二条中仅规定了海关履行征税、监管、缉私、统计 4 项传统职能，在各类非传统职能里也只有知识产权保护写入了海关最基本的法律中，反恐和防止核扩散、口岸管理、落实区域经济发展战略等与通关监管密切相关的其他非传统职能都没有相应的法律依据。同时，海关总署出台的作为指导海关监管工作及发展的指导性方案《海关通关监管现代化建设指导方案》也缺乏对非传统职能的研究与指导，在实施国际合作，履行相关职能时缺乏法律支持，影响了通关监管国际合作中非传统职能的全面履行。

3. 认识理论研究不强

目前的国际合作项目多为根据我国外交要求来开展，力图以保障政治任务及安全要求为己任，而对如何加强通关监管国际合作项目的研究工作开展较少，为海关参与监管国际合作提供政策性、专业性、前瞻性的理论支持和决策参考的理论研究成果乏善可陈。亟需加强国际监管合作项目的研究，进一步深化和扩展监管合作内容，包括加大开展对与通关监管工作有关的国际合作项目及相关国际公约、协定的研究和我国海关实际情况的调研，为进一步完善和深化现有的监管合作项目提供理论指导，彻底改变目前通关监管国际合作的被动状况，提出适合本国利益最大化的国际合作内容，制定有利于我国国家利益的对策方案等。

4. 信息化管理支撑不足

从海关职能的实现方式来看，信息时代海关监管流量激增、监管对象多样化、监管内容复杂化等新问题，对通关监管工作的信息化管理水平提出了新要求。由于我国海关目前总体技术水平与发达国家相比尚有较大的差距，既无法像美国等一些发达国家一样建立庞大的全球数据库，也难以做到与非海关部门实时交换数据，故而对国际交换数据的采集、分析和处理能力还显不足，受益程度与发达国家相比还存在一定差距，对数据和资源的利用率、转化率还有待进一步提高。

5. 人员综合素质不高

日趋频繁的海关通关监管国际合作，对从事具体合作事务的工作人员的综合素质提出了严峻挑战。其政治觉悟、外语能力、通关监管业务、法律知识、谈判规则与技巧的熟练掌握和灵活运用都对能否最大程度发挥合作效能具有十分重要的能动作用。同时，海关监管国际合作极容易受到重大国际贸易形势变化的影响，对人员的应变能力也提出较高要求。相形之下，同时精通外事、外语、法律和通关监管业务的海关复合型人才较为紧缺。由于通关监管领域的国际合作目前尚处于起步阶段，接触到国际合作的人数较少，而参与过相关培训和研究的人数更少，大多数关员对国际合作还不甚了解，即便参与国际合作的相关培训，也通常作为学习者和聆听者参与其中，尚不能完全满足担负起国际合作重任的要求。迫切需要加强工作人员能力建设，为通关监管开展国际合作提供必要的人力保证。

三、安全智能贸易航线试点计划对通关监管国际合作的重要启示

总体来说，在海关通关监管国际合作中，中国海关目前仍处在合作者、配合者的角色，发起者多是美国、欧盟等发达国家，而且，这种国际合作模式很大程度上是由美、欧等经济强国在世界经济贸易上的地位决定的。尽管如此，主动式的海关国际合作机制始终是中国海关通关监管领域的发展目标。由于国情关情各不相同，我国作为发展中国家无法照搬照抄发达国家的做法，但其中的理念仍值得深入分析与借鉴。尤其是当前进展顺利，即将于上海港试行的中欧安全智能贸易航线试点计划，与世界海关组织《标准框架》、《一体化供应链管理指南》和全球网络化海关等全球海关战略息息相关，在合作理念、合作内容、合作方式等方面都提供了一个良好的范例。

（一）共同利益的集合是基础

安全智能贸易航线试点计划的总体目标是测试和完善亚欧之间世界海关组织《标准框架》关于供应链门到门安全与便利原则。试点第一阶段测试的核心元素包括用 AEO 标准选取试点企业，数据（安全）保护，海关之间的数据（信息）共享，通过世界海关组织海关执法网络信息技术平台实现数据交换，贸易伙伴计划互认，共同风险规则，互认监管标准，以及运用现代技术（集装箱安全设备，如电子封志和智能集装箱）实现集装箱安全。这些具有前瞻性的海关监管合作均为参与各方的利益集合点，从安全智能贸易航线试点计划第二阶段准备继续扩大试点范围与试点内容的趋势来看，在满足普遍利益的基础上各国均愿意继续加强合作，从各方面保证国家利益的最终实现。

（二）以我为主的方针是导向

国际合作绝不是简单的拿来主义，而是在开放的交流平台上为实现国家利益开展的深层次博弈。在与欧盟海关安全智能贸易航线试点计划项目的数次谈判过程中，为了保障本国利益的最大化，我国海关开展了大量工作。如在数据交换内容的谈判中，中国海关力求争取让欧方提供有关单证和价格方面的数据作为数据交换内容，着重解决数据交换利益失衡的问题，有效打击商业瞒骗、维护我国的税收利益；为保证数据传输的效率和安全，我

国坚持使用中方开发的数据交换系统与欧方数据交换平台进行对接；为了便于从源头上加强对超标固体废物进入中国的管理，确定查验目标，我方坚持要求荷兰海关、英国海关提供所有向中国出口的固体废物的相关数据等。与国外海关开展合作的过程中，我国在平等协商的前提下围绕本国利益据理力争，并在谈判策略上尽可能向有利于我国的合作引导。

（三）最低标准的统一是焦点

互认监管结果有助于我国海关借鉴世界先进的通关模式与管理方法，可以避免重复查验，统一执法程序，提高通关效率，便利国际贸易，并有利于我国海关尽早发现违法行为，推动我国企业提高守法意识和报关质量。互认监管结果是开展通关监管国际合作的重要目的之一，其在安全智能贸易航线试点计划中已开始步入实质性的操作阶段。值得注意的是，最低监管标准的制定是各国普遍利益达成一致的标志，中欧双方为实现安全智能贸易航线试点计划项下的监管结果互认，就协商建立最低监管标准开展了数轮谈判，其始终是双方会晤争论的焦点之一。例如，在世界上尚无统一集装箱智能技术的情况下，安全智能贸易航线试点计划确定的技术标准很可能在将来成为集装箱智能技术的世界统一标准，但第一阶段试点效果并不理想，寻求一个包括双方海关、试点企业在内多方共赢的方案并非易事。由于最低监管标准的统一是监管结果互认的核心因素，为使我国经济更好地融入全球贸易，制定更为有利的经贸政策，我国海关必须在国际合作中争取更多的话语权，掌握更多的主动权。

（四）内部标准的协调是关键

欧盟作为世界上最大的经济体，经过六次扩大，现已有包括英国、德国、法国、荷兰等国在内的27个成员国。由于各成员国的发展状态和经济发展水平不同，要在整个欧盟中实行统一关税区必须依靠完善的法律体系进行全方位的协调并制定相对公平、操作简单的海关执行标准。这使得欧盟海关在解决自身矛盾同时，也探求出了一些例如“单一窗口”及AEO制度等海关执行标准，并在2008年4月23日制定的《现代化海关法典》中予以固化。由于这些标准在欧盟实施的过程中已经接受了多次修订和协调，当欧盟海关以此种标准寻求国际合作时，就显得相对顺畅和轻松，这在安全智能贸易航线试点计划的国际合作中体现尤为明显。由此可见，中国海关要成功走向国际舞台，必须在协调内部执行标准，构筑统一对外平台上加大力度，包括继续深化AEO制度、探索建立“单一窗口”等方面尽快取得成果，推动与国际海关执行标准的有效对接。

四、新形势下进一步加强通关监管国际合作的对策建议

（一）把握基本方向

通关监管工作在国际海关间的合作交流中，既要主动参与，又要找准定位，以相关国际合作项目为媒介，以把国家利益与国际责任相结合为原则，加快实现我国与国际海关标准的接轨，实现内部执法效能与国际合作效果的“双赢”。

1. 共同开创良好贸易环境

以促进国际贸易发展、维护本国利益为目标，主要从监管互认、执法互助、信息互换3个方面拓展国际海关合作，切实对企业开拓国际市场进行规范和管理，提供便利和服务。监管互认，即双方海关相互承认监管结果，减少对企业、物流的重复查验，降低行政成本，实现更快的通关；执法互助，即双方海关在执法方面进行相互帮助，对等提供贸易中的有关情报信息、数据，以及相关情况；信息互换，即在法律法规许可范围内，交换海关掌握的通关管理政策、法规、标准等信息，方便企业进入彼此市场。

2. 合力保障国际贸易安全

国际贸易体制存在着脆弱性，如遇恐怖袭击更会给国际贸易、国家安全等造成灾难性的影响。海关应高度关注国际贸易安全，加强专题研究和人财物的资源投入，积极响应世界海关组织在国际贸易供应链安全与便利方面的倡议，以积极的态度与世界海关组织各成员国海关开展打击各种跨境犯罪和反恐方面的合作，努力推动海关之间双边、多边的行政互助合作，在能力范围内采取一切必要的手段，加强贸易安全。

3. 努力提高国际合作层次

根据“大国是关键，周边是首要，发展中国家是基础”的对外贸易发展原则，结合我国市场多元化和区域经济合作的策略，与各国海关商谈实质性合作。首先，继续扩大与外国海关的交往与合作，在扩大互助合作范围，提高互助合作层次上拓展空间，继续保持与荷兰、韩国等国海关的高层例会和关际合作，提高集装箱安全倡仪等现有技术合作项目的管理水平，积极拓展“大港计划”、安全智能贸易航线试点计划等新的合作领域。其次，进一步提高区域海关的合作水平，通过地区多边合作推动我国与周边国家及亚洲海关的双边合作，加快推进区域贸易便利。再次，深入参与多边海关合作事务，加强与外国海关在法律制度、打击走私、知识产权保护、贸易统计、贸易便利化和反恐等领域的全方位合作，争取更多合作项目的主动性和话语权，发挥中国海关在国际海关事务中的影响力和作用力，使海关工作真正做到为我国外交、外经贸服务，为世界各国海关的共同发展服务。

（二）优化制度环境

1. 加强国际协调，积极参与国际合作标准的制订

在海关总署相关部门的主导下，积极参与世界海关事务的会议和议题研究，提出一些具有建设性的解决办法，并努力在全球化及区域化的标准中加入中国元素，增加商业瞒骗、固体废物等内容，提高税收征管等传统监管任务在国际合作标准制订中的比重，致力于建立既满足非传统职能要求又不忽视传统职能要求的国际贸易标准。建议以上海口岸正式加入“安智贸”为契机，努力达成统一的最低监管标准，通过项目的带动，不断扩大该标准适用的范围，最终成为国际通行的标准之一。

2. 完善法律法规，明确法律职责

实际监管国际合作涉及国内立法的多个方面，我们应根据国际法的基本原则，将我国海关加入的国际公约或对外签署的协定结合我国国情和海关实际工作情况转化为国内法，并加强对国际合作中各方的权利义务的梳理。对于对国家利益可能会造成较大负面影响的部分，明确对外合作中声明保留的条款。对于我国法律法规欠缺但符合国家利益的内容，视情予以完善。同时，将通关监管部门在国际合作项目中应承担的责任在相关法规中予以明确，并在相关的操作规程中加以详述，使现场通关监管人员操作有法可依，有法必依。

3. 完善分工合作机制，形成工作合力

在海关总署层面把好法律关、业务关和口径关的基础上，完善我国海关与其他成员国海关之间的三级联系会晤机制，重点加强直属海关和隶属海关的两级联系会晤机制，由海关总署对直属海关、隶属海关的对外合作权限给予明确规定，增强其参与监管合作的主动权，从而有利于把握实际需求，更有针对性地开展对外合作。在直属海关内部，应以大监管体系建设为契机，进一步强化在海关履行非传统监管职能方面的分工与合作，建立合理完善的突发事件应急机制，不断提高通关业务的连贯性和对外一致性。

（三）创新监管模式

随着国际贸易形势的发展变化，我国经济发展和社会各界对进一步优化海关监管与服务提出更高的要求，海关必须在深化分类通关改革等原有通关作业改革实践的基础上，进一步优化通关模式，通过制度创新和技术创新，借鉴吸收国外海关的先进做法，推进本国执行标准和对外平台的统一，构建通关新框架支持物流业发展，提升国际合作的便捷度和有效性。

1. 完善舱单管理模式

充分重视和利用舱单风险分析在打击货物走私和防范恐怖活动中的重要作用，进一步推动舱单信息提前申报制度，一方面利用数据进行风险分析，加大信息整合力度，有效保证货物贸易安全，另一方面将海关风险分析前置，压缩通关时间，以便利贸易运输。更重要的是，通过创新舱单监管模式拓展海关的监管时空，使监管货物从进入海关监管视野起至解除监管止的整个物流监控过程均有数据可循，形成适应现代海关监管要求的物流信息数据链，进而实现与合作国海关的数据交换与共享。同时，在此过程中需注意弥补“安智贸”第一阶段试点的缺憾，在统一申报格式和货物、品名、船名规范上加大协调，进一步提高共享数据的利用率。

2. 创新查验工作机制

为更好地满足《标准框架》对参与国海关在查验环节尽可能应用非侵入式查验工具等的要求，我国海关还需不断创新人机紧密结合的查验工作机制，利用高科技装备提高关员的查验水平，向查验结果互认目标迈出重要步伐。目前，中国海关监管部门对货物技术检查方面除了采用传统的 X 光机和大型集装箱检查系统外，门户式辐射探测设备等新型设备也在不断地引入使用。建议本着高效、实用的原则，并从安全防护、应急处理和保密角度出发，拓宽渠道引进先进设备，在监管现场配全配齐防爆筒、防爆毯、辐射测量仪、查验工具箱等基本安全防护设备、医疗应急装备及保密通讯设备，为提高查验效率，统一查验标准打下基础。

3. 探索实施“两步申报”

海关总署在大监管体系建设方案中，明确将积极探索“两步申报”的管理模式作为丰富和完善分类通关改革内容的一项主要工作。“两步申报”是指在舱单法定提前申报的支持下，高资信企业简单申报后，海关先办理查验放行手续，企业在规定时间内再向海关申报报关单数据，办理补充申报、复核、征收税费等手续。当前，分类通关改革工作不断深化，特别是担保验放措施的逐步推广，已为探索“两步申报”管理模式提供了良好的实践基础。随着相关理论研究的逐渐成熟，客观条件的不断具备，与美国、澳大利亚等发达国家标准相统一的申报制度的形式与完善正指日可待。

4. 参与创建“单一窗口”

“单一窗口”具有一个门户入网、一种认证登录和一站式办事等功能，使企业进出口通关更加有序便捷，口岸执法管理更加统一、严密和高效，是很多发达国家的通行做法，也是我国口岸执法的远景目标。由于目前中国口岸管理体制和部门利益的掣肘，“单一窗口”的最终建立尚需时日。当前上海海关、上海市商检部门正在国家口岸管理办公室的协调下共同开发“一单两报”系统，即企业申报前将报关报检数据一次录入，联合录入系统将数据暂存，现有的报关报检申报系统读取数据后分别向海关、检验检疫申报，实现了企业的“一次录入、分别申报”。“一单两报”符合“单一窗口”的发展方向，满足口岸监管要求和简化便捷通关手续的需要，体现了企业的现实需求。以此为突破口，相关部门增强整体联动与协作，展开面向“单一窗口”的有利尝试，为提升口岸管理效能和海关监管国际合作创造更加良好的通关环境。

（四）提供综合保障

1. 加大分析研究，增强理论指导

学习借鉴国外海关在通关监管方面的先进做法和有益经验，批判吸收其监管理念、模式、方式和方法，结合我国海关监管工作实际，认真开展可行性研究，为进一步完善和深化现有的监管合作项目提供指导，为扩展新的合作领域提供决策依据。主要包括如何在坚决奉行“以我为主，全力维护国家利益”和“互惠互利”的基本原则下分步实施合作内容；如何在谈判和协议签署前使我方能及时提出切实的业务需求；如何通过统计学等多种方法，从通关时效、中外收益、支出比较、人员配比、监管有效性等多角度对国际合作项目进行量化分析，确定好谈判底线，最大程度维护国家利益。

2. 加强实际监管，确保监管到位

海关通关监管工作必须始终把握好贸易安全与便利的永恒主题，在国内外分裂和恐怖分子利用贸易渠道来传递破坏国家安全和社会稳定物品的威胁始终存在的情况下，在一手抓好国际合作的同时，毫不懈怠地抓好实际监管，为更好地深化业务改革和加强国际合作提供保障。主要包括用好舱单，加大对舱单异常数据的监控处置速度、智能化处理程度及风险分析的力度，切实发挥舱单在海关监管中的重要作用；管好运输工具，把进出境运输工具作为海关监管的关键节点和源头来抓，从源头上为保证实际监管到位提供支持；看好监管场所，持续推进监管场所的集约化、规模化和标准化建设，为保证监管到位提供必要条件；抓好科技运用，运用信息网络和视频监控技术，采用人机结合的方式，使一线监管现场的查验作业、物流监控、卡口值守等同时处于监管点、隶属海关、职能部门的实时监控之中，形成在风险防控上互动互通、共同监管、有效处置的“在线监管”模式。

3. 强化守法便利，优化执法环境

进出口企业作为衔接两国海关的终端，处于不同海关政策实施的交汇点，对享受到透明的通关政策与便利通关环境的渴望尤为强烈。正如大监管体系的核心理念所强调的，海关应积极营造守法便利、违法惩戒的氛围，与企业构筑双赢的合作伙伴关系，尽其所能提升通关效能。AEO 制度大大提高了国际供应链中的货物安全，可将其作为我国海关通关监管系统参与国际合作的助推器，整合、统一目前各种企业分类标准和便利措施，建立起有效的企业守法管理系统，推动与合作国海关对试点企业的共同认定。同时，进一步深化分类通关改革，将风险分析技术和企业守法管理有机结合起来，为尽可能压缩时间的通关环节提供有力支撑，使海关监管工作建立在高效与严密、科学与规范相统一的基础上，真正实现物流通畅，帮助企业实现“零库存”的目标。

4. 加强人员培养，提供智力支撑

有效利用关级层面建立的外事人才库，形成一支相对稳定、政治可靠、熟悉业务、精通外语和法律的外事专家队伍及监管人才队伍，在重大合作事项和重要谈判场合中提供必要的人才支援。更重要的是，以提高非传统监管职能履职技能为核心，面向监管一线定期开展监管业务和外事工作的辅导培训，不断扩大培训的覆盖面，提高关员的国际合作意识。通过岗位轮换、定期交流、跟班学习、编发通讯等形式，加深关员对监管国际合作的理解认识，使之了解最新的国际合作动态，提高实践能力、组织协调能力和应变能力，为海关开展通关监管国际合作，有效实现国际利益提供有力的人力保证。

第十五章 贸易安全与便利和自由贸易区建设

本章概要

贸易监管领域的改革创新是自由贸易试验区制度创新的重要内容，我国海关在自由贸易区的贸易监管领域开展了一系列的创新实践。本章第一节介绍海关的两步申报制度；第二节介绍上海自由贸易区的特点、基本要素和研究现状，以及自由贸易区海关监管机制的构建。

学习目标

掌握两步申报的基本概念和流程，了解自由贸易区的概念和研究现状，掌握自由贸易区的基本要素，并了解自由贸易区海关监管机制的构建。

第一节　通关制度的变革与创新

一、“两步申报”的概念

“两步申报”的概念源于欧美发达国家，目前美国和澳大利亚是实施“两步申报”较为典型的代表。在形式上，两国对进口货物都采取了“两步申报”的通关模式，并取得较好成效，但在海关作业等方面还是存在明显差异，体现出不同的通关管理思路。美国海关采取“简单申报＋详细申报”的模式，通过将审核征税等占用较多通关时间的环节移至货物放行之后，实现货物查验放行和审核征税相分离，大幅缩短了货物通关时间；澳大利亚海关采取“舱单申报＋货物申报”的模式，将通关环节“前推”，利用货物运抵前获取的舱单信息，提前开展风险分析，明确监管重点，货物运抵后实施快速验放，并在货物正式申报后的一个工作日内，为符合放行条件的货物办理放行手续。海关总署《深化分类通关改革工作方案（试行）》对“两步申报”的定义是“在舱单法定提前电子传输前提下，经海关认证的高资信企业进行进出口货物申报后，海关可先办理查验放行手续，企业在规定时间内办理补充申报、复核、缴纳税费等手续”。

二、美国海关“两步申报”的前提与背景

美国海关“两步申报”制度改革是建立在海关执法环境较为完善、管理制度比较完备且海关管理相对人对这套制度十分熟悉的基础上的。其基本条件如下：

（一）拥有良好的国民素质和执法环境

为了促进美国贸易的发展，美国海关实施了一系列便利贸易的措施，其中在执法观念上坚持以下“三大原则”：一是通过明晰“责任分担”重新设定进出境企业的义务和责任，进出境当事人或企业应当保证进出口通关时向海关的申报必须真实，尤其对进出口货物做出正确的商品归类和估价，并按照法律规定的方法正确计算应当缴纳的税款；二是通过倡导“知法自律”，强调海关与企业分担责任，海关有义务通过各种形式有效地与企业进行沟通，而企业须负起本身的责任，主动遵守海关的一切法令规章，即在海关与管理相对人之间，要从过去的对立关系，转变为平等的合作伙伴关系；三是通过倡导合理关切原则，使得进口人对海关所颁行的法令规章有所了解，并细心体验，在提供准确和及时的信息资料后，方能享受海关依法给予的通关便利之优惠待遇，由此，不仅营造了良好的执法环境，而且形成了提高国民素质的良性循环。海关改革环环相扣，不仅对进口货物申报人的资质和身份有明确的要求，即拥有进口申报权证明，有进口申报权的人也称为备案进口人，包括货物所有人、购买人、收货人或其委托的报关代理人等，同时还特别强调向海关提前或同步申报进境舱单的重要性，作为货物申报的必要前提。此外，为落实共同责任，美国海关还联手全国报关行协会，运用市场化运作机制打造出一支高素质的报关队伍。

（二）国家建立了严谨、系统而完整的担保制度

由于美国金融业发达，市场稳定、成熟，由专业保险（保证）公司担保较为普遍，进口企业有关税费或罚款一般能得到足额的担保。实践中，可按照法律规定，使用现金、黄金、政府债券等作为担保物。根据监管风险大小，海关对不同的进口商规定了不同的担保要求。对于大的守法进口商，针对其进出口业务频繁，税款额大、稳定的特点，还可采用总担保形式。

（三）以巨大的科技投入和科学的管理手段作为后台支撑

批准利用ABI者办理提货申报和即时提货申报手续时，对申报所需的信息通过ABI传输。根据风险判定系统的标准及审核的结果，认定不需要提供书面文件时，海关即可通过计算机系统向报关人发出提货通知。预付关税等随后立即转入清算程序。从美国海关进口通关基本流程加以分析，美国进口通关制度的最大特色就是现场海关能够办理清楚的，立即予以征税后放行；而对于涉及关税征管要素较为复杂的，则按照进口后的流向和目的（用途）分类实施，在满足基本货物放行的前提下，放行在先，纳税在后，实现提货和纳税环节的分离（颠覆了传统的通关模式），并完全由货物通关系统“自动化商业系统”ACS中的ABI加以完成，从而最大限度地缩短货物处于海关监管状态的时间，化解通关瓶颈带给海关的矛盾，消除种种负面影响。

三、我国实施“两步申报”制度的目标与措施

（一）现行进口货物申报制度性缺失分析

经过多年的努力，中国海关对于进口货物的申报要求基本接近国际化标准，但综合观察，与快速增长的进口规模之间仍然存在一定的差距。原因在于疏忽了国际贸易呈现出多样化趋势时企业对海关申报制度提出的个性化诉求。尤其是随着经济一体化的发展，国际贸易复杂性以及结算方式多元化的趋势迫使进口人增加冲破现行申报制度的冲动。但是由于现行申报、征税制度融合度低下而且模式单一，随报随缴随扣，而且缺乏广义的行政救济制度，一旦发生申报失误毫无补救可言，大大增加了征纳双方发生冲突的几率。

从海关对进出口货物的申报规范来看，现行申报制度强调具体内容细节要求有余，而强调申报制度的范式不足。具体内容细节要求主要强调以下5个方面：

1. 合法性。即主体要合法，并且货物必须经过合法审批、通过合法渠道进出境。

2. 真实性。提供的单证、证件和申报数据必须具有真实可靠性，要求申报行为不得掺有虚假、隐瞒和欺骗成分。

3. 准确性。要求各项申报内容应该符合申报规范，满足海关监管、征税和统计的基本要求。

4. 完整性。提供的报关单证和申报数据必须完整齐全，并符合账簿、单证等有关资料保管规定。

5. 规范性。应根据《海关法》及相关法律、法规的要求，按照一定格式或规范递交报关法律文件要求的单据资料。

更深层次的问题在于诚信的缺乏。只有形成海关以守法便利为核心的制度层面与企业以诚信为基础的行为规范之间的互动，才能达到两者的良性循环。否则，皆是奢谈。

（二）建立我国海关“两步申报”制度的目标和法律路径

1. 改革目标

现代海关管理面临的主要矛盾是简化手续、加速通关与严密监管、防范风险之间的矛盾。虽然社会主义市场经济日趋成熟，配套法律逐步完善，海关科技投入足以保障相应的技术支持，后续管理布局日益规范，但打造诚信社会依旧步履艰难，守法并没有成为社会普遍接受的共同价值观，再加上保险市场和报关市场等需要进一步完善等因素，特定的国情决定了海关“两步申报”不能脱离实际、全线放开。海关应拓展时空，着力克服传统作业流程的弊端，化解通关效能与征管质量的矛盾。建立起以风险管理为核心、以企业为单元的多元申报制度，以便实现以专家制度为支撑、技术支持为保障的审单、征管操作新模式，使其成为实实在在体现和支持国家扩大进口战略的具体举措。具体到申报制度改进方面，要减少行政与程序成本，处理好减负与增效的对应关系，建立多位一体、互为补充的申报体系，即要分阶段、有步骤地对高资信纳税大户企业实行在舱单法定提前传输、简易申报后，海关先办理查验放行手续，企业在规定时间内再向海关详细申报报关单数据，进而完成审单、征税和统计手续。同时将预申报、集中申报和纳税，简化申报以及其他申报一并考虑。试点阶段可收窄到年度纳税上亿的进口生产原材料大户，首先囊括进口原油大型国企（其单一进口产品纳税常年占到全年税收大盘的10%）。重点解决当前海关税收的两大难题：一是针对在通关环节有关征管要素不齐、不准的后续管理问题，可将大型进口企业公式定价纳入此列；二是配套进行集中纳税制度改革，建立“蓄水池”，合理调节税收进度，克服“年初少税，年尾藏税”恶性长效机制的效应蔓延问题。

2. 法律路径

这方面工作至少可以通过如下几个方面来完成：

（1）提高“两步申报”的法律地位

通过修改完善《海关法》、《关税条例》，从法律层面上确定“两步申报”的地位，以立法的形式界定海关与纳税人的责权利以及相互关系，为规范管理提供法律依据和执法条件，要将其原则、标准和规程纳入到海关的法律、行政法规和部门规章之中。若做到“于法有据”、“有法可依”，法律上的定位是关键所在。众所周知，在目前的海关法律体系中，“两步申报”为法律盲点。因此，当务之急是要尽快在法律层面上予以定位，及时纳入《海关法》等海关基础性法律法规之中。实行“两步申报”制度，可化解征纳双方矛盾，提高守法遵从度，不仅有利于加快企业的通关速度，而且有利于实现税收征管“量、质、效”三项并举目标，提高海关的整体征管水平。它的引入，将进一步深化海关基础性法律法规中关于“如实申报”的要求，对于海关各项工作都具有重要而深远的意义。因此，建议在修订《海关法》和《关税条例》的时候，适时将“两步申报”纳入其中，以此来提高申报制度的法律效力，推动该项制度在更大范围内和更深层次上实施。

（2）及时修订有关规章和文件

《中华人民共和国海关进出口货物申报管理规定》第十九条规定："在特殊情况下，经海关批准，进出口货物的收发货人、受委托的报关企业可以自装载货物的运输工具申报进境之日起1个月内向指定海关办理集中申报手续。"但是尚未说明在何种情形和条件下可以制度性地实施集中申报以及要求在每次货物进、出口时，按照要求向海关报告货物的进出口日期、运输工具名称、提（运）单号、税号、品名、规格型号、价格、原产地、数量、重量、收（发）货单位等海关监管所必需的信息。如此繁琐的规定早就失去了集中申报的一般意义。同时，还应当适时修改《海关总署关于执行〈中华人民共和国海关进出口货物申报管理规定〉有关问题的通知》（署监发〔2003〕387号），作出系统性的规定，特别关注海关对集中申报方式所涉及的税率和汇率问题的统一认识。在不断完善实体性内容的同时，还要尽快完善申报制度的程序性内容。一个完整的工作制度必然包含实体与程序两大部分。对"两步申报"制度在操作程序、法律责任等方面要作系统、详细的规定，使得征纳主体在执行申报制度时"有法可依"。此外，清理发布的有关文件，将补充申报作为重点。价格方面的予以保留，更名为价格申报单，废除归类和原产地补充申报单，将其合并到"两步申报"之中。

（3）完善担保

这是推行"两步申报"的基石，为此，应尽早修订《海关法》担保章节，以适应《中华人民共和国海关事务担保条例》专项法律。在制定实施办法时强调利用可行的外部资源把海关监管风险适度转嫁，最大限度保护国家公共利益。第一，改变行政色彩，以债权债务关系来重构海关和纳税人的关系，建立海关与企业民事关系的调整规范。第二，明确担保的方式。将保证金、银行或其他非银行金融机构出具的保证（保函）、票据、债券、存单以及质押视为认可的担保方式。第三，增加海关关于担保方式的多样性的规定。既可接受数个担保人的共同保证，也鼓励实施总担保、连续担保制度（担保一票货物或某一财政年度内多次进口）替代逐项担保，实现关税征管"由物向人"的战略思维转移。第四，力推海关与企业之间的诚信建设，引导银行和保险公司介入到海关的关税担保业务中来。推动专业担保公司的发育成长，更好地服务于海关各项管理事务。现阶段，尤其要明确对专业担保公司资质认定的审核。

（4）引入行政裁定制度

不可否认，"两步申报"制度在执行中会产生一定的负面影响。因此，作为对该种制度的补充和补救措施，必须发挥行政裁定的作用。行政裁定的最大优点是提供了一个对双方均有约束力的法律文本，使双方的法律责任关系明确化。对进口人而言，行政裁定可以提高海关执法的透明度，使进口人对进口贸易可以有较为合理的前景预测；对海关而言，行政裁定能提高海关执法的统一性，对提高海关执法的质量有十分积极的意义。

（5）规定如果不履行"两步申报"应予追究的法律责任

首先，赋予海关对已经放行的货物召回重新置于海关监管之下的权力；其次，建立特定的违约补偿救济概念，对于因未能及时提交海关规范文件所引发的违约必须运用赔偿金的方式给予纠正；最后，应分清问题的性质，予以不同处理。从勒令补齐手续，追缴税款直至处以行政罚款和停止享受“两步申报”清关待遇。

第二节　自由贸易区的海关监管机制

尽管世界自由贸易港区的发展已有400多年的历史，但由于其早期的发展多与殖民体系的扩展相联系，并未成为一个国家或地区经济制度变革的自觉选择，因此，在第二次世界大战前，关于自由贸易港区的研究几乎没有。战后，特别是20世纪70年代后，随着自由贸易港区在世界范围的大发展，相关研究日渐丰富，其中，按照广义自由贸易港区概念，尤以研究发展中国家的出口加工区及其经济效应的文献居多。这些研究分别探讨了建立自由贸易港区的原因与目标、对东道国和地区的经济贡献和经济效应。研究上海自由贸易试验区的文献并不多见，在有限的篇幅中，也是以理论探讨为主。

一、关于自由贸易区的研究现状

（一）自由贸易区的各种释义

关于自由贸易区，许多国际组织、政府或学者不断尝试对其进行理论概括，主要有：

1973年国际海关理事会签订的《京都公约》，将自由贸易区定义为：“指一国的部分领土，在这部分领土内运入的任何货物就进口关税及其他各税而言，被认为在关境以外，并免于实施惯常的海关监管制度。在这个区域可进行存储和贸易，也可进行制造、加工和装配业务活动，货物进入自由贸易区可以不缴纳关税和不受配额的限制，并可无限期储存”。

1984年联合国贸易发展会议报告中关于自由贸易区的定义是：“自由贸易区是货物进出无须通过国家海关的区域。在最初的时候，此类区域主要用于存储和贸易，而最近则强调进行制造、加工和装配业务活动。货物进入自由区可不交纳关税或受配额的限制，并可无限期的在那里存储。”这个定义表明自由贸易区具有4个基本特点：其一，自由贸易区是非海关监管区；其二，自由贸易区内可进行仓储、贸易、制造、加工、装配等业务；其三，免关税和免配额许可证；其四，货物储存期限不受限制。

经济学家贾亚瓦德纳认为：“自由贸易区（Free Trade Zone）是投资促进区（Investment Promote Zone）、出口促进区（Export Promote Zone）、对外贸易区（Foreign Trade Zone）的同义语，它既不同于自由贸易区（Free Trade Area）（如欧洲自由贸易区，美、加、墨自由贸易区），又不同于一般的自由港，它是一个岸上飞地，一律享有治外法权地位，拥有真正的豁免权，不受国内民法和政府的制约。”

美国关税委员认为：“自由贸易区对用于再出口的商品在豁免关税方面有别于一般关税地区，是一个只要进口商品不流入国内市场便可免课关税的独立封锁地区。”

关税与贸易总协定第二十四条第八款中给出的定义是：“自由贸易区应理解为由两个和两个以上关税领土所组成的一个对这些组成领土的产品的贸易，已实质上取消关税或其他贸易限制的集团。”而在《中国加入 WTO 议定书》总则第二条 A 款中将其定义为特殊经济区：“《WTO 协定》和本议定书的规定应适应于中国全部关税领土，包括边境贸易地区、民族自治地方、经济特区、沿海开放城市、经济技术开发区以及其他在关税、国内税和法规方面已经建立特殊制度的地区”。前者是大自由贸易区（Free Trade Area），后者才是本书所介绍的小自由贸易区（Free Trade Zone）。

《中国利用外资基础知识》一书中指出：“自由贸易区是划在所在国或地区的海关管辖区的关卡之外，以贸易为主的多功能经济性特区。世界各国的自由贸易区与自由港的功能基本相近，实际上是自由港的发展，它主要以促进对外贸易为主，也发展出口导向的加工业和商业、金融业、旅游和其他服务业。”

（二）自由贸易区的基本特点

在国际贸易体系有关自由贸易区研究中，有两种形式的自由贸易区，一种是世界贸易组织所定义的 FTA（Free Trade Area），即 GATT 第二十四条第八款中规定的“由两个和两个以上关税领土所组成的，对这些成员领土间的产品的贸易，已实质上取消关税或其他贸易限制的集团”；另一种是国际海关组织定义的 FTZ（Free Trade Zone），即《京都公约》中规定的“一国的部分领土，在这部分领土内运入的任何货物就进口税及其他各税而言，被视为在关境之外，免于实施惯常的海关监管制度”。两种自由贸易区都是为促进国际贸易的开展而实行了某些自由的经济制度，如取消关税壁垒与许可证管制等。

自由贸易区（Free Trade Zone）又称自由区（Free Zone）、免税贸易区（Tax free Trade Zone）或对外贸易区（Foreign Trade Zone），是指从一个国家海关管制区划分出来的（境内关外），准许外国商品自由进出口的区域。自由贸易区的“自由”，是指免除关税法所通常实施的进口限制外，还指免除关税和各种进口税，以及在一定期限内免除公司税和所得税；“贸易”是指除制造业生产活动外，允许外商在区内进行各种形式的商业活动，包括转口贸易、过境贸易、存储货物、货物分类等；“区”是指和关税区隔离开来的特定地区。目前国际上绝大多数自由贸易区基本上都具备以下一些共性和特点：

一是封闭隔离。该区域是设立在一国领土范围内相对隔离于其他区域的特殊关税区，面积一般在一平方公里以上，十几平方公里以内。内部可包含码头作业、出口加工、保税仓储、商品展示、商品交易、中转配送等功能小区；

二是境内关外。该区设在一国的领土之上，但又封闭隔离于该国的关境以外；海关对该区实施简便快捷的监管制度，货物进出该区不征收关税，但进入关境则视同进口征税；

三是贸易投资自由。在该区内的企业和个人享有充分的贸易自由，以及货运、投资自由，也包括开展离岸金融业务和货币自由兑换等；

四是政策优惠。设区国政府通常会给予进区企业各种不同的优惠待遇，比如减免所得税、放宽信贷政策、提供投资配套、加快资本折旧、低价租用土地和优惠提供水电等；

五是区港联动。这是国际上最为流行的自由贸易区建区模式，自由贸易区和港口码头作业区紧密结合，统一规划、统一管理、统一运作，从而使港口的各种功能发挥出最佳的绩效。

（三）建立自由贸易区的原因与目标

受各种因素的影响，各国（地区）建立自由贸易区的原因与目标各异。Kankesu Jayanthakumaran（2002）指出，在新加坡，出口加工区最初是作为吸引外资整个一揽子计划的一部分。在我国台湾地区、韩国、马来西亚和泰国，其目的是内向型经济向外向型经济转型的一部分。菲律宾、印度和印度尼西亚是内向型经济，建立出口加工区的目的是至少这些区域的经济不被扭曲，但是在建立出口加工区时，其他地区的经济还是严重扭曲的。中国于1979年实行改革开放，建立了特别经济区。最初，中国在几个精心选择的地区吸引投资，其活动不与国内经济关联。基础设施的发展和外国投资者的介入促进了特别经济区的发展。1984年，特别经济区扩大成为包括14个沿海城市，1985年3个三角洲和整个海南都开放了。政策层面，中国促进区内企业与国内企业的关联。自由贸易区的目标是吸引PDI、解决就业问题，出口更多的非传统工业制成品，取得外汇收入。一个重要的效果是要提高东道国的国际竞争力。这个间接效果可能难以衡量，但从长远来说，它是自由贸易港区利益的最重要的组成部分。

同时，学者们认为，知识外溢的间接效果非常重要，它可通过多种方式发生：当地企业通过复制技术来提高生产率，前外企员工自己创业等。另一个间接效应是后向关联，当自由贸易港区内的企业开始从东道国购买更多的零部件时会发生。如果允许自由贸易港区企业的产品出口到东道国的市场上，前向关联可能会发生。会使得国内在一些新的活动中用这些产品，因此增加竞争，从而提高效率。不仅国内为区内企业供货的企业进行培训，而且为区内企业供货的企业被迫达到更高的质量要求及更严格的运输渠道，这样都能产生前向关联效应。Johansson（1994）还指出，有一种“接触效应”促使国内企业向区内出口，在外部效应中，这会向国内经济和企业溢出。研究表明，区内和东道国内所用技术差距越小，发生积极的外部效应的机会就越大。

（四）海关特殊监管区域转型

由于我国大陆并无自由贸易区，因此国内在此方面的研究主要针对原有保税区的经济效应分析，以及海关特殊监管区域向自由贸易区的转型研究，包括转型成功后，自由贸易区的功能定位、发展模式定位、经济效应等方面进行。

石良平、周阳（2013）认为上海自由贸易试验区的推出并不是海关特殊监管区域的简单升级，应从法制、监管机制、征税模式等方面开展研究。成思危（2004）认为我国自由贸易区的目标模式为：境内关外，适当放开；物流主导，综合配套（国际物流功能成为自由贸易区的主导功能）；区港结合，协调发展；统一领导，属地管理。并且给出了我国保税区向自由贸易区转型的步骤和主要措施。李力（2001）和陈志龙（2003）则认为，中国保税区应向自由贸易区转型，要建成“四高一低”的自由贸易区，即高经济成长率、高开放度、高自由化、高通关速度及低交易成本，这样，其综合竞争力就能大大提高。张元军（2006）在对上海外高桥保税区的转型试点研究中，发掘出外高桥在区港联动建设中的创新，如物流园内“一次申报、一次查验、一次放行”的海运直通式，EDI无纸报关和信息集成平台的应用，区域监控和GPS物流监控相结合的监管有效性。王以致（2009）以苏州为例对我国海关特殊监管区域的整合进行了研究，提出分两步走战略，首先对出口加工区与保税物流中心进行局部整合，进而对海关特殊监管区域的政策、功能、监管模式进行全面整合，形成真正意义上的自由贸易区。也有人提出不同观点，如张凤清（2002）对自由贸易区和保税区进行了深入的比较，他认为保税区转型为自由贸易区既无必要，更不利于保税区的发展。因为保税区取得了很大成绩，它在世界贸易组织框架下有新的发展机遇，它发展中所遇到的问题，并不是转变成为自由贸易区就能必然解决的，要从理顺体制入手，解决保税区的发展困境。

（五）小结

关于自由贸易区的研究，从以上林林总总的表述中可以看出，它们的共同之处在于都把自由贸易区看做是政府主导开发，处在关境之外，但受到海关监管，给予宽松的政策发展对外贸易的特别区域。对于我国的上海自由贸易试验区的研究，从既有的文献来看，由于其属于新兴事物，涉及的非常少，从海关视角开展的更鲜有涉猎，而且更侧重于文献研究，实证研究非常罕见。基于此，从海关视角入手，对上海自由贸易试验区进行较为全面和深入的实证研究、比较研究和对策研究，力图尽快尽早的为海关总署和国家更好发展自由贸易试验区提供有价值的决策参考。

为适应建立国际高水平投资和贸易服务体系的需要，按照“简政集约、智能联动、便利高效、风险可控”的总体要求，通过以信息化为基础、智能化为关键、便利化为方向、规范化为保障的“四化”改革，辅以机构人员重组、科技装备更新和信息系统升级“三个配套”，建立安全有效监管与便利高效运作有机统一的试验区海关监管服务新模式。

二、自由贸易区海关监管机制的构建

（一）信息化

依托大数据、云计算、物联网等现代信息技术，建立统一的试验区海关信息化监管平台，在每个业务节点上有效获取、处理和利用监管数据，实现统一系统、互联互通、无纸作业、电子围网，为智能化处理分析、便利化运作实施、规范化监管执法奠定基础。

1. 建立统一的试验区海关监管信息化系统

以现有上海海关特殊区域海关监管信息化系统为基础，整合升级为试验区海关监管信息化系统。针对试验区运行特点及海关监管新要求，优化试验区海关监管功能模块，增设“先入区、后报关”等新型功能模块，实现海关作业全程信息化、监管信息系统全覆盖。

2. 实现内外部信息系统互联互通

拓展海关监管信息化系统内引外联、数据采集功能，实现试验区系统与海关内部管理系统对接联通、信息共享，实现舱单、提货单、报关单“三单”信息相互验证等功能；依托中国电子口岸、上海电子口岸，连接试验区内企业运营管理系统，提供规范化的电子数据格式文本，实现相关数据的动态采集、批量导入、全区共享；在海关总署和上海海关两个层级与工商、税务等其他管理部门系统对接，逐步实现对试验区内企业诚信经营信息的全面掌控，提升海关监管的针对性和有效性。

3. 推行全流程海关作业无纸化

充分发挥信息化系统覆盖全区、贯穿全程、集成联动效能，以企业规范化申报数据为基础，实现海关内部作业单证无纸化；实现随附单证和账册备案数据的格式化自动传输；推进监管证件联网校验；取消通关作业事后交单，实行报关单证电子归档；全面实施通关管理、备案审批、账册核销、卡口核放等所有作业环节的无纸化。

4. 探索试验区电子围网管理

重点依托试验区海关监管信息化系统和中央监控平台，运用计算机技术、网络化技术提升海关管理效能，构建海关电子围网管理雏形。

（二）智能化

依托中央监控平台，在对信息化系统中各类监管数据的筛选整理、综合运算、分析加工基础上，做出精准的风险判别和准确的处置指令，形成涵盖各业务条块，贯穿事前、事中、事后全作业流程的风险捕捉、实时处置、动态反馈的风险监控闭合回路，实现试验区卡口自动核放、海关作业智能化，确保海关监管的安全高效。

1. 建立统一的中央监控平台

整合现有 4 个海关特殊监管区域视频监控、围网报警系统，综合运用现代通信与高科技信息技术手段，归口收集试验区范围内实货流、单证流、信息流等海关内外部信息，整理研判海量数据风险级别，发挥业务专家后台“智库”作用，实现对通关现场、物流监管作业的实时监控，并进行指挥协调、组织实施复查复验、视频化查验、单兵作业、机动稽查等监管作业。

2. 建立智能化风险分析机制

开发风险自动识别布控系统，通过构建数学运算模型，对海量数据进行过滤分析，自动生成风险估值，实现试验区风险的自动识别和布控；完善现有人工干预风险管理机制和系统功能，提升人工干预风险管理效能；通过阶段性风险评估、科学调整随机布控比例，落实公平公正的要求。建立风险自动识别布控、人工干预分析布控、随机布控“三位一体”的风险分析布控新模式。

3. 实现卡口自动核放

升级改造卡口设施，利用卡口智能化设备自动读取车牌号码、集装箱号、车载重量、电子封志等监管数据，进行海关监管信息的自动比对、风险判别，完成车辆 GPS 运行轨迹自动核销、货物查验或放行的指令处置等卡口作业，实现车辆自动分流验放、账册自动核注，提升物流监管智能化水平。

4. 实现海关作业的智能化

将风险分析成果运用至海关作业全流程，实现分类作业，将部分人工审核转为系统自动作业。调整通道审核模式，发挥风险判别功能，实施低风险单证自动验放；改变账册备案、报核环节的人工审核模式，实现低风险企业账册的自动备案、自动核算；实行对银行保函联网自动核销；实现报关单、备案清单自动签发，提高海关电子化作业效能。

（三）便利化

以信息化和智能化为支撑，通过实施流程再造、创新海关监管模式、支持功能拓展，实现流程更优化、监管更高效、服务更优质，在“管得住”的前提下加快货物通关流转速度，降低企业成本，满足企业多元化发展需要，营造便利化的投资和贸易环境。

1. 实施流程再造

结合简政放权，对各类业务进行环节梳理、整合，减少作业环节、简化审批程序；对各类人工审核的业务依据风险高低进行逻辑判断，利用计算机实施自动化筛选，由计算机自动作业代替程序性、形式化人工作业，减少人工操作环节，加快作业速度；在29项申报要素格式基础上，通过增加部分必要申报项，对试验区现有的两种备案清单进行简化和统一，实现规范化、快捷化申报；加强信息联网共享，实现企业货物信息一次备案、多次使用，在办理进出口报关、保税展示交易、检测维修等海关业务时，不再重复备案。

2. 创新监管模式

在现有试验区一线进境环节增加“先进区、后报关”新模式，允许符合条件的企业先凭进境舱单信息提货入区，再在规定时限内办理备案申报手续；在试验区所覆盖的4个海关特殊监管区域之间创新“分送集报，自行运输”模式，在试验区与其他直属关区的海关特殊监管区域间逐步推动跨关区保税结转试点；建立试验区企业多种账册管理模式，满足区内企业保税加工、保税物流和保税服务等多元化业务发展需求，实现分类监管；优化账册核销程序，实施工单式核销新模式，实现库存数据自动比对、账册分类核销；增设海关征免方式，允许企业选择性纳税，按照进口料件或按货物实际报验状态征收进口关税。

3. 支持功能拓展

支持金融服务、航运服务、商贸服务、专业服务、文化服务以及服务领域扩大开放，试点建立与之相适应的海关监管模式，积极培育贸易新型业态和功能。

（四）规范化

注重执法规范化建设，全面梳理完善法律规范体系，针对流程再造和监管模式创新同步设计出台配套制度规范，通过科技与制度相结合规范权力运行，既规范海关管理、又规范企业行为，为信息化、智能化、便利化的规范有序运行提供保障，有效防控“三大风险”。

1. 完善法规制度，确保有法可依

根据试验区建设改革进程，分阶段对涉及试验区的法律规范文件进行清理，及时修订完善；研究制订与试验区海关业务流程再造相匹配的机构职能、岗位职责和操作规范；在监管模式创新过程中，同步论证、同步设计、同步出台配套管理办法、实施细则。

2. 应用“科技+制度”规范权力运行

依托信息化管理系统将各业务环节和作业流程进行固化统一，实现业务标准化运作；加大科技控权力度，加固执行自控、职能监控、专门监督三道防线；完善权力运行的制约

和监督机制，建立健全执法规范的评估、纠错机制，加强对自由裁量权的规制，有效防控执法和廉政风险。

3. 强化引导监督规范企业经营管理

在规范海关管理的同时注重规范企业行为，帮助企业守法，实现“关企双赢”。积极高效参与地方信用体系建设；调整对企业的管理思路和风险评价标准，全面掌握企业运营状况，及时调整企业分类管理措施。

三、自由贸易区海关监管措施的创新

（一）先进区、后报关制度

调整了原来一线进境货物先报关再入区的通关作业流程，允许企业先凭货物舱单信息提货进区，再在规定时限内办理海关申报手续，降低通关时间和成本。前阶段已有 47 家区内企业参加试点，根据试点总结评估，海关已形成了统一的制度标准，2014 年 5 月 1 日起推广至所有符合条件并自愿参加的区内企业。

（二）区内自行运输制度

允许符合条件的区内企业可不再使用海关监管车辆，可以在自贸试验区内的 4 个海关特殊监管区域间通过信息化系统数据比对，实行自行运输，降低企业物流成本。前期有 7 家区内企业参加试点，在总结评估的基础上，2014 年 5 月 1 日起在整个自贸试验区全面推广。

（三）加工贸易工单式核销制度

依托对使用企业资源计划系统（ERP）的加工生产制造企业实施的联网管理，取消单耗审核与备案，以企业每日自动发送的工单数据为基础进行核销。使海关监管模式充分尊重企业生产规律，提高企业优化生产工艺的积极性，为研发、维修等新型业态的监管提供借鉴与样板。在区外试点评估的基础上，2014 年 5 月 1 日起全面推广至区内符合条件的所有企业。

（四）保税展示交易制度

符合条件的区内企业在向海关提供足额税款担保（保证金或银行保函）后，可以在区外或者区内指定场所开展保税展示交易，对展示期间发生内销的货物实施先销后税、集中申报。已在自贸试验区实施。

（五）境内外维修制度

允许符合条件的区内企业开展高技术、高附加值、无污染的境内外维修业务，海关参照保税加工监管模式，依托信息化系统实施管理，推动加工制造向研发及检测、维修等生产链高附加值的前后两端延伸，促进加工贸易转型升级。2014 年 5 月 1 日起正式实施。

（六）期货保税交割制度

允许区内企业在自贸试验区内以保税监管状态的货物为标的物，开展期货实物交割。将实施区域从洋山保税港区扩大到整个自贸试验区，交割商品从铜和铝扩展至上海期交所所有上市商品品种。已正式实施。

（七）融资租赁制度

海关对融资租赁货物按照审查确定的分期缴纳的租金分期征收关税和增值税。同时允许符合规定条件的企业，可以保证书的方式提供担保，降低企业成本，进一步吸引融资企业入区经营。实施区域从浦东机场综保区扩大到整个自贸试验区，已正式实施。

（八）批次进出、集中申报制度

改变传统逐票申报方式，改“一票一报”为“多票一报”，允许企业货物分批次进出，在规定期限内集中办理海关报关手续，扩大企业申报自主权，降低通关成本，提高通关效率。

（九）简化通关作业随附单证

对一线进出境备案清单以及二线不涉税的进出口报关单取消随附单证的要求，必要时，再要求企业提供相关随附单证。之前，上海海关会同上海出入境检验检疫局已决定取消一线进境环节通关单的验核。

（十）统一备案清单

将自贸试验区内不同海关特殊监管区域的两种备案清单格式统一为 30 项申报要素，实现规范简捷申报，减轻企业负担，推进自贸试验区一体化运作。

（十一）内销选择性征税制度

对设在自贸试验区内的企业生产、加工并经“二线”销往国内市场的货物，企业可根据其对应进口料件或实际报验状态，选择缴纳进口关税。这将吸引更多生产企业入区，有利于企业扩大内销。

（十二）集中汇总纳税制度

将传统的海关主导型税收征管模式转变为企业主动型的征管模式。在有效担保前提下，允许企业在规定的纳税周期内，对已放行货物向海关自主集中缴付税款，海关由实时性审核转为集约化后续审核和税收稽核，简化税收征管手续，提高通关效率，降低企业成本。

（十三）保税物流联网监管制度

改革现行的仓储备案、盘库、核销等传统模式，对使用仓储管理系统（WMS）的企业，实施“系统联网 + 库位管理 + 实时核注”的管理模式，对货物进、出、转、存情况进行实时、动态管理，提高物流运作效率。

（十四）智能化卡口验放管理制度

升级改造自贸试验区卡口设施，简化卡口操作环节，实现自动比对、自动判别、自动验放，缩短车辆过卡时间，提高通关效率，落实安全高效要求。

参考文献

[1] A. A. 阿里耶夫．海关业务与世界经济发展［M］．方宁，刘平，译．北京：中国海关出版社，2006.

[2] 保罗·萨缪尔森．经济学［M］．纽约：麦格劳出版社，1980.

[3] 约翰·H·杰克逊．世界贸易体制——国际经济关系的法律与政策［M］．张乃根，译．上海：复旦大学出版社，2001.

[4] 薛荣久，樊瑛，等．WTO 多哈回合与中国［M］．北京：对外经济贸易大学出版社，2004.

[5] 罗伯特·吉尔平．国际关系政治经济学［M］．杨宇光，等，译．上海：上海世纪出版集团，2006.

[6] I·M·戴斯勒．美国贸易政治［M］．王恩冕，于少蔚，译．北京：中国市场出版社，2006.

[7] 罗伯特·吉尔平．全球政治经济学—解读国际经济秩序［M］．杨宇光，杨炯，译．上海：上海世纪出版集团，2003.

[8] 贾格迪什·巴格瓦蒂．现代自由贸易［M］．雷薇，译．北京：中信出版社，2003.

[9] 世界贸易组织乌拉圭回合多边贸易谈判结果法律文本［M］．对外经济合作部国际经贸关系司，译，北京：法律出版社，2000.

[10] 陆燕．朝向更简便更协调——WTO“多哈发展议程”中的贸易便利化议题［J］．国际贸易，2004（8）．

[11] 海关总署国际合作司．关于简化和协调海关制度的国际公约（京都公约）总附约和专项附约指南［M］．北京：中国海关出版社，2003.

[12] 严波．世界海关组织与在贸易便利化中的角色分析［J］．世界贸易组织动态与研究，2007（11）．

[13] 胡涵景．国际贸易单证格式标准化与我国标准体系的建设［J］．对外经贸实务，2009（04）．

[14] Andrew Grainger. Trade Facilitation and Supply Chain Management：a case study at the interface between business and government［D］. London：2008.

[15] WCO Conventions/Agreements，http：//www. wcoomd. org/home_ about_ us_ conventionslist. htm，on 15 October 2009.

[16] 何明珂，刘文纲，等．贸易便利化与过境运输［M］．北京：知识产权出版社，2008.

[17] 刘成斌，赵颖磊．如何破解外贸危险品集装箱监管困境——美国海关与边境保护局集装箱管理的启示［J］．中国水运，2008（5）．

[18] 张湘兰，郑雷．后9·11 时代美国海运安全法的新发展［J］．中国海商法年刊，

第19卷，2009（1）.

[19] 宏康. C－TPAT 最低安全标准［J］. 中国海关，2009（3）.

[20] http：//www. gddoftec. gov. cn/dept _ detail. asp? deptid = 1063&channalid = 1640&contentid = 17073，May 1st，2014.

[21] http：//money. 163. com/14/0511/13/9RVEQD0K00254TFQ. html May 11th，2014

[22] http：//www. cbp. gov/linkhandler/cgov/trade/cargo _ security/ctpat/what _ ctpat/ctpat_ benefits. ctt/ctpat_ benefits. pdf，Oct. 31，2009.

[23] http：//www. customs. go. jp/zeikan/seido/index. htm，Oct. 31，2009.

[24] http：//www. customs. go. jp/tetsuzuki/c － answer/imtsukan/1902 _ jr. htm，Oct. 31，2009.

[25] http：//www. customs. go. jp/tetsuzuki/c － answer/extsukan/5602 _ jr. htm，Oct. 31，2009.

[26] 王慧彦，梁瑞莲. 从国际贸易链分析贸易便利化的实现策略［J］. 商业时代，2008（6）.

[27] 海关总署赴新加坡行政管理培训班. 与时俱进，改革创新，努力实现海关工作在高水平上与国际接轨［J］. 政研参考，2002（14）.

[28] 段丽萍. 新加坡的“单一窗口”［J］. 中国海关，2006（5）.

[29] 周在青，杨志刚. 现代物流管理［M］. 北京：人民交通出版社，2002.

[30] 陈晖，邵铁民. 海关法理论与实践［M］. 上海：立信会计出版社，2008.

[31] 成思危. 从保税区到自由贸易区［M］. 北京：经济科学出版社，2003.

[32] 孙家康. 国际集装箱运输的演进［J］. 中国远洋航务，2008（2）.

[33] 余波. WTO 贸易便利化背景下我国海关通关管理的对策研究［J］. 商场现代化，2007（1）.

[34] 罗军. 出口舱单最优生成模式［J］. 中国海关，2007（11）.

[35] Terranee E. Boult，et al. A Decade of Networked Intelligent Video Surveillance［C］，In Proceedings of workshop on Distributed Smart Cameras，Boulder，USA，2006.

[36] Collins R.，et al. A system for video surveillance and monitoring：VSAM final report，Carnegie Mellon University：Technical Report，CMU，2000.

[37] 世界海关组织网站 www. wcocom. org

[38] 周茜. 贸易便利化测评体系及其对我国出口贸易影响研究［D］. 长沙：湖南大学，2007.

[39] 石良平，黄丙志，等. 贸易便利化与上海国际贸易中心建设//2011 上海贸易中心建设蓝皮书，2011.

[40] 伍尔夫，索科尔，上海海关翻译小组. 海关现代化手册［M］. 北京：中国海关出版社，2008.

[41] 郝崇福. 海关通关管理［M］. 北京：中国海关出版社，2007.

[42] 周丽明. 新时期中国海关非传统职能问题研究［D］. 上海：上海交通大学，

2009.

[43] 马永飞，张树杰．论我国海关推行 AEO 制度的若干问题 [J]．上海海关学院学报，2009 (3)．

[44] 范晓静．浅述中国海关参与国际合作的几点思考 [J]．特区经济．2008 (3)：133－135.

[45] 陈芳．电子提单制度构建基础问题研究 [J]．求索，2013 (002)：176－179.

[46] 纪臻．电子提单流转模式之对比研究 [D]．济南：山东大学，2013.

[47] 梁海澄．港口集装箱运输主要单证及其流转流程 [J]．中国水运（理论版），2006 (5)：30－32.

[48] 关正义，陈敬根．无船承运人相关法律问题研究 [J]．中国海商法年刊，2007 (1)：106.

[49] 司玉琢．承运人责任基础的新构建——评《鹿特丹规则》下承运人责任基础条款 [J]．中国海商法年刊，2009 (3)．

[50] 内部资料：海关总署 2014 年深入推进通关作业无纸化改革工作方案，2014 年

[51] 内部资料：海关总署署级课题《海关关境保护职能实现方式与路径研究》报告，2013 年

[52] 内部资料：海关总署署级课题《贸易安全与便利视角下国际海关发展新趋势》报告，2012 年

[53] 内部资料：海关总署全面深化区域通关改革材料，2013 年

[54] 内部资料：上海海关关级课题《新形势下海关通关监管参与国际合作所面临的机遇与挑战》课题报告，2013 年

[55] 内部资料：海关总署署级课体《"两步申报"管理模式研究》报告，2011 年

[56] 内部资料：上海海关学院贸易安全与便利化课题小组课题报告，2009 年

[57] 内部资料：上海海关学院促进贸易便利化海关监管制度研究课题组研究报告，2009 年

[58] 内部资料：货物放行时间研究报告，中国海关总署国际司，2006 年

[59] 内部资料：哥伦布诊断报告，2006 年

[60] 内部资料：海关总署国际合作司．全球贸易安全与便利标准框架决议汇编，2005 年

[61] 内部资料：实施《全球贸易安全与便利标准框架》可行性研究，中国海关国际问题研究中心，2006 年

[62] 内部资料：海关总署《分类通关改革试点工作实施方案》，2009 年

[63] 内部资料：海关总署海关业务标准化规范（2010 版）